KB012480

소비의 역사

소비의 역사

설혜심 지음

책을 펴내며

언제부터인지 화장대가 복잡해지기 시작했다. 스킨과 로션이면 충분했던 공간에 세럼과 영양크림, 오일, 파운데이션, 베이스, 클렌저 등이 빼곡히 자리하게 되었다. 과연 이 다양한 종류의 화장품이 꼭 필요한 것일까? 유행하는 물건이니 나도 써야 한다는 압박 때문에 구입한 것은 아닐까? 더 근본적으로, 나는 과연 이것들을 죄다 사용하긴 할까? 실제 이런 의문들은 수많은 상품에 둘러싸여 살아가는 우리가 매일 마주치는 문제다.

이 책은 이런 일상적인 문제의식에서 출발해 '소비의 역사'를 다룬다. 한국 인문학계에서는 지금까지 소비와 관련된 주제들에 대한 진지한 논의가 거의 이루어지지 않았다. 소비는 고전경제학과 경제사에서도 도외시되었고, 특히 생산을 중시했던 근대사회에서는 소비를 생산과 대비시키며 그 의미를 폄하해왔다. 예를 들어 '생산적인 관계'라는 말에 비해 '소비적인 논쟁'이라는 표현은 단순한 수평적 대비를 넘어 소비에 열등성과 부정적 함의를 투사한다. 나아가 소비를 사치나 방탕과 연결시키곤 하는 사회적 통념은 결과적으로 소비를 진지한 연구의 대상에서 멀어지게 만들었다.

그런데 우리는 매일 무언가를 소비하고 산다. 소비는 생산보다도 더 밀접한 일상이 되어버렸고, 그래서 현대인을 소비하는 인간, 즉 호모 콘수무스

Homo Consumus라고 부르기도 한다. 더욱이 인공지능을 탑재한 기계가 생산과 노동을 무섭게 점령해가는 상황에서 소비는 머지않아 인간에게 남은 가장 중요하고도 고유한 활동이 될지도 모른다.

소비는 단순히 물건을 사거나 쓰는 행위만을 지칭하지 않는다. 그것은 이미지나 상징 등의 비물질적 요소를 포함하며, 소비의 형태 또한 사용상의 효용 이상으로 다양하게 나타나기도 한다. 이뿐만 아니라 물질이나 서비스를 욕망하는 순간부터 그것을 구매하고 즐기며 궁극적으로 폐기하는 일련의 과정에는 상상력, 관계 맺기, 구별 짓기, 도덕, 이데올로기며 글로벌한 상품의 네트워크와 자원의 보존과 낭비에 이르기까지 수많은 요소가 스며 있다.

이처럼 소비의 다양한 면모를 살피기 위해 이 책에서는 근대 이후 현대사회에 이르기까지 인간의 삶을 더욱 풍요롭게 만든 상품은 물론, 약장수, 방문판매, 우편주문, 백화점, 쇼핑몰 같은 근대적 판매 방식과 공간을 포괄적으로 다룬다. 또한 제품에 대한 평가나 불매운동 같은 행위를 살펴봄으로써 소비의 장구한 역사뿐만 아니라, 그 이면에 숨겨진 저항과 해방, 연대를 마주할 수 있을 것이다.

소비사는 서양에서도 가장 최근에 출범한 분야로, 1980년대 후반 몇몇 학자들이 산업혁명 이전에 소비혁명이 있었다는 주장을 내놓으면서 시작되었다. 나는 박사학위논문에서 그 '18세기 소비혁명'이 지나치게 단절적인 사관을 반영한다고 비판한 적이 있었다. 그 후 〈역사소비의 가능성 모색〉이라는 논문을 통해 학생들과 함께 역사가 일상에서 소비될 수 있는 다양한 방식을 탐색해보기도 했다. 하지만 그 후 오랫동안 이 주제에 관심을 기울이지 않았는데, 2013년《그랜드 투어》를 출간하고 다음 주제를 찾는 과정에서 우연히 다시 소비사와 마주하게 되었다.

놀랍게도 소비사는 2000년을 전후하여 그야말로 '핫'한 주제로 떠올랐고 학자들이 '폭발'이라고 표현할 만큼 세계적으로 수많은 연구가 생산되었다. 나는 2013년부터 논문 〈서구 소비사의 현황과 전망〉, 〈여성과 소비의 역사〉 등을 통해 소비사 연구의 성과들을 정리하고, 〈한국 신문에 나타난 프랑스의 이미지, 1920~1999: 소비와 물질문화를 중심으로〉 등의 논문을 펴내며 본격적으로 소비사 공부를 시작했다. 그러면서 차츰 나만의 시선과 색깔을 가진 소비사 책을 쓰고 싶다는 생각을 하게 되었다. 기회는 아주 우연하게, 하지만 생각보다 빨리 찾아왔다. 출판사로부터 네이버의 〈파워라이터 ON〉 연재를 제안 받게 된 것이다. 2017년 1월부터 8월까지 온라인상에 '소비의 문화사'라는 제목으로 연재를 진행했고, 드디어 책으로 독자들을 만날 수 있게 되었다.

이 책에서 내가 목적하는 바는 크게 세 가지다. 첫째, 우리 삶의 큰 부분을 차지하는 소비를 진지한 학문적 주제로 끌어올리고 싶다. 소비를 둘러싸고 이루어진 다양한 논의를 소개하고, 마케팅·경제학·사회학 등에서 따로 다뤄온 소비를 역사학과 접목시킴으로써 훨씬 더 풍부한 논의의 장을 마련하고자 한다.

둘째, 소비라는 행위를 통해 역사학이 주목하지 않았던 인간의 내밀한 행위와 동기, 그리고 그것이 불러온 사회적 효과를 살피고자 한다. 소비는 삶의 편의성을 넘어 본질적으로 인간의 욕망을 둘러싼 행위이며, 사람들은 그 행위를 통해 스스로의 정체성을 드러내려 한다. 그런데 소비는 사회의 일반적인 흐름을 거부하거나 그 견고한 구조에 균열을 내는 저항의 도구로 사용되기도 한다. 소비 행위에서 인간의 동기와 목적성을 주목하는 것은 한때 큰 관심을 받았던 일상생활사나 미시사의 연장선에서, 구조에 함몰되었던 인간을 다시 역사의 중심에 세우는 작업이기도 하다.

마지막으로, 이 책이 독자들에게 역사의 즐거움을 맛볼 수 있는 단초가 되기를 바란다. 과거를 다루는 역사책이지만 오늘날 직면한 문제들과 결코 동떨어져 있지 않으며, 새로운 주제를 소개하거나 혹은 익숙한 주제를 새로운 차원에서 조망하여 역사가 우리의 삶에 얼마나 깊이 스며 있는지를 느끼게 하고 싶다. 우리 삶의 모든 것이 역사학의 주제가 될 수 있으니 말이다.

2017년 8월

설혜심

차례

세일즈SALES, 유혹하다

컨슈머CONSUMER, 소비하다

보이콧BOYCOTT, 거부하다

굿즈GOODS, 욕망하다

1

유언장

가장 아끼던 물건은 과부가 된 친구에게

유언장에 나타난 근대 초 유럽의 소비

셰익스피어가 아내에게 남긴 것

"두 번째로 좋은 침대를 아내 앤 해서웨이Anne Hathaway, 1556~1623에게 준다."

1616년 임종을 앞둔 셰익스피어William Shakespeare, 1564~1616가 서명한 세 쪽짜리 유언장에 쓰인 구절이다. 셰익스피어는 저 '두 번째로 좋은 침대' 이외에는 어떤 재산도 아내에게 남기지 않았다.[1] 이 구절은 셰익스피어 진위 논쟁에서 빠지지 않던 단골 메뉴였다. 우리가 알고 있는 셰익스피어의 작품이 온전히 그가 쓴 것이 맞는지, 혹은 심지어 셰익스피어가 실존했던 인물인지를 두고 17세기부터 시작되었던 그 논쟁에서 말이다.

셰익스피어가 가짜라고 주장한 사람들은 저 구절을 증거 삼아 우리에게 알려진 셰익스피어가 진짜라면 말년에 결코 저런 치졸한 행동을 할 리가 없

셰익스피어의 가족들

1890년경 어느 독일인 판화가의 그림으로, 맨 오른쪽에 앉은 바느질하는 여인이
셰익스피어의 아내 앤 해서웨이다. 셰익스피어는 사후 아내에게
'두 번째로 좋은 침대'만을 물려주었다.

다고 주장했다. 아내에게 열렬히 구애해서 사랑을 쟁취했던 인물, 시공을 초월해 수많은 사람의 심금을 울린 아름다운 사랑 이야기를 써낸 대문호의 마지막 처사라고 보기에는 사실 어울리지 않는 일이었다. 그런데 이 에피소드는 다른 한편으로는 물건, 특히 죽어가는 사람이 남긴 물건에 우리가 얼마나 큰 의미를 부여하는가를 깨닫게 해준다.

유언장과 유언검인목록

소비나 물질문화를 연구하는 역사가들은 오래전 사람들이 어떤 물건을 소유했으며 그것에 어떤 가치를 부여했는지를 파악하는 데 큰 어려움을 겪는다. 왕이나 귀족이 아닌 이상 물건에 대해 시시콜콜하게 적어놓은 기록이 거의 없기 때문이다. 이런 상황에서 그나마 사람들의 소유물을 보여줄 수 있는 가장 정확한 자료로 꼽는 것이 유언장과 유언검인목록probate inventories이다. 유언장은 당사자가 죽기 전에 작성하는 것이고, 유언검인이란 개인이 사망한 뒤 상속재산을 법원의 감독하에 상속인에게 분배하는 절차를 말한다. 유언장이 없는 경우에도 유언검인이 이루어지며, 이때 사망자가 소유했던 재산의 전체 목록을 작성하여 각각의 물건이나 부동산에 가치를 매기게 된다. 역사에 기록을 남기지 않았던 보통 사람들에게 유언검인목록은 어쩌면 이 세상을 다녀간 유일한 흔적일 수도 있다.

유언장을 쓰는 순간은, 죽음과 마주한 인간이 자신이 평생 축적해온 재산을 통제하고 자신의 존재감을 드러내는 마지막 기회일 것이었다. 그래서 유언장은 물질세계를 통해 가장 솔직하게 자신이 맺어온 인간관계를 드러내고 또한 정리하는 대차대조표이기도 했다. 지위고하를 막론하고 사람들은 유언장에 아끼던 사람이나 단체에 나름 값지다고 생각했던 물건들을 기증한다고 명시했다. 16세기 초 영국에서는 프로테스탄트로의 종교개혁이 이루어졌는데, 그 때문에 위기를 겪고 있던 가톨릭교회에 오히려 많은 물건이 유증되기도 했다. 현금이나 접시, 옷 등은 기본이었고, 소나 양 같은 가축이며, 목재, 밀가루나 귀리, 콩, 소금, 심지어 농기구와 돌무더기, 생선도 기증했다.[2] 물론 당시 경제적 수준에서는 돌무더기나 생선도 무시할 수 없는 자산이었다. 그런데 흥미로운 점은 적지 않은 수의 사람들이 종종 남은 가족에게는 아무것도 남기지 않고 가진 것을 몽땅 교회에 유증하곤 했다는 사실이다. 평생 속만 썩이던 가족들의 복지를 죽어서까지 챙기기보다는 스스로 내세의 안녕을 꾀하는 편이 낫다고 생각해서였으리라.

17세기 사람들이 소유했던 물건들

17세기가 되면 사람들이 소유했던 물건의 종류가 좀 더 많아진다. 로나 웨더릴Lorna Weatherill이라는 학자는 영국인의 유언검인목록을 비롯해 일기, 가내문서 등을 뒤져 17세기 말에서 18세기 초에 이르는 기간에 영국인이 무엇을 소유하고 있었는가를 추적했다.[3] 웨더릴은 엄청나게 많은 물건을 소유했던 귀족과 아무것도 남기지 않았던 극빈층 양 극단을 제외한 나머지 사람들, 즉 사회의 몸통을 구성했던 보통 사람들의 유언검인목록에 주목했다. 당시 검인목록의 공통된 항목은 가사용품, 테이블, 냄비, 주전자, 주석으로 만든 식기류, 도기Earthen ware, 책, 그림, 거울, 식탁보, 커튼, 포크와 나이프, 도자기, 뜨거운 음료를 위한 집기 등으로 이루어져 있었다. 이처럼 상당히 소박한 목록을 통해 당시 평범한 사람들이 '재산'으로 어떤 것을 남겼는지 엿볼 수 있다.

흥미로운 사실은 과부나 노처녀는 그림과 거울을 소유했던 반면, 노동자가 거울을 소유한 기록은 찾아볼 수 없다는 점이다. 또한 노동자들은 나이프와 포크, 도자기도 전혀 소유하지 않았다. 농부가 그림을 소유한 사례도 없는 걸로 보아 당시에는 그림이 사치품이었음을 알 수 있다. 이들보다는 생활수준이 높은, 이른바 '중간계급'이라고 불릴 만한 사람들은 훨씬 많은 물건을 소유했는데, 그들 가운데 상인층은 시계 같은 최신식 물건을 많이 갖고 있었다. 같은 계층 내에서 보자면 여성이 남성보다 더 새롭거나 장식적인 물건을 훨씬 많이 소유하고 있었다. 당시 사회에서는 과부가 홀아비보다 더 잘산다는 인식이 있었다. 아마도 혼자된 뒤 방탕한 생활에 빠지기 쉬운 홀아비에 비해 남편의 재산을 물려받은 과부가 훨씬 알뜰하게 살림을 꾸려갔기 때문일 것이다. 그런데 홀아비로 지냈던 남성 유증자 가운데 이런 일반적인 인식을 뒤집는 경우도 있었다. 혼자된 여성들이 주로 가재도구 같은 소비재를 물려받았던 반면, 홀아비에게는 화폐, 토지, 기계 등 생산자본이 돌아갔기 때문이다.[4]

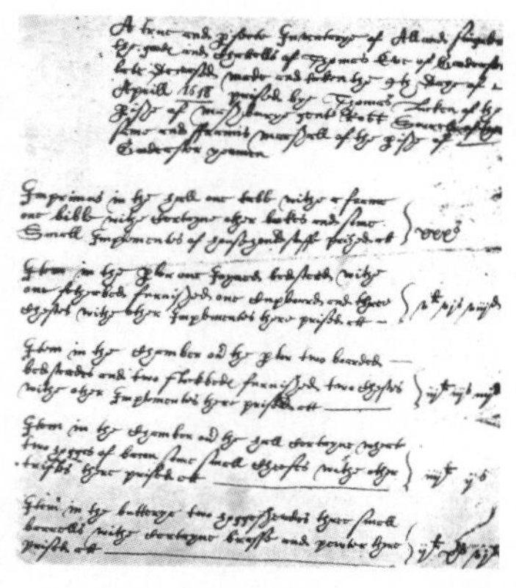

1618년 영국 에식스 지역에서 사망한 한 자작농의 유언검인목록

버밍엄과 셰필드 사람들의 유언장

웨더릴의 분석은 사람들이 무엇을 소유하고 있었는지를 잘 그려냈지만 그것만으로는 근대 초 영국인들의 소비 행태를 파악하기엔 부족하다. 어떤 물건을 왜 샀으며, 그것을 누구에게, 왜 남겨주었을까? 이를 알아보기 위해서는 건조한 유언검인목록보다는 좀 더 자세하고도 사람 냄새가 폴폴 나는 기록이 필요할 터이다. 그런데 맥신 버그Maxine Berg라는 학자가 버밍엄과 셰필드에 살던 사람들이 다른 곳보다 훨씬 자세한 유언장을 남겼다는 사실을

알아냈다.[5] 이 두 도시는 18세기 영국에서 가장 다이내믹한 발전을 이루던 공업지대였다. 대서양 무역의 중요 거점 역할을 했을 뿐 아니라 소총, 검, 칼과 못 등 철을 재료로 한 다양한 물건이 생산되던 산업지대였다. 또한 당시 토이toy라 불리던 새로운 상품의 생산이 활발했는데, 그것은 단추, 버클, 칠기류, 착색유리 그릇, 가구에 붙이는 청동장식 등 그야말로 유행을 선도하는 다양한 장식품을 포괄하는 말이었다.

이 당시 영국에서 여성들은 대부분 말년이 되어서야 유언장을 작성했던 반면, 남성들은 부인이 남편의 재산을 물려받기 전 자식이나 다른 친척 들에게 미리 유증하곤 했다. 그 이유는 아직도 정확히 밝혀지지 않았다. 많은 남성이 아내에게도 재산을 남겼고, 최소한 이 두 도시에서는 남편의 사업을 이어받아 활발한 경제활동을 펼친 과부도 40%나 되었다.

그런데 유언장을 보면 유증하는 물건이 크게 두 부류로 나누어져 있음이 드러난다. 유산으로 받았거나 가보로 내려오는 물건과 자신이 새로 산 물건들을 구분해서 유증하려 했던 것이다. 이러한 구분은, 곧 피가 섞인 혈족에게 남기는 물건과 남에게 넘겨줘도 괜찮은 물건에 대한 기준이기도 했다. 남녀를 불문하고 직계나 방계 친척에게 남기는 물건들로는 보석과 은제품, 종교서, 가구, 리넨 등이 있었다. 이 중 보석과 은제품은 가장 가치가 높은 가보인 경우가 많았다. 다른 도시에서는 주로 은접시, 은촛대 등을 피붙이에게 많이 남겼다. 그런데 이 두 지역에서는 최첨단 공업도시답게 그 당시 새로 선보인 은으로 만든 찻주전자, 버클, 후추통 등도 후손에게 물려주는 아이템으로 등장했다. 특히 은수저는 손자나 어린 조카에게 물려주는 것이 관행이었다. 유산 목록 가운데 리넨은 후손에게 물려주기 위해 특별히 수를 놓는 등 별도로 표시를 해놓는 경우도 많았다. 또한 비록 값어치는 별로 없지만 집안

〈차를 마시는 영국인 가족〉, 조셉 반 아켄, 1725년

버밍엄과 셰필드 같은 최첨단 공업지대에 사는 사람들은 그 당시
새로 선보인 은으로 만든 찻주전자나 숟가락, 버클 등을 후손에게 물려주었다.

대대로 내려오는 주석으로 만든 식기류도 피가 섞인 친척에게 남긴 물건 가운데 하나였다.

가장 아끼던 옷은 친구에게

그렇다면 당시 사람들이 가장 아끼던 물건은 어떤 것들이었을까? 유언장을 자세히 들여다보면 18세기 여성들의 경우 가보나 선조들로부터 물려받은 물건보다는 새 물건을 좋아했던 것 같다. 자신이 직접 샀거나, 개성을 드러내기 위해 손수 변형하거나 장식을 한 것 혹은 최첨단 유행 상품에 큰 애착을 지녔던 듯하다. 주로 값비싸고 호화로운 옷, 장식적인 가구, 도자기 세트, 그리고 새로 구입한 은제품 들이 해당한다. 여성들은 유언장에 종종 물건에 대해 자세한 설명을 곁들이곤 했다. "최고로 좋은 긴 스카프" 혹은 "두 번째로 좋은 상복"이라든가, "실크로 만든 녹색 누빔 페티코트", "매일 쓰는 찻잔" 혹은 "딸 결혼식에 내놓았던 접시"와 같은 묘사들 말이다.

이렇게 소중한 물건은 주로 친구에게 물려주었다. 두세 명의 친구에게 나눠주는 일도 많았는데, 버밍엄의 한 과부는 "한 친구에게는 가장 좋은 실크 드레스와 제일 좋은 상복, 그리고 모자 달린 새 외투와 스카프를, 다른 친구에게는 두 번째로 좋은 상복과 페티코트, 또 다른 친구에게는 수놓은 흰색 페티코트"를 남겼다. 이 내용만으로도 사람들은 고인과 가장 가까웠던 친구가 누구인지를 바로 알 수 있었을 터이다. 여성들은 종종 과부가 된 친구나 독신녀 말벗에게 재산의 일부와 자신이 소유한 괜찮은 물건을 몽땅 남기기도 했다. 이런 물건은 함께 쌓았던 우정과 추억의 증표로 건네졌는데, 그 이면에는 홀로 살아갈 여성에 대한 배려와 동지애가 배어 있다.

여성들의 유증 대상자들은 친구를 제외하고는 딸들과 자매가 가장 많았다. 조카나 손녀도 꽤 많이 언급되었다. 셰필드에 살던 앤 알렌Ann Allen은 600파운드 정도의 재산을 남긴 중간계급에 속했던 과부인데, 그녀의 유언장은 당시 그녀가 속한 계급의 여성들이 어떤 의생활을 했는지 그 단면을 보여준다.

> 여동생에게는 가장 좋은 가운과 검은색 윤이 나는 모직 페티코트, 슈미즈 여섯 개, 검정색 손수건 두 장과 두 가지 색깔로 만들어진 실크 손수건 두 장, 코르셋, 검은색 실크 외투, 체크무늬 앞치마 세 장, 흰색 앞치마 세 장, 챙 없는 모자 여섯 개, 평범한 모자 두 개, 포켓 손수건 두 장과 흰 손수건 두 장을 준다. 그리고 가장 큰 조카딸에게 슈미즈 두 개, 검정색 실크 손수건 한 장과 색깔 있는 실크 손수건 한 장, 챙 없는 모자 두 개와 손수건 한 장을 준다.[6]

당시에 옷은 매우 값나가는 물건이었는데, 특히나 전통적인 사치품인 실크로 지은 옷이라면 누구나 탐낼 만한 귀중한 물건이었다. 그런 옷을 물려

18세기 영국 웨지우드사의 도자기 세트(왼쪽)와 여성용 장신구들(오른쪽)

여성들은 주로 값비싸고 호화로운 옷과 장식적인 가구, 도자기 세트, 새로 구입한 은제품 등 자신이 소중히 여기던 물건들을 친구들에게 물려주었다.

받으면 어떻게든 자기 몸에 맞게 수선해서 입는 것이 관례였다. 근대 초 많은 영국 여성은 구입한 물건을 원래 모양 그대로 사용하는 경우가 드물었다. 물건에 가문의 인장을 새겨 넣거나 다른 천들을 덧대거나 해서 독특한 디자인을 만들어냈던 것이다. 재화를 단순히 소비하는 차원을 넘어, 이런 행위는 과거에 집안에서 물건들을 직접 만들어 쓰던 전통의 연장선에서 가족의 문화적 상징을 계승하고, 추억의 담지자 역할을 하는 일이었다. 마치 오늘날의 크리슈머cresumer처럼 물건을 창조적으로 사용하는 과정을 통해 가족과 친구 관계를 강화했던 것이다.

남성 유언장이 보여주는 것

여성들과 비교해볼 때 남성들은 친구에게 자잘한 물건들을 남기는 경우가 별로 없었다. 가구나 식기는 친구나 친척 아무에게나 한 번에 몰아서 '처분'하듯이 넘기곤 했다. 버밍엄과 셰필드에서는 여성보다 오히려 남성이 더 사치스러운 가구나 시계, 커튼과 거울을 소유한 경우가 많았는데, 남성 유언장에는 그런 물건들을 뭉뚱그려 '가구'라고만 표기했다. 상복처럼 값나가는 옷은 누군가에게 물려주기도 했지만, 옷에 대한 상세한 설명은 남기지 않았다. 여기저기에 꽤 많은 땅과 주택을 소유한 셰필드의 칼 제조업자 존 스미스John Smith는 자신이 입던 '제일 좋은 슈트Suit' 한 벌을 친구에게 물려준다고 기록했는데, 이런 경우는 예외적이다.[7] 더욱이 많은 남성이 아내가 죽은 뒤에 아내의 옷을 여자 친척이나 하녀에게 나눠주기도 했다. 버밍엄의 한 시계공은 아내의 옷을 하녀에게 주어 그 하녀가 매일 일할 때 입었다는 기록이

〈존 프리스와 동료 상인들〉, 요하네스 엑슈타인, 1792년

18세기 버밍엄의 남성들 중에는 여성들보다 가구나 시계, 커튼, 거울 등 사치스러운 물건을 더 많이 소유한 사람들도 있었다

있다.[8] 당시 남성들이 재화로서의 옷의 가치를 모르지는 않았을 것이다. 하지만 친한 정도에 따라 남겨줄 물건에 등급을 매겼던 여성들과 비교해본다면 남성들은 물건에 그다지 큰 개인적 의미를 투영하지 않았던 것 같다.

이제 다시 셰익스피어로 돌아가보자. 그는 자신이 소유했던 '가장 좋은 침대'를 과연 누구에게 주었을까? 남녀를 불문하고 이 세상 누구보다도 풍부한 감성을 지녔던 셰익스피어였으니, 혹시 제일 좋은 침대를 홀아비가 된 친구에게 주었던 것은 아닐까.

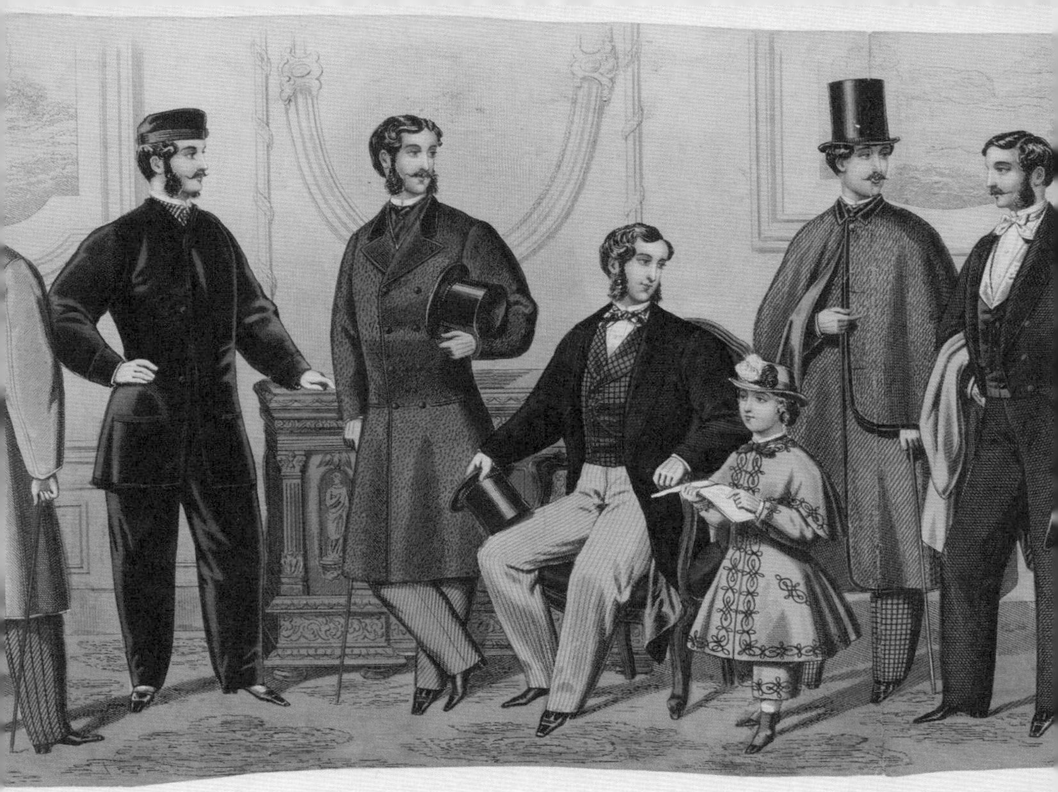

2
양복

양복의 탄생

부르주아 이데올로기와 기성복 산업의 출현

혁명에서 태어난 양복

오늘날 남성이라면 누구나 한 벌쯤은 갖고 있는 양복, 즉 남성용 정장은 언제 등장했을까? 흥미롭게도 양복의 탄생은 혁명과 관계가 있다. 1688년 영국의 명예혁명, 그리고 1789년 프랑스혁명 말이다. 영국의 명예혁명보다 100여 년 뒤에 일어났지만 훨씬 파급력이 컸던 프랑스혁명에서부터 이야기를 풀어가기로 하자.

1789년 프랑스혁명 전 프랑스에서는 귀족, 부르주아, 도시 사람들, 시골 사람들이 각각 구별되는 옷차림을 했다. 명확하게 성문화된 규정은 없었지만 수백 년 동안 계층을 구분하는 규범적 코드가 존재해온 탓이다. 계층의 맨 꼭대기에 위치했던 왕족과 귀족 남성의 복장은 여성의 의복만큼이나, 심지어 때로는 그보다 훨씬 더 화려했다. 루이 14세Louis XIV, 1638~1715의 동생

오를레앙 공작Philippe I, Duke of Orléans, 1640~1701은 전쟁터에 나갈 때도 얼굴에 분칠을 하고 연지를 바르고, 커다란 가발을 쓰고, 리본과 다이아몬드로 치장을 했다. 일부 멋쟁이 귀족 남성은 높이가 6인치나 되는 뾰족한 하이힐을 신었으며, 양산을 들고, 겨울에는 모피로 만든 화려한 토시를 손에 두르고 다녔다.[9]

시골 사람들에게는 유행이라는 개념이 거의 없었다. 리넨이나 투박한 모직물로 된 초라하고 낡은 옷을 대충 입었으며, 속옷은 거의 입지 않았다. 대신 머리에는 항상 무언가 쓰고 있었다. 도시의 하층민은 헌옷 가게에서 옷을 장만했는데, 그 옷들은 대부분 유복한 부르주아 계급의 가정에서 흘러 나왔기 때문에 겉모습은 부르주아 계급처럼 보이기도 했다. 부르주아 계급 가운데 검소한 사람들은 나사(羅紗, 무명·명주·인조 견사 따위를 섞어서 짠 두꺼운 모직물), 서지(serge, 짜임이 튼튼한 모직물의 일종) 또는 짙은 단색의 거친 모직물로 만든 옷을 입었다. 1789년 삼부회가 소집되었을 때, 사람들은 옷차림만으로 그들이 어떤 신분을 대표하는지 단번에 구별할 수 있었다. 레이스와 보석으로 장식한 형형색색의 옷에 깃털을 꽂은 모자를 쓴 귀족들과 검정색의 수수한 옷을 입은 제3신분들은 마치 다른 종류의 생명체처럼 보였을지도 모른다.

프랑스혁명이 파란만장하게 진행되는 동안 수많은 집단이 제각각 목소리를 내기 시작했다. 이 과정에서 상퀼로트(Sans-Culotte, 귀족들이 입던 반바지 스타일의 '퀼로트Culotte'를 입지 않은 사람, 곧 긴바지를 입은 노동자라는 뜻으로 프랑스 혁명 당시 민중세력을 지칭하는 말) 등 그들이 입은 복장에도 강한 정치적 의미가 부여되기 시작했다. 제3신분의 주도하에 혁명파가 승리를 거두자 제3신분의 초라한 복장이야말로 애국심의 발로라는 인식이 퍼지기도 했다. 1790년대 패션 잡지들은 심지어 '헌법식 복장'이라는 새로운 패션을 소개할 정도였다.

신분별 옷차림

(왼쪽) 1789년 삼부회 소집 당시 성직자, 귀족, 제3신분의 신분별 옷차림을 보여주는 삽화.
(오른쪽) 프랑스혁명 당시, '헌법식 복장'이라 불리던 제3신분의 옷을 입고 국민의회에서 답변을 하고 있는 미라보 백작(Honoré Gabriel Riqueti, comte de Mirabeau, 1749~1791).

이렇게 의복에 지나칠 만큼 정치적 의미가 크게 부여되자, 1793년 국민공회는 복장의 자유를 천명하는 칙령을 선포했다.[10]

> 어느 누구도 남녀 시민 누구에게 특정한 방식으로 옷을 입으라고 강요할 수 없으며, 이를 위반할 시에는 혐의자로 간주해 다룰 것이며, 또한 공공의 안녕을 방해한 자로 기소할 것이다. 모든 사람은 자신의 성에 적절한 의복을 입거나 몸단장을 하는 데 자유롭다.

칙령이 선포된 후 프랑스 남성의 복식에는 크게 두 가지 변화가 일어났다. 첫째, 귀족들이 귀족임을 표시해온 과시적인 복식, 즉 각양각색의 화려한 빛깔의 값비싼 천에 자수와 레이스, 보석을 장식한 의복이 점차 사라졌다. 사회 전반에 반反귀족적 정서가 팽배하자 귀족들은 적대감을 일으킬 호화로운 복식을 자제했다. 둘째, 칙령 자체는 복장의 자유를 천명했지만, 현실적으로는 결국 자유롭고 다양한 옷차림이 아니라 부르주아의 복장을 기본으로 한 획일적인 남성복의 유행을 낳게 되었다. 이를 두고 문화사가인 필리프 페로Philippe Perrot는 "오늘날 우리 사회에 널리 퍼진 단순하고 통일된 형태의 허식 없는 옷이 등장한 것은 바로 프랑스 대혁명 덕분"이라고 단언했다.[11]

저렴한 양복, 영국 '젠틀맨'의 필수 조건

프랑스혁명 후 유행하게 된 단순한 양복은 그보다 100여 년 전에 영국에서 비롯된 것이었다. 영국의 부르주아들은 17세기 중반부터 어두운 색깔의 옷감을 사용해 단순하게 디자인한 옷을 입기 시작했다. 이것은 원래 카를 5세Karl V, 1500~1558와 펠리페 2세Felipe II, 1527~1598 시기의 에스파냐 궁정에서 출현한 것으로, 16세기 말부터 플랑드르 지방에 널리 보급되었다. 렘브란트Rembrandt Harmenszoon van Rijn, 1606~1669 그림에 자주 등장하는 흰 칼라를 단 검은색 의복이 바로 그런 류인데, 아주 폐쇄적이고 엄격한 느낌을 준다. 이런 옷은 영국에서도 내란기에 올리버 크롬웰Oliver Cromwell, 1599~1658과 그 동료들, 그리고 아주 엄격한 청교도Puritan들과 퀘이커Quaker 교도들이 입기 시작했다. 내란이 종결되고 왕정복고가 이루어지기는 했지만, 이미 영국 사회는 중간계급의 힘이 압도적인 사회였다. 1688년 명예혁명은 과거와 같은

〈1644년 웨스트민스터 총회〉, 존 로저스 허버트, 1847년

총회에 참석한 청교도들의 검은색 옷차림에서
도덕적이고 엄격한 중간계급의 의식이 엿보인다.

전제왕정이 결코 다시 들어설 수 없음을 확인시켜준 마침표에 해당하는 사건이나 다름없었다.

혁명을 달성한 후 영국 사회는 정치 엘리트들에게 공공의 덕public virtue을 그 어느 때보다 강하게 요구했다. 이런 분위기에서 사치와 방탕은 도덕적 타락일 뿐 아니라 정치적 후퇴를 의미하는 것이었다. 이제 계급을 초월해서 상업의 확대와 산업의 발달이 국가의 부를 이끌어가는 시대가 되었다. 정치 개혁가들은 귀족이 독점해온 문화적 헤게모니를 중간계급의 문화로 대체해

나갔다. 이 사회에서 진정한 지배집단은 이성적이고 경제관념이 있는 겸손한 남성이었다. 그러한 이미지는 사치스럽고 나태하며, 외모에 지나치게 신경 쓰던 귀족의 상을 타자화하면서 만들어졌다. 대륙에 비해 신분제가 훨씬 느슨했던 영국이었기에 점차로 귀족들까지도 산업주의와 상업주의의 이데올로기에 동조하게 되었다. 심지어 귀족들은 바다 건너 프랑스의 '여성적인' 귀족적 사치가 영국을 침범할까 봐 두려워하면서 스스로 그런 화려한 패션의 추종자가 되지 않겠다는 일종의 독립선언을 하게 되었다. 이제 상업이나 산업과 관련된 옷들, 즉 노동을 암시하는 단순하고 통일적인 옷이 과거 귀족의 사치스런 옷을 누르고 도덕적으로 우월한 지위를 얻기에 이른다.[12]

이미 17세기 말부터 영국의 상류사회, 심지어 궁정에서조차 '패션이 수수해지는 분위기'가 감지되기 시작했다. 1691년 영국의 연대기 작가 가이 미에지Guy Miege, 1644~1718가 "얼마 전까지도 외국의 패션을 따라하지 못해 안달이더니 이제는 영국 남자들의 옷만큼 수수하고 장식이 없는 칙칙한 옷이 없다"[13]고 말했을 정도였다. 점차로 과거에 남성복을 꾸몄던 화려한 면면이 사라지기 시작했다. 자수며 보석 장식을 비롯해 앞가슴을 레이스나 프릴로 장식한 자보jabot며, 장식용 검과 보석 박힌 신발의 버클, 스타킹 대님이 복식의 구성에서 빠지거나 아주 단순한 형태로 축소되었다. 대신 오늘날 양복의 기본이 되는 재킷, 바지, 조끼로 이루어진 스리피스 슈트가 등장했다. 남성 슈트는 과거처럼 몸에 착 달라붙지 않고 낙낙한 형태의 수수하고 단순한 디자인인데, 무엇보다 조금 뻣뻣하고 어두운 단색 옷감을 사용하는 것이 특징이었다. 여기에 셔츠, 그리고 나중에 넥타이가 곁들여진다. 17세기 말부터 유행했던 크라바트cravate가 풍성하고 화려했다면 넥타이는 아주 간소하고 심플한 모양이었다. 이제 남성들에게 남은 액세서리는 형태가 단순해진 모

〈총회에 참석한 왕립미술원 회원들〉, 헨리 싱글톤, 1795년

1700년대 영국 상류층 남성들의 옷차림은 이미 충분히 '수수해졌다'. 장식성을 강조했던 자보나 크라바트가 단순한 스타일로 바뀌고, 어둡고 짙은 색깔의 슈트가 유행했다.

영국 하원에서 연설 중인 윌리엄 글래드스턴 총리(William Ewart Gladstone, 1809~1898)

1800년대 들어서면서 남성 의복은 검은색 슈트 차림으로 완전히 굳어졌다. 이제 이런 점잖은 옷차림 자체가 엘리트가 갖춰야 할 필수적인 요건이 되었다.

자와 지팡이, 장갑 정도였다.

18세기 초가 되면 영국 젠틀맨의 패션은 더 수수하고 검소해졌으며, 내내 그 기조를 유지했다. 19세기에는 색채가 더 어두워졌고, 이제 이런 점잖은 옷차림 자체가 엘리트가 갖춰야 할 필수적인 요건이 되기도 했다. 1829년 영국의 급진주의 정치가 윌리엄 코빗William Cobbett, 1763~1835은 중간계급 이상의 영국 남성들을 대상으로 쓴 처세서에서 "추레하지 않은 선에서 가장 저렴하게 입어라"고 말했다. 그는 "대가리에 정신이 제대로 박힌 자라면 비싸거나 좋은 옷을 입었다는 이유로는 당신을 좋아하거나 존경하지 않을 것이다"라고 덧붙였다.[14]

대량으로 복제된 명품, 기성복을 입다

프랑스혁명 훨씬 전부터 영국식의 수수한 남성복은 천천히 유럽 곳곳으로 퍼져가던 참이었다. 18세기 영국의 경제가 비약적으로 성장하자 영국 문화에 대한 선망이 확산되면서 이러한 유행을 부추겼던 탓도 있다. 예를 들자면 괴테Johann Wolfgang von Goethe, 1749~1832의 《젊은 베르테르의 슬픔Die Leiden des jungen Werthers》(1774)에서 주인공 베르테르는 당시에 이미 영국식 옷차림을 하고 있었다. 프랑스혁명 후 영국에서 건너온 수수한 스타일의 남성복이 크게 유행하자, 그동안 화려하고 세련된 남성복을 만들어왔던 콧대 높은 재단사들은 아주 당황했다. 정교하고 화려했던 보석 박힌 버클마저 단순한 신발 끈으로 대체될 정도로 소박해진 의상은 그들이 보기에 남성복의 격조를 떨어뜨리는 것이었다. 게다가 그 스타일의 출처가 라이벌 국가인 영국

〈퐁네프 다리에서 본 새로운 상점 라 벨 자르디니에르〉, 프레데릭 소리유, 1878년경

다양한 사이즈의 기성복을 만들어 판매한 파리소의 상점은
1867년 새로 대형 건물을 지어 이전할 정도로 번창했다.

이라는 사실에 분개하기까지 했다. 하지만 이 엄숙한 남성복은 19세기 전반부에 더욱 널리 유통되어 유럽 전역에서 '부르주아 스타일의 일반화'를 이루게 된다. 이러한 움직임을 확산시킨 데는 기성복의 등장이 한몫했다.

1824년 포목상인 피에르 파리소Pierre Parissot, 1790~1860가 파리 시테 섬의 꽃시장 근처에 '라 벨 자르디니에르À la Belle Jardinière'라는 이름의 상점을 열고 기성복을 팔기 시작했다. 폭넓은 고객층을 상대로 한곳에서 옷을 만들고 판매까지 하는 혁신적인 시스템이었다. 파리소의 상점에서는 이전의 맞춤복처럼 고객 개개인의 체형에 꼭 맞춘 정확한 재단은 아닐지라도 사이즈를 다양하게 제작하여 고객들이 선택할 수 있도록 했다. 게다가 부르주아의 일상복에 더해 노동복, 덧입는 작업복, 심지어 두꺼운 옷감의 바지며 작업용 앞치마까지 만들어 저렴한 가격에 판매했다. 얼마 지나지 않아 파리소의 상점은 대단히 큰 성공을 거두었다.

하지만 의복 제조 공정이 아직 기계화되지 않은 터라 여전히 대부분의 공정은 숙련된 인력의 수작업으로 이루어졌다. 그런데 파리소 상점의 재단사들은 한때 주인을 배척하며 불안해했는데, 그 이유는 주인인 파리소가 밀려드는 주문량을 맞추기 위해 교도소 작업장에서 인력을 끌어올 것이라고 의심했기 때문이다.[15] 죄수들을 작업 인력으로 동원했는지는 불분명하지만, 실제로 파리의 기성복 산업은 고한제도苦汗制度, sweating system에 기대어 발전하게 된다. 고한제도는 글자 그대로 땀을 쏟을 정도로 심하게 노동을 착취하

고한제도에 기대어 발전한 기성복 산업

1890년대 장시간 노동과 열악한 환경에서 일하는 의류 공장 노동자들.

는 제도로, 근대적 생산 시스템에 아직 진입하지 못했거나 근대적 공장 주변에서 보조적으로 이루어지는 매뉴팩처 시스템에서 흔히 볼 수 있는 현상이었다. 기성복 제조는 열악한 환경의 작업장에서 재단사들, 여성 재봉사들, 부속품을 완성하는 재단사들, 천을 자르는 사람들의 장시간 노동을 통해 이루어졌다. 이러한 노동력 착취 덕에 기성복 가격은 맞춤복보다 저렴한 수준에서 유지될 수 있었다.

파리소가 창업한 기성복 상점은 곧 프랑스 곳곳에 분점을 내는 동시에 봉마르셰Le Bon Marché 등의 백화점에 입점하게 된다. 이런 남성용 기성복은 아주 최고급은 아닐지라도 그 이전까지 양복을 맞춰 입었던 계층과, 중고의류에 만족해야 했던 계층 모두를 고객으로 확보했다. 특히 기성복을 사 입음으로써 평생 처음으로 새 옷을 구매하게 된 사람들은 '소비의 진정한 행복감'을 맛보았다.[16] 사실 이런 기성복은 상류사회 사람들의 복장을 저렴한 버전으로 모방한 것이었다. 이제 하급 공무원들, 다소 독립적인 소상인들, 자유업의 보조원들, 산업이나 상업 분야의 고용인들, 유복한 수공업자나 노동자들, 즉 중간계급에 속한 집단들이 '대량으로 복제된 명품'의 세계에 발을 내딛게 된 것이다.

잠시의 일탈, 댄디즘

부르주아 스타일 남성복의 유행은 비단 사람들이 무엇을 걸치느냐의 문제가 아니었다. 부르주아가 미덕으로 내세운 노동, 근면, 검약, 겸손과 같은 이데올로기를 사회적으로 정당한 것으로 인정받고, 그것을 보편화하는 과정이기도 했다. 그런데 1800년대 초, 이런 움직임에 대항하는 의식적인 거부 반응이 일어났다. 보 브럼멜(Beau Brummell, 멋쟁이 브럼멜)로 불린 조지 브라이언 브럼멜Geroge Bryan Brummell, 1778~1840, 조지 고든 바이런George Gordon Byron, 1788~1824, 샤를 피에르 보들레르Charles-Pierre Baudelaire, 1821~1867 등이 앞장서서 댄디즘dandyism을 선보인 것이다. 우파적이면서 반평등주의적인 댄디(dandy, 멋쟁이)들은 귀족주의가 천박한 부르주아 문화에 의해 폄훼되어가는 것에 반발하며 귀족 문화를 재창조하고자 했다. 독신주의, 결혼에 대한 혐오, 여성 경멸과 방랑은 그들이 내세우는 윤리 체계이자 라이프 스타일이었다. 그런데 무엇보다도 그들을 특징짓는 것은 세련되고 우아한 멋, 특히 옷차림이었다.[17]

영국 댄디즘의 가장 대표적인 인물인 브럼멜은 '단순한 것이 더 아름답다less is more'로 표상되는 '점잖은 멋의 정수'를 보여주었다. 옷을 잘 입는다는 사실만으로 명성을 얻었던 그였기에 매일 오후가 되면 왕세자를 비롯해 저명인사들이 방문해 그가 옷을 차려입는 모습을 지켜보곤 했다. 브럼멜은 하루 종일 옷을 입고 또 입었다. 그

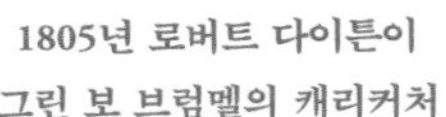
1805년 로버트 다이튼이 그린 보 브럼멜의 캐리커처

는 하루에 최소 셔츠 3벌, 바지 2벌, 넥타이 4개 이상, 조끼 2벌, 양말 몇 켤레와 여러 장의 손수건을 바꿔가면서 차려 입었다. 브럼멜은 맵시 있는 옷차림을 위해 몇 시간이나 공을 들였다. 세련되고 단순한 멋을 추구한 그는 옷 색깔도 흰색, 담황색, 남색 이렇게 세 가지로 한정했다.

동시대 인물인 철학자 토머스 칼라일Thomas Carlyle, 1795~1881은 댄디즘이 시간과 정력을 바보스럽게 낭비하는 귀족 계급의 유희일 뿐이라고 공격했다.[18] 하지만 보들레르는 댄디즘이 천박한 부르주아 물질주의에 대한 정당한 저항이라며 옹호했다. "댄디즘은 아직 민주주의가 강력하지 않고, 귀족정치의 동요와 실추가 미미한 과도기에 나타난다. 댄디즘은 쇠퇴해가는 헤로이즘(heroism, 영웅주의) 최후의 꽃이다"[19]라고 정의하면서 말이다.

댄디즘은 부르주아 남성복이라는 거대한 조류를 거스르기에는 미미한 저항이자 화려한 짧은 일탈이었다. 하지만 댄디즘이 아무런 유산을 남기지 않은 것은 아니었다. 댄디들이 정성 들여 받쳐 입었던 밝은 색깔의 조끼와 여러 가지 방식으로 매었던 넥타이는 남성복의 필수품이 되었다. 이 두 가지는 어두운 단색 옷감으로 만들어진 수수한 남성복에 유일하게 화려한 색깔이 허용되는 아이템으로 오늘날까지 살아남게 되었다.

3

웨딩드레스

왜 신부의 드레스는 신랑의 턱시도보다 비싼가

사치 논쟁의 본질

여성복 소비의 팽창과 쇼핑가들

결혼을 앞둔 예비 신부라면 신경 쓰이는 일 가운데 하나가 웨딩드레스를 고르는 일일 것이다. 드레스의 종류가 어마어마하게 많은 데다, 자신의 예산과 신체조건에 맞춰 단 한 벌의 드레스를 고르는 일이 결코 만만찮기 때문이다. 오죽하면 예비 신부들이 웨딩드레스를 고르는 과정을 보여주는 리얼리티 쇼 프로그램까지 나왔겠는가. 미국에서 2007년에 시작된 TV 프로그램 〈내가 꿈꾸는 드레스Say Yes to the Dress〉는 큰 인기를 끌었고, 이후 '애틀랜타 버전'과 '들러리 버전'까지 제작되면서 오늘날까지도 성황리에 방송되고 있다. 그런데 여기서 한 가지 의문이 든다. 왜 신랑의 턱시도는 신부의 드레스에 비해 종류도 적고 가격도 훨씬 저렴한가? 아무리 비싸봤자 웨딩드레스 값의 3분의 1 정도이고, 어떤 경우에는 신부 드레스에 그냥 끼워주기도 한다.

신랑의 예복은 왜 이런 대접을 받게 되었을까? 거꾸로 신부의 드레스는 왜 그렇게 비싼가?

유럽에서 남성의 복식이 여성의 복식에 비해 훨씬 간소하고 저렴해진 것은 300년 정도밖에 되지 않았다. 프랑스의 경우 1700년경만 해도 귀족을 제외한 중류 이하는 남성이 여성에 비해 오히려 두 배 정도 옷을 많이 갖고 있었고, 그 가치도 여성들이 소장한 옷에 비해 훨씬 높았다. 그런데 18세기 중엽이 되면 모든 계층에서 여성이 남성에 비해 엄청나게 많은 의복을 소장하기 시작한다. 이제 여성들은 남성보다 적게는 다섯 배부터 많게는 열 배가 넘는 옷값을 지출하게 되었다. 프랑스혁명 직전 평범한 장인의 가정에서 남성이 총 38리브르 정도의 가치가 있는 15벌 정도의 옷을 갖고 있었다면, 그 부인은 총 346리브르에 달하는 50벌이 넘는 옷을 갖고 있었다.[20]

여성들의 발길을 유혹하는 옷가게도 수없이 많아졌다. 1700년경 런던에는 네 개 정도의 쇼핑 중심가가 있었다. 스트랜드가the Strand, 플리트가Fleet Street, 칩사이드Cheapside, 콘힐Cornhill은 당시 유럽에서 최고로 꼽히던 쇼핑 거리였다. 그런데 점차로 쇼핑의 중심지가 북쪽과 서쪽으로 옮겨가게 된다. 스트랜드가는 여전히 명성을 유지했지만 코벤트가든Covent Garden, 옥스퍼드가Oxford Street와 리전트가Regent Street와 팰맬Pall Mall이 17세기 말부터 새로운 중심지로 부상했다.[21] 런던을 제외한 영국의 나머지 지역에서 고급 상점이 가장 발달한 곳은 온천 도시 바스였다. 18세기 초 바스에서는 도심의 남동쪽인 오렌지 그로브Orange Grove, 테라스 워크Terrace Walk, 애비 처지야드Abbey Churchyard에 쇼핑가가 발달했는데, 18세기 말이 되면 그 중심이 북쪽으로 옮겨가서 밀섬가Milsom Street가 유럽 전역에 명성을 떨치게 되었다.[22]

파리에서는 이미 18세기 초부터 고급 쇼핑 거리로 생토노레가Rue Saint-

런던 펠맬 89번지 '하딩, 하웰 앤드 코(Harding, Howell & Co)'의 내부, 1809년

런던에서 패션의 중심가로 손꼽히는 펠맬에 위치한 이 대형 상점에서는
직물을 비롯해 모피, 보석, 남성복과 모자 등 각종 잡화를 취급했다.

〈팔레 루아얄 회랑을 산책하다〉, 필리베르 루이 드뷔쿠르. 1798년

맞춤복이 아닌 기성복을 취급했던 파리의 팔레 루아얄 부근
쇼핑가는 도시의 유행을 가져가려는 지방 상인들로 북적였다.

Honoré가 유명했다. 이곳의 부티크들은 이미 자신들이 제작하는 옷에 고유 라벨을 붙여 차별적인 지위를 드러낼 정도였다. 19세기가 되면 고급 의상실은 리슐리외가Rue de Richelieu 주변으로 확대되었고, 1860년대부터는 라페가Rue de la Paix가 새로이 떠올랐다. 여러 곳에서 쇼핑 거리가 생겨나면서 이 쇼핑가들 사이에 뚜렷한 계급성이 나타나기도 했다. 예를 들어, 생드니Saint-Denis 지역에는 최신식 유행을 따르는 중하층 부르주아를 위한 상점들이, 팔레 루아얄Palais-Royal 부근은 겉모양은 화려하지만 질이 떨어지는 재료로 만든 의상을 취급했다. 이곳에서 재단사들은 '하룻밤도 묵지 않고 파리를 지나치거나 대도시의 유행품들을 자신들의 고장으로 가져가는 데 만족해하는 지방 사람들'을 위해 새 옷이지만 맞춤복이 아닌 기성복을 팔았다.[23]

옷가게 안의 풍경

전통적으로 지체 높은 여성이라면 상점 주인을 집으로 불러 필요한 물건을 마련하는 것이 관례였다. 심지어 상점에 가더라도 결코 마차에서 내리지 않고 주인이 갖다주는 물건들을 골랐다. 그런데 18세기부터 소수의 최고 귀족을 제외하고 상류층 대부분이 직접 고급 상점을 찾아오기 시작했다. 미혼 여성은 친척이나 여집사, 하녀 들을 샤프롱(Chaperon, 젊은 여성이 사교장 등에 갈 때 보호자로 동반하는 부인)으로 대동하고 쇼핑을 하는 것이 일반적이었다. 흥미롭게도 이 귀부인들에게는 쇼핑하는 시간이 정해져 있었는데, 보통 아침식사를 마친 뒤 오전 중에 끝내는 것이 일반적이었다. 오후에는 사교 모임이 잡혀 있기 일쑤였고, 오후 4시부터는 만찬에 참석할 준비를 해야 했기 때

〈잡화상 댄디〉, 토마스 테그, 1817~1820년

여러 종류의 직물을 비롯해 레이스, 리본, 스카프 등 각종 액세서리를 취급하는 잡화상에서 멋쟁이 상점 주인에게 옷감을 주문하는 여성들.

문이다. 일단 상점에 들어온 상류층 여성들은 물건을 고르기 전에 대기실에 앉아 차를 대접받았다.

18세기 초부터 런던에는 여성 고객을 상대하는 남성 점원이 나타나기 시작한다. 1709년 세인트 폴 성당 근처의 한 상점에서 일하는 남성 점원은 "너무 달콤하고 잘생긴 데다, 친절하고 마음을 흔들어놓는 존재로, 그 우아한 말투며 부드러운 목소리가 …… 마치 이탈리아 남자 같은 느낌을 준다"는 평을 듣고 있었다.[24] 부유한 여성이 도착하면 남성 점원은 곧장 이탈리아제 실크며 브로케이드(무늬를 넣은 화려한 직물), 영국산 양각 벨벳 같은 최고급 천

〈라페가에서의 쇼핑〉, 장 베로, 1890년대

고급 부티크가 즐비한 파리의 라페가는 상류층 여성들이 즐겨 찾는 쇼핑 거리였다.
쇼핑을 마친 귀부인이 마차에 오르고 있다.

을 펼쳐놓았다. 그러고는 마치 유혹의 기술과도 같은 판매 기술을 구사했다. "부인은 너무나 멋지세요", "부인은 실크에 대해 아주 잘 아시는 군요", "아, 부인~ 나의 스타!", "오, 하느님! 저라면 그것을 1,000야드 사겠어요"처럼 구매를 재촉하는 아첨 섞인 말이 이어졌다.[25] 상대적으로 덜 부유해 보이는 고객이 들어오면 단색이나 줄무늬가 들어간 얇은 새틴이나 노리치 크레이프 천(겉면에 오글오글한 잔주름이 잡힌 천), 셜룬(shalloons, 모직물의 일종) 직물, 타이탄 무늬의 스코틀랜드산 모직물 등을 내놓았다.[26]

18세기 초에 이미 쇼핑 중독증을 보이는 여성들도 나타났다. 1712년 시사평론지 《스펙테이터Spectator》는 마차꾼 연합회 사람들을 취재한 기사를 내보냈다.[27] 마차꾼들이 일주일에 두세 번씩 이 가게 저 가게를 누비는 여성들을 최고의 고객으로 꼽는다는 내용이었다. 마차꾼들 사이에서 그런 여성을 부르는 은어는 흥미롭게도 '누에Silk Worms'였다. 가게에서 드레스나 옷감을 늘어놓고 있는 모습이 실을 뽑는 누에같이 보인다는 이유에서였다. 점원들은 이런 여성들을 귀찮게 여기지 않고 오히려 좋아했는데, 그 이유가 이 여성들이 직접 나서서 새로운 실크나 레이스, 리본에 대해 한없이 떠들기 때문에 점원들이 특별히 설명하며 아첨할 필요가 없다는 것이었다.

코르셋의 부활과 여성복의 변천

영국에서는 17세기 말부터, 프랑스에서는 18세기 후반부터 대부분의 남성복이 비교적 수수한 스리피스 슈트로 굳어진 반면, 여성의 의상은 지극히 화려하면서도 유행에 민감했다. 프랑스의 경우, 혁명 직후에는 경쾌하고

가벼운 복장이 유행했다. 고대 의상을 흉내 낸 주름 잡힌 흰옷이 선풍적인 인기를 끌기도 했다. 그런데 1820년부터 코르셋이 부활하면서 흔히 말하는 '여성의 육체에 대한 공격'이 재개되었다.[28] 전신을 덮는 긴 드레스와 그 안에 페티코트를 몇 겹씩 받쳐 입고, 머리에는 보닛을 쓰고 상반신에는 숄까지 걸친 빅토리아식 복장이 나타났다. 1840년에는 크리놀린(Crinoline, 스커트를 부풀게 하기 위한 버팀대) 스타일이 유행하기 시작하면서 철사나 고래뼈로 만든 커다란 새장 모양의 틀을 스커트 안에 받쳐 입었다. 크리놀린 스타일 드레스는 사실 매우 위험했다. 해안가에 서 있다가 강한 바람에 스커트가 우산 같은 구실을 해서 몸이 뒤집히는 바람에 물에 빠져 죽은 사람이 있는가 하면, 어떤 프랑스 여배우는 무대에서 가스등에 기대고 있다가 스커트에 불이 붙어 타죽기도 했다.[29]

그런 크리놀린의 황금시대는 1857~1866년까지였고, 1868년부터는 버슬(bustle, 엉덩이나 허리의 등 쪽이 부풀어 보이는 복장) 스타일이 나타났다. 방석같이 생긴 천 뭉치를 엉덩이에 대어 여성의 신체 굴곡을 과장해서 드러내고자 했다. 그런데 불행하게도 이런 스타일을 구현하기 위해 이번에는 크리놀린 대신 코르셋이 역할을 맡았다.

상반신을 옥죄는 코르셋은 희생과 순결의 상징으로 비치기도 했지만, 기묘하게도 금욕적인 동시에 선정적으로 보였다. 어떤 학교에서는 여학생들에게 몸을 씻기 위해 토요일에만 코르셋의 끈을 느슨하게 풀 수 있도록 허락했다. 코르셋을 오래 착용함으로써 나타나는 심각한 문제는 뼈의 기형과 장기의 출혈을 가져올 수 있다는 점이었다. 당시 의사들 가운데 일부는 코르셋이 혈액 순환을 방해해 두뇌에 충분한 피가 공급되지 않아 여성이 바보가 될 수 있다고 경고하기도 했다.[30] 이렇게 여성의 몸을 억압하고 왜곡한 복식문

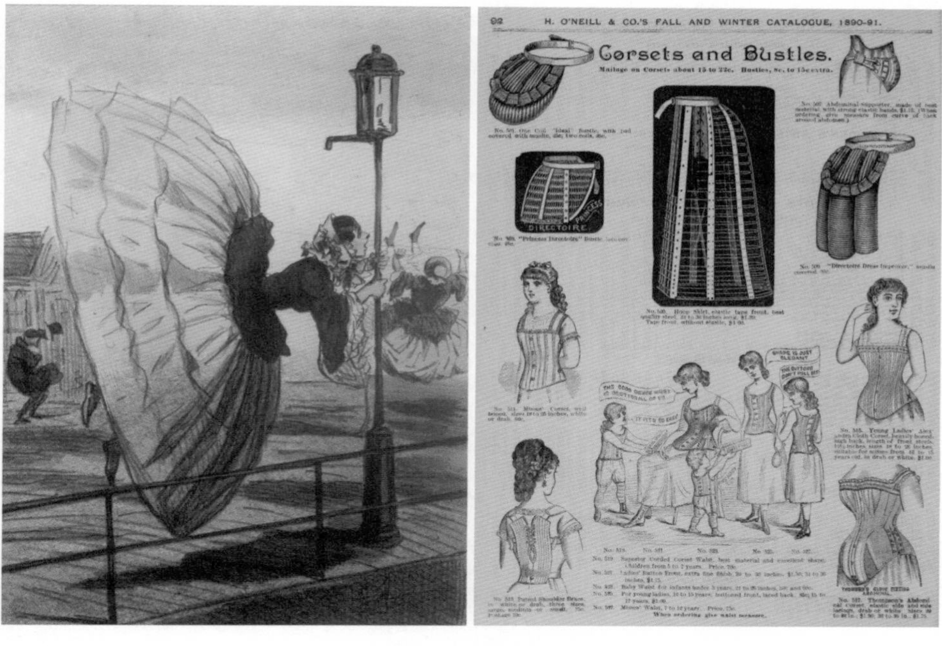

여성의 육체에 대한 공격

크리놀린 스타일 드레스의 위험성을 풍자한 카툰(왼쪽)과
1890년에 발간된 상품 카탈로그에 실린 버슬과 코르셋(오른쪽).

화는 제1차 세계대전기가 되어서야 본격적인 개혁이 이루어지게 된다.

일하는 남성과 일할 수 없는 여성

화려한 여성복의 유행은 마치 남성복이 포기한 모든 것을 여성복에 전가한 것처럼 보였다. 그러면서 수수한 남성과 화려한 여성이라는 대조적인 모습이 쌍을 이루는 풍경에 익숙해져갔다. 그런데 이 현상은 남성들이 사회의 악덕이라고 비판하면서 스스로 거리 두기를 했던 '사치luxury' 관행을 여성들의 몫으로 떠넘긴 것이나 마찬가지였다. 이것은 계몽주의 시대 사치 논쟁과도 깊은 관련이 있다. 18세기 지식인들 사이에서는 '사치'가 중요한 의제 가운데 하나로 떠오르게 되었다.[31] 그 이전까지 사치는 추상적인 개념에 가까운 것으로, 무작정 비판받는 도덕적인 악의 하나였을 뿐인데, 계몽주의자들은 보다 구체적으로 사치를 탐구하고 구분하기 시작했던 것이다. 그들은 다른 대륙에서 들어오는 새로운 물건에 대한 사치와 골동품 같은 옛것에 대한 사치 혹은 고대의 사치와 동시대의 사치가 어떻게 다른지를 구분하고자 했다. 이보다 좀 뒤에 독일에서는 귀족의 사치와 부르주아의 사치를 구별하는 움직임이 나타나기도 했다.[32]

이런 맥락에서 사치는 막연한 도덕적 악이 아니라 주요한 '정치적 악덕'으로 발전하게 된다. 이 당시 유럽 사회는 "이성, 최고의 효율성, 자기 계발, 물질주의적 개인"이라는 요소들이 상호작용하며 근대라는 새로운 사회를 만들어내고 있었다.[33] 이런 곳에서 사치는 부패, 무정부 상태, 여성적인 것 혹은 전제정치와 동일시되거나 그러한 것을 동반하는 사회악으로 자리매김하게 되었다. 지배층이란 모름지기 그런 악덕으로부터 멀어져야 했다. 그리하여 영국의 유명한 심리학자 존 칼 플뤼겔John Carl Flügel, 1884~1955이 명명한 바 있는 '위대한 남성적 금욕Great Masculine Renunciation'의 시대에 돌입하게 되었다.[34] 이런 사회에서 사치의 상징인 호화로운 옷을 입는 여성은 자연히 남성보다 도덕적으로 열등한 2등 시민이 될 수밖에 없었다. 이런 구도에서 보자면 여성들을 정치나 경제의 영역에서 배제하는 것은 너무나 자연스러운 귀결이었다.

〈선상 파티〉, 제임스 티소, 1874년

혁명이 장기간에 걸쳐 남성복을 변모시켰다고 할지라도, 여성 의상에는 별다른 영향을 미치지 않았다. 화려한 여성복의 유행은 남성들이 사회의 악덕이라고 비판하면서 스스로 거리 두기를 했던 '사치' 관행을 여성들의 몫으로 떠넘긴 것이나 마찬가지였다.

과시적 소비, 소비의 대리인

남성들은 여성들에게 수수한 옷을 강요하지 않았다. 오히려 아름답고 호화롭게 치장한, 그런 옷이 잘 어울리는 연약한 존재이기를 요구했다. 왜 그랬을까? 17세기 중반 이후 유럽은 간헐적인 절대빈곤에서 완전히 벗어나 성장세로 돌아섰고, 산업이 발달하기 시작했다. 이 시기 산업은 해외 교역보다 국내 소비의 확장에 기대어 돌아가던 상태였다.[35] 경제의 큰 축을 이루던 직물 산업은 18세기에 이미 상당히 발전된 상태였다. 한마디로 물건은 넘쳐났고, 경제는 돌아가야 했고, 그 한편에서 적지 않은 사람들이 점점 더 많은 자본을 축적해가고 있었다. 남성들은 사회적 분위기 때문에 노골적으로 부를 과시할 수는 없었다. 대신 아내나 딸, 연인을 통해 자신의 사회적 지위와 금전적인 능력을 드러내고자 했다. 이런 현상에 대해 신랄하게 비판한 학자는 소스타인 베블런Thorstein Bunde Veblen, 1857~1929이다.

1899년 베블런은 《유한계급론The Theory of the Leisure Class》을 통해 고대 사회에서는 여성이 힘 있는 자들에게 소유되면서 트로피처럼 간주되었다고 전제했다. 근대 세계에서는 그처럼 명백하게 남성의 노예로 취급되지는 않지만, 여전히 여성의 신분이란 결혼으로 인해 획득되는 것이라고 지적한다. 여기서 한 걸음 더 나아가, 근대 소비사회는 여성을 남성이 생산하는 물건에 대한 '의례적 소비자Ceremonial Consumer'로 만들어버렸다는 것이 그의 주장이다. 이제 여성은 자신의 직업이나 이익을 추구하기보다 부유한 남성의 부인으로서 '과시적'으로 소비해야만 하고, 그 자체가 계층을 구별 짓는 행위가 되었다는 말이다. 고대 노예와는 달리 근대 여성에게는 '소비하는 일'이 허락되었지만, 그 소비는 언제나 대리적代理的, Vicarious일 뿐 여성의 본질이 될 수는 없었다.[36] 베블런의 말을 좀 더 들어보자.

> 과시적 유한이 명성의 수단으로 크게 존중되는 경제적 진화 단계에서 그 이상은 우아하고 조그만 손발과 날씬한 허리를 요구한다. 이러한 특징은 대체로 유용한 노동을 할 수 없으며, 주인에 의해 부양되지 않으면 안 된다는 것을 의미한다. …… 그러한 여자는 무익하고 비용이 많이 드는 까닭에 금력의 증거로서 가치가 있는 것이다. 그 결과 이러한 문화 단계에서 여자는 그 시대의 정해진

〈무의미〉, 구스타브 레오나르 드 조셉, 19세기

근대 여성에게는 '소비하는 일'이 허락되었지만,
그 소비는 언제나 '대리적'일 뿐 여성의 본질이 될 수는 없었다.

취미에 대한 필요조건에 좀 더 잘 따를 수 있도록 몸을 변형시키려 한다.[37]

이런 상황에서 코르셋으로 조인 허리, 우아하지만 커다란 모자, 치렁치렁한 드레스, 하이힐, 희고 작은 손과 발은 노동에 적합하지 않은 것이었다.

이뿐만 아니라 "현대 문명의 생활양식에서 여자는 아직도 이론적으로는 남자의 경제적 의존물, 아마 가장 이상화된 표현으로는 여자는 여전히 남자의 동산動産이라는 것을 증명하는 품목들"[38]이 된다.

맨더빌의 반박, "절약이 미덕은 아니다"

그런데 버나드 맨더빌Bernard Mandeville, 1670~1733의 논고를 필두로, 악덕으로 규정되던 사치가 공익에 기여한다는 사상이 제기되기 시작했다. 맨더빌은 암스테르담 출신으로 런던에서 개업의로 지내면서 활발한 문필활동을 펼친 인물이었다. 1723년에 출판한 《꿀벌의 우화The Fable of the Bees》는 애덤 스미스 등 영국과 유럽의 철학자들에게 큰 영향을 끼쳤다. 《꿀벌의 우화》는 사치옹호론, 자선학교 유해론, 자유방임론 등을 주창한 글이었는데, 무엇보다도 사치를 악덕으로 폄하하는 당시의 인식을 위선적이라며 신랄하게 비판해 큰 주목을 받았다. 그는 사람이 사는 데 당장 필요한 것이 아닌 것을 모두 사치라고 규정한다면 사치가 아닌 것은 세상에서 찾기 어렵다고 전제하면서, 그런 사치로 인해 경제가 돌아가기 때문에 절약을 미덕으로 내세우는 것은 원칙적으로 모순이라고 지적했다.[39]

맨더빌이 보기에 사치가 탐욕과 약탈을 부추긴다는 생각은 완전히 잘못된 것이었다. 탐욕과 약탈은 실제로는 "남성이 지배하는 정부 탓이며 나쁜 정치 때문"이었기 때문이다. 그의 발언은 사치와 여성을 연결시키는 전통적인 관념에 선을 긋는 일대 선언이었다.[40] 그 발언으로 인해 사치와 여성을 연결시키는 오랜 인식이 완전히 사라진 것은 아니었지만, 그동안 사치를 악덕으로 몰아갔던 사치 논쟁이 점차 안락함과 편리함, 쾌락, 사교성, 취향, 심미안과 세련미 등에 대한 논의로 흘러가게 되었다.[41] 오늘날의 시각에서 보자면 사치 논쟁에서 새롭게 나타난 논의들은 근대성 논쟁에서 다루는 수많은 화두를 이미 의제로 부각시킨 것처럼 보인다. 그런데 여기서 흥미로운 것은, 맨더빌의 일갈이 나온 후 300년 가까이 흐른 지금, 수많은 근대성 논쟁과 탈근대 논의를 거친 오늘까지도 여성의 드레스는 여전히 화려한 데 비해 남성의 턱시도는 단순하다는 사실이다.

4

도자기

중국도자기의 유럽적 변신

미지의 세계를 소유하려는 유럽의 욕망

도자기 신발

도자기 신발, 델프트 도기(Delftware), **1660~1675년경**

이 앙증맞은 도자기 신발을 보라. 17세기 후반 네덜란드 델프트Delft 지역에서 만든 제품인데, 이외에도 다양한 크기와 모양의 도자기 신발이 제작되어 네덜란드 곳곳으로 팔려나갔다. 무슨 용도로 쓰였는지 정확하게 알 수는 없지만 신발이 지닌 에로틱한 상징성에 미루어 구애를 위한 선물이 아니었을까 추측된다. 도자기 신발은 당시 네덜란드에서 유행하던 신발의 모양을 본떴지만, 발등의 무늬는 분명 중국의 꽃문양이다. 중국도자기는 아닌 듯한데, 그렇다고 온전히 '중국풍' 도자기라고 부르기도 어렵다. 동시에

전적으로 유럽 문화의 산물이라고 할 수도 없다. 이 제품은 중국도자기를 본떠 유럽이 만들어낸 새로운 물건이기 때문이다. 이처럼 작은 도자기 신발에는 동양과 서양의 조우, 동양의 문화를 전유하려는 서양의 의지, 그리고 지극히 동양적인 도자기가 서양인의 정체성의 한 요소가 되어간 여러 이야기가 담겨 있다.

중국도자기, 유럽에 입성하다

중국도자기가 언제부터 유럽에 들어갔는지 정확하게 추적할 수는 없다. 하지만 최소한 중세 초·중반에는 페르시아를 거쳐 들어온 중국도자기를 유럽에서 찾아볼 수 있었을 것이다. 이미 8세기경 페르시아에서 중국도자기가 꽤 많이 유통되고 있었기 때문이다. 《코란》에서 금이나 은으로 만든 접시에 음식을 담아 먹는 것을 금했기 때문에 부유한 페르시아인들은 금은식기를 대체할 아름답고 값비싼 그릇을 원했다. 특히 흰 바탕에 푸른 물감으로 그림을 그린 자기 접시가 인기가 있었다. 하지만 당시 중국의 코발트는 페르시아 코발트보다 색이 연했기 때문에 중국 도공들은 구매자의 눈높이에 맞추기 위해 페르시아 코발트를 수입해야 했다. 이런 과정을 거쳐 눈부시게 하얀 바탕에 눈이 시리게 푸른색 무늬가 그려진 수출용 중국도자기가 생산되었다. 중국도자기가 페르시아 고객들의 요구에 부응하며 일종의 혁신을 거듭한 셈이었다.[42]

유럽에서 중국도자기를 최초로 수입한 이들은 포르투갈 사람들이었다. 대항해 시대를 맞아 동남아시아와 멀리 중국이며 일본까지 진출했던 포르투

유럽에 중국도자기 열풍을 불러일으킨 크락 자기들

중국 명왕조 만력제 시기(1563~1620) 청화백자는
17세기 초에 크락 자기라는 이름으로 유럽에 유통되었다.

갈 상인들은 처음에는 고아Goa에서 중개상을 통해 중국도자기를 사들였고, 곧 명나라가 연해 사무역을 허락하자 중국 남부에서 직접 도자기를 사서 유럽으로 실어 날랐다. 하지만 그것은 상류계층을 위한, 소량에 불과한 그야말로 사치품 교역이었다. 그런데 우연한 사건을 계기로 중국도자기가 대량으로 유럽에 유통되기 시작했다. 1604년 네덜란드 선단이 포르투갈의 상선을 노략했는데, 거기에 비단이며 칠기와 함께 무려 16톤에 이르는 수천 점의 도자기가 실려 있었던 것이다. 그 도자기들은 '크락 자기Kraak porcelain'라고 불리게 되는데, 크락은 포르투갈의 무장상선을 일컫는 캐럭(Carrack, 주돛대가 세 개가량 있고 삼각형 모양의 돛을 단 대항해 시대의 범선)이라는 말을 네덜란드 식으로 부르면서 얻게 된 이름이다. 이 도자기들은 곧 암스테르담에서 경매에 붙여졌는데, 유럽의 여러 왕실에서 참여할 정도로 인기가 높았다. 그 후 유럽 전역에 중국도자기 열풍이 불었다.[43]

도자기의 시대

중국도자기를 만난 유럽인들은 곧 이 이국적인 물건과 사랑에 빠지게 되었다. 이른바 '신대륙의 발견'으로 인해 먼 대륙으로부터 신기한 물건들이 들어오자 유럽의 왕족들과 귀족들은 '호기심의 방Cabinet of Curiosities'을 만들어 온갖 물건을 전시하기 시작했다. 중국도자기도 당당하게 한자리를 차지했다. 아예 '도자기의 방China Room, Porcelain Room'을 따로 만든 왕족도 있었다. 포르투갈의 마누엘 1세Manuel I, 1469~1521, 에스파냐의 펠리페 2세Felipe II, 1527~1598, 프랑스의 샤를 8세Charles VIII, 1470~1498와 루이 12세Louis XII, 1462~1515, 그리고 프랑수아 1세François I, 1494~1547, 영국의 헨리 8세Henry VIII, 1491~1547와 엘리자베스 1세Elizabeth I, 1533~1603는 멋진 도자기 컬렉션을 갖고 있었다. 도자기의 방에는 도자기 각각의 크기에 맞춰 아름다운 벽장을 짜 넣었다. 이러한 중국도자기에 대한 열광을 근대 초 유럽에서 시누아즈리(Chinoiserie, 17세기 후반부터 18세기 중반까지 유럽의 귀족들 사이에 일어난 중국풍 취미)가 생겨나게 된 초창기 동력으로 보기도 한다.

중국도자기의 매력은 무엇이었을까? 유럽의 엘리트는 중국도자기에서 섬세하고도 낯선, 새로운 아름다움을 발견했다. 이것은 '노벨티(novelty, 새로운 것, 참신한 것)'에 열광하던 당시의 문화적 분위기와도 관계가 있다. 또한 르네상스 시대 이후 감식안이 엘리트의 새로운 미덕으로 떠오른 것과도 관련이 깊다. 메디치 가문 등이 열성적으로 예술작품 생산을 후원하고 수집했던 이유는 그것이 세속적인 권력을 뒷받침할 만한 미덕, 즉 교양과 미적 감각을 지니고 있다는 증거였기 때문이다. 그런 능력을 갖춘 사람은 비르투오소(혹은 버튜오소, Virtuoso)라고 불리게 된다. 미덕美德, Virtue에서 유래한 이 말은 예

독일 샤를로텐부르크성의 '도자기의 방'

17~18세기 유럽에 유행한 '시누아즈리'의 표본이라 할 수 있는 이 방에는 당시 수집한 2,700여 점의 도자기가 전시되어 있다.

술이나 도덕에 상당히 조예가 깊은 사람을 뜻했는데, 나중에는 특별한 분야에 전문적인 지식을 가진 사람이라는 의미로 확대되었다.[44]

물질적 애착, 타자를 소유하려는 욕망

중국도자기는 아름다움의 대상이었을 뿐 아니라 중국의 유구한 역사와 화려한 문화를 담고 있는 물질적 집약체였다. 유럽인들은 17세기부터 중국에 대해 특별한 관심을 나타내기 시작했다. 포르투갈, 네덜란드, 그리고 영국의 상인들이 중국의 물건을 유럽에 열심히 실어 날랐던 탓도 있지만, 중국에 파견되었던 유럽의 예수회 수사들이 중국의 지리, 역사, 문화에 대한 정보를 유럽에 유통했던 영향도 있다. 17세기 후반 영국과 프랑스를 중심으로 학자들 사이에 촉발되었던 고대와 근대 논쟁Battle between Ancients and Moderns에서도 중국은 매우 중요한 준거틀로 등장한다. 고대파 학자들은 중국이 유럽보다 훨씬 오랜 역사와 매우 효율적인 통치체제를 갖고 있었다면서 중국이야말로 유럽이 닮아야 할 모범이라고 주장했다. 고대 중국의 기록들이 《성경》의 기술보다 훨씬 탄탄한, 실증적이고도 경험적인 역사 기록으로 받아들여지면서 그것을 기초로 서양 고대의 역사를 다시 쓰자는 제안이 나오기도 했다.[45]

유럽의 엘리트들은 도자기 같은 중국 물건을 소유함으로써 중국 문화를 자기들의 것으로 만들고자 했다. 역사학자 안토니 파그덴Anthony Pagden은 타 문화권의 물건을 애호하는 현상이 타자를 소유하고자 하는 욕구와 필연적으로 연결되어 있다고 주장한다.[46] 유럽에서 고가에 거래되었던 중국도자기의 물질적 가치 뒤에는 중국 문화가 표상하는 '상징가치'가 내포되어 있었다. 즉, 중국도자기를 사들이는 일은 말콤 워터스Malcolm Waters의 주장처럼 "단순히 물질가치만이 아니라 상징가치의 형태로 소비"하는 대표적인 사례였다.[47] 중국도자기를 사들이고 전시하는 일은 유럽의 지배계급에게 특권에 걸맞은 행동과 미덕을 실천하는 일인 동시에 자신의 지위를 과시할 수 있는 수

〈뚜쟁이〉, 요하네스 페르메이르, 1656년

17세기부터 유럽 상류층에서 유행한 시누아즈리는 점차 중간계층으로 퍼져나갔다. 특히 중국도자기에 대한 수요가 엄청 늘어났는데, 이러한 분위기는 화가들의 그림에서도 엿볼 수 있다. 탁자 위에 놓인 중국도자기가 시선을 끈다.

단이 되었다. 그런데 상업의 발달로 인해 재산을 축적한 사람들이 늘어나고, 견고한 엘리트의 장벽이 점차 허물어지자 지위 상승 욕구에 불타는 중간계층이 상류층의 소비 행위를 따라 하기 시작했다. 이제 중간계층에서도 중국도자기에 대한 엄청난 수요가 생겨났다. 그들은 소박하나마 선반에 중국도자기를 올려놓고 바라보며 만족해했다. 실내 풍경을 그린 페르메이르Johannes Jan Vermeer, 1632~1675의 그림에서, 혹은 이 당시 발달하기 시작한 많은 정물화에서 도자기가 등장하는 것도 이런 맥락에서다. 그런데 그 도자기들 가운데 많은 것은 중국도자기가 아니라 '중국풍' 도자기였다.

유럽이 생산한 '중국풍' 도자기

중국도자기에 대한 인기가 높아지면서 유럽 사람들은 이미 17세기부터 중국도자기와 똑같은 품질의 도자기를 생산하려고 노력했다. 선두주자는 이탈리아였다. 에스파냐의 마요르카Mallorca섬을 거쳐 수입된 아름다운 도기들을 따라잡으려 노력했던 이탈리아의 마졸리카Majolica 도자기 생산지에서는 중국 청화백자의 색깔과 문양을 모방한 제품들이 생산되기 시작했다. 곧 네덜란드의 델프트, 영국의 우스터Worcester, 독일의 마이센Meissen 등지에서 중국풍 도자기를 만들어내려는 치열한 노력이 이어졌다. 사적 영역에서 도자기 산업이 발달했던 영국을 제외하고, 독일이나 프랑스 등 유럽 대부분 국가에서 도자기 산업은 왕이나 제후의 지원과 통제하에서 발달하게 된다. 루이 15세Louis XV, 1710~1774와 그의 정부 퐁파두르 부인Madame de Pompadour, 1721~1764이 후원한 뱅센Vincennes과 세브르Sèvres의 공방은 왕실의 전폭적인

후원을 받았던 대표적인 자기 생산지였다.[48]

그런데 중국도자기를 완벽하게 재현한다는 것은 사실 매우 어려운 일이었다. 100여 년 동안의 시도 끝에 1708년 마이센 공방에서는 전직 연금술사였던 뵈티거Johann Friedrich Böttiger, 1682~1719와 그의 동료들이 유럽 최초로 중국식 자기 소성을 성공시켰다.[49] 마이센 그룹이 성공할 수 있었던 것은 예수회 선교사 당트르콜François Xavier d'Entrecolles, 1664~1741이 중국의 징더전景德鎭을 방문하여 자기 제작 공정을 알아내어 전해준 덕분이었다. 마이센에서 1710년부터 생산된 경질자기硬質磁器는 중국도자기를 완벽하게 모방한 것으로, 그동안 유럽에서 생산되었던 그 어떤 도자기보다 질이나 형태에서 중국도자기와 가장 흡사했다. 마이센 공방은 제작 기술을 극비에 부치려 했지만 곧 그 비결은 솔솔 새어나갔다. 그리하여 18세기 중반에 이르면 독일을 비롯하여 프랑스와 영국에서도 경질자기를 생산하게 되었다.[50]

튤립 화병, 델프트 도기

높이 104cm×가로 18cm×세로 17.5cm, 1710~1720년경.

이렇게 생산된 제품들은 애초에 중국도자기를 그대로 모방하고 재현하고자 했다. 그런데 점차 유럽인의 필요와 상상력에 의해 상당

청동 장식 도자기, 16세기 후반~17세기 초

유럽에 수입된 중국도자기는 브롱지에의 손을 거쳐 다시 청동 장식이 더해지기도 했다.

히 자유로운 형태를 띠기 시작했다. 그 과정에서 접시나 화병뿐 아니라 온갖 다양한 생활용품이 도자기로 만들어지기 시작했다. 잉크스탠드를 비롯하여 왕의 얼굴을 새겨 넣은 기념용 도자기 접시가 나왔는가 하면, 실제로 소리는 낼 수 없지만 정교하기 그지없는 도자기 바이올린이 만들어지기도 했다. 형태는 중국의 파고다(Pagoda, 불탑)에서 모티브를 취했지만 모서리의 네 구멍에 각각 튤립을 꽂을 수 있게 만들어진 튤립 화병은 전형적인 유럽의 산물이었다.

접시의 문양도 점차 중국풍에서 벗어났다. 중국도자기 문양은 꽃이나 새, 선녀나 한자 등의 모티브를 부각시키거나, 그림으로 이야기를 풀어나가는 고사도故事圖의 방식을 취했던 반면, 유럽에서 생산된 중국풍 도자기는 풍경화 같은 묘사화를 그려 넣었다. 이런 중국풍 도자기 접시는 여백의 미를 중시하는 중국도자기에 비해 그림 장식을 빽빽하게 채워 넣었는가 하면 가장자리를 분할하여 기하학적 도안도 집어넣었다.[51] 중국도자기에 비해 훨씬 더 강렬한 청색을 사용한 것도 특징이었다. 이뿐만 아니라 도자기를 감싸거나 받치는 아름다운 청동 받침대를 제작하여 장식적 효과를 높이기도 했다. 중국으로부터 멀리 운반되어 온 도자기는 고객의 손에 들어가기 전에 브롱지에(bronzier, 청동 조각가)의 손에서 일차적으로 옷을 입은 뒤 고객인 주인에게 넘겨지곤 했던 것이다.[52]

먼 세상에 대한 상상력

중국의 도공들은 유럽에서 중세라 부르는 시기부터 이미 이슬람 문화권 등 해외로 수출할 물건을 생산하기 시작했다. 이런 전통 때문에 17세기에 유럽이 큰 소비시장으로 떠오르자, 즉각 그 수요에 대처할 수 있었다. 예를 들어 1620년대 북유럽에서 터키튤립이 유행하자 징더전 도공들은 곧바로 접시에 튤립을 그려 넣었다.[53] 한 번도 튤립을 보지 못한 중국 도공들이 그려낸 그 꽃은 사실 튤립이라고 하기에는 이상한 모양이었다. 사실 유럽 소비자의 취향에 반응하는 것은 지구 반대편의 생산자들에게 보통 일이 아니었을 것이다. 게다가 유행은 변덕스럽게 자주 바뀌었다. 유럽 상인들은 보통 1년 안에 납품받는 것을 조건으로 중국의 공방에 주문장을 넣었는데, 이렇게 1년 단위로 유행이 달라지는 새로운 도자기를 만드는 일은 큰 도전이었다. 18세기 말 란푸藍浦, ?~1795라는 한 중국인 학자는 "외국의 그릇은 모양이 매우 이

'세계의 도자기 중심지'였던 중국의 징더전

17세기 이후 유럽과 본격적으로 거래를 하게 된 징더전은
유럽인들의 취향을 반영한 중국도자기를 생산해냈다.

상하고 매년마다 다른 형태를 요구한다"고 기록했다.[54]

유럽이 원하던 도자기는 형태며 크기가 전통적인 중국도자기와는 달라서 별도의 가마가 필요했을 것으로 추측된다. 1635년 네덜란드 동인도회사의 중국도자 주문서에는 겨자를 담는 단지며 촛대 등 네덜란드의 식탁용 그릇과 장식품 들이 기재되어 있다. 1777년의 주문서는 매우 구체적이다. 십자가에 못 박힌 예수가 그려진 접시, 넵튠Neptune이 그려진 초콜릿 컵, 파슬리가 장식된 팔각형 컵받침, 버찌 따는 사람이 그려진 과일 바구니처럼 지극히 유럽적인 양식의 도자기를 주문했던 것이다.[55] 하지만 주문서가 아무리 구체적이었다 할지라도 다른 문화권의 생산자에게는 주문 사항이 아주 생소하게 느껴졌을 것이다. 또한 이미지의 물질화란 전혀 다른 문화권을 거치는 동안 왜곡되게 마련이다. 그런데 이런 전체의 과정, 즉 미지의 먼 곳에 사는 소비자의 취향을 염두에 두고 물건을 생산하는 과정에서 물질의 전파나 인적 교류뿐 아니라 그 과정에 스며 있는 상상력을 통해 두 세계가 연결되었다. 도자기라는 물건을 통해 보이지 않는 상상의 네트워크가 글로벌한 차원에서 형성되었던 것이다.

중국풍 도자기와 미국 엘리트 만들기

미국에서는 유럽보다 조금 늦은 19세기 후반에 도자기 열풍이 불었다. 옛것 연구와 박물관 건립, 역사 연구를 통한 미국의 정체성 확립의 움직임 속에서 도자기가 새로이 조명받게 되었다. 도자기 구입과 수집이 늘어나는 와중에 가장 각광받았던 것은 골동품 도자기를 발굴하는 일이었다. 중국도자기건 중국풍 도자기건 다락방을 뒤져 선조들이 유럽에서 가져온 도자기를 발견한다면 그것은 매우 부러움을 살 만한 일이었다. 이렇게 도자기가 귀한 대접을 받게 된 이유는 그것이 앵글로 배경을 가진, 이른바 '정통' 이민자의 역사적 뿌리를 확인시켜주는 증거물처럼 받아들여졌기 때문이다. 이뿐만 아니라 도자기를 소유한 사람은 예술에 조예가 깊고 선진적인 코스모폴리타니즘cosmopolitanism이 몸에 밴 사람으로 여겨졌다.

도자기 수집 열풍을 이끌었던 사람들은 미국에서도 가장 영국적 전통을 깊이 간직하고 있던 뉴잉글랜드 지역 인사들이었다. 새메인 록우드Samaine Lockwood는 도자기 수집 열풍이 본질적으로는 몰려드는 이민자들을 의식한 영국 출신 미국인Anglo-Americans들이 자신들의 우위를 재확인하고, '국가의

〈찻잎(Tea Leaves)〉, 윌리엄 맥그리거 팩스턴, 1909년

20세기 초 미국 상류층 여인들의 티타임. 식탁 위에는 중국도자기인
손잡이가 없는 녹차 찻잔이 놓여 있고, 협탁에도 중국도자기 접시에 과일이 담겨 있다.

역사적 보고를 보전할 능력이 없는' 하층민과 스스로를 차별화하는 기제 가운데 하나였다고 주장한다.[56] 또한 골동품 도자기에 대한 찬미는 산업화에 대한 일종의 반동 현상이라 할 수 있다. 이 특별한 수집 행위 자체가 대량생산과 대량소비에 편승한 보통 사람들을 의식한 일종의 구별 짓기 행위이자 신분 구별이 확실했던 '평온한' 옛 시절에 대한 향수라는 것이다.

이처럼 중국에서 유럽으로, 유럽에서 미국으로의 긴 여정을 거치는 동안 중국도자기 혹은 중국풍 도자기는 이미 국적을 상실했을지도 모른다. 혹은 오히려 국적을 초월한 새로운 의미가 부여되었다고 볼 수도 있다. 그런데 미국의 '주류'를 창출하고 구별하는 데 중국도자기가 동원될 줄 그 누가 알았으랴.

5

비누

검은 피부, 하얀 비누

백색 신화를 전파한 최초의 식민주의 상품

제국주의 이전의 흑백차별

백인이 되고 싶다는 욕망. 그 욕망이 내 마음을 사로잡는 얼룩말을 지나 내 영혼의 가장 어두운 심연이 펼쳐져 있는 곳, 그곳으로부터 불현듯 솟아난다. 나는 흑인이 아닌 백인으로 인정받고 싶은 것이다 …… 흑인인 후안 데 메리다는 이렇게 외친다. "나로 말할라치면 눈보다 더 흰 존재라구." …… 그렇담 도대체 흑인이란 게 뭐야? 결국 그 피부색이 문제 아니겠어? …… 아, 망할 놈의 피부색!"[57]

이 글은 널리 알려진 프란츠 파농Frantz Fanon, 1925~1961의 《검은 피부, 하얀 가면Peau Noire, Masques Blancs》(1952)의 한 구절이다. 파농은 흑인에게는 백인이 되어야만 하는 단 하나의 운명만이 존재한다고 토로한다. 이 존재론적 갈등을 낳게 한 구조는 바로 서구 중심적인 제국주의였다. 제국주의는 서구

열강이 비유럽의 자원과 노동력을 수탈함과 동시에 자신들이 생산한 상품을 전 세계로 퍼트리는 과정이었다. 이때 가장 먼저, 가장 널리 퍼진 상품이 바로 비누다. 비누는 "흑인마저도 하얗게 만드는 힘"을 가지고 있다고 선전되었다.[58]

흑백을 구분하는 인종주의는 제국주의가 본격적으로 시작되기 훨씬 전부터 존재했다. 흑인에 대한 인종주의는 검은빛에 대한 전통적인 편견에서 비롯되었다. 문명세계는 빛과 어둠이라는 이분법적 세계관을 토대로 구축되어왔으며, 어둠보다 빛을 중요시하는 사회에서는 검은색을 띤 것들을 차별하고 배제했다. 유럽 역사를 보면 특히 검은 머리카락과 검은 피부에 대한 편견이 강했는데, 이것이 곧 유대인과 흑인을 비하하고 차별하는 근거가 되었다. 18세기 유럽 여러 궁정에서 엄청난 인기를 누렸던 인상학자人相學者 요한 카스파 라바터Johann Kaspar Lavater, 1741~1801는 검은색에 대한 사회적 혐오를 이렇게 설명했다.

> 우리는 검은빛을 띠는 모든 것을 싫어한다. 자연은 지상의 모든 동물, 심지어 검푸른 식물에게도 무엇이 자신에게 유해한지 경고해주었다. 사람을 판단하는 능력이 전혀 없는 어린아이도 검은 얼굴을 한 사람을 무서워한다.[59]

19세기 중반부터 유럽인들이 식민지에 파견되기 시작하고, 아프리카 흑인들이 노예로 아메리카 대륙에 대량유입되면서 백인과 흑인이 접촉하는 기회가 많아졌다. 백인은 흑인을 차별하고 착취했지만, 때로 그들을 공포의 대상으로 여기기도 했다. 특히 백인 여성이 흑인 남성과 접촉하는 일은 상상 속에서조차 금기시되었다. 19세기 유럽과 미국의 가정에 널리 보급되었던

'임신과 출산 지침서'들에는 그런 금지된 접촉이 불러온 끔찍한 사례들로 가득했다. 흑인의 영향을 받은 여성이 괴물을 출산했다거나, 침대 옆에 흑인이 그려진 그림을 걸어두었더니 백인 부부 사이에 흑인 아이가 태어났다는 등의 증언들이 실려 있다. 한 아일랜드 여성은 꼬불거리는 머리카락과 두꺼운 입술을 가진 아프리카 아이를 낳았는데, 그 이유가 "그녀가 '검은 감자'를 먹어왔던 탓으로 밝혀졌다"는 이야기도 버젓이 학술서에 실리곤 했다.[60]

'더러운 흑인'이라는 낙인

19세기 후반이 되자 흑인들은 악의 상징인 검은 피부색을 지녔을 뿐 아니라 몸도 더럽고 병균이 득시글거린다는 낙인이 찍히기 시작했다. 아프리카를 방문한 유럽인들은 "아프리카인들은 많아봤자 한 달에 한 번 씻을까 말까 하고, 확신컨대 많은 이가 이런 귀찮은 의무를 1년에 한 번도 이행하지 않는다. 그들은 단지 때가 떨어져나가기를 기다린다"고 말하곤 했다.[61] 그런데 유럽인들이 이런 인상을 받은 이유는 아프리카 사람들의 위생습관이 자신들과 달랐기 때문이다.

아프리카 대부분의 지역에서는 몸을 씻는 데 비누를 사용하지 않았다. 포르투갈인을 필두로 영국인과 미국인이 발을 디딘 아프리카 해안가나 적도 근처에서는 팜유palm oil와 재로 만든 비누가 사용되었는가 하면 간혹 서구식 목욕법이 보급되기도 했다. 하지만 이는 극히 일부 지역에 국한되었고, 아프리카 사람들 대부분은 자기 고장에서 구할 수 있는 다양한 재료를 이용해 몸단장을 했다. 나무의 수액樹液으로 머리를 감고, 나무껍질과 흙으로 화장을 하거나 '비누 덤불soap bushes'이라고 알려진 관목으로 몸을 훑어내는 식이었다. 물이 풍부한 지역에서는 정기적으로 목욕을 하는 관습도 있었지만 물이 부족한 곳에서는 목욕에 대한 인식 자체가 부재했다. 아프리카 대륙에 사는 사람들은 대부분 동물의 지방이나 피마자유 등을 섞은 기름으로 몸을 닦아 냈고, 붉은색이나 노란색 진흙을 피부에 칠하여 강렬한 태양과 외부의 오염원로부터 몸을 보호했다.[62]

1890년대가 되면 유럽인들은 아프리카 사람들을 비위생적 존재라고 노골적으로 비난하기 시작했다. 더럽고 지독한 냄새가 난다는 표현은 기본이고, 심지어 그들을 인간 이하의 존재로 폄하하기도 했다. 어떤 유럽인 병사는 은데벨레족Ndebele 여인에 대해 "검은 몸은 기름기로 뒤덮여 있고, 수천 마리의 파리가 들끓고 있다. 두꺼운 입술이며 …… 그 모습은 멍청하고, 개기름이 흐르며, 짐승 같다"[63]는 기록을 남길 정도였다.

그렇다면 유럽인은 원래부터 청결하고 위생적이었던가? 절대 그렇지 않다. 유럽식의 위생 개념이 나타난 것은 19세기가 한참 지나서였다. 즉, 아프리카 사람들을 향한 유럽인들의 비난과 폄하가 나오기 불과 몇십 년 전이었던 것이다.

위생행정의 탄생

더러운 흑인 대 깨끗한 백인의 관념이 생겨난 것은 제국주의의 중심부에서 청결과 순수성에 대한 인식의 변화가 일어났기 때문이다. 19세기 초반 영국에서는 '사회적 순결운동Socal Purity Movement'이 일어났다. 이 운동은 본

공중위생

콜레라를 예방하기 위한 조치로 런던 코벤트 가든 거리를 청소하는 사람들을 보여주는 1894년 9월 1일자 일간지 삽화.

질적으로 노동계급을 포함한 하층민의 도덕과 성생활을 통제하려는 움직임이었다. 사회개혁가와 종교지도자, 지역 단위의 공무원과 의사 들은 피지배층의 도덕성을 강화함으로써 사회적으로 에너지의 낭비를 막아 국력을 강화하고 제국을 확장하는 데 기여할 수 있을 것이라고 주장했다.[64] 구체적으로 성병 방지법, 동성연애, 법적 결혼 허용 연령, 매춘부의 손님 끌기, 자위행위, 포르노그래피 등이 사회적 쟁점으로 떠올랐다.[65] 영국 국민을 대상으로 생활 전반에서 절제와 규율이 강조되면서 "사랑을 잃는 만큼 제국을 얻는다"[66]는 말이 유행하기도 했다. 이제 제국의 지배자는 성적 방탕을 즐기는 모험가나 탐험가 혹은 상인이 아닌, '강건'하고 '순결'한 신사적 제국주의자라는 남성상으로 거듭났다.[67]

순결 이데올로기는 가정이라는 영역에도 고스란히 투영되었다. 가정이야말로 새로운 사회적 규범과 도덕을 지키고 실천해야 할 가장 기본 단위이자 중요한 구심점이었다. 여성들은 강건한 남성을 적극적으로 내조하며, 가정이라는 공간을 깔끔하고 청결하게 관리해야 할 사명을 부여받았다. 이런 사회적 청결성이 19세기 중반을 지나면서 개인의 의복이나 신체와 연결된 '위생hygiene' 개념으로 발전하게 되었다. 1870년대가 되면 공무원과 종교단체 소속 개혁가 들이 각 가정을 방문해 비누를 이용한 세탁법이며 목욕 방법과 필요성에 대해 설명하기 시작했다.

같은 시기 루이 파스퇴르Louis Pasteur, 1822~1895와 조지프 리스터Joseph Lister, 1827~1912가 세균설을 제기하고, 1880년대에 결핵균, 콜레라균, 티푸스균이 발견되면서 위생은 그야말로 사회적인 대大주제가 된다. 전문가와 국가 권력은 보통 사람들이 육안으로는 볼 수 없는 세균을 전문적으로 취급하며 퇴치 방안을 내놓음으로써 새로운 차원의 권력을 행사할 수 있게 되었다.[68]

이런 맥락에서 비누로 손 씻기는 개인적 필요에 의한 단순한 행위가 아닌 모두가 실천해야 하는 사회적 의무가 될 참이었다. 나아가 제국은 청결과 불결이라는 이분법으로 사회적 위계를 설정하고 분리를 정당화할 태세였다.

피어스 비누와 제국주의 광고

웨일스 출신 농부의 아들이었던 앤드류 피어스Andrew Pears, 1770~1845는 1789년 런던에 이발소를 차렸다. 그는 부자 손님들의 안색을 개선해줄 파우더, 크림 등을 만들어 큰 인기를 끌었다. 당시 상류사회에서는 얼굴빛을 매우 중요시했는데, 햇볕에 그을린 듯 보이거나 거무튀튀한 얼굴을 가진 사람은 땡볕에서 일하는 노동계급으로 치부되었다.[69] 흑백을 둘러싼 시각적인 표식이 계급적 표지로 이어진 사례였다.

희고 깨끗한 피부를 원하는 사람들이 워낙 많았기 때문에 미백 효과가 있는 비누나 화장품에 대한 요구는 나날이 커져갔다. 피어스가 개발한 크림과 파우더는 미백 효과뿐 아니라 거친 피부를 부드럽게 해주는 효과가 있었다. 당시 화장품에는 흔히 비소나 납 성분이 첨가되었기 때문에 많은 사람이 피부 부작용으로 고생하고 있었다. 피어스는 자신이 만든 제품이 큰 인기를 끌자 한 걸음 더 나아가 생산 단가가 낮고 비교적 제작이 수월한 비누를 대량으로 생산해 판매하기로 마음먹는다. 그가 개발한 비누는 글리세린과 다른 자연 성분을 배합해 만든 것으로, 피부를 정화하고 부드럽게 해주는 효과가 있는 세계 최초의 투명한 제형의 비누였다.

피어스 비누Pears' Soap는 런던에서 제조되어 1807년부터 판매되기 시작

피어스 비누 광고

깨끗한 집, 화목한 가족, 사랑스러운 아이들 같은 가정성 신화를 도입한 비누 광고(왼쪽)와
노골적으로 백색성을 강조한 인종차별적 광고(오른쪽).

했는데, 투명한 형태와 독특한 성분으로 큰 인기를 끌었다. 미국에서도 높은 판매량을 올렸다. 또한 피어스사는 창의적이고 공격적인 홍보 전략으로 높은 인지도를 얻게 된다. 그것은 새로운 상품문화를 선도하는 한편, 제국주의적 '문명화 사명'을 충실하게 구현한 광고들이었다.

피어스사는 먼저 빅토리아 시대의 '가정성(domesticity, 19세기 영국과 미국에서 이상화한 여성의 사회적 역할과 덕목으로, 가족 구성원을 모범적 시민으로 길러내는 여성의 역할을 애국심과 연결시키곤 했다)' 신화를 적극 이용했다. 광고에는 사랑스러운 아기를 목욕시키는 그림을 다수 사용했는데, 이는 피어스사가 전면에 내세운 깨끗한 집과 화목한 가족이라는 이상을 함축한 것이었다.[70] 또한 피어스 비누 광고는 면도하는 남성이나 코르셋의 리본을 조이는 여성의 모습과 하녀가 밤에 주인의 침실에 자리끼를 들여오는 장면 등을 광고에 내보냈다. 그동안 공개되지 않았던 내밀한 가정생활의 면면을 매우 친근감 있게 포장하여 공적인 영역으로 불러낸 것이다. '생활수준standard of living'이라는 말을 만들어낸 빅토리아 시대 영국인들은 이런 광고를 통해 사생활에서 어떤 물건들이 어떻게 사용되지를 교육받는 셈이었다.[71]

피어스 광고에서 더욱 눈에 띄는 점은 비누라는 상품을 통해 제국주의적인 문명화 사명을 수행하고 있다는 사실이다. 그런데 이 사명을 수행하려면 먼저 중심부와 주변부 및 인종 간의 차이가 분명하게 설정되어야 했다. 즉 비누 같은 물건을 생산하고 소비하는 문명권과, 그런 상품과 문화가 완전히 결핍된 비문명권이 '재발명'되어야 했던 것이다. 이 과정에서 흑인은 역사와 문명이 결여된 원시인에 가깝게 표현된다. 1889년경 배포된 피어스 비누 광고를 예로 들어보자. 멀리 난파선이 보이는 해안가에 아프리카 흑인 한 명이 서 있다. 파도에 밀려 온 낯선 물건을 들고서 의아한 표정을 짓고 있는데, 손에 든 물건은 바로 피어스 비누다. 이 광고의 타이틀은 '문명의 탄생the Birth of Civilization'으로, 서구 상품인 비누와 접촉한 순간을 문명의 시작으로 명명하며 비로소 아프리카인이 역사 속으로 편입되었다는 점을 그려낸 것이다.

1884년경 광고는 북아프리카를 배경으로 펼쳐진다. 일단의 데르비시(dervishes, 극도의 금욕 생활을 하는 이슬람교 집단의 일원)가 바위에 새겨진 '피어스 비누가 최고Pears' Soap is the Best'라는 글귀를 쳐다보고 있다. '영국의 정복 비법the Formula of British Conquest'이라고 쓰여 있는 광고 타이틀은 더 노골적이

문명화 사명을 수행 중인 피어스 비누

19세기 말에 배포된 '문명의 탄생'이란 제목의 광고(왼쪽)와
'영국의 정복 비법'이란 제목이 붙은 광고(오른쪽).

골드더스트 세제 광고, 1910년

루스벨트 대통령과 흑인 쌍둥이를 나란히 등장시킨 이 광고는
미국 우월주의와 인종차별적인 시선을 그대로 담고 있다.

다. 이처럼 영국은 금욕적인 생활을 고수하는 사람들에게조차 피어스 비누를 내세워 '정복'을 예고한다. 광고 속 데르비시의 표정은 이미 이 물건을 받아들일 수밖에 없는 운명을 절감하고 있는 듯하다. 이렇게 보자면 비누를 통한 정복이 총칼을 앞세운 정복보다 훨씬 쉽고 세련된 방법처럼 보인다. 사실 비누가 가장 제국주의적인 상품으로 꼽힐 수 있었던 이유는 상대적으로 값이 싸고 크기가 작아서 운반이 용이했을 뿐 아니라, 진보와 위생이라는 기치 아래 제국주의의 강압적 이미지도 희석할 수 있었기 때문이다.

그래서인지 청결과 위생 관리를 위한 상품들의 광고는 종종 극단적으로 인종차별적이거나 국수주의적인 양상을 띤다. 1891년 '물에 뜨는 비누It floats'라는 유명한 슬로건을 내세운 아이보리 비누 광고에는 개울가에서 한 흑인 어린이가 아이보리 비누로 돛단배 놀이를 하는 장면이 나온다.[72] 아이의 표정에는 문명에 대한 경이로움이 과장되게 표현되어 있는데, 만약 광고의 등장인물이 백인 어린이였어도 그랬을지 의문스럽다.

1889년부터 미국에서 널리 판매된 골드더스트Gold Dust 세제는 1892년부터 골디Goldie와 더스티Dustie라는 흑인 쌍둥이 캐릭터를 내세워 눈길을 끌었다. 왜 이런 캐릭터를 내세웠는지는 알 수 없지만 미성숙한 흑인 모델과 흰 세제 거품은 아주 극명한 대조를 이룬다. 심지어 1910년에 나온 골드더스트 광고에서는 아프리카 순방을 마치고 돌아오는 시어도어 루스벨트Theodore Roosevelt, 1858~1919 대통령과 이 쌍둥이를 나란히 그려놓고는 "루스벨트 대통령은 아프리카를 샅샅이 누볐고scour, 골디와 더스티는 미국을 청소한다scour"고 써놓았다.[73] 이 지독한 인종차별적이고 미국 우월주의적인 표제 아래 흑인 쌍둥이는 머리에 세제 박스를 얹은 채 놀란 표정을 짓고 있을 뿐이다.

아프리카의 위생 통치

1888년 영국은 남아프리카회사British South Africa Company를 설립하여 사실상 남부 아프리카를 통치하기 시작했다. 곧이어 선교사들을 중심으로 청결과 위생에 대한 교육을 아프리카 구석구석에서 시행했다. 씻는 법, 옷 입는 법, 청소하는 법은 미션 스쿨의 중요한 교육 프로그램이 되었으며, 1903년에는 아프리카 학생들에게 '규율과 청결 습관'을 가르칠 것을 명시한 교육조례가 공포되기도 했다.[74] 그런데 중심부에서와 마찬가지로 식민지에서도 위생은 궁극적으로는 여성이 책임져야 하는 가정성의 일부로 편입되었다. 여학생에게는 특히 안정적이고 위생적인 가정환경을 만들기 위한 교육이 강조되었고, 이를 통해 아프리카에서도 서구식의 젠더 구별과 가정성이 '생산'되었다.[75]

기억할 것은 이런 위생교육이 단지 비누를 더 팔기 위한 목적에서 이루어진 것이 아니었다는 사실이다. 위생에 대한 강조는 식민지인들을 건강한 상태로 유지하려는 제국주의적 기획의 한 부분이었다. 아프리카 지역에서 사용된 교과서에는 "청결은 의무이다. 왜냐하면 네 몸은 쉽게 망가질 수 있고, 이 일에 쓸모없어질 수도 있으니……"[76] 같은 레토릭이 만연했다. 아프리카인들은 지속적인 노동이 가능하도록 최상의 상태를 유지해야 할 노동력일 뿐이었다. 그뿐만 아니었다. 한편으로 위생과 청결에 대한 강조는 서양인이 생각하는 '자연스러운 상태'를 아프리카인들에게 이식하려는 것이었다. 아프리카 사람들이 자신들의 전통적인 청결 개념을 부정하고 스스로를 더럽고 냄새나는 야만인으로 인식해야지만 비누 같은 문명 세계의 물건에 대한 수요가 생겨날 것이기 때문이다.

화장하는 백인 여성을 지켜보는 아프리카 여인들

백인들은 비누를 비롯해 치약, 화장품 등을 이용해 몸을 씻고 이를 닦는 새로운 방식을 전파함으로써 자신들이 생각하는 '자연스러운 상태'를 아프리카인들에게 이식했다.

이런 측면에서 비누는 제국주의적 상품의 선봉에 선 쐐기돌이나 마찬가지였다. 비누가 아프리카에서 필수품으로 자리 잡는다면, 아프리카인들은 단순한 피식민지인에서 벗어나 제국주의자들의 장기적 기획에 부응할 '소비자'로 거듭나게 될 것이었다. 남아프리카에서 열린 광고 컨벤션에서 어떤 학자는 이렇게 말했다. "우리는 치약이나 비누를 파는 것이 아니고 이를 닦고, 몸을 씻는 새로운 방식을 파는 것이다. 우리는 오래된 것들을 새롭게 하는 방법을 파는 것이다."[77] 여기서 '새로운 방식'이란 결국 치약이나 비누 같은 새로운 물건을 이용하는 방식을 말한다. 이렇게 치약과 비누를 사용해본 사람은 가글액과 치실은 물론 제모제에서부터 탈취제에 이르기까지 향후 수없이 많이 개발될 상품의 세계에 발을 내딛게 되는 셈이었다.

비누와 백색 신화

19세기 말부터 남부 아프리카에는 서구에서 생산된 다양한 비누가 들어오기 시작했다. 하지만 드넓은 대륙의 구석구석까지, 혹은 가난한 이들에게까지 유럽 냄새가 물씬 풍기는 고급 비누가 보급되지는 않았다. 오히려 몇몇 지역에서 서구 사람들이 내다버린 비누 원료 찌꺼기나 값싼 재료로 만든 비누가 내륙의 교역망을 통해 보급되었다. 이런 비누는 원료 배합이 제대로 되지 않아 '푸른 점박이 비누Blue Mottled Soap'라고도 불렸는데, 커다랗고 네모나게 만들어 필요한 만큼 잘라서 사용했다. 푸른 점박이 비누는 아프리카 사람들에게 비누를 사용하는 습관을 퍼뜨렸다는 측면에서 '비누의 선교사'라는 별명을 갖게 되었다. 1920년대부터는 영국 남아프리카회사가 남부 아프리카 곳곳에서 비누 공장을 설립해 운영하기 시작했다. 비록 지역시장을 겨냥한 생산품이었지만, 비누와 간단한 화장품류는 아프리카 제조업 분야에서 가장 빠르고 크게 발달한 업종이 되었다.[78] 1940년대에 들어서면서 유니레버Unilever사는 남부 아프리카의 비누회사들을 사들이기 시작했다. 유니레버사의 대표적인 광고 슬로건은 "비누는 문명이다Soap is Civilization"였다.

1959년 아프리카에서 널리 퍼져나간 한 광고에서는 이상적인 아프리카 여성의 핸드백에는 이런 것들이 들어 있다고 선전했다.

퐁즈(Pond's) 탤컴 파우더와 콜드크림, 퐁즈 드라이스킨 크림과 립스틱, 맥스팩터(Max Factor)의 퍼프, 바셀린(Vaseline) 화이트 크림, 큐텍스(Cutex) 매니큐어, 고(Go) 데오드란트, 올리브 오일, 메이블린(Maybelline), 고야(Goya) 향수, 럭스(Lux) 비누, 콜게이트(Colgate) 칫솔과 치약, 나일론 빗, 글로리아(Gloria) 액체 구두약…….[79]

이 광고는 50년도 훨씬 전에 나왔음에도 불구하고 오늘날에도 여전히 인기 있는 글로벌한 상품들을 많이 포함하고 있어 흥미롭다. 그런데 자세히 살펴보자면 화이트 크림, 비누, 치약, 탤컴 파우더 등 많은 상품이 '백색성 whiteness'과 연결되어 있음을 알 수 있다.

20세기 전환기에 남부 아프리카에서 선교사의 가르침을 따라 열심히 세수를 했던 한 어린 학생이 "그런데 선생님은 백인이고 우리는 아직도 흑인이잖아요"라고 불평했다는 기록이 있다.[80] 그 학생은 매일 아침마다 깨끗이 씻으면 백인이 될 수 있다고 생각했던 것이다. 이 에피소드가 황당하게 느껴지는 오늘날에도 여전히 위생과 미용 업계는 백색 신화를 상품화하고 있다. 그리고 너무나도 많은 사람이 뚜렷한 이유도 없이 "더 희게, 더욱 희게"라는 광고 문구에 빠져든다. 미국의 팝가수 비욘세가 애용해 큰 효과를 보았다는 백옥주사에 대한 관심도 마찬가지다. 2016년 늦가을을 뜨겁게 달구었던 백옥주사를 보는 시선은, 다른 많은 이유에 더해 그 이름 속에 깔려 있는 역사적 편견 때문에 더 무거울 수밖에 없다.

세일즈SALES, 유혹하다

6

여성 디자이너

앙투아네트의 디자이너와 '싸구려 여인들'

생산의 대열에 합류한 여성들

프랑스 궁정의 '패션 대신' 베르탱

'역사에 이름을 남긴 최초의 디자이너'로 알려진 로즈 베르탱Marie-Jeanne Rose Bertin, 1747~1813은 프랑스 왕비 마리 앙투아네트Marie Antoinette, 1755~1793의 디자이너였다. 프랑스의 작은 마을에서 태어나 옷가게의 견습생으로 일하다가 1770년 파리 생토노레Saint-Honoré 거리에 '르 그랑 모골Le Grand Mogol'이라는 상점을 차렸다. 베르탱은 샤르트르 공작부인Duchesse de Chartres, 1753~1821 등을 손님으로 끌게 되면서 1774년 여름 앙투아네트와의 인연이 시작되었다. 베르탱은 곧 앙투아네트의 전폭적인 신임을 얻게 된다. 그해 5월 루이 16세가 즉위한 이후부터 왕비 앙투아네트는 일주일에 두 번씩 베르탱을 궁으로 불러 옷차림을 상담하고 새 드레스를 맞췄다. 왕비는 1년에 300벌 정도의 드레스를 구입했고, 한 번 입은 옷은 다시 입지 않았다고 한다.

로즈 베르탱

18세기 말, 로즈 베르탱은 마리 앙투아네트 왕비의 재임 기간 내내 그녀의 의상을 담당한 어용상인으로, '패션 대신'이라 불렸다.

1780년대 궁정의 재무 기록에 따르면 앙투아네트 왕비가 쓴 의상비의 절반 이상이 베르탱에게 지불되었다.[1] 베르탱은 왕비를 비롯해 궁정 귀부인들에게 워낙 강력한 영향력을 행사했기에 '패션 대신Minister of Modes'이라는 별명을 얻었다. 1782년 파리에서 상연된 연극 〈보복당한 청중Le Public Vengé〉에는 베르탱을 모델로 삼은 인물이 등장하기도 했다. 왕비의 사치를 부추기는, 프랑스의 재정 파탄에 일조한 비난받아 마땅한 캐릭터였다.

베르탱이 비난의 표적이 되었던 이유는 여러 가지였다. 우선, 왕비에게 조달하는 드레스며 모자 들이 지나치게 호화롭고 엄청나게 비쌌기 때문이다. 베르탱은 부패한 다른 나쁜 대신들과 마찬가지로 왕실을 사치와 낭비로 물들이고 쾌락에 탐닉게 한 주범이었다. 게다가 베르탱은 다른 디자이너보다 훨씬 더 높은 가격에 자신의 드레스를 팔았다. 전통적으로 의상비는 재료값과 일정한 수공비로 이루어졌는데, 베르탱은 기존 관행을 무시하고 마치 예술가처럼 자기 마음대로 값을 매겼다. 자기처럼 높은 안목을 지닌 사람에게 통상적인 보수는 가당치 않다는 태도였다.

오만방자한 베르탱의 몰락

더욱 심각한 일은 시골 출신의 미천한 베르탱이 왕비를 비롯한 높은 신분의 귀부인들과 디자이너 대 고객으로 상당히 친밀한 관계를 맺고 있었다는 사실이다. 엄격한 신분제 사회였던 프랑스 구체제하에서, 어찌 보면 친구처럼 보일 정도로 신분의 벽을 허문 듯한 관계는 상상할 수 없는 일탈이었다. 게다가 베르탱은 오만방자하기까지 했다. 호화롭게 꾸민 자신의 의상실에 유럽 각국의 귀족과 왕족의 초상화를 걸어놓고 인맥을 과시하는가 하면, 귀족이나 입는 화려한 옷을 입고 소파에 드러눕다시피 한 채로 손님을 맞곤 했다. 지체 높은 손님이 들어와도 고개만 까닥할 뿐이었다. 앙투아네트의 의상 납품업자로서 베르탱과 경쟁관계에 있던 보라르Le sieur Beaulard는 천한 베르탱이 부르주아 흉내를 낸다 해도 기가 막힐 판국에 한술 더 떠 마치 공작부인처럼 으스댄다며 놀라워했다.[2] 실제로 1780년대 궁정을 방문한 사람들은 베르탱이 "스스로가 중요한 인물이라는 생각에 사로잡혀 마치 왕비가 된 듯이 행동하는 모습을 보고" 경악을 금치 못했다.[3]

프랑스혁명이 발발하자 베르탱은 귀족과 혁명세력 모두에게 증오의 대상이 되었다. 분노한 민중들이 보기에 베르탱은 사치와 방탕을 일삼는 귀족과 마찬가지 부류였고, 귀족의 입장에서 보자면 베르탱은 자신들과는 다른, 근본 없고 믿을 수 없는 침입자였다. 혁명 팸플릿에서는 베르탱을 "사치품을

〈마리 앙투아네트〉, 엘리자베스 비제 르브룅, 1783년

로즈 베르탱이 만든 드레스를 입은 마리 앙투아네트.

만들어 부패를 초래한 자이자 부패 그 자체"로 묘사했다. 위기에 몰린 베르탱은 왕비와의 관계에 매달렸다. 하지만 감옥에 갇힌 앙투아네트는 이제 수수한 옷과 남편 루이 16세가 처형된 후 입게 될 상복 정도만 주문할 수 있는 처지였다. 1792년 결국 베르탱은 프랑스를 탈출한다. 앙투아네트가 처형되기 얼마 전이었다.

부티크의 주인, 마르샹드 드 모드의 등장

베르탱을 향한 비난은 앙투아네트에 대한 적개심뿐 아니라 특권층의 사치와 방탕에 대한 불만과도 밀접하게 맞닿아 있었다. 그런데 소비의 역사라는 측면에서 보자면, 그 배후에는 당시 프랑스에서 일어났던 매우 중요한 변화가 숨어 있다. 베르탱 같은 '마르샹드 드 모드La Marchande de modes'의 등장이 그것이다. 마르샹드 드 모드의 사전적 의미는 모자나 리본, 장식이 달린 드레스, 패션 소품 등 부인복을 취급하는 여성 상인을 일컫는 용어다. 이 분야의 남성은 '마르샹 드 모드Le Marchand de modes'라고 부른다. 여기서 분명하게 남성과 여성을 구별할 필요가 있다. 마르샹으로 지칭되는 남성 상인들은 오래전부터 여러 분야에서 종사해왔지만, 마르샹드 드 모드는 18세기 중엽에 갑자기 등장했기 때문이다.

17세기만 해도 프랑스 사람들은 대부분 옷가게에서 옷을 사지 않았다. 부유한 이들은 재단사를 집으로 불러 옷을 맞추어 입었다. 재단사는 주문뿐 아니라 가봉 단계에서도 고객의 집을 직접 방문했다. 그렇게 완성된 옷은 주문자에게 배달되었다. 반면, 가난한 이들은 옷을 파는 행상이나 중고 의류를

마르샹드 드 모드, 1778년

1770년에 창간된 최초의 패션 잡지 《갈르리 데 모드(Galerie des modes)》에 실린 마르샹드 드 모드의 모습.

취급하는 상인에게서 옷을 구입했다. 18세기 초 이른바 '소비혁명'이라고 불리게 되는 시기까지 옷가게다운 상점은 별로 없었다. 그런데 시중에 새로운 물건이 많이 나돌자 과거보다 훨씬 더 많은 사람이 상품시장에 편입되기 시작했다. 이제 사람들은 과거보다 더 다양한 옷과 장신구를 사들였고, 유행을 선도하는 귀부인들을 좇아 그보다 낮은 계층의 사람들도 저렴한 버전으로 새로운 유행을 열심히 따랐다. 여기에 마르샹드 드 모드가 운영하는 예쁘고 아기자기한 부티크boutique가 나타나면서 그야말로 패션을 선도하게 된다.

사실 마르샹드 드 모드는 정확하게 어떤 품목을 취급한다고 콕 집어 말하기 어려운 상인들이었다. 이 호칭은 리넨 제조업자나 포목상 등 옷과 관련된 일을 하는 여성들이 스스로를 일컫는 말이기도 했다. 디드로Denis Diderot,

1713~1784의 《백과전서》에는 이들이 포목상 길드의 일원이었다고 밝히고 있다.[4] 그런데 오늘날의 시각에서 보면 마르샹드 드 모드는 디자이너와 코디네이터의 역할을 겸하는 여성복 부티크의 여자 주인이다. 하지만 당시 의복 생산 공정에서 이들의 역할을 보자면, 아주 애매했다. 이 여성들은 실제로는 "아무것도 만들어내지 않는 사람들"이었기 때문이다.[5]

마르샹드 드 모드는 자신만의 뛰어난 취향을 밑천 삼아 평범한 드레스를 레이스와 리본으로 장식하고, 깃털과 꽃을 사용하여 모자를 꾸몄으며, 드레스에 어울리는 신발과 부채를 골라주었다. 가발을 장식하는 미용사나 모자를 전문적으로 만드는 디자이너들과 팀을 이루어 작업을 하기도 했다. 건축에 비유하자면, 포목상과 재단사가 건물을 짓는 사람들이고 마르샹드 드 모드는 건물의 인테리어와 외부 장식을 통해 해당 건물의 가치를 높여주는 사람들이었다. 드레스를 꾸미는 방법만도 150가지가 넘게 알려져 있던 구체제하 프랑스에서, 표면적으로는 이 사람들이 진짜 패션의 창조자처럼 보일 수 있었다. 마르샹드 드 모드는 1776년 동업조합을 결성하며 그 존재를 공식화했다.

여성 상점 주인 vs 남성 동업조합

18세기 프랑스에서는 대부분의 상품이 남성들만이 가입할 수 있는 동업조합의 통제하에 배타적으로 생산·유통되었다. 의복과 관련된 공장과 시장의 주도권은 포목상 길드가 장악하고 있었다. 흥미롭게도 마르샹드 드 모드의 출발점은 이들 포목상 길드가 만들어낸 '예외조항' 때문이었다. 포목상

마리샹드 드 모드의 부티크

18세기에 디드로와 달랑베르가 편집한《백과전서》에 실린 마르샹드 드 모드의 부티크 모습이다.

이나 리넨 제조업 길드에서는 소수이긴 하지만 아내가 사업을 할 수 있도록 예외적인 특권을 허용했다. 여기서 출발한 부인들이 마르샹드 드 모드가 되곤 했던 것이다. 하지만 실제로는 대다수의 마르샹드 드 모드가 어떠한 허가나 동업조합의 보호 없이 길거리에서 명함을 뿌려대면서 이 분야에 진출했다. 오늘날의 시각에서 보자면, 이 여성들은 매우 주체적이고 독립적이면서 동시에 기회를 잘 포착한, 매우 명민한 존재로 보인다.

1780년대가 되면 소수의 귀족만을 위한 고급 부티크뿐 아니라 좀 더 넓은 계층의 여성들을 대상으로 한 상점들이 파리 곳곳에 들어섰다. 어떤 상점은 직원이 30명이 넘을 정도로 규모가 컸고, 어떤 부티크는 단순히 1층에 점

남성 재단사들의 작업장

《백과전서》에 실린 남성 재단사들의 작업장 모습이다. 소매업 위주의 마르샹드 드 모드의 부티크와 동업조합인 재단사의 작업장은 상당히 분위기가 다르다.

포를 내는 수준이 아니라 몇 층짜리 건물을 통째로 소유하기도 했다. 이 소매업은 상상을 초월할 정도로 장사가 잘되었다고 알려지는데, 그렇게 돈을 잘 벌었던 데는 정찰제가 도입되지 않은 상황에서 마르샹드 드 모드의 안목에 대해 지불해야 하는 가격을 통제할 수 없었기 때문이다. 전통적인 동업조합과 그 남성 구성원들은 이런 상황을 받아들이기가 힘들었다. 우후죽순으로 생겨나는 마르샹드 드 모드의 상점들이 자신들의 통제 밖에 있었을 뿐 아니라, 재료값과 수공비 등 자신들이 알고 있는 규범적인 가격 정책과 다르게 돌아가는 상황을 이해할 수도 없었다. 그리고 무엇보다 그런 상점의 주인이 베르탱 같은 여성들이라는 사실이 더욱 불편한 현실이었다.

물건이 아니라 파는 여성을 본다

그뿐이 아니었다. 베르탱의 최고 고객은 앙투아네트와 그 주변인들, 즉 여성이었다. 이 또한 당시의 소비 메커니즘에서 보자면 매우 낯선 광경이었다. 일반적으로 당시의 쇼핑은 우월한 지위에 있는 남성이 열등한 지위의 여성으로부터 상품과 서비스를 구매하는 방식으로 이루어졌다.[6] 물론 하층민이나 중간계급 여성들 중 일부는 직접 거리에 나가서 치즈나 버터 같은 생필품을 사고팔기도 했다. 하지만 상점에 들르는 쇼핑은 원칙적으로는 전형적인 남성들의 행위로, 주로 중류층 이상의 남성들이 즐기던 여가활동이었다. 그것은 사실 합법적인 쇼핑과 불법적인 쾌락이 연결된 것이었다. 부티크 옆에는 커피숍이 있고, 근처에는 도박장과 클럽, 나아가 고급 창녀들의 집에 이르기까지 점잖지 못한 여흥 장소들이 한데 몰려 있었다.[7]

이런 환경 속에서 물건을 팔기 위한 상술은 유혹의 기술과 매우 흡사했다. 17~18세기의 수많은 문헌에서는 점포에서 이루어지는 거래 행위를 구애의 과정에 유비해 설명해놓았다. 상점의 젊은 여성 점원은 물건을 팔기 위해 자신의 매력을 어떻게 이용해야 하는지를 아주 잘 알고 있었다. 자신이 지닌 매력과 학습된 아첨, 때로는 아양까지 여성성과 신분적 열세는 상대방에게 바가지를 씌울 수 있는 강력한 무기가 되곤 했다. 하지만 그것이 전부가 아니었다. 돈과 지위가 있는 중년 남성은 단지 장갑이나 모자를 사기 위해 쇼핑을 즐긴 게 아니었다. 사실 그것을 파는 여성을 꼬드기는 일이 주목적이었다. 이런 현상을 두고 극작가이자 저널리스트였던 루이-세바스티앵 메르시에Louis-Sébastien Mercier, 1740~1814는 "물건을 사는 일은 단지 구실일 뿐이다. 사람들은 물건이 아니라 파는 여성을 본다"[8]라고까지 말했다.

〈아름다운 그리제트〉, 윌리엄 포웰 프리스, 1853년

장갑을 판매하는 젊은 여점원과 대화를 나누고 있는 남성 고객. 돈과 지위가 있는 중년 남성은 단지 장갑이나 모자를 사기 위해 쇼핑을 즐긴 게 아니었다.

그리제트, '싸구려 여성들'

흥미로운 것은 여성 점원들 역시 남성 고객들의 목적을 알고 있었고, 심지어 기대하는 경우도 있었다는 사실이다. 당시 더 나은 삶을 찾아 도시로 상경한 여성들 대부분이 어두컴컴하고 좁은 일터에서 반복적인 노동에 시달리며 지쳐갔다. 노동의 대가로 이들이 손에 쥐는 급료는 고작해야 남성의 3분의 1, 많아봤자 절반을 넘지 못했다. 많은 여성이 재봉일을 하거나 모자를 파는 상점의 점원으로 일하거나 행상으로 꽃을 팔면서 성매매나 남성과의 교제를 통해 빈약한 급료를 보충하곤 했다. 이들은 흔히 '그리제트Grisette'라 불렸는데, 가난한 이들이 옷을 지어 입던 잿빛 싸구려 옷감에서 나온 말이다. 파리와 런던 같은 대도시에서는 직업이 매춘부는 아니지만 몸을 파는 이런 '싸구려 여성들'을 쉽게 찾을 수 있었다.[9] 그런 까닭에 '대도시로 갔다'는 표현은 종종 성매매에 종사한다는 의미를 띠게 되었다.

그리제트의 '이성 친구'는 주로 야채상이나 포목상으로, 평균 50세가량 되는 남성들이었다. 이들은 그리제트보다 경제적 형편이 나았지만 높은 수준의 문화생활을 누릴 정도는 아니었다. 그런 탓에 그리제트는 종종 값비싼 옷을 걸치고 호화로운 마차에 앉아 오페라를 보러 다니는 고급 창녀의 삶을 동경하기도 했다. 하지만 자신들의 '이성 친구'들이 빚을 대신 갚아주거나 질투하지 않는다는 불문율을 지키는 모습에 고마움을 느꼈다. 이런 식의 관계, 즉 어린 여성과 중년의 남성, 가난한 여성과 그 여성을 취하며 돈을 쓰는 남성은 가부장제하에서 아주 자연스러운 것이었다. 물건을 사고파는 공간은 여성을 상품처럼 매매하던 엄격한 가부장제의 단면을 되살려낸 셈이었다. 이런 맥락에서 그리제트는 종종 상품과 유비되었다. 하지만 어용상인이었던 베르탱과

부티크의 여성 고객

마르샹드 드 모드의 상점이 늘어나면서 남성 고객이 아닌 여성 구매자들이 거리에 넘쳐났다. 이 그림은 19세기 초 잡지 《르 봉 장르(Le bon genre)》에 실린 삽화다.

왕비의 관계는 여성 판매자와 여성 구매자로서 소비의 전형적인 패턴에서 벗어나 있었다. 그렇기 때문에 오히려 당시 사회에서는 이런 관계를 무질서로 이해하고, 비난의 대상으로 삼았다. 법률가이자 사회비평가였던 니콜라 데제사르Nicolas-Toussaint Des Essarts, 1744~1810는 이런 기록을 남겼다.

> 도덕적 타락의 원인이 무엇인지를 찾아보려는 관찰자의 눈에는 이런 마르샹드 드 모드의 끝없는 부티크들이, 그 부티크의 예술적인 장식이며 수없이 많은 화려한 옷과 보석 등, 지나가는 사람들의 눈에 펼쳐진 이 모든 것이 바로 모든 위

> 험의 원인이다. 그 누가, 실제로 젊은 여성이, 마르샹드 드 모드가 매일 만들어 내는 이 천재적인 상품들로부터 눈을 돌릴 수가 있겠는가? 이런 허영과 교태의 성소 앞에서는 거의 모두가 걸음을 멈춘다. 나이나 신분과 상관없이 여자라면 모두 홀리는 그곳에 들어가는 것을 볼 때, 그 누가 들어가고 싶은 유혹에 저항할 수 있겠는가?[10]

'마르샹드 드 모드'의 상점이 늘어나는 것, 남성 고객이 아닌 여성 구매자들이 거리에 넘쳐나는 것, 그것도 나이와 계층에 상관없이 다 섞여서 부티크에 들어가 쇼핑의 주체가 된다는 것은 매우 위험한 일이었다. 여성이 주체로 등장하는 소비 공간은 그야말로 "상업 공간이 정치적 공간이나 마찬가지로 이제 여성이 여성을 지배하고, 그 결과 무질서와 혼란과 어리석음이 지배하는 곳"[11]이 될 터였기 때문이다.

노동하는 남성 vs 볼거리 여성

혁명을 겪고, 19세기가 되어도 그리제트는 사라지지 않았다. 아니 오히려 상점에서 판매상으로 일하던 여성들은 백화점 점원으로 진화했고, 공장에서 일하는 여성들에게도 그리제트의 상이 투영되었다. 철저히 남성 중심적이었던 중세 길드의 규약이나 산업화 시대 여성 노동을 둘러싼 수많은 차별적 규제, 나아가 19세기 중산층의 별개영역 이데올로기에 이르기까지, 여성이 생산의 영역에 들어가는 것은 오랫동안 지속되어온 강력한 사회적 터부였다. 그런 상황에서 공장에서 일하는 여성 노동자가 늘어나자 그들에 대한 곱지 않은 시선이 나타났다.

이제 여성 노동자는 남성의 영역에 '끼어든' 기분전환용 같은 존재로, 거의 포르노에 가까운 왜곡된 여성상으로 그려지게 된다. "판매 여성Saleswoman과 상품은 하나다"[12]라는 발터 벤야민Walter Benjamin, 1892~1940의 말처럼, 19세기에도 상점이나 백화점에서 일하는 여성 점원에게는 에로틱한 판타지, 매매춘의 상이 투영되었다. 건강한 노동을 표상하는 남성 노동자와는 달리, 여성 노동자는 그저 '아름다운 볼거리'로만 표상되었던 것이다.[13] 어떤 학자는 소비, 특히 과시적 소비의 문화적 양상에서는 "상품의 성화Sexualization, 즉 에로틱한 대상화"가 핵심을 이룬다고 지적한 바 있다.[14]

21세기에 접어든 오늘날에도 이런 현상은 쉽게 찾아볼 수 있다. 특히 상품의 특성과는 무관하게 여성의 섹슈얼리티를 극단적으로 내세우는 광고들이 대표적인 예이다. 판매율을 높이는 데만 혈안이 된 광고업자들은 때로는 무차별적으로 여성을 상품화한다. 이렇게 광고인들이 지나칠 만큼 성을 많이 이용하는 이유는 첫째, 광고에 성을 이용하면 판매가 미친 듯이 증가한다고 믿기 때문이고, 둘째, 광고비란 어차피 하수구로 흘려보내는 돈이므로 약간의 재미를 첨가하는 것도 나쁘지 않다고 생각하기 때문이라고 한다.[15] 이런 분위기에서 자동차나 술처럼 남성을 주 소비자로 상정해온 상품의 광고에 섹시한 여성을 등장시키는 것은 이제 광고계의 전통 아닌 전통이 되어버렸다. 이러한 전통은 여전히 남성을 구매자이자 소비자로, 여성은 상품과 동일시된, '소비 대상'으로 객체화한다.[16] 여성이 소비의 주체로 떠오르는 현상이 껄끄러웠던 18세기 후반부터 200년 이상 지난 지금, 과연 무엇이 얼마나 변했을까?

St. Stephen's Review Presentation Cartoon, June 22ND 1889.

THE TRAVELLING QUACK.

7

특허약

돌팔이의 생명력

사이비 의사와 특허약 시장의 진화

18~19세기의 매약 혹은 '특허약'

《주홍 글씨The Scarlet Letter》로 유명한 작가 너새니얼 호손Nathaniel Hawthorne, 1804~1864은 1838년 매사추세츠의 윌리엄스 칼리지 잔디밭에서 돌팔이 의사가 약을 파는 광경을 목격했다. 수많은 구경꾼에 둘러싸여 마치 공연처럼 펼쳐진 그 광경은 너무 호소력이 있어서 8월 15일자 일기에 "나는 하루 종일이라도 거기 서서 그 사람이 하는 이야기를 들을 수 있을 것 같았다"라고 기록했다.[17] 그 돌팔이 의사가 팔던 것은 흔히 '만병통치약' 혹은 '강장제'라고 불리던 '매약賣藥'이었다. 18~19세기에 유럽과 미국의 하층 계급뿐 아니라 상류층 사이에서도 이런 매약은 큰 인기를 끌었다. 심지어 오늘날에도 건강을 챙기는 사람이라면 이런 유의 약을 꼭 챙겨 먹는다. 애거서 크리스티Agatha Christie, 1890~1976의 추리소설을 좋아하는 독자라면 독살과 관련된 에피소드에서 만나곤 하는 강장제가 바로 매약이다.

매약은 '특허약特許藥, patent medicine'이라고도 불린다. 의사의 처방 없이 구할 수 있는 약물을 뜻한다. 특허라는 단어 때문에 왠지 그럴듯해 보이지만, 18~19세기에 특허약이란 주로 돌팔이 의사들이 떠돌아다니면서 팔던 약을 가리킨다. 영국에서는 중세 후반부터 특정한 물건에 대해 독점적 권리를 인정하는 특허제도가 있었는데, 돌팔이 의사들도 이 제도를 활용했다. 이들은 상표를 등록해 특정 약품에 대해 독점권을 보호받고자 했는데, 이 과정에서 매약이 특허약이라는 이름을 얻게 된 것이다. 18세기가 되면 이런 약들이 넘쳐나기 시작했고, 식민지 미국으로도 건너갔다. 미국에서도 이미 1641년부터 특허제도가 시행되었는데, 19세기가 되자 식품과 의약품 사업을 하는 사람들이 자기 제품에 너도나도 특허약이라는 이름을 붙여 판매했다. 오늘날 세계적으로 많이 팔리는 코카콜라도 처음에는 특허약으로 등록해 판매되었

코카콜라, 특허약에서 음료수로

1885년 '프렌치 와인 코카'(왼쪽)라는 이름의 강장제로 상표등록을 했던 코카콜라는 알코올 성분이 문제가 되자 와인 대신 설탕 시럽을 넣어 1886년 코카콜라로 재탄생했다. 음료수로 상품화된 이후에도 오랫동안 약 대용으로 소비되었다 1890년대 광고에서도 여전히 '이상적인 자양강장제(The Ideal Brain Tonic)'라는 문구를 내걸었다(오른쪽).

던 상품이다.[18] 19세기 말에 이르자 영국과 미국에서는 넘쳐나는 특허약 때문에 골치를 썩게 된다. 그런데 특허약이 넘쳐났다는 것은 그만큼 잘 팔렸다는 이야기이기도 하다. 특허약이 그렇게 잘 팔린 이유는 무엇일까?

돌팔이의 판매술

18세기 영국은 경제적으로 호황기에 접어드는 한편, '소비혁명'이라 불리는 변화를 겪게 되었다. 물건을 소유하고자 하는 욕망을 긍정적으로 인식하는 사회 분위기가 형성되고 부에 대한 기대치가 커지면서 점차 사회 전반에 상업화가 확대되었다. 이런 환경에서 온갖 다양한 물건이 새로 생산되었을 뿐 아니라, 서비스와 유통에서도 모두 호황을 누리게 된다. 이런 사회적 역동성의 한몫을 차지한 것이 특허약이었다. 전국을 돌아다니며 시장이나 축제에서 약을 파는 돌팔이 의사들이 급증했다. 이들 가운데는 꽤 큰 무리를 이끌고 지방을 돌아다니며 유명세를 얻은 이들도 있었다. 유명한 돌팔이는 종종 높은 신분의 단골을 확보하기도 했는데, 그 소문이 영국 곳곳에 빠르게 퍼져나갔다. 19세기 중엽 파스퇴르의 미생물 발견과 같은 의학적 혁신에도 불구하고 돌팔이는 사라지지 않았다. 오히려 철도망이 확대되자 돌팔이 의사들은 이를 이용해 더 멀리까지 이동하며 활동 영역을 넓혀나갔다.

돌팔이, 즉 떠돌이 의사 혹은 떠돌이 약장수의 판매 방식은 상점이나 약국, 혹은 의사의 진료실과는 전혀 다른 양상을 띠었다. 우선, 이들은 무대를 세워놓고 손님을 끌었다. 무대는 현수막과 깃발로 장식되었고, 심지어 움직이는 무대를 갖춘 이들도 있었다. 무대를 세울 수 없는 이들은 말 위에 앉아

〈떠돌이 약장수〉, 모리츠 칼리쉬, 19세기 중엽

사람들의 관심을 끌기 위해 원숭이와 어릿광대를 대동하고 다니는 떠돌이 약장수.

손님을 불러 모았다. 떠돌이 의사들의 판매 전략에서 무엇보다 중요한 것은 사람들의 눈길을 사로잡는 것이었다. 그래서 이국적인 의상을 입거나 때로는 마치 정부 관료나 장군처럼 보이는 제복을 갖춰 입고서 위엄을 과시하기도 했다. 떠돌이 의사 대부분은 할리퀸이나 어릿광대 등과 함께 다녔는데, 이들은 구경꾼을 끌어 모으고 분위기를 부드럽게 만들었다.

사람들이 모이면 약을 파는 일은 뒷전인 듯 먼저 공연이 펼쳐졌다. 변덕스러운 운율로 지은 광시狂詩, Doggerel를 낭독하고, 무언극을 펼치는가 하면, 마술을 부리고, 텀블링을 하고 때로는 점을 치기도 했다. 이런 공연에는 평소 볼 수 없는 원숭이, 커다란 뱀, 악어 인형이나 해골 등 낯선 동물이나 사물을 조연으로 등장시켰다. 음악이 울려퍼지고 청중이 술렁이며 공연에 빠져들면 주인공인 돌팔이 의사가 등장해 자신의 특허약을 설명하기 시작한다. 웅변조의 설명과 함께 사람들을 깜짝 놀라게 하는 장면이 연출되기도 한다. 독약을 먹은 뒤 기적적으로 회복하는 스턴트 배우가 나오거나, 한패임에 분명한 증인들이 나서서 그 약을 먹고 불치병을 고쳤다며 감격에 겨워 흐느끼기도 한다. 이렇게 돌팔이가 약을 판매하는 행위는 서커스나 희극의 전형적인 요소들, 즉 재미있고, 스릴 있으며, 기괴하면서도 독창적인 장면들이 뭉뚱그려진 한 편의 공연과도 같았다.[19]

특히 흥미로운 것은 돌팔이 의사의 화법이었다. 정식 의사가 환자와 대화를 통해 병을 진단하는 쌍방향 소통을 한다면, 돌팔이 의사의 화법은 일방적인 연설에 가까웠다. 몰려든 낯선 사람들을 모두 환자라고 가정하고 마구 뱉어내는 식이었다. 돌팔이 의사들은 일단 정식 의사들이 제대로 병을 고치지 못한 사례들을 마구 늘어놓으며 정통의학계를 비판한 뒤 자기가 개발한 제품이 그런 한계를 극복하는 특효약이라고 떠들어댔다. 그런데 그 내용은 의학적 설명이라기보다는 세일즈맨의 제품 설명이나 광고 문구에 가까운 내용으로, 같은 내용을 여러 차례 반복해서 언급했다. 사람들은 그 연설에 빨려들어 홀린 듯이 약을 샀다. 오늘날의 시각에서 보자면 환자 개개인의 상태를 전혀 고려하지 않는 이런 화법이 먹혔다는 게 이상하게 보일 수 있다. 그런데 사실 그러한 화법은 매우 효과적인 설득 방식이었다. 모든 말이 '무조건 낫는다'로 귀결되는, 오직 치료라는 사실에만 집중된 강력한 선전과도 같았기 때문이다.[20]

이방인의 매력

돌팔이 의사에게는 다분히 신비주의적 요소가 있었다. 마술이나 점을 치는 행위도 그렇지만 마치 샤먼과 흡사한 태도와 언어를 구사했기 때문이다. 이뿐만 아니라 돌팔이의 세계는 마치 프리메이슨 같은 비밀스런 조직과 연결되어 있었다.[21] 사실 이들은 의사보다는 약제사에 가까웠고, 약제사보다는 연금술사에 가까웠다. 이들은 또한 미지의 세계에 대한 동경과 관심을 적극 이용했다. 오스만튀르크나 러시아 혹은 다른 나라의 복장을 하거나, 아예 영어를 잘 못하는 외국인을 내세워 알 수 없는 외국어를 지껄이게 했다. 그런 경우에는 '바커Barker'라 불린 사람이 나서서 대신 이야기를 이끌어 나갔다. 주인공인 돌팔이 의사를 소개할 때는 그럴듯한 권위가 동원되었는데, 그것이 사실인지는 결코 증명할 수 없는 내용이 대부분이었다. 예를 들자면 "이 고매한 독일 의사는 …… 러시아에 다녀왔고, 선제후를 치료했으며……" 식이었다. 때로는 위조한 명문대학 졸업장이나 의학과 관련된 고급

〈돌팔이 의사〉, 찰스 그린, 1866

지방의 작은 마을 사람들에게 떠돌이 의사는
바깥세상에서 온 신비스럽고 매력적인 이방인이었다.

자격증을 펼쳐 보이기도 했다.[22]

돌팔이 의사는 본질적으로 떠돌이였다. 그런데 대중의 의식 속에 이들에 대한 일종의 환상이 생기기 시작했다. 특히 18~19세기 미국의 외딴 마을에 살던 사람들은 바깥세상을 상징하는 돌팔이 의사들에게 매력을 느끼곤 했다. 떠돌이 의사는 자기 마을의 상점 주인처럼 익숙한 존재가 아닌, 낯선 매력이 가득한 존재였던 것이다. 떠돌이 의사는 자신들의 작은 공동체와 전혀 다른 문화를 가진 대도시를 연결해주는 중개인이자 마술과 기적적인 치유로 자연과 초자연의 경계를 넘나드는 신비로운 존재였다. 이들이 당시 미국 문학에 중요한 소재로 등장하는 것은 결코 우연이 아니었다.[23]

돌팔이 의사는 남성보다는 여성에게 좀 더 어필했다. 1760년 영국 서식스의 잡화상 토머스 터너Thomas Turner는 이렇게 불평했다.

> 마누라가 멀리 와이트스미스까지 돌팔이를 보러 갔다. 그놈은 일주일에 한 번씩 와서는 무대를 만들어놓고 기적을 행한다며 불쌍하고 멍청한 사람들의 돈을 빼앗아간다. 그놈은 통에 든 약을 파는데, 그 약은 사람이 살면서 경험할 수 있는 모든 병보다 더 많은 병을 고친다고 한다. 단돈 1실링에 말이다. 그것으로 그놈은 때때로 하루 8~9파운드를 벌어들인다.[24]

1848년 미국의 한 여성 시인은 "여자들은 이런 떠돌이 남자들에게 매력을 느낀다네"라고 노골적으로 표현했다.[25] 남편들에게는 경계와 의혹의 대상이었지만 여성들은 그런 떠돌이에게서 미지의 세계에 대한 갈망을 충족하려 했다. 정체를 알 수 없는 특허약만큼이나 돌팔이 의사에게 숨겨져 있을 풍부한 경험과 놀라운 지식을 흠모한 것이다. 특히 19세기 초 미국의 아주 외진 곳에 사는 여성들은 이런 떠돌이 의사에게 개인적인 상담을 구하기도 했다. 주변에 물어볼 수 없는 다양한 정보를 얻거나 남몰래 겪고 있는 부인과 질환을 털어놓기도 했으며, 도시에서 어떤 옷이 유행하는지 묻기도 했다. 당시 사회에서는 떠돌이 의사들이 여성에게 미칠 영향에 대해 우려했는데, 이런 상황에서 그들과 함께 사라져버린 부인에 대한 괴담이 나오는 것은 당연한 일이었다.

최대의 광고주, 특허약

떠돌이 의사들의 영업이 성황리에 계속되면서 특허약이 큰 이익을 볼 수 있는 아이템이라는 사실이 분명해졌다. 정통의학계의 언저리에 머물 수밖에 없었던 이류 의사나 그보다 더 하류인 돌팔이 의사 가운데 사업 수완이 있던 이들은 좀 더 본격적으로 특허약을 생산·판매하기 시작했다. 이들이 주로 기댔던 판매술은 인쇄물을 통한 광고였다. 그리하여 초창기 신문이며 잡지 혹은 전단지 같은 인쇄 산업에서는 특허약 생산자들이 주요 고객으로 자리매김하게 된다. 영국에서는 이미 18세기부터 이런 현상이 두드러졌고, 미국에서는 19세기 중반에 이들이 광고시장을 주도한 탓에 그 시대를 '특허약품의 시대'라고도 부른다.[26] 우리나라에서도 대한제국 시기 신문 광고란을 가장 많이 차지했던 품목이 팔보단, 고약, 활명수, 안티프라민 등의 매약류였다.[27]

특허약은 동그란 알약, 마름모꼴 약, 가루약, 물약, 농축액, 반창고, 연고, 로션, 기름, 사탕, 희석액, 가글액 등 형태나 종류도 다양했을 뿐 아니라 판매량은 더욱 대단했다. 유럽에서 특허약을 가장 좋아했던 사람들은 영국인이었다. 한 예로 1843년 토머스 비첨Thomas Beecham, 1820~1907이 시장에 내놓은 '비첨스 필Beecham's Pills'은 하루 100만 개 이상이 팔려나갔다. 당시 영국에서 그보다 더 많이 팔린 상품은 술밖에 없을 정도였다. 비첨스 필은 애초에는 만병통치약이라고 선전되었는데, 이후 실제로 소화제로서 효과가 있다고 밝혀졌다. 하지만 당시 사람들에게 비첨스 필은 전반적으로 건강을 증진하는 강장제로 받아들여졌고, 마치 오늘날 비타민을 섭취하듯 이 약을 챙겨 먹었다. 이를 지켜본 프리드리히 엥겔스Friedrich Engels, 1820~1895가 1844년에

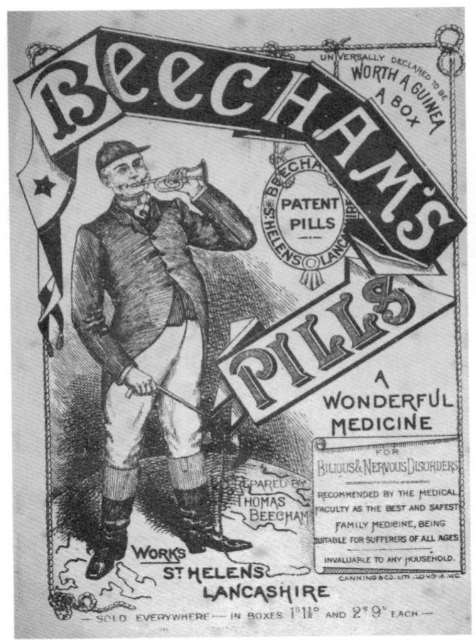

1859년 비첨스 필의 광고(왼쪽)와
1843년 발매된 비첨스 필(오른쪽)

토마스 비첨은 비첨스 필 사업의 대성공으로 1859년에 세계 최초로 의약품 전문 제조 공장을 설립했다. 광고 속의 구토와 신경쇠약 등 각종 질환에 효과적이라는 설명이 눈에 띈다.

"독일인들이 특정한 계절에 사혈을 하거나 관장을 하는 것처럼 영국의 노동자들은 특허약을 벌컥벌컥 마신다. 그렇게 자신의 몸을 해치는 동안 제조업자의 호주머니는 두둑해진다"고 말했을 정도였다.[28]

무대 위의 돌팔이 의사들이 그랬던 것처럼, 특허약 광고는 불특정 다수를 대상으로 한 일방적인 선전이었다. 거의 모든 병을 다 고친다는 수사도 동일했다. 감기약이 두통도 치료하고, 발모제가 폐결핵에도 특효약이었다. 비첨스 필만 해도 최소한 38가지의 질환이 치료된다고 선전했다. 그런데 더욱 흥미로운 현상은, 특허약 광고가 당시 사회에서 새롭게 조명되는 질병을 즉각적으로 다루곤 했다는 점이다. 19세기에는 특히 신경질환이 새로이 부상하던 질병이었다. 두통, 신경통, 신경쇠약, 무기력 같은 증상들이 의학계의 관심을 끌었고 많은 연구가 진행되고 있었다. 특허약 광고는 이런 질병에 관해 정통의학이 내놓는 해결책보다 앞선 특효약이라는 점을 강조하곤 했다. 특효약 광고의 홍수 속에서 사람들은 새로운 질병에 대한 정보를 얻기도 했지만, 한편으로는 없던 병도 갑자기 생겨나는 듯한 착각이 들기도 했다. 영국 의회의 특별위원회에서도 언급되었듯이 특허약 광고의 핵심은 "광고를 읽는 순간 지극히 정상적인 생리 현상이 특별한 병의 징후처럼 느끼게 하는 데" 있었다.[29]

특허약의 세계에서 궁극의 상품은 결국 플라세보 효과를 주는 약이었다. 특허약은 일단 손에 쥐게 되면 병을 고칠 것이라는 희망을 주는, 아주 확실한 물질적 증거였다.[30] 물론 아무런 효과가 없을 수도 있었고, 심지어 부작용이 생길 수도 있었다. 어떤 영악한 광고는 미리 부작용을 예상했을 뿐 아니라 그를 토대로 판매를 늘리려고까지 했다. 파란 염료가 들어간 알약을 팔면서 만약 오줌에 파란색이 돈다면 그것은 신장에 이상이 있다는 증거로서 그 알약을 더 먹으면 된다고 광고했던 사례가 그렇다. 심지어 동물을 위한 치료 약을 포장만 바꿔서 환자에게 판 업자도 있었다.[31] 소설가 조지프 콘래드Joseph Conrad, 1857~1924는 특허약 발명자들이야말로 "도덕적 허무주의라는 죄를 지은 이들"이라고 비판했다.[32]

특허약 통제의 어려움

당시 약리학에서 공식적으로 규정한 '약drug'이란 '향후 사용을 위해 건조시킨 것'만 일컬었다. 하지만 특허약에는 온갖 제품이 다 포함될 수 있었

특허 약품과 의료기기 광고로 도배가 된 1930년대 영국의 상점가

특허약 광고의 홍수 속에서 사람들은 새로운 질병에 대한 정보를 얻기도 했지만, 한편으로는 없던 병도 갑자기 생겨나는 듯한 착각이 들기도 했다.

다. 인공고막부터 전기 벨트, 머리에 쓰는 진공 캡에 이르기까지 마치 오늘날 시중에서 흔히 볼 수 있는 안마의자나 자석 팔찌 같은 다양한 '건강보조기구'들이 이 영역에서 생산되었다.[33] 이런 발명품들은 때로는 소비자의 몸을 실험용 동물처럼 이용하며 진화하는 것처럼 보일 정도였다. 더욱 심각한 것은 약리학적 차원에서 특허약의 성분에 대한 규제가 거의 없었다는 사실이다. 돌팔이 의사들은 자신들이 파는 약이 비밀스런 성분으로 이루어져 있다고 주장했지만 실제로는 글리세린, 설탕, 탄산수소나트륨, 고무, 녹말 등 몇 가지 원료를 단순히 혼합해놓은 것에 불과했다. 그런데 19세기 중반 모르핀,

코카인, 알코올 등 위험한 첨가물이 늘어나면서 문제가 되었다. 어린이나 임산부가 마약 성분이 다량 함유된 약을 장기간 복용하는 일도 많았다. 1885년 '프렌치 와인 코카'라는 이름의 강장제로 상표등록을 했던 코카콜라는 알코올 성분이 문제가 되자 와인 대신 설탕 시럽을 넣어 1886년 재탄생했다.[34]

영국에서는 1868년부터 최소한 여섯 차례에 걸쳐 법령을 통해 특허약들을 정리하려고 노력했다. 하지만 문제가 되는 약은 순식간에 사라졌다가 이름과 포장만 바꿔 다시 나타나곤 했다. 그 과정에서 오히려 더 많이 팔려 나갔고, 특허약 사업은 점점 더 기업화되었다. 결국 미국에서는 1906년 '순정식의약품법Pure Food and Drug Act'을 통해 특허약에 대한 통제를 강화하게 된다. 이 조치로 인해 미국에서 특허약의 전성시대는 막을 내린다. 영국에서도 1912년 의회에서 특별위원회를 구성하여 특허약이 영국의 공중보건에 어떤 영향을 끼쳐왔는지를 본격적으로 조사하기 시작했다. 청문회만 2년 동안 계속될 정도로 엄청난 규모의 프로젝트였다. 하지만 특허약을 근절하는 일은 쉽지 않았다. 의학계의 권위자들은 이런 약들의 성분은 밝혀냈지만 정확한 제조법을 파악하는 데는 실패했다. 이뿐만 아니라 특허약은 정통의학의 영역에까지 이미 깊숙이 침투해 있었다. 그동안 의사들도 널리 알려진 특허약들을 다량으로 처방해왔을 뿐 아니라, 사람들은 수십 년 동안 시중에서 판매되어온 브랜드 약에 대한 충성심을 결코 포기하려 하지 않았다.[35]

소비의 장이 된 몸

특허약의 생명력은 의료 영역을 '수요'와 '공급'이라는 차원에서 되돌

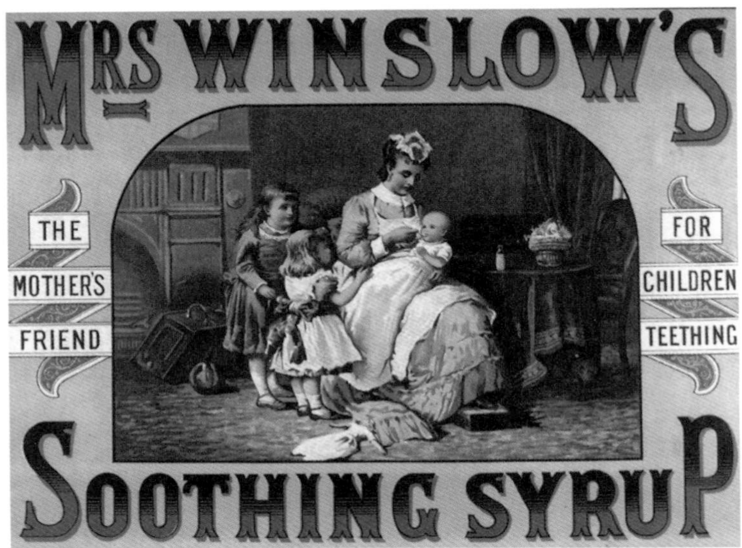

윈슬로우 부인의 진정 시럽(Mrs. Winslow's Soothing Syrup)

1800년대 말부터 1900년대 중반까지 미국 가정에서 널리 사용되었던 이 진정 시럽은 간호조무사였던 윈슬로우 부인이 개발한 제품으로, 어린이들에게 먹이면 잠을 잘 자서 마법의 약으로 통했다. 그런데 이 약에 모르핀이 포함되어 있어 사고가 속출하자 판매가 금지되었다.

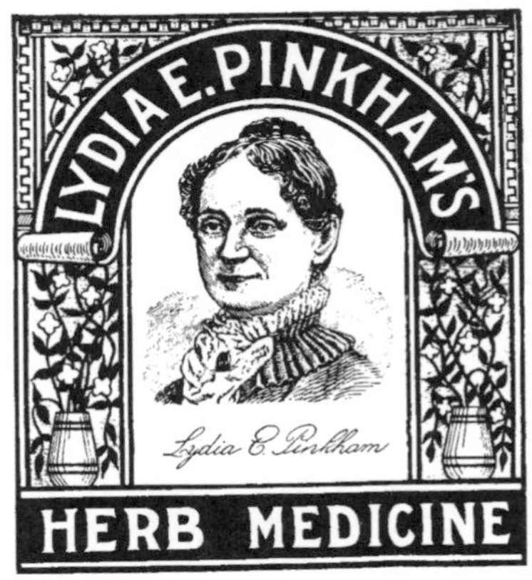

리디아 핑크햄(Lydia Pinkham)의 '허브약'

1875년에 나온 식물성 합성약품(Herb Medicine)으로 지금도 시장에서 판매되고 있다. 개발자의 이름을 딴 이 약은 여성 질환에 도움이 되는 강장제의 일종인데, 당시에는 불임 여성도 아이를 가질 수 있다고 광고했다.

아보게 한다. 18세기 장터에서 구경꾼들은 돌팔이 의사의 현란한 말솜씨에 홀려 필요하지도 않은 강장제를 구매했다. 19세기에 본격화된 약 광고는 멀쩡한 신체 상태도 혹시 아픈 것은 아닌가 하는 의심을 만들어냈다. 아파서 약을 찾는 것이 아니라 약이 '공급'되기 때문에 그것을 갖고자 하는 새로운 욕망이 생겨난 것이다.

오늘날에도 의료시장은 의료 상품 및 서비스의 '공급'과, 이에 대한 소비 욕망인 '수요'가 맞물려 계속해서 확장되고 있다. 결국 약, 건강식품, 건강보조기구의 홍수 속에서 인간의 육체는 거대한 소비의 장이 되어버렸다. 물질적인 신체와 의약품, 그리고 비물질적인 욕망은 서로 뒤엉켜 변주하며 새로운 사회적 기준과 행위를 만들어낸다. '비아그라'가 출시된 후 성적 능력의 새로운 척도가 나타났다든가, 사회적 압력 때문에 빚을 내서라도 성형수술을 하는 세태나, 친구들과 단체로 목욕탕에서 마치 놀이처럼 눈썹 문신을 받는 사례들을 생각해보라. 여기서 나타나는 욕망, 압력, 행위 들은 생리학의 영역이라기보다는 인문학의 영역이다. 그렇기 때문에 질병과 치료, 심지어 약의 효과도 물리적이면서도 사회적인 것으로, 이 또한 인문학적 시선으로 봐야 한다.

8

할부제

최초로 대량판매된 가정용 기계

재봉틀의 성공 신화와 반대 논리

재봉틀의 등장

우아한 조선의 여인이 재봉틀 앞에 앉아 있다. 그 옆에는 탕건을 쓰고 한복 바지 차림에 서양식 셔츠와 조끼를 입은 남성이 일을 도울 태세로 서 있다. 이 그림은 '세계 곳곳의 싱어 재봉틀Singer Sewing Machine around the World'이라는 선전물의 하나로, 'Korea'라는 제목이 붙어 있다. 1892년 재봉틀 제조사 싱어I. M. Singer & Company는 세계 여러 국가에서 재봉틀을 사용하는 모습을 담은 선전물을 제작했다. 우리나라에 재봉틀이 처음 들어온 때는 1877년으로, 일본에 여행 갔던 김용원(金鏞元, 임시정부에서 부주석을 지냈던 김규식의 부친)이 사가지고 온 것으로 알려지는데, 1896년에 이미 이화학당의 교과목으로 '재봉과 자수'가 등장하는 것으로 보아 그 후로 꽤 많이 보급되었음을 알 수 있다. 1905년에는 미국의 싱어사가 한국에 지점을 설치하게 된다.

세계 곳곳의 싱어 재봉틀

1870~1900년경에 제작·배포된 싱어사의 트레이드카드 세트 '세계 곳곳의 싱어 재봉틀' 가운데 'Korea' 편. 재봉틀을 사용하는 구한말 조선의 여인과 함께 옆에서 일을 돕고 있는 남성의 모습을 담았다.

17세기 중엽부터 발명가들은 재봉틀을 개발하려고 많은 노력을 기울였다. 바느질이 엄청나게 많은 시간과 품이 드는 중노동이었기 때문이다. 방적기와 방직기가 발명된 후 섬유 산업은 나날이 발전해가는데도 바느질은 여전히 수작업으로 이루어지고 있었다. 이런 상황에서 1790년 영국의 가구상이었던 토머스 세인트Thomas Saint가 재봉기계를 만들었다. 그는 그 기계로 특허까지 받았지만 실제로 사용되었는지는 분명치 않다. 1829년 프랑스에서 재단사이자 발명가인 바세레미 시모니Barthélemy Thimonnier, 1793~1857가 발명한 재봉틀이 시장에 나오자 많은 사람이 큰 관심을 보였다. 그가 개발한 발디딤식 재봉틀은 한 가닥의 실로 바느질을 하는 기계였다. 불과 몇 년 뒤인 1834년 미국의 기계공 월터 헌트Walter Hunt, 1796~1859가 두 개의 실이 구멍을 통과하면서 바느질이 되는 재봉틀을 개발하면서 재봉기계에 일대 혁신을 불러일으켰다. 그러나 헌트는 재봉기계의 도입이 수작업을 해온 많은 재봉사의 일자리를 뺏을까 걱정하여 특허를 신청하지 않았다. 이후 일라이어스 하우Elias Howe, Jr., 1819~1867가 헌트의 발명을 재도입한 재봉틀을 출시하면서 1854년에 특허권 분쟁이 일어나기도 했다.

19세기 중엽 미국과 유럽 여러 곳에서 재봉틀을 만드는 제조사들이 나타났다. 그 가운데 압도적인 시장 장악력을 보여준 회사는 바로 싱어사였다. 독일 이민자의 아들로 태어난 아이작 메릿 싱어Isaac Merritt Singer, 1811~1875가 자신이 발명한 재봉틀로 특허를 얻어 1851년 설립한 회사였다. 싱어사는 곧 하우가 발명했던 재봉틀의 박음질 기법 등 재봉틀 관련 여러 특허를 통합해 가며 대량생산에 돌입하게 된다. 회사의 경영은 싱어의 파트너이자 변호사로 싱어가 죽은 뒤 회장이 된 에드워드 클라크Edward C. Clark, 1811~1882가 주로 맡았다. 싱어사는 1860년대 세계 최대의 재봉틀 제조회사가 되었으며, 이후 다양한 첨단 마케팅 기법을 발휘하여 기업 역사에서 하나의 전설로 자리매김하게 된다.

싱어사의 성공 요인, 해외 판매와 최초의 할부제 도입

1870년대 중반에 세계 재봉틀 시장의 4분의 1을 점유하고 있던 싱어 재봉틀은 1912년 미국에서는 60%, 세계적으로는 90%의 점유율을 자랑하게 된다. 이로써 싱어 재봉틀은 1920년대 이전에 미국과 유럽뿐 아니라 러시아, 동유럽, 동남아시아와 서아시아, 남아프리카 등 세계 전역에서 판매되었다.

이러한 확산은 놀라울 정도였다. 사실 싱어 재봉틀은 세계 최초로 대량판매되었던 표준화된 기계이자 복잡한 내구재였다.[36] 싱어 재봉틀의 등장 이후 진공청소기나 자동차같이 비싸고 복잡한 기계가 가정의 소비재가 되기 시작했다. 이런 측면에서 보면 싱어 재봉틀은 가정용 기계제품의 새로운 시장을 개척한 선구자였다.

일반적으로 학자들은 특정 상품이 엄청나게 성공하거나 독점적 지위를 누리게 된 원인을 가격 경쟁력이나 제품 차별성, 판매 지역 혹은 성공적인 광고 전략 등에서 찾곤 했다. 그런데 흥미롭게도 최근 연구에 따르면 싱어 재봉틀의 성공은 이런 일반적인 요인들과는 거리가 있는 것으로 밝혀졌다. 먼저, 싱어 재봉틀은 다른 재봉틀 제품과의 경쟁구도 속에서 무리하게 가격을 낮추지 않았다. 그리고 기술적으로도 사실 최고의 제품이 아니었다. 당시 윌콕스 앤드 깁스Willcox & Gibbs나 휠러 앤드 윌슨Wheeler & Wilson 그리고 독일의 파프Pfaff 같은 회사의 재봉틀 제품이 훨씬 더 기술력이 뛰어났기 때문이다.[37] 그렇다면 무엇이 싱어를 재봉틀의 대명사로 만들었을까?

싱어 재봉틀이 출시된 지 얼마 되지 않아 남북전쟁(1861~1865)이 발발하여 군수품 수요가 폭증했다. 그 덕분에 싱어 재봉틀의 판매량도 연간 1만 대 이상이었다. 싱어사는 호황을 누리는 가운데 해외로도 눈을 돌리기 시작한다. 제작비용을 절감하기 위해 1867년 스코틀랜드에 조립공장을 세웠는데, 1871년이 되자 그 공장에서 런던과 함부르크로 나가는 물량의 80%를 소화하게 되었다.[38] 이처럼 싱어사는 해외 판매와 국내 판매를 병행한 덕분에 남북전쟁 후 미국 경제가 불안정했음에도 불구하고 흔들리지 않고 꿋꿋하게 버텨나갈 수 있었다. 그뿐만 아니라 지속적으로 해외에 지점을 설립하여 1920년대가 되면 남아프리카에서 주민의 5%, 필리핀에서 3%, 터키 주민의

싱어사의 스코틀랜드 조립공장

남북전쟁이 끝난 뒤 국내 시장이 위축되었지만 싱어사는 1867년 스코틀랜드에 설립한 해외 공장 덕분에 비용 절감과 함께 해외 판매에서 앞서 나갈 수 있었다.

2.5%가 싱어 재봉틀을 소유하게 되었다.[39]

싱어사의 해외 시장 확대는 이념적 포장과 더불어 이루어졌다. 낙후된 지역에 싱어 재봉틀이 보급되는 상황을 마치 문명의 전파인 양 선전했다. 어떤 광고 포스터에는 두 명의 아프리카인이 재봉틀과 백인 판매원을 싣고 정글로 들어가는 장면을 그려놓고는 그 윗부분에 "싱어, 문명의 전령Singer, harbinger of civilization"이라는 문구를 적어놓았다.[40]

그런데 싱어 재봉틀의 성공 요인은 무엇보다도 선구적으로 도입한 할부제에서 찾을 수 있다. 싱어사의 경영자였던 클라크는 1856년 공장용 재봉틀

뿐 아니라 범용 재봉틀을 만들어 각 가정에 판매해야겠다고 마음먹었다. 이 생각은 사실 현실성이 떨어졌는데, 왜냐하면 당시에는 재봉틀이 매우 값비싼 물건이었기 때문이다. 가정용이라 하더라도 재봉틀 가격은 당시 재봉사 연봉의 5분의 1에서 2분의 1에 상당할 정도로 고가였다. 따라서 중산층 이하의 가정에 재봉틀을 팔기 위해서는 획기적인 판매 방식이 필요했다. 클라크는 적은 금액을 착수금으로 받은 뒤 나머지 금액을 오랜 기간에 나눠 갚는 할부제도를 고안해냈다.[41] 이것이 바로 그 악명 높은 공격적 마케팅인 "1달러에 계약하고, 1주일에 1달러 내기a dollar down, a dollar a week" 플랜이었다.[42]

실제로 이 계획이 성공하려면 잘 교육받은 판매원이 필요했다. 판매원은 시장조사를 하고 구매자를 찾아내 계약서에 서명까지 받아내는 조사원canvassers과 할부 대금을 걷으러 다니는 수금원collectors으로 나뉘었다. 수금원은 재봉틀을 가정으로 배달한 뒤 향후 2년 정도 매주 방문해서 할부금을 수금했다. 그런데 이 이원적 판매 시스템은 비용이 너무 많이 발생했기 때문에 나중에는 분리된 판매 영역을 통합해 한 사람이 담당하는 '조사수금원 제도canvasser-collector system'를 시행했다. 제품 설명에서부터 시연, 그리고 할부금 수금 등 대면접촉 과정에서 이들은 고객과 끈끈한 관계를 맺게 되었고, 제품의 애프터서비스도 원활하게 이루어질 수 있었다.[43]

싱어사는 판매원들에게 "항상 가정집에 들어가기 전에 가족의 이름을 외워두어라. 물건을 사라고 종용하지 말고 먼저 기계를 보여주면서 기계의 유용성과 장점을 설명하라"[44]고 가르쳤다. 이처럼 방문판매를 기본으로 한 직접 판매 방식이야말로 싱어 재봉틀이 경제적으로 낙후된 지역이나 노동자 계층에까지 널리 보급될 수 있었던 핵심 요인이었다. 1880년대 독일에서 자국산 고품질 재봉틀인 파프의 판매율이 저조하자 발명자인 파프Georg Michael

가정용 재봉틀을 배송하고 있는 싱어사의 판매원, 1910년

싱어 재봉틀은 방문판매를 기본으로 한 직접 판매 방식으로 경제적으로 낙후된 지역에까지 널리 보급되었다. 재봉틀을 씌워놓은 커버에 '싱어(SINGER). 록 스티치(Lock Stitch, 박음질)와 체인 스티치(Chain Stitch, 사슬 뜨기). 최고의 가정용 제품입니다'라는 광고가 붙어 있다.

Pfaff, 1823~1893는 "독일제국에 쳐들어온 싱어사의 세일즈맨 군대 때문이다"라고 불만을 터트렸다.[45]

재봉틀 반대와 노동의 성별 분리

사실 재봉틀의 도입이 마냥 매끄럽게 이루어진 것은 아니었다. 재봉틀이 발명되었다는 소식이 들리자마자 재봉사들은 크게 반발하고 나섰다. 기계가 자신들의 일자리를 빼앗아갈 것이라고 생각했기 때문이다. 1829년 시모니는 자신이 발명한 재봉틀의 특허를 받은 뒤 프랑스 육군에 군복을 납품하기로 계약하고 재봉 공장까지 세웠다. 그런데 재봉사들이 몰려와 공장에 불을 지르고 폭력을 가해서 결국 1841년 폐업했다. 이후 두세 차례 더 재기를 꿈꾸며 기계를 개선해나갔지만 판로 부족 문제에 부딪혀 결국 곤궁한 생활을 하다 죽음을 맞았다. 미국에서도 상황은 마찬가지였다. 재봉틀 발명자 하우는 1851년 런던 만국박람회에 출품하여 큰 주목을 받았지만 보스톤의 양복점 주인들에게 협박당하고 공장까지 공격을 받아 재봉틀이 모두 파괴되는 일을 겪었다.

시간이 흐르면서 재봉틀의 생산과 판매가 안정되어갔는데, 이때 전혀 새로운 문제가 쟁점으로 떠오르기 시작했다. 만약 재봉틀을 가정에 들여놓게 된다면 여성이 남성의 영역을 침범하는 결과를 낳을 수도 있다는 우려가 제기된 것이다. 수백 년 동안 유럽에서는 남성과 여성의 일이 완전히 구분되어 있었다. 중세와 근대 초까지 남성들만의 동업조합인 길드는 가정에서 기계를 사용하는 일과 여성이 그것을 사용하는 것 모두를 강력하게 금지했다.

길드 바깥에서 이루어지는 생산을 막고, 수공업자들 사이의 위계질서를 지키며 비밀을 유지한다는 명분에서였다.[46] 이런 분위기에서 여성이 복잡한 기계를 사용하는 것은 결국 자연의 섭리를 거스르는 위험한 일이라는 인식이 자리 잡게 되었다.

산업화가 무르익어가던 19세기에는 가정과 일터가 공간적으로도 확실하게 분리되어, 가정은 상품 생산과는 무관한, 가족의 조용한 사적 생활 영역이 되어갔다. 원론적으로 여성은 가정이라는 공간에 속한 존재였고, 설사 여성들이 임금노동자로 공장에서 일하게 되더라도 수많은 성차별적 규제에 시달리며 끊임없이 자신이 '다른' 존재임을 되새겨야 했다. 여성은 매우 섬세하고 직관적이며 손재주가 있다는 평가도 있었지만 그것은 남성의 기술력, 테크놀로지에서의 숙련성과는 극명하게 대비되는 특징이었다.[47] 이뿐만 아니라 여성들은 일터에서조차 사적인 대화나 가십을 즐기고, 소문을 퍼트리며, 작업장의 규범을 어기기 일쑤라는 편견이 만연했는데, 이런 편견은 특히 바느질하는 여성들에게로 향하는 경향이 있었다.[48]

여성적인 물건, 재봉틀

재봉틀이 보급되던 초창기에는 공장으로 납품되는 비중이 상당히 높았으며, 남녀 노동자들이 모두 사용했기 때문에 재봉틀 이용에 성별 구분이 두드러지지 않았다. 19세기 중반에 나온 광고에서는 재봉틀 앞에 앉아 군복을 만드는 '애국적인 캐릭터'의 남성 모델을 많이 찾아볼 수 있다. 그런데 가정용 재봉틀이 보급되기 시작하면서부터 재봉틀에 여성성 이미지가 강하게 덧

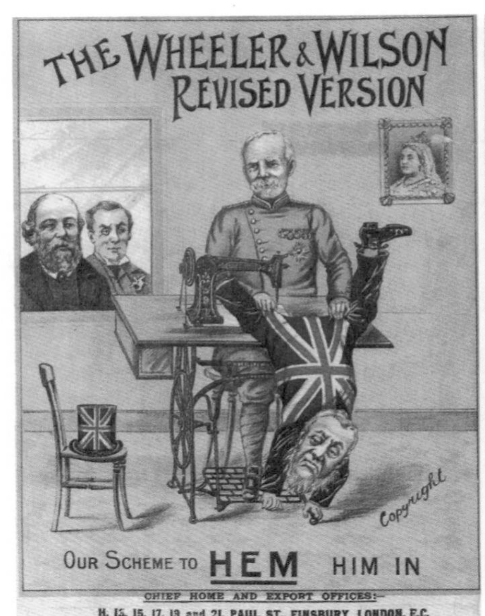

남성 모델을 앞세운 재봉틀 광고

남아프리카에서 보어전쟁이 한창이던 1900년경까지만 하더라도
'애국적인 캐릭터'의 남성 모델이 등장하는 재봉틀 광고가 많았다.

씌워졌다. 싱어사는 판매 촉진책의 하나로 먼저 정부 부처의 장관 부인들에게 반값에 재봉틀을 판매했다. 상류층 여성들이 나서서 재봉틀의 사용으로 가사노동의 부담이 확실히 줄어들었다는 사실을 퍼트려주기를 바랐던 것이다.[49] 이 전략이 성공하면서 재봉틀이 여성의 삶에 큰 도움이 된다는 사회적 담론이 생산되기 시작했다. 어떤 사람들은 재봉틀이 '백인 노예 매매'를 종식할 것이고, 빈곤을 줄여주며 수많은 여성 노동자가 매춘부로 전락하는 일을 막아줄 것이라고 예견하면서 이 기계야말로 '위대한 해방자'라고 칭송했다.[50]

비록 가정용 재봉틀일지라도 여성들은 어쨌든 첨단의 기계를 사용할 기회를 얻게 되었다. 그뿐만 아니라 자신이 만든 봉제품을 상품으로 판매할 수도 있었다. 얼마 지나지 않아 광고에서 재봉틀 앞에 앉아 있는 남성의 모습이 뜸해지더니 19세기 말에는 사라지게 된다. 이후 남성이 재봉틀 광고의 모델로 등장한다면 유럽인의 시각에서 보았을 때 매우 이국적인 풍경이거나 낙후된 사회를 그려낸 것으로 보일 정도였다.[51] 이것은 최소한 서구 사회에서는 재봉틀이 확실하게 여성의 물건으로 자리매김했다는 증거다. 그리고 여성들은 재봉틀을 통해 가내노동의 방식으로 거대한 노동시장에 포섭되었다. 하지만 '나의 싱어'를 꿈꾸었던 여성들은 과거보다도 더 바깥세상과 단절되어 집에 틀어박히게 된 측면도 있다.[52]

여성 건강에 치명적인 재봉틀

그런데 다시금 여성이 재봉틀을 사용하면 안 된다는 의견이 터져 나왔다. 그것은 뜻밖에도 의학계에서 제기된 것이었다. 1869년 아델프 에스파뉴Adelphe Espagne라는 의사가 재봉틀을 사용할 때의 움직임이 여성의 팔과 가슴, 복부에 쇼크를 줄 것이라고 주장했다.[53] 다른 의사들도 이에 동조하며 이 복잡한 기계를 사용하는 것은 여성의 능력 밖의 일이라면서 결국 흥분과 긴장, 월경 불순 같은 문제를 일으킬 것이라고 경고했다. 여성의 월경 문제를 들고 나오는 것은 19세기 의학계의 전형적인 패턴으로 볼 수 있다. 당시 의학계에서는 여성과 관련된 어떤 병리학적 문제이든 간에 무조건 생식기와 연결시켜 논의했고, 궁극적으로 그것을 여성의 사회적 의무인 재생산 문제

〈열린 창문〉, 엘리자베스 오키 팩스톤, 1922년

여성들의 삶을 개선해줄 거라는 홍보와 함께 가정용 재봉틀의
보급이 확대되면서 재봉틀은 여성적인 물건이라는 인식이 굳어졌다.

로 귀결시키곤 했다. 이제 의사들은 재봉틀을 사용한다는 것 자체가 여성의 섬세한 신체 구조를 무시하는 처사로 결국 생식 능력에 문제를 일으킬 것이라며 하나같이 비판의 목소리를 높였다.[54]

여기서 놀라운 사실은 많은 의사가 의자에 앉아서 다리를 가지런히 모은 채 페달을 밟는 행동이 성적 흥분을 유발한다고 생각했다는 점이다. 이들은 심지어 재봉일이 '동물적 본능'을 자극하여 성적 흥분 상태에 빠지게 한다고 주장했다.[55] 외젠 기보Eugène Gibout라는 의사는 재봉틀을 사용하는 여성의 신체 변화를 구구절절 묘사한 뒤 이런 결론을 내렸다.

> 젊은 여성들이 이처럼 색다른 운동을 함으로써 상당한 만큼 생식기가 흥분되어 그로 인해 때때로 갑자기 하던 일을 멈추게 되거나 또는 극심한 피로에 시달리며, 대하증(leukorrhea, 帶下症), 체중 감소와 극심한 허약 상태에 빠지게 된다.[56]

이런 담론은 여성 노동자를 에로티시즘과 강렬하게 연결시키는 동시에 건강한 노동으로 표상되는 생산의 영역에서 그들을 도태시킬 논리로 이용되었다. 즉, 재봉과 관련된 여성의 노동을 보다 '객관적이고 과학적 차원'에서 폄하할 근거를 마련한 것이었다. 의사들의 주장은 곧 의학계 울타리를 벗어나 사회로 퍼져나갔고, 의류 산업에 종사하는 남성 노동자들은 재봉틀 앞에 앉은 여성들에게 말도 안 되는 주의를 주거나, 심지어 흘끔거리며 감시하기도 했다.[57] 그런데 기계와 여성을 얽어낸 에로티시즘이라는 이 골치 아픈 문제는 뜻밖에도 재봉일을 하는 여성을 전면에 내세운 광고에 의해 희석되었다.

싱어 걸을 내세운 싱어사의 광고

싱어 걸

싱어사는 '상품의 민주화'와 '문명화 사명'을 함의하는 혁신적인 광고들을 선보였다. 즉, 한편으로는 부유하지 않은 사람들에게도 신기술을 보급한다는 명분을 부각시켰고, 다른 한편으로는 근대 문명의 이기를 전 세계에 전파하겠다는 사명을 내세웠다. 이를 위해 싱어 재봉틀 광고는 특히 근대성과 편리성을 강조했다. 박음질 속도를 강조하기 위해 에펠 탑 위를 날아가는 재봉틀 이미지를 제시하는가 하면, 심지어 동물도 사용할 수 있을 만큼 조작이 쉽다는 점을 부각시키기 위해 코끼리가 재봉일을 하는 흥미로운 선전물을 만들어냈다.[58]

하지만 싱어 재봉틀 광고 가운데 가장 눈길을 끈 것은 단연 '싱어 걸Singer Girl'이었다. 여성 고객을 끌어들이기 위해 싱어사가 내세운 싱어 걸은 심플한 드레스를 입고 활달한 분위기를 풍기는 시대를 앞서가는 세련된 여성의 이미지였다. 이 여성은 곧바로 일터에 투입될 수 있는 모습이면서 동시에 가내공업의 적임자로도 보이는 양면성을 띠고 있었다.[59] 그녀가 등장하는 공간은 대부분 잘 꾸며진 안락한 거실로, 그곳에 놓인 재봉틀은 노동기계가 아니라 호화로운 가구처럼 보였다. 그 덕분에 재봉틀의 주인인 싱어 걸은 더 이상 고생하는 노동자가 아니라 당당한 소비자이자 생산자였다. 19세기 말은 벨 에포크(Belle Époque, 19세기 말~20세기 초 제국주의가 가져다준 물질적 풍요와 더불어 문화와 예술이 꽃핀 유럽의 '아름다운 시대')를 표방하는 예술의 영향으로 아르누보적인 나른한 분위기의 요정이나 매춘부 스타일의 여성상이 유행하던 시기였다. 하지만 '싱어 걸'은 그런 여성상과 경쟁하며 자신만만하고 자유로운 여성의 모습을 추구함으로써 '신여성new woman'의 이미지를 고양했다.

재봉틀은 세상에 선보일 당시 최첨단의 테크놀로지를 자랑하는 상품이었다. 이 상품에 대한 반대는 크게 고용 문제와 의학 담론 두 영역에서 나타났다. 오늘날에도 마찬가지로 첨단의 테크놀로지 기기들에 대한 반대 담론은 흔히 이 두 주제로 전개되곤 한다. 예를 들자면, 첨단의 인공지능 기술이 적용된 계산대 없는 식료품 상점 '아마존 고Amazon go'처럼 식품매장에서조차 인간이 일자리를 인공지능에 빼앗기게 될 거라는 우려는 고용 문제에 속한다. 한편, 스마트폰이 비염으로부터 뇌종양까지 유발할 수 있다는 우려는 의학 담론의 문제 제기다.

그런데 재봉틀에 대한 반대 담론의 기저에는 본질적으로 성차별적 편견이 깔려 있었고, 그것이 해소되고 교정되면서 점차 재봉틀 자체에 대한 반대가 자연스럽게 극복되었다. 하지만 과연 인공지능에 대한 반대의 기저에는 무엇이 깔려 있을까? 이것이 불분명하다는 점 때문에, 즉 우리에게 아직 학습효과가 없다는 사실 때문에 첨단 테크놀로지 제품을 반대하는 문제는 더욱 극복하기가 어려운 것이 아닐까 하는 생각이 든다.

TOT
TYKE
BABY SOAP
BABY OIL
BABY

9

화장품 외판원

화장품 아줌마의 원조, 에이본 레이디

경제활동과 소비의 여성 네트워크

가위손 에드워드를 마을에 데려온 사람

팀 버튼Tim Burton 감독이 1990년에 내놓았던 영화 〈가위손Edward Scissorhands〉을 기억하는가. 주인공 에드워드는 자신을 창조한 과학자 아버지가 죽은 뒤 언덕의 외딴 성에 홀로 살고 있었다. 어느 날 라벤더색 유니폼을 입은 화장품 판매원 페그가 그곳을 방문한다. 페그는 상처투성이인 에드워드의 얼굴에 수렴화장수를 발라준 뒤 측은한 마음에 결국 자기 집으로 데려온다. 마치 에드워드 호퍼Edward Hopper, 1882~1967의 그림 같은 영상에 아름답고도 슬픈 스토리를 지닌 이 영화의 첫 장면이다. 여기서 페그의 직업은 소비의 역사에 한 획을 그은 화장품 방문판매원 '에이본 레이디Avon Lady'다.

'방문판매door-to-door sales'는 가장 오래된 판매 방식이라고 한다. 원시적인 방문판매는 종종 물물교환의 방식으로 이루어졌다. 백화점이 등장하기

1990년에 개봉한 영화 〈가위손〉의 한 장면

상처투성이인 가위손 에드워드의 얼굴에 화장품 판매원인
페그 아줌마가 화장수를 발라주고 있다.

전까지 방문판매는 특히 여성들이 즐겨 활용한 구매 방식이었다. 당시 구매자는 대부분 여성이었고, 판매원은 대부분 남성이었다. 방문판매직은 초기 투자비용이 거의 들지 않았기 때문에 젊은 미혼 남성들에게 인기 있는 직업이었다.

19세기 초 미국에서 판매원들은 드넓은 땅 곳곳을 돌아다니며 항아리, 펜, 상자, 주방기구에서부터 식기, 시계, 책 등에 이르기까지 수많은 품목을 팔았다. 남북전쟁 이후 전보와 철도, 증기선이 발달하면서 판매 네트워크가 좀 더 촘촘하게 짜여졌으며, 판매원의 활약도 두드러졌다. 뉴욕이나 필라델피아의 제조업자나 대형 도매상은 판매원을 곳곳에 파견했고, 카탈로그와 샘플로 가득 찬 트렁크를 든 젊은 판매원들이 옷감, 위스키, 식료잡화, 특허 의약품(매약), 보석, 철물, 가죽 제품 등을 전국에 배포했다.[60]

에이본사의 탄생

에이본사의 창립자 데이비드 홀 맥코넬David Hall McConnell, 1858~1937도 방문판매원이었다. 1879년부터 출판사 소속 세일즈맨으로 뉴욕과 시카고, 애틀랜타 등에서 집집마다 돌아다니며 책을 팔았다. 판매가 시원치 않자 맥코넬은 화학자인 친구가 재미 삼아 만든 향수 견본품을 공짜로 고객들에게 나눠주었다. 그런데 고객들이 책보다 향수를 더 좋아하는 일이 벌어졌다. 이 무렵 맥코넬은 업종을 전환해야겠다고 마음먹는다. 방문판매로 책을 팔 수 있다면, 화장품인들 팔 수 없겠는가. 게다가 고객들 대부분이 가정주부이니 향수나 화장품은 더 좋아할 상품이 아니겠는가.

1886년 맥코넬은 향수회사를 차리고 그동안 구축해놓은 판매망을 이용해 향수를 판매하기 시작했다. 회사가 뉴욕에 있었음에도 불구하고 회사 이름을 '캘리포니아 향수회사The California Perfume Company'라고 지었다. 꽃으로 가득한 캘리포니아의 이미지를 상품화한 것이었다. 맥코넬은 1928년에 회사 이름을 에이본Avon으로 바꾼다. 셰익스피어의 고향 스트랫퍼드어펀에이본Stratford-upon-Avon을 방문한 뒤 그곳의 아름다움에 반해 이름을 바꿨다고 한다. 마케팅 차원에서 보자면 유럽의 전통과 세련미라는 이국적인 특징을 더해 좀 더 고급스러운 이미지를 만들어내려는 전략으로 볼 수 있다.

사업을 시작하면서 맥코넬은 여성에게 화장품을 파는 일에는 여성 판매원이 더 적합할지도 모른다는 생각을 했다. 그래서 맨 처음 뉴햄프셔 출신의 두 자녀를 둔 50세 가정주부 알비Persis Foster Eames Albee, 1836~1914를 고용했다. 불과 1년 후 판매원은 12명으로 늘어났다. 알비와 동료 판매원들은 기차를 타고 미국 동북부를 여행하면서 화장품을 팔았고, 이후 '에이본 레이디'로 불리게 될 에이본사 소속 방문판매원의 원조가 된다.

판매원도 소비자도 여성인 회사

에이본은 여러 가지 면에서 매우 독특한 회사였다.[61] 무엇보다도 오늘날까지도 판매원과 고객의 95%가 여성이라는 사실이 그렇다. 여성이 돈을 벌 수 있는 기회가 많지 않았던 19세기 말, 에이본사의 판매원 자리는 여성이 사업에 진입할 수 있는 거의 유일한 기회였다. 특히 어려운 처지에 있던 여성들은 에이본 레이디가 됨으로써 처음으로 경제적 주체가 될 기회를 얻었다. 에이본은 다른 다단계 회사들과는 달리 판매원에게 초기 투자금을 거의 요구하지 않았고, 판매원 각자를 독립적인 계약자로 대우했다. 에이본 레이디는 매출의 40%를 커미션으로 받았으며, 그 안에서는 재량껏 할인도 해줄 수 있는 등 자신만의 판매 기술을 발휘할 수 있었다. 더욱 좋았던 점은 다른 직업과는 달리 근무시간을 자유롭게 조정할 수 있어서 육아와 가사 등 주부로서 해오던 역할을 병행할 수 있었다.

에이본사는 이미 1905년부터 판매원들을 위한 매거진을 발간하여 업계의 동향과 뉴스를 전달하는 한편, 동료 판매원들의 조언을 수집해서 싣는

"딩-동, 에이본이 방문합니다"

창립 75주년이 되던 해인 1961년 에이본사 광고.

등 간접적인 교육을 시행했다. 또한 판매원 자녀들을 위한 장학금제도를 마련하고, 두둑한 보너스가 걸린 세일즈 콘테스트를 도입하여 판매 동기를 부여하기도 했다. 대공황으로 경기가 얼어붙자 에이본사는 할인제도를 도입했고, 제2차 세계대전이 터지자 공장의 일부를 가스마스크 생산과 의약품 제조를 위해 제공했다. 이때 판매원들은 주부들에게 화장품과 함께 전쟁채권war bonds을 팔았다. 지극히 사적인 소비 영역에서 공익적 활동을 대행한 것이다. 이 과정에서 에이본 레이디들은 미국 국민으로서 공적인 임무를 수행한다는 자부심을 느꼈을 터이다.

1954년 에이본사는 "딩-동, 에이본이 방문합니다Ding-Dong, Avon Calling"라는 TV 광고를 내보냈다. 가위손 에드워드가 사는 성을 찾아간 페그가 문을 두드리며 하는 첫 마디가 바로 이 광고 문구다. 이 광고는 1967년까지 계속되었던 역사상 최장기 광고로, 최고 성공작 가운데 하나로 꼽힌다. 이런 성공에 힘입어 에이본사는 1950년대 중반부터 본격적으로 여성의 권익 향상을 위한 사업을 시작했다. 여성에게 일자리 찾아주기, 가정폭력 예방 캠페인 등을 거쳐 1990년대 초부터는 유방암 퇴치 후원 사업을 활발하게 벌이고 있다. 또한 에이본사는 흑인 여성을 위한 화장품을 개발하여 판매한 최초의 기업이자 다민족적인 정책을 시행하는 회사로도 유명하다. 하지만 이런 시스템과 패키지가 그 성공 비결의 전부는 아닐 터였다.

에이본 레이디의 판매 비결

미국에서는 19세기 말에야 에이본 레이디가 등장했지만 우리나라에서는 훨씬 오래전부터 여성 방문판매원이 활동했다. 숙종(재위 1674~1720) 때의 기록에 이미 화장품만을 취급하는 여성 방물장수 '매분구賣粉嫗'의 존재가 나타난다.[62] 혹자는 여성들의 외출이 쉽지 않은 당시 사회에서 이들이 집 안의 여성들에게 세상 돌아가는 소식을 전해주는 반가운 존재였다고 평가했다.[63] 1962년 우리나라에 본격적인 화장품 방문판매제도가 도입된 이후에도 고객의 대부분은 주로 전업주부였다.

1980년대 중반까지는 우리나라 화장품 전체 매출의 90% 이상이 방문판매로 이루어졌다고 한다. 마케팅 연구자들은 이런 방문판매의 성공을 여러 각도에서 분석해왔다. 무엇보다 당시 화장품에 대한 정보나 지식이 부족했던 소비자들에게 판매원들이 직접 방문해 제품에 대해 정확한 정보를 제공했던 것이 주효했다. 다르게 말하자면 판매원들의 수준이 높았고 훈련도 잘 이루어졌다는 말이다.[64] 또한 상대적으로 좁은 소비자 커뮤니티 안에서의 경쟁심도 판매율 상승의 동인으로 꼽힌다. 즉, 이웃이나 친구가 샀기 때문에 덩달아 구매하거나 과시적 욕구에서 더 비싼 것을, 혹은 더 많이 사고자 하는 동기가 존재했다는 말이다. 미용에 대한 전반적인 상담을 개인적 차원에서 받을 수 있고, 다양한 견본품 제공이나 마사지 서비스 등으로 소비자가 대접받는 느낌을 주었다는 사실 또한 방문판매에 대한 만족도가 높은 요인이었다.[65]

그런데 어떻게 보면 방문판매는 상점에서 물건을 파는 점두판매店頭販賣, over-the-counter dealings보다 불리한 판매 방식이다. 물건을 사려고 마음먹고 찾아오는 소비자를 상대하는 것이 아니라 이른바 '저항의식을 가진' 소비자를 설득하여 구매 동기를 불러일으켜야 하기 때문이다.[66] 그렇다면 방문판매 방식을 고집한 에이본사가 큰 성공을 거둔 요인은 무엇일까? 우리나라에

에이본 레이디

에이본 레이디를 내세워 가정주부를 대상으로 방문판매를 시행한 에이본사의 판매 방식은 인적 자원과 인적 요소를 결합한 성공적인 판매 전략이었다.

서의 방문판매 성공 요인과 크게 다르지 않을 것이다. 하지만 먼저 방문판매를 도입한 에이본사의 사례를 좀 더 촘촘히 들여다보면 마케팅 연구자들의 분석에서 찾아볼 수 없는 훨씬 생생한 장면이 드러난다. 우선 에이본 레이디는 옷을 멋지게 차려입었다. 우아한 드레스 정장에 고급 스타킹을 신고 장갑과 모자까지 갖춰 입은 멋쟁이 여성이 문 앞에서 벨을 누르는 모습은 보기 좋은 광경이었다. 에이본 레이디였던 한 여성은 "우리는 아주 세련되어 보였

어요"라고 회상했다.[67]

에이본사의 판매 방식은 쇼핑의 쾌락적 가치라는 차원에서 볼 때 고객에게 아주 높은 만족도를 안겨주었다. 필요한 물건을 사는 것 자체가 쇼핑의 효용적 가치라면, 쾌락적 가치는 쇼핑이라는 경험 과정을 통해 지각하는 재미의 측면을 강조하는 것이다.[68] 안락한 분위기에서 다양한 종류의 견본품을 늘어놓고 조곤조곤 이야기하는 시간은 마치 친구와 밀린 수다를 떠는 즐거운 여가시간과 흡사했을 것이다. 왕진 의사도 거의 없고, 우유 배달부도 오지 않는 시대에 말끔한 차림의 에이본 레이디가 찾아와 동네 주부들까지 한데 모여 립스틱이나 향수 등 보기에도 즐거운 물건들을 늘어놓고 일종의 홈파티를 하는 일, 그런 시간은 반복적인 일상에서 짜릿한 여흥이었을 것이다.[69]

어떤 인류학자는 1950년대 에이본사의 TV 광고 "딩-동, 에이본이 방문합니다"와 일반 가정집의 거실에서 벌어지는 '타파웨어(Tupperware, 우리나라에서는 흔히 '타파통'이라 불린다) 파티'가 미국 백인 중산층의 가정생활을 특징짓는 전형적인 장면이 되었다고까지 말한다.[70] 1972년 에이본사는 이런 광고를 내보냈다. "에이본 레이디는 나를 '다음 손님!'이 아니라, 에밀리라고 불러요. 그것은 참 좋은 느낌이죠."[71] 이런 고객과의 개인적인 관계 맺음이야말로 방문판매만이 해낼 수 있던 성공의 열쇠, 즉 인적 요소를 활용한 판매 전략이었다. 그리고 이러한 인적 요소와 인적 자원의 활용이야말로 오늘날 약간 촌스럽게 느껴지긴 하지만 에이본이 기업 브랜드 가치에서 샤넬을 앞서게 된 동력이다.[72]

비서구 지역으로의 전파, 반페미니즘적인 성공?

1970년대 많은 백인 기혼 여성이 직업을 갖게 되면서 그들을 주 고객으로 삼았던 방문판매는 위기를 맞는다. 에이본사는 일하는 여성을 겨냥한 제품들을 개발하는 한편, 해외 특히 전업주부의 비율이 높은 개발도상국으로 눈을 돌리기 시작했다. 이미 1950년대부터 진출했던 라틴아메리카와 아시아 지역 외에 1990년대에는 동유럽, 중국, 러시아, 남아프리카 등에도 뻗어나가 에이본사는 오늘날 총 100여 개국에 자리를 잡았다. 지금도 브라질의 아마존 지역에서는 카누를 탄 에이본 레이디들이 오두막을 찾아다니며 지역 토산품을 받고 상품을 판다. 거의 접근이 불가능한 광산촌에서조차 사람들은 에이본의 '크리스털 스플래시'나 '카리스마' 같은 향수를 구매하고 있다.[73] 현재 에이본사에는 약 600만 명에 이르는 에이본 레이디가 소속되어 있으며, 전체 매출의 80%를 해외에서 벌어들이고 있다. 이는 현지 여성들이 원래 갖고 있던 일상적 교환 네트워크를 다국적기업이 활용하여 성공을 거둔 두드러진 사례라고 할 수 있다.[74]

낙후된 지역에 에이본사가 진출하는 일은 차별받고 빈곤했던 여성들에게 경제적 혜택과 자립의 기회를 제공한다는 점에서 높은 평가를 받아왔다. 하지만 페미니즘적 시각에서 보자면 에이본 레이디의 성공은 사실 성평등이나 여성의 권익 신장과는 거리가 있었다. 우선, 화장품은 그 자체가 본질적으로 지극히 여성적인 상품으로, 여성에게 가해져온 사회적 억압의 상징물이기도 하다. 그 물건을 사고파는 행위 자체도 여성 판매자와 여성 소비자로 한정되어 있다. 게다가 판매가 이루어지는 공간 또한 역사적으로 여성적인 영역으로 규정되어왔던 '집' 혹은 '가정'이다. 다시 말해 화장품 방문판매

아프리카에 진출한 에이본 레이디

남아프리카 지역의 에이본 레이디들(왼쪽)과
이 지역을 대상으로 발간된 에이본사 카탈로그(오른쪽).

란 여성만 분리된 별개의 교환체계를 구축하는 셈이었던 것이다. 결과적으로 에이본 레이디를 내세운 판매 전략은 비즈니스 영역에서 성별 분리를 부추기는, '정치적으로 올바르지 않은' 행위일 수 있다.[75]

또 다른 차원의 문제도 있다. 에이본 레이디는 개발도상국의 많은 여성 사이에서 선망하는 직업이었다. 에이본사는 현지 판매원을 구하면서 스스로 자립할 수 있다는 '자조自助'의 레토릭을 구사했다. 그런데 이렇게 당당하고 꿋꿋한 여성 자영업자의 상을 구축함으로써 에이본사는 그녀들을 일종의 대리인으로 내세우고 뒤에 숨어서 다국적기업으로서 자신들의 자본 침략 이미지를 희석했다.[76] 그뿐이 아니다. 세계 곳곳에 퍼져나간 에이본 레이디는 단지 상품만을 파는 것이 아니라 서구 중심적인 아름다움의 기준을 퍼트리는

데 앞장섰다.[77] 유명한 페미니즘 학자 조안 스콧Joan W. Scott은 러시아에서 폭발적으로 늘어나는 에이본 레이디에 대해 논의하면서 그들이 새로운 성적 차이를 만들어낸다고 지적한다. 소비에트 시절에도 남녀 차별이 있었고, 노동시장의 성별 분리도 뚜렷했지만, 이제 서구 자본주의가 에이본 레이디를 통해 여성을 대상으로 하는 소비주의를 확산시키면서 서구식의 더 심각한 여성 차별, 여성성의 강조, 외면을 강조하는 성적 차이를 들여왔다고 비판한 것이다.[78]

에이본 레이디 바비인형

1997년 에이본사는 바비인형으로 유명한 마텔Mattel사와 협업을 시작했다. 에이본사의 발달된 판매망을 통해 마텔사의 인형을 팔아보고자 한 것이다.[79] 시험 삼아 출시한 '스프링블로섬바비Spring Blossom Barbie'와 '윈터벨벳바비Winter Velvet Barbie'는 불과 몇 주 만에 미국에서만 판매액이 4,300만 달러였다. 에이본 레이디의 뛰어난 판매술이 만천하에 공인된 사건이었다. 곧 마텔사는 조인트 마케팅을 기념하는 차원에서 최초의 에이본 레이디였던 알비를 모델로 한 '알비 바비인형'을 내놓았다. 에이본 레이디 가운데 최고의 매출을 올리는 판매원을 통해서만 구입이 가능한 컬렉터스 아이템Collector's Item이었다. 이후 다양한 인종의 에이본 레이디며 시기별로 달라졌던 다양한 유니폼을 입은 에이본 레이디 시리즈가 꾸준히 출시되고 있다.

에이본 레이디 바비는 여러 가지 생각이 들게 한다. 우선, 경제 영역에 뛰어든 선구자들이자 소비의 역사에서 기념할 만한 존재들을 인형으로 만드

에이본 레이디 피규어

1980년대부터 출시된 에이본 레이디 피규어(왼쪽)와
1997년 마텔사가 에이본사와의 협업 기념으로 내놓은 '알비 바비인형'(오른쪽).

는 일은 멋진 일이다. 우리나라에도 아모레 아줌마를 기념하는 인형이 나오면 좋을 것 같다. 아모레 아줌마는 오늘날에는 찾아볼 수 없는, 한 시대의 아이콘이 아니었던가. 하지만 그 인형이 바비인형이라는 점이 마음에 걸린다. 날씬하면서도 볼륨 있는, 지독하게 이상화된 서구의 미인상 바비 말이다. 그래서 만약에 아모레 아줌마 인형이 나온다면, 차라리 피규어 전문업체에서 실제 모습에 가까운 정교한 모형으로 만들면 좋겠다. 컬렉터스 아이템이 될 정도로 멋지게 말이다. 이런 모형들이 더 많이 생산되고 보급되어 서구식의 이상화된 미의 기준을 교정해갈 수 있으면 좋지 않을까.

THE AMC PERFECT CEREALS

FOR SALE BY

Your Grocer

10

트레이드 카드

상품의 화려한 명함

트레이드 카드가 배포한 지식과 편견

리비히 트레이드 카드의 '한국' 세트

다음 카드는 1904년 리비히Liebig 회사가 제작해 배포한 트레이드 카드 trade card의 '한국' 세트 중 하나다. 리비히는 고기즙 통조림을 상품화한 다국적기업으로, 독일의 화학자 유스투스 폰 리비히Justus von Liebig, 1803~1873의 이름을 따서 세워졌다. '최소량의 법칙'으로 유명한 리비히는 생화학과 농화학을 연구하면서 비료를 개발했으며, 1847년에는 단백질 섭취가 부족한 빈곤층을 위해 고기즙 통조림을 개발하기도 했다. 리비히는 이 통조림에 관심을 가진 사업가들과 손잡고 1865년부터 대량생산에 돌입했다. 리비히 통조림은 큰 병원에 납품되었는가 하면, 미국의 남북전쟁과 제2차 세계대전 때에는 연합군의 식량 등으로 사용되면서 엄청난 성공을 거두었다.

리비히 회사는 상품 홍보를 위해 게임용 카드와 메뉴 카드, 어린이용 게

한국의 귀부인

리비히 회사의 1904년판 트레이드 카드인 '한국' 세트 가운데 '한국의 귀부인과 서울 거리' 카드.

임, 달력과 종이로 된 장난감 등 여러 가지 홍보물과 함께 트레이드 카드도 만들었다. 그 가운데 1904년판 트레이드 카드는 세계 곳곳의 지리와 역사를 그림으로 담은 시리즈로, 여기에 '한국'을 주제로 한 카드 세트도 포함되었다. 한 세트에 6장씩 들어 있으며, 이를 6개국 언어로 번역해 나라별로 홍보했다. 위의 카드를 살펴보면, 오른쪽 아래 구석에 리비히 회사의 트레이드 카드임을 알려주는 통조림 그림이 조그맣게 그려져 있다. 카드의 오른쪽은 서울의 거리를 묘사하고 있고, 왼쪽은 '한국의 귀부인'을 그린 것이란다. 그런데 뭔가 이상하지 않은가? 한복이 아니라 동남아시아 의상처럼 보인다. 게다가 과일 모자라니!

트레이드 카드의 기원

트레이드 카드의 시작은 최소 1630년대로 거슬러 올라간다. 서양의 상품 홍보 역사에서 가장 앞선 나라였던 영국에서 맨 처음 '트레이드맨스 카

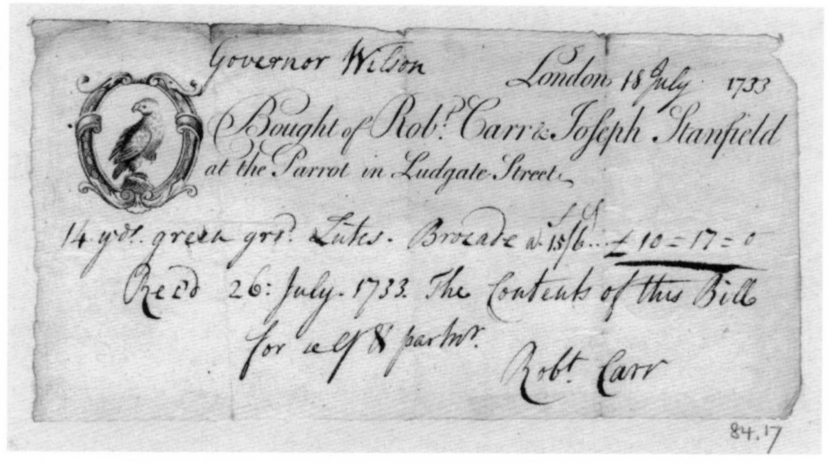

런던 러드게이트가에 있던 상점의 트레이드 카드

1733년에 값비싼 브로케이드(brocade) 직물을 거래했음을 알 수 있는 트레이드 카드로, 초창기 트레이드 카드는 거래 내역서 기능을 하기도 했다.

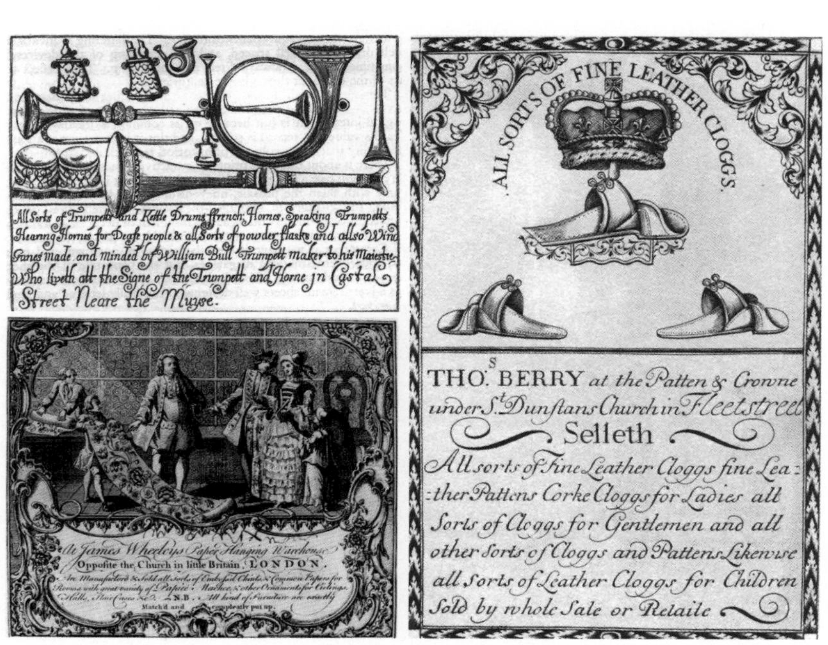

18세기 런던의 각종 상점에서 배포한 트레이드 카드

18세기까지 트레이드 카드는 홍보물이라기보다는 기념품의 성격이 강했다.

드Tradesmen's Card'가 등장했다. 이 카드는 줄여서 '트레이드 카드'라 불렸는데,[80] 초창기에는 상점마다 취급하는 물건을 그려 넣고 주소를 명기한 단순한 종이 인쇄물에 불과했다. 시간이 지나면서 장식적인 그림이 들어가고 아름다운 활자체를 사용하는 등 예술성이 가미되었다. 《일기Diary》로 유명한 새뮤얼 피프스Samuel Pepys, 1633~1703는 17세기 말에 이미 41개의 트레이드 카드를 수집해서 잘 정리해두었다.[81]

영국에 이어 프랑스 등 유럽 각지에서 비슷한 카드가 사용되었다. 식민지 미국에도 트레이드 카드의 효용성이 알려지면서 1727년 보스턴 지역 서적상 토마스 핸콕Thomas Hancock, 1704~1764이 최초로 트레이드 카드를 사용했고, 곧 필라델피아 등 미국 여러 도시에서도 이 카드가 유행하게 되었다. 유럽에서와 마찬가지로 트레이드 카드는 상점의 정면이나 내부 혹은 주변 풍경을 그리거나 가구나 식기류 등 취급하는 물품을 그려 넣은 종이 인쇄물로 제작되었다.

그런데 적어도 18세기까지는 트레이드 카드가 홍보물이라기보다는 기념품의 성격이 강했다고 한다. 상점 주인이 방문한 고객에게 향후 구매를 기대하며 이 카드의 빈 칸에 몇 가지 정보를 적어주는 용도로 많이 쓰였다는 것이다. 고객이 구입한 물건을 배달할 때 카드를 함께 보내기도 했는데, 그렇게 보자면 트레이드 카드는 상표이자 거래 내역서 혹은 영수증의 기능을 겸했던 셈이다. 아직 종이가 귀하고 비쌌던 시절, 자기 상점만의 특별한 이미지를 담아 제작된 트레이드 카드는 고급스런 격식을 갖춘 거래 기록이었다. 그런 탓인지 트레이드 카드는 주로 부유층을 대상으로 하는 보석상, 시계와 장신구 제조업자, 악기상, 고급 의상실, 서적상, 가구점 등에서 사용되었다.[82] 오늘날 널리 사용되는 명함도 이러한 카드에서 유래했지만, 천편일률적인 명함보다 훨씬 예술적인 홍보물이었다.

트레이드 카드의 성공 이유

1860년대부터 트레이드 카드는 대중적인 마케팅 수단으로 크게 각광을 받기 시작한다. 이러한 대중화가 가능했던 것은 무엇보다도 인쇄술의 발달 때문이었다. 1860년대 이후 크로모리소그래피Chromolithography라고 불리는 다색 석판 인쇄술이 발전하면서 저렴한 비용으로 그림을 대량으로 복제할 수 있게 되었다. 19세기 후반까지도 대부분의 가정에서는 사진이나 컬러로 된 그림 자체가 아주 귀했다. 트레이드 카드에 인쇄된 그림은 그 이전의 목판화나 동판화와는 비교가 되지 않을 정도로 사실적이고 섬세하고 매우 다채로웠기 때문에 사람들은 이 예쁜 그림들을 좋아했다. 가정에서는 트레이드 카드를 모아 벽에 붙이거나 앨범에 보관했고, 특히 여성들과 어린이들 사이에서 수집 열풍이 불었다. 수집 열풍으로 인해 어느 정도 규모가 있는 기업이라면 너 나 할 것 없이 트레이드 카드를 제작해 배포해야 한다는 압박감을 느낄 정도였다. 제조업자 입장에서도 트레이드 카드는 홍보 수단으로서 아주 유용했다. 비누와 가공식품 등 새로운 소비재가 쏟아져 나오는 상황에서 물품에 대한 소개와 홍보가 절실했기 때문이다.[83]

19세기 초·중반까지 소비자의 구매 방식은 중간 유통업자라 할 수 있는 도매상이나 소매상을 방문해 그곳에서 취급하는 물건을 사는 식으로 이루어졌기 때문에 소비자의 선택권은 매우 제한적이었다. 그런데 이 무렵부터 생산자가 중간 유통업자를 뛰어넘어 직접 브랜드를 알리고 시장 지배력을 키

트레이드 카드의 대중화

19세기 중반 이후 대중적인 마케팅 수단으로 각광 받기 시작한 트레이드 카드는 여성들과 어린이들 사이에 수집 열풍을 몰고 오기도 했다.

울 방법을 모색해갔던 것이다.[84] 1850년대부터 재봉틀 제조사 싱어나 식품 회사 맥코믹McCormick을 필두로 담배, 껌, 가공식품, 비누, 페인트 등의 제조 업체들은 회사의 이름과 로고를 제품에 찍거나 그려 넣어 상품 인지도를 높이려 했다.[85] 이런 움직임 속에서 트레이드 카드는 소비자가 직접 좋아하는 브랜드나 회사를 선택하여 구입할 수 있도록 안내하는 중요한 역할을 하게 된다.[86] 당시 전국적으로 엄청나게 판매되던 매약(미리 조제해놓고 파는 약)은 이런 홍보물을 통해 소비자에게 약의 복용과 관련된 정보와 지식을 제공하기도 했다.[87] 트레이드 카드는 거리에서 나눠주거나 잡화상이나 약국에서 얻을 수도 있었고, 소비자에게 우편으로 배달되기도 했다.

뉴욕에 기반을 둔 아버클 브라더스 커피 회사Arbuckle Brothers Coffee Company는 고객들이 트레이드 카드의 수집을 좋아한다는 데 착안하여, 1880년대 중반부터 커피 패키지 상품 안에 이 카드를 넣기 시작했다. 또한 트레이드 카드의 내용을 새, 동물, 음식, 스포츠, 지도 등 주제별로 나누어 시리즈로 내놓았는데, 한 주제당 50장의 카드를 발행했다. 우리나라에서 한때 어린이들 사이에 인기를 끌었던 과자봉지 속 스티커도 이런 전통의 연장선에 있는 것이다.

트레이드 카드의 다양한 변신

트레이드 카드는 보통 3×5인치 혹은 3½×4¾인치 크기의 사각형 인쇄물이다. 앞면에는 제품에 대한 이해를 돕거나 회사의 이미지를 높일 수 있는 화려한 색감의 그림을 그려 넣고, 뒷면에는 회사와 제품에 대한 소개, 가격 정보, 슬로건, 흥미로운 일화 등 좀 더 구체적인 정보를 실었다. 미국 시카고에 본부를 둔 '리비, 맥닐 앤드 리비Libby, McNeil & Libby' 회사는 자사가 생산하는 통조림 제품을 널리 알리기 위해 다양한 직업군의 모습을 카드에 동원했다. 농부의 아내에서부터 여행자, 탐험가 등이 통조림을 이용하는 장면을 보여줌으로써 언제 어디서나 손쉽게 먹을 수 있는 편리한 가공식품이라는 점을 강조했다.[88]

트레이드 카드가 널리 유행하면서 그림뿐 아니라 형태도 다양해지고 세련되어졌다. 평범한 직사각형에서 벗어나 둥근 모양이나 테두리에 장식을 가미한 카드나 종이접기 모형처럼 접을 수 있는 카드도 제작되었다. 커크먼 붕사 비누Kirkman's Borax Soap의 트레이드 카드는 일부분이 움직일 수 있는 형태였는데, 이런 카드는 '기계식 카드mechanicals'라고 불리기도 했다.[89] '비포 앤드 애프터Before and After' 아이디어를 이용한 것도 있었다. 예를 들면 1880년경 제작된 버킹엄 수염 염색약Buckingham's Dye for the Whiskers의 접이식 트레이드 카드는 앞장에는 흰 수염의 신사가 그려져 있고 넘기면 똑같은 남자가 수염만 검게 변한 모습이 나타나는 식이었다.[90]

접이식 트레이드 카드

염색약 '사용 전후'의 모습을 함께 보여주는 버킹엄 수염 염색약 트레이드 카드, 1880년경.

생산자들은 트레이드 카드를 통해 자신들의 제품을 사용하면 생활의 편리뿐 아니라 기쁨과 환상을 경험할 수 있다는 점을 보여주고자 했다. 싱어사는 '싱어Singer'라는 회사의 이름과 연관된 '노래하는 새 시리즈'와 '오페라 가수 시리즈'의 카드를 내놓아 소비자들에게 재미를 안겨주었다. 이런 카드의 수요를 인지한 인쇄업자들은 아예 독자적으로 카드의 콘텐츠를 개발하는 데 공을 들였다. 그 결과 미국의 주, 세계 지리와 풍

'지금부터 100년 뒤' 시리즈의 트레이드 카드

자전거나 특수 신발을 신고 물위를 걸어다니는 모습(왼쪽)과 잠수함을 타고 해저 관광을 하는 모습(오른쪽). 이 트레이드 카드는 독일의 인쇄회사가 만든 것으로, 독일과 벨기에에서는 초콜릿 회사에서 광고용으로 사용했고, 영어 버전은 미국에서 14개 회사가 사용했다.

속, 동물, 유명인 등의 시리즈가 나오게 되었는데, 이 시리즈를 이용해 트레이드 카드를 만든 회사들은 소비자들에게 자랑스럽게 대놓고 수집을 권장하기도 했다. 19세기 말에 만들어진 '지금부터 100년 뒤One Hundred Years Hence'라는 카드 세트는 서기 2000년, 즉 당시로는 미래 세계를 그린 시리즈인데, 잠수함을 타고 해저를 구경하는 모습부터 오늘날의 3D 영화에 이르기까지 미래의 기술 발전을 예측한 독특한 내용을 담고 있었다. 이 트레이드 카드의 인기를 예상한 기업이 많아서 미국에서만 14개 기업이 이 시리즈를 사들여 배포했다.

그런데 19세기 후반 미국의 트레이드 카드에서 가장 눈에 띄는 테마는 바로 '애국'이었다. 어떤 학자는 미국의 도금시대(鍍金時代, The Gilded Age, 1865~1890년 미국이 남북전쟁 후 농업국에서 공업국으로 전환하는 시대)에 제작된 트레이드 카드에 엉클 샘, 자유의 여신상, 대통령 후보, 브루클린 다리 등 애국심을 부추기는 이미지가 정기적으로 등장한다는 사실에 주목했다. 내란을 끝내고 새로운 시대를 향해 달려가던 미국에서 트레이드 카드에 애국심과 자긍심을 대표하는 국가적 인물과 랜드마크를 담아 풍요로운 소비와 직결시킨 셈이었다.

세계를 그려내는 트레이드 카드

1880년대 중반부터 뉴욕의 아버클 브라더스 커피 회사는 '지도' 시리즈 트레이드 카드를 내놓았는데, 예술적으로 아름다운 그림과 그 안에 그려 넣은 지도의 정교함 때문에 엄청난 인기를 끌었다. 그 가운데 '미국의 주States Map' 시리즈는 각 주의 특징을 그림으로 담아 지도와 함께 구성했다. 예를 들면 나무가 많은 워싱턴주는 큰 목재소 그림을 배치했고, 옥수수가 많이 나는 아이오와주에는 옥수수로 만드는 포도당 공장을 그려 넣었다. 이 카드는 각 주를 마치 독립적인 소왕국처럼 묘사하여 주의 독립성과 자율성을 강조하는 것처럼 보였다.

기업 및 상품 홍보를 겸하면서 자연스럽게 미국의 지방주의적 특성을 알려주는 트레이드 카드는 결과적으로 미국의 각 주가 정치·문화·역사적으로 매우 중요한 단위라는 점을 인식시키는 데 일조했다고 볼 수 있다. 게다가 이 시리즈의 카드를 다 모으면 미국이라는 공간을 완성할 수 있게 된다. 트레이드 카드 세트를 통해 이제 미국이라는 추상적이고 관념적인 공간은 한데 모인, 손으로 잡을 수 있는 어떤 것으로 물화되었다. 이처럼 사람들은

아버클 브라더스 커피 회사의 지도 시리즈 트레이드 카드

위에서부터 시계 방향으로 미국의 앨라배마주, 일리노이주 지도와 중앙아메리카, 이탈리아 지도.

매일 트레이드 카드를 보며 미국이라는 지리적 공간을 구석구석 친숙한 '장소'로 각인하고, 전체 세트를 '국토'의 압축적 상징물로 여기게 되었다.

아버클 브라더스 커피 회사뿐 아니라 미국과 유럽의 많은 기업이 세계 곳곳을 지도와 함께 그려낸 트레이드 카드를 선택했다. 세계의 지리, 풍속, 역사를 개관하는 카드는 방대한 내용을 다룰 수 있기 때문에 시리즈로 만들기에 알맞았다. 또한 소비자의 입장에서도 다양하고 신기한 정보를 담은 이런 트레이드 카드가 마치 백과사전의 축소판 같아서 재미있으면서 동시에 교육적인 효과도 거둘 수 있으리라 기대했다. 하지만 이렇게 트레이드 카드에 세상을 담아내는 기획은 사실 묘사의 대상이 되는 나라와 사람들을 서구의 시선에서 관찰하고, 묘사하고, 나열하는 행위였다. 트레이드 카드는 중립적으로 보이는 상품을 홍보하면서 그 이면에는 지극히 서구 중심적인 인종지학人種誌學을 실어 날랐던 것이다.

트레이드 카드에 깃든 심각한 편견들

트레이드 카드는 오늘날의 시각에서 보자면 놀랄 만큼 서구 중심적인 세계관과 편견을 고스란히 드러낸 홍보물이다. 미국에서는 무엇보다 인종적 스테레오타입stereotype이 강하게 투사되었다. 흑인은 식품을 광고하는 트레이드 카드에는 별로 등장하지 않는 반면 구두약, 비누, 스토브 광고의 카드에 많이 등장한다. 일반적으로 흑인은 게으르거나 성격이 좋은 사람들로 묘사되었는데, 가장 대표적인 캐릭터로 '웃기는 검둥이comic darky'를 꼽을 수 있다. 웃기는 검둥이는 과장된 표정을 짓고 있으며 실제 사람의 모습이라기보다는 어릿광대나 인형극에 나오는 인형 같은 이미지로 그려졌는데, 눈에 띄는 캐릭터와 인지도 때문에 다양한 상품의 대표 이미지로도 많이 사용되었다. 그런데 어떤 트레이드 카드는 흑인을 닭을 훔치다 걸리거나, 악어에 물리는 등 자질구레한 사건의 범죄자나 희생양으로 그려내며 비하했다.[91]

흑인뿐 아니라 다른 인종이나 이민자도 편견의 대상이 되었다. 아일랜드 이민자들은 흑인과 비슷한 수준으로 비하되었는데, 트레이드 카드의 그림들은 아일랜드인을 주로 웨이터나 주방보조, 요리사 등 흑인과 같은 직업군에 속하는 일종의 대체 인력으로 묘사하곤 했다.[92] 아메리카 인디언은 미국식 생활방식과는 다른 삶을 유지하는 매우 이국적인 존재로 그려졌으며,

중국인 이민자들은 사악하고 '교양 없는 족속'으로 등장하곤 했다.[93] 심각한 인종적 편견을 담은 이런 트레이드 카드가 놀랍게도 1950년대까지 인쇄되고 배포되었다. 그 당시 흑인, 아일랜드와 중국인 이민자, 아메리칸 인디언 등이 미국이라는 소비의 장에 이미 편입된 사람들이었다는 사실을 미루어 생각한다면 이런 묘사들은 소비자에 대한 최소한의 예의조차 없는 행위였다.

한편, 세계의 지리나 풍속을 주제로 한 트레이드 카드에는 또 다른 종류의 편견이 담겼는데, 그것은 아직 소비의 장에 편입되지 않은 사람들을 향한 것이었다. 이 편견은 다른 나라 사람들의 특성을 강조하는 과정에서 더욱 두드러지게 나타나는데, 즉 미국이나 유럽 같은 서구 세계와는 다르다는 '이질성foreignness'이 그 핵심이었다. 앞서 살펴본 리비히 회사의 '한국의 귀부인과 서울 거리' 카드에서도 그런 의도가 감지된다. 조선의 귀부인이 아주 다채로운 의상을 입고 과일 모자를 쓰고 있는 것은 한국의 복식에 대해 잘 모르기 때문에 나타난 실수일 수도 있지만, 그보다 더 중요한 점은 서양 사람들이 '아시아'에 대해 지닌 오리엔탈리즘을 충실히 구현하려 했다는 사실이다. 즉, 서구의 일상에서 쉽게 볼 수 없는 독특한 색채와 디자인은 오리엔탈리즘적 이질성을 극대화하는 일종의 장치였던 것이다. 그렇기 때문에 조선 귀부인의 의상은 서양인이 생각하는 아시아의 전형적인 의상에 가까운 스타일로, 색상도 아주 강렬하게 표현된 것이다.

리비히 회사의 '한국' 세트에 포함된 다른 카드는 '여성 스포츠'를 주제로 삼고 있는데, 한국 여성들이 단체로 죽마를 타는 어처구니없는 모습을 그려놓았다. 뒷면의 설명에는 "한국 여성들이 가장 좋아하는 스포츠"라고 쓰여 있으며 "보통 집 안에서 갇혀 지내는 여성들이 축제가 있을 때는 죽마를 타고 뛰는 경기를 즐기며 우승하는 여성에게는 상을 준다"고 적혀 있다. 서

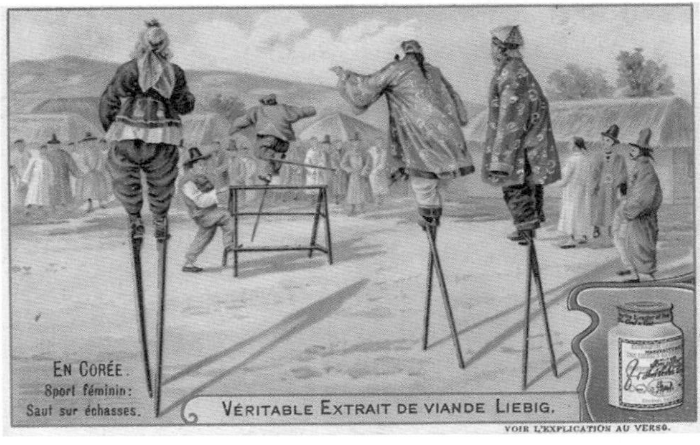

인종적 편견이 담긴 트레이드 카드

(위) 희생양으로 묘사된 트레이드 카드의 흑인 캐릭터.

(가운데) 코르셋 제품을 홍보하는 트레이드 카드에 세탁공으로 묘사된 중국인 이민자들.

(아래) 리비히 회사의 트레이드 카드인 '한국' 세트 가운데 '여성 스포츠' 카드.

양 사람들이 오스만튀르크의 하렘에서 받은 인상을 그대로 옮겨놓은 것처럼 보인다.

이처럼 이질성을 강조하는 것은 서양과 대비하기 위해서였다. 트레이드 카드는 상품을 생산하고 소비하는 '문명권'과 아직 그 상품이 닿지 않은 '비문명권'을 대립시키며 그곳에 살고 있는 타자를 지방색이 가득한 '전통'의 보존자로 그려낸다.[94] 그것은 평등한 대립이 아니라 상품의 근접성에 따라 결정되는 분명한 위계가 있는 대립이었다. 그 위계는 아래에 놓인 사람들이 위의 세계를 선망한다는 전제를 깔고 있으며, 이러한 전제 아래 만들어진 트레이드 카드는 지구 곳곳의 수많은 사람을 상품의 세계로, 서구 중심적인 소비의 질서 속으로 편입시키려는 야심을 투영하고 있었다.

트레이드 카드의 쇠퇴

20세기 초가 되면 트레이드 카드는 예전만큼 효과를 발휘하지 못하게 된다. 무엇보다도 잡지에 광고를 싣는 게 광고비도 훨씬 싸고 광고 효과도 컸기 때문이다. 또한 배달 시스템이 발달하면서 사람들은 그동안 트레이드 카드를 챙겨주던 잡화상을 덜 찾게 되었다. 우편료도 인하되어 광고 엽서가 새로운 홍보 수단으로 부상하기 시작했고, 컬러로 된 우편주문용 카탈로그가 많은 인기를 끌게 되었다. 제조사 입장에서 보자면, 카탈로그야말로 트레이드 카드보다 훨씬 더 구매력을 높일 수 있는 매체였다.

1931년 하버드 대학의 〈경영사학회 회보Bulletin of the Business Historical Society〉는 트레이드 카드를 오늘날 통용되는 명함의 선조라고 정의하면서

루이스 프랑의 트레이드 카드 시리즈

미국에서 '카드의 아버지'라 불리는 루이스 프랑이 직접 제작한 트레이드 카드는 수집가들이 즐겨 찾는 수집품 가운데 하나다.

"광고의 역사에서 이렇게 중요한 단계가 역사가나 광고 전문가 들 모두에게서 철저히 무시되어왔다는 것을 믿을 수 없다"[95]고 말했다. 그런데 세기가 바뀐 지난 2012년 필리파 허버드Phillippa Hubbard라는 학자는 트레이드 카드가 19세기 광고의 역사에서 가장 간과되어온 매체라는 말을 되풀이한다.[96] 그는 일반적으로 트레이드 카드가 수집가의 열망의 대상으로만 인식되고 있으며, 기존의 연구가 부족한 탓에 더 많은 고찰이 이루어지지 못했다는 점을 지적했다. 트레이드 카드는 유통의 범위나 효과의 차원에서 파급력이 엄청난 매체였지만, 역사학이나 광고학, 미술사 등 관련 분야에서 모두 깊숙이 다루지 않았던 주제다. 역사학은 소비와 관련된 주제를 폄하해왔고, 광고학에서 보자면 이 카드는 미술사의 영역일 것 같고, 미술사에서는 트레이드 카드가 너무 실용디자인이라 학계의 관심 밖에 놓여 있던 탓이다.

오늘날 트레이드 카드는 수집가들의 뜨거운 관심을 받는 아이템으로, 미국의 온라인 경매업체 '이베이eBay' 등에서 쉽게 찾을 수 있을 뿐 아니라 심지어 수많은 복제품도 나돌고 있다. 하버드 비즈니스 스쿨을 비롯하여 수많은 대학 도서관과 주요 박물관에서도 대부분 트레이드 카드 컬렉션을 보유하고 있다. 그 가운데 많은 수가 루이스 프랑Louis Prang, 1824~1909, 제임스 이브스James Merritt Ives, 1824~1895 등 뛰어난 예술가들이 그려낸 것으로 예술적 가치도 크다고 한다. 하지만 무엇보다도 이 카드들은 당시의 일상생활과 세계관을 생생하게 보여준다는 점에서 역사적 자료로서의 의미가 클 뿐 아니라 더 많은 연구가 필요한 영역이다. 이렇게 보자면 오늘날 집집마다 냉장고에 붙어 있는 형형색색의 야식집 전단지도 먼 훗날 의미 있는 역사적 자료가 될지도 모르겠다.

컨슈머CONSUMER, 소비하다

SIM & McLEAN
HARDWARE
STOVE & TIN WARE
BLEIWAS BROTHERS
DRY GOODS
HATS, CAPS, BOOTS & SHOES
PROVISIONS & STAPLES
BLEIWAS BROTHERS
DRY GOODS
HATS, CAPS, BOOTS & SHOES
PROVISIONS & STAPLES

11

계모임

빚을 내서라도 사야 하는 물건

노동계급의 계모임과 과시적 소비

빈곤한 영국의 노동계급

아이들에게는 학교에서 친구들한테 자기들이 집에서 무엇을 먹었는지 이야기하는 일이 금지되었다. 아주 가끔씩 뽐낼 만한 것을 먹었을 때를 제외하고는 말이다.[1]

1908년 런던의 노동자 밀집 지역에서 간호사로 일했던 마거릿 로앤Margaret Loane이 남긴 기록에 나오는 대목이다. 빅토리아 시대 영국의 노동계급 사이에서는 자신의 가계 사정을 남에게 이야기하는 것을 금기시했다. 집안 형편이 나빠질 때는 더더욱 그러했다. 왜 그랬을까? 그리고 노동자 자녀들이 뽐낼 만한 음식은 어떤 것이었을까?

영국은 빈곤층과 노동계급의 생활에 대한 방대한 데이터를 축적한 최초의 국가였다. 산업화 과정에서 수많은 노동자가 도시에 밀집하게 되었고, 19세기 초반부터는 노동운동과 참정권 운동이 일어났다. 노동계급에 대한 통제의 필요성이 제기되는 한편, 폭동을 방지하려면 그들의 처우와 환경을 개선해야 한다는 목소리도 높아졌다. 노동계급의 상황을 파악하기 위해서는 우선 그들에 대한 자세한 정보가 필요했다. 공적 차원의 인구조사를 비롯해 민간 차원에서도 종교단체와 박애주의자, 학자 들에 의해 노동자들과 빈민층에 대한 조사가 실시되었다.

찰스 부스Charles Booth, 1840~1916도 그중 한 사람이었다. 사회문제 해결을 위해서는 정확한 자료와 통계가 필요하다고 믿었던 그는 오랜 기간 면밀한 조사를 시행해서 무려 17권에 이르는《런던 사람들의 삶과 노동Life and Labour of the People in London》(1889~1903)을 출판했다. 이 방대한 조사를 통해 부스는 수입과 고용 상태를 기준으로 볼 때 많은 사람이 빈곤 상태에 있다고 밝히는 한편, 부자와 가난한 사람들의 거주 지역이 도시에서 뚜렷하게 나뉘어 있음을 한눈에 보여주는 '런던 빈곤에 관한 해설 지도Descriptive Map of London Poverty'를 그려냈다.

이처럼 풍부한 기초자료가 존재했지만 노동계급에 대한 연구는 대부분 그들의 빈곤한 상황 자체에만 초점이 맞추어져 있었다. 통계에 따르면, 19세기 후반에서 제1차 세계대전 전까지 도시에 살던 노동계급은 수입의 절반 이상을 식비로 썼다. 집세는 총수입의 20~30% 정도를 차지했고, 땔감 구입비로 총수입의 9% 정도가 들었다. 옷값으로 지출된 돈은 3~7% 정도였다.[2] 이렇게 보자면 거의 남는 돈이 없고, 더욱이 '뽐낼 만한 음식'이라는 것을 먹기는 했을까 하는 의문이 든다.

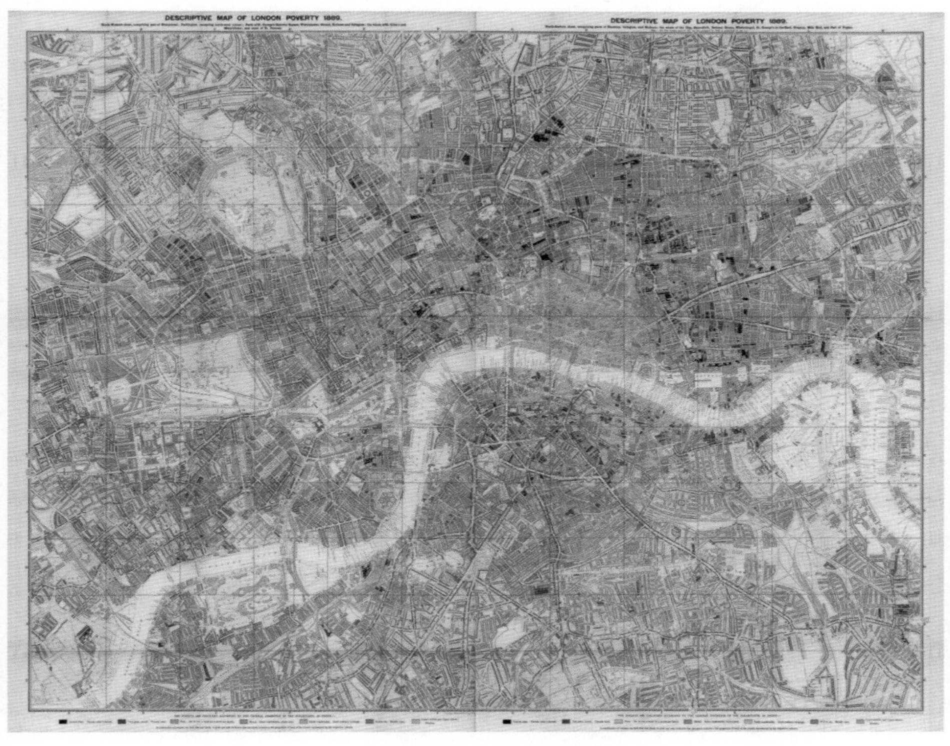

런던 빈곤에 관한 해설 지도, 1889년

부자와 가난한 사람들의 거주 지역이 도시에서 뚜렷하게 나뉘어 있음을 한눈에 보여주는 찰스 부스가 제작한 지도. 검은색이 가장 못사는 동네이고, 황금색이 가장 잘사는 동네로, 모두 7단계로 구분해 표시했다.

과시적 소비

그런데 이 시기 정부기관의 보고서를 자세히 살펴보면 도시에 거주하는 노동계급의 소비재를 필수품과 사치품으로 나누었음을 알 수 있다. 음식, 집세, 연료와 전기는 필수품 항목에 속했지만, 옷과 가구는 사치품으로 분류되었다.[3] 음식이라는 카테고리에서도 조사관들은 필수품과 사치품을 구분하려 했다. 예를 들면, 차, 설탕, 우유, 빵, 감자와 고기는 필수재로 분류된 반면, 달걀, 채소, 과일과 생선은 사치품 항목에 속했다.[4] 이 통계를 따르자면 어느 날 사치품인 생선을 먹은 아이는 친구들에게 자랑을 늘어놓았을 테고, 심지어 채소와 달걀로 만든 오믈렛이 식탁에 차려졌다면, 그것은 분명히 엄청난 '과시적 소비conspicuous consumption'에 해당하는 일이었을 것이다.

'과시적 소비'란 재력을 과시하고 명예를 획득하고 유지하기 위해 행하는 소비로, 경제학자 소스타인 베블런이 주창한 개념이다. 1980년대 닐 맥켄드릭Neil McKendrick은 과시적 소비의 개념을 적용하여 사회적 모방social imitation과 경쟁적 소비의 양상을 도식화했다. 부유층이 '소비 탐닉orgy of spending'을 통해 새로운 소비시대를 선도하면, 중간층은 부유층의 사치를 모방하고, 하류층은 중간층을 모방한다는 것이다.[5] 이처럼 사회의 상층부에서 하층으로 부나 유행이 흘러내려오는 현상을 게오르그 짐멜Georg Simmel, 1858~1918은 '트리클 다운trickle down'이라고 설명했다.[6] 결국 사회의 맨 밑바닥에도 매우 사회적인 성격을 띤 과시적 소비가 발생하며 그것은 생각보다 매우 견고한 관습이 된다. 베블런은 사회의 하층민들조차도 필수 생계 품목이 극단적으로 부족해지기 전까지는 이런 과시적 소비를 포기하지 않는다고 주장했다.[7]

〈베이스워터 합승마차〉, 조지 윌리엄 조이, 1895년

합승마차 천장에 빼곡히 붙어 있는 각종 광고를 비롯해 신문을 보고 있는 신사와 꽃을 든 숙녀, 모자를 배달하는 여성 점원 등 합승마차 안의 풍경이 산업혁명의 경제 발전이 성숙기에 도달한 빅토리아 시대의 물질적 풍요와 유행을 보여준다.

어디 사는지가 제일 중요하다

학자들은 산업화된 공동체에서 '명성'은 곧 재력에서 나온다고 강조한다.[8] 그런데 늘 빠듯하게 살아가는 노동계급은 질병이나 파업 혹은 불경기로 인해 어느 날 갑자기 급격하게 빈곤의 구렁텅이에 빠질 수 있었다. 가지고 있는 모든 것을 합쳐도 길어야 한두 달 정도 버틸 수 있을 뿐이었다. 이런 상황에 놓인 노동자 가족은 자존감이나 체면 때문에 타인에게 경제적 어려움을 최대한 감추었다.

거꾸로 보자면 금전적 능력을 효율적으로 드러내기만 한다면 그만큼 존경과 특권도 누릴 수 있을 터였다. 노동자들 사이에서 금전적 능력을 보여줄 수 있는 최고의 증거는 바로 살고 있는 집과 그 집이 위치한 동네였다. 이 당시 켄트Kent 지역에 살던 마이클 윈스탠리Michael Winstanley는 이렇게 기록했다.

> 사람들은 여러 요소에 의해 사회적인 사다리의 한 부분에 집어넣어지게 된다. 직업, 수입, 청결도, 물건, 그들이 창문에 레이스 커튼을 달았는지, 식탁보가 있거나 식탁에 신문이 놓여 있는지, 얼마나 자주 동네 선술집(pub)에 들르는지 등 말이다. 그런데 가장 중요한 것은 어디에 사는가이다.[9]

부스가 빈민의 거주지를 지도상에 깔끔하게 구획할 수 있었듯이, 19세기 말 영국 대도시 주민들은 이미 부유한 동네와 빈곤한 동네를 아주 분명하게 구별할 수 있었다. 하지만 런던의 웨스트엔드West End와 이스트엔드East End처럼 부자 동네와 슬럼가라는 확연히 눈에 띄는 부류만 있었던 것은 아니다. 슬럼 안에서도 빈민들 나름의 구분이 있었다. 18세기부터 이미 슬럼가로 유명했던 런던의 와핑Wapping에 살던 어느 주민은 이렇게 썼다.

> 만약 당신이 독 브리지(Dock Bridge) 건너편이나 그 뒤쪽에 산다면 당신은 '다른 쪽에 사는 사람'으로 불린다. 어른이든 어린애든 '다른 쪽에 사는 사람들'은 우리와 어울릴 수 없다. 같은 교구에 속해 있지만 그쪽은 그쪽 동네대로, 우리는 우리 동네대로 다른 사람들이다.[10]

1800년대 런던의 극빈층이 사는 슬럼가로 유명했던 이스트엔드

산업혁명 이후 런던 같은 대도시에는 이미 부유한 동네와 빈곤한 동네가 확연히 구분되었다.

심지어 같은 거리에 살던 사람들 사이에서도 저쪽에 살던 애들이 "조금 더 잘살고, 조금 더 옷을 잘 차려입었다는 이유로 우리의 누더기를 비웃으며 잘난 척했다"는 기록이 빈번하게 나타났다.[11] 이러한 구별 짓기 경향은 똑같은 모양으로 지어진 공영주택 단지에서도 나타났다. 독특한 색깔로 현관문을 칠하거나 광택 나는 돌로 창턱을 치장하고 화분으로 장식하며, 창에 커튼을 다는 등 의식적인 꾸밈을 통해 여유를 과시하고 차이를 드러내려 했다.

거리에서 바로 보이는 창문과 현관문을 치장한 것은 그 동네에 사는 사람들 혹은 지나가는 사람들의 시선을 의식해서였다. 집 안의 공간에 대해서도 남의 시선을 의식하기는 마찬가지였다. 노동자들은 누군가 들여다볼 수 있는 공간에 특히 신경을 썼다. 형편이 좀 나은 가정에서는 응접실drawing room을 따로 갖추고 있었는데, 그곳이야말로 존경심을 불러일으킬 수 있는 가장 중요한 공간이었다. 응접실은 오직 일요일에만 사용했는데, 창문을 통해 지나가는 사람들이 흘낏 볼 수 있는 자리에 자기 집에서 가장 좋은 물건을 모아두었다. 의자와 거울, 벽난로 등을 설치하고, 벽난로 위 선반mantelpiece에는 갖가지 장식품을 올려놓았다. 이렇게 사람들 앞에 공개되는 공간은 화려한 반면 그 이면은 구질구질하고 초라하게 마련이었다.[12]

선데이 베스트, 자신을 드러내는 수단

노동계급에게 집 다음으로 중요한 사치는 옷이었다. 특히 일요일에 교회에 갈 때 입는 옷은 매우 중요해서 주중에 입던 낡은 옷차림으로 교회에 나타난다면 무례한 일로 여겼다. 노동자들은 깃에 풀 먹인 셔츠를 입고 광나게 닦은 구두를 신는 등 '선데이 베스트Sunday Best'라 불리던 가장 좋은 나들이옷을 입고 교회로 향했다. 기술자들은 회중시계 같은 장신구를 달고 한껏 멋을 부리기도 했다. 선데이 베스트만큼 중요한 복장은 장례식에 참석할 때 입는 상복이었다. 노동계급에게 장례식은 중요한 사회적 행사이자 주변 사람들에게 자신의 지위를 드러낼 수 있는 얼마 안 되는 기회였다. 따라서 좋은 상복을 갖고 있다는 것은 그 계층 안에서 충분히 자랑스러워할 만한 일이었다.

노동계급이나 빈곤층에게 옷이 왜 이토록 중요했는지를 들여다보자. 옷은 별달리 가진 게 없는 사람들이 자신을 표현할 수 있는 효과적인 수단이었다. 질 나쁜 옷감으로 만들었을지라도 새 옷이라면 모두가 알아보고 부러워

'선데이 베스트'를 입은 노동자 가족

노동계급에게 옷은 중요한 사치 품목이었다. 깔끔한 옷차림은 교회와 지역사회 안에서 인정받는 데 꼭 필요한 요소였다.

했다. 반대로 남성이 짙은 청색의 두꺼운 슈트를 입거나 여성이 유니폼과 비슷한 짙은 청색의 드레스를 입으면 "누군가가 버린 옷을 입었다는 증거"였다.[13] 이 당시 노동자들은 대부분 중고품 가게에서 옷을 구입했는데, 우리가 흔히 알고 있는 세컨드 핸드second hand 중고품은 그나마 나은 것이었고, 포스 핸드forth hand까지 나돌고 있었다. 군대나 병원 등에서 흘러나온 유니폼은 중고품 가운데서도 최악으로 치부되어서 유니폼 같은 옷은 비참함과 곤궁함의 상징이었다.

그뿐만 아니라 옷은 집이나 가구 등에 비해 손쉽게 옮길 수 있는 물건이었다. 일터와 거주지 이동이 잦았던 가난한 사람들에게 좋은 옷이야말로 중요한 재산 목록 가운데 하나였고, 전당포에 저당 잡힐 수 있는 몇 안 되는 물건이기도 했다. 더욱이 깔끔한 옷차림은 교회와 지역사회 안에서 일자리를 찾거나 구성원으로 인정받고자 할 때 꼭 필요한 요소였다. 튼튼한 부츠 역시 19세기 노동자들에게는 필수품이자 사치품이었다. 신발은 힘든 노동을 해내는 데 꼭 필요한 물건이었지만, 그 값이 만만찮았기 때문에 빠듯한 살림살이에서 부츠를 구입하는 일은 상대적으로 큰 투자였다. 하지만 정상적인 생활을 위해서라면 번듯한 옷 한 벌과 부츠는 그야말로 빚을 내서라도 사야만 하는 물건이었다.

집과 옷 이외에 노동자들에게서 과시적 소비를 찾는다면 그것은 단연코 장례식일 터였다. 누구나 번듯한 장례식을 원했고, 그럴듯한 장례식을 치를 수 있는 정도라면 공동체 안에서 인정과 존경이 자연스럽게 뒤따랐다. 하지만 대부분 하루 벌어 하루 먹고사는 이들에게 번듯한 장례식은 현실적으로 꿈꾸기조차 어려운 것이다. 좋은 옷, 튼튼한 새 부츠도 마찬가지였다. 그런데 이런 상황에서도 노동자들은 과시적 소비를 감당하기 위한 다양한 방안을 강구해나갔다.

'소비평활화'와 계모임

제1차 세계대전과 제2차 세계대전 사이, 즉 전간기戰間期라 불리는 시기에 영국의 노동계급은 19세기 말보다도 더 어려운 상황에 놓여 있었다. 보잘

것없는 저축액과 불확실한 소득에 매달려 살아가는 상황에서 새로 등장한 가전제품 같은 값비싼 소비재들은 가난한 현실을 더욱 부각시켰다. 매일이 힘든 상황이었지만 노동자들은 '소비 평활화Consumption Smoothing' 전략을 전방위로 구사하며 소비 수준을 유지하려고 노력했다.[14] 소비 평활화란 미래와 현재 시점 사이에서 가계의 적절한 소득 분배 행위를 지칭한다. 경제적 어려움에 처한 노동자들은 현재의 소비를 급격하게 줄이기보다는 저축이나 외상, 할부 등을 적극적으로 이용해 어느 정도 소비 수준을 유지하려 한 것이다. 특히 여분의 돈이 생기더라도 이자를 감수하면서까지 적극적으로 할부제를 이용했다. 질병이나 비고용 상태, 죽음 등 향후 심각한 위기에 대비하여 다양한 종류의 보험과 저축을 병행해나가려 했기 때문이다.

흥미로운 사실은 영국 노동자들 사이에 사치품 구입과 목돈 마련을 위한 일종의 '계모임Rotating Credit'이 유행했다는 점이다. 이 관행은 영국에서 '제비뽑기 클럽draw club'이라 불렸는데, 보통 20명이 한 클럽을 이루어 매주 1실링씩을 21주 동안 붓는 것이었다. 그리고 매주 모임에서 제비를 뽑아 당첨된 사람이 그 주에 모은 돈을 타갔는데, 그 액수는 21실링이 아니라 20실링이었다. 모임 관리자(일종의 계주)는 회원들로부터 돈을 거두고 모임을 주선하는 등 클럽 운영의 책임을 지는 대신 돈을 붓지 않으면서도 21번째 모아진 돈을 수고비로 받았다.[15]

이런 계모임 시스템은 근대식 금융제도가 등장하기 이전 혹은 은행과 같은 금융기관에 거부감이 있거나 은행의 대출 이자가 지나치게 높을 경우 이를 대체하거나 보완하기 위해 만들어진 조직으로, 세계 곳곳에서 이루어진 관행이었다. 이것은 흔히 'ROSCARotating Saving and Credit Association'라고 불리는데 아프리카에서는 최소 33개국에서, 아시아에서는 20여 개국에 존

계모임을 하고 있는 캄보디아 여성들

계모임 시스템은 근대식 금융제도가 등장하기 이전부터 세계 각지에서 이루어져온 관행으로, 지금도 많은 나라에서 행해지고 있다.

재했다고 한다. 그뿐만 아니라 서인도제도처럼 노예로 팔려온 아프리카인 후손들이 많은 곳에서는 아직도 활발하게 그 전통이 이어지고 있다. 서인도제도의 ROSCA는 보통 1년 주기로 12명의 구성원이 모여 돈을 붓는다. 영국에서는 돈을 타갈 순서를 제비를 뽑아 결정했지만 아프리카 등지에서는 미리 순서를 정해놓는다. 피식민지로서의 경험이 강렬하게 남아 있거나 제도화된 금융제도를 믿지 않는 나라의 사람들일수록 계모임에 대한 참여 비중이 높다고 한다. 이러한 경우에는 대부분 재정상의 목적에서 이루어진 모임이라기보다는 일종의 궂은일을 함께 치러내는 공동체적 성격이 더 강하게 나타난다. 그래서인지 계가 깨지는 확률이 매우 낮다.[16]

계 탄 돈으로 사는 물건

전간기 영국 노동자들이 계모임을 조직한 목적은 목돈을 마련하거나 고가품을 구입하기 위해서였다. 자녀의 학자금 혹은 아기를 낳는 일 등을 대비한 목돈 마련이 전자의 경우라면, 후자는 값나가는 '필수품'을 갖추려고 계를 붓는 것이다. 여기서 흥미로운 점은 필수품의 기준이 자신이 속한 사회집단에 의해 정해졌고, 구입의 동기가 사회적 체면에 좌우되었다는 사실이다. 노동계급 중에서도 특히 더 가난한 이들은 계모임을 통해 마련한 돈으로 의복과 부츠를 사곤 했다.[17] 동네 상점들은 종종 이런 계모임과 연계하여 가격할인 등을 내걸고 판촉에 나섰다. 우리나라에서 1960~1970년대에 금은방과 연계된 반지계가 있었다면, 이 시기 영국에서는 옷가게가 주관하는 양복계나 신사화계가 있었던 셈이다.

1938년 실시된 조사에 따르면 노동계급이 가장 큰 돈을 쓰는 항목은 남성복-부츠-석탄-조합 가입비 순으로 나타난다.[18] 수입이 적은 탓에 생활비 가운데서 이런 아이템들의 비중이 클 수밖에 없었다. 그런데 19세기 말 노동계급을 연구한 지식인들은 노동자들이 지나치게 호화로운 장례식을 추구하고 분수에 맞지 않는 옷을 구입하며 허영을 부린다고 비판하곤 했다. 소득과 지출에 대한 경제 개념이 부족하며, 사치로 인해 빈곤으로 이어지는 재정적인 불안을 초래한다면서 말이다.[19]

그런데 그것은 소비를 철저하게 경제적 관점에서만 관찰했기 때문에 두드러져 보이는 측면이다. 그뿐만 아니라 이 발언에는 이미 하층민들에게는 과시적 소비가 불필요하다는 지배계급의 우월주의적 시각이 깔려 있다. 과시적 소비는 베블런이 지적한 것처럼 자기가 속한 계급의 사람들을 능가하

노동계급의 필수품

1900년대 초 신사화 판매점. 영국 노동계급은 계모임을 통해 마련한 돈으로 의복과 부츠를 우선적으로 구입했다.

려는 데서 촉진되는 행위이다.[20] 여기에 노동계급이라고 해서 예외일 수는 없다. 노동자들이 살던 지역사회 또한 지독하게 경쟁적인 사회였으며, 그런 탓에 언제나 서로가 서로를 관찰하고 간섭했으며 서로를 능가하려는 욕구에 불타고 있었다. 노동계급이 많이 살던 런던 남부의 램버스Lambeth에서 활동한 사회개혁가 펨버 리브스Pember Reeves는 20세기 초 지역사회가 어떤 곳인지를 이렇게 묘사한다.

주민들은 자기 생활은 비밀에 부치고 싶어 하면서도 창문 커튼 사이로 다른 사람이 무엇을 하는지를 끊임없이 관찰한다. 질투심에 가득 차 날카로운 눈으로 길의 아래위를 샅샅이 훑으며 남의 집에 누가 들어오고 나가는지를 완벽하게 알고 있는 것이었다.[21]

베블런은 이처럼 경쟁적인 사회에서는 사람들이 자신의 사생활을 남에게 보이지 않으려는 습관을 갖게 된다고 지적했다. 그래서 산업적으로 발달한 대부분의 사회에서는 가정생활에 관해 공개하지 않으려는 배타성이 생겨난다. 그 사회의 정점에 있는 상류층 사이에는 프라이버시 개념과 과묵의 습관이 필수적인 예법으로 자리 잡게 되는 것이다.[22] 그 연장선에서 보자면 서두에서 언급한, 집에서 무엇을 먹었는지 친구들이 모르게 하라는 금지령은 노동계급 나름의 프라이버시 예법일 수 있었다.

오늘날 SNS에는 자신이 먹은 음식을 찍은 사진들이 넘쳐난다. 이 새로운 유행을 볼 때면 의문이 생기곤 한다. 그 음식 사진들은 프라이버시를 강조하는 빅토리아 시대적인 예법이 완전히 허물어졌다는 사실을 보여주는 것일까? 혹은 그것들이 '뽐낼 수 있는 음식'이어서 자랑하는 것일까?

12

수집

수집은 과연 소비 행위인가?

박물관의 기원과 소비로서의 수집 논쟁

수집의 역사적 기원

뉴욕에 사는 한 레코드 수집가는 부모로부터 무려 14개의 침실이 딸린 저택과 엄청난 돈을 물려받았다. 그러나 그는 그 모든 유산을 레코드를 사는 데 다 쏟아부었다. 그 결과 오븐과 냉장고 속까지 레코드로 꽉 찰 지경이었다. 전기료를 내지 못해 난방까지 끊기게 된 상황에서도 그는 오직 레코드 생각뿐이었다고 한다.[23] 그도 한때는 레코드를 틀어놓고 음악을 들으며 환희에 찬 감상의 시간을 즐겼을 것이다. 하지만 그에게 더 중요한 것은 레코드를 수집하고 소유한다는 사실이었다. 그렇다면 이 사례를 소비라고 볼 수 있을까? 다르게 묻자면, 수집은 과연 소비 행위일까?

수집은 문명이 시작되었을 때부터 존재했던 취미다. 최근 고고학자들은 기원전 4000년경 사람들이 석기의 작은 모형을 한곳에 모아놓은 것을 발견

스튜디올로

르네상스 시대 피렌체의 유력 가문인 메디치가의 프란체스코 1세(1541~1587)가 만든 개인 서재 '스튜디올로'. 마치 보물 상자처럼 창문이 없고 천장이 둥근 방을 그동안 수집한 그림으로 장식했다.

했다. 이때 이미 사람들은 수집을 하고 있었던 것이다. 고대문명이 꽃피울 무렵 수집의 규모는 훨씬 커졌다. 알렉산드리아 도서관이나 왕들이 소중히 여긴 전리품 수집실 등이 그 증거다. 로마 시대에 아주 유명한 수집광이 있었는데, 바로 역사가 수에토니우스Gaius Suetonius Tranquillus, 69~130?다. 그는 보석을 비롯해 조각이나 그림 같은 고대 거장들의 작품을 광적으로 끌어모았다.[24]

기독교가 지배하던 중세 유럽에서는 교회나 수도원의 보물실에 성물聖物과 신기한 자연물을 모아두었다. 자연물이 포함되었던 이유는 그것이 전능한 창조자의 위대함을 보여주는 증거라고 생각했기 때문이다. 이 보물실의 전통을 통해 르네상스 시대의 '스튜디올로studiolo'라는 개인 서재 공간이 탄생했다. 이 공간은 사적인 감상실의 성격이 강한 것으로, 이후 '호기심의 방Cabinet of Curiosity'으로 진화하게 된다.

세속 군주와 엘리트, 수집에 나서다

르네상스 시대가 되면서 수집은 점차 교회에서 벗어나 세속 군주와 귀족, 새로이 등장한 부유한 가문의 손으로 넘어갔다. 특히 축적한 부를 바탕으로 상류층의 반열에 올라선 상인 가문들은 하층민과 자신들을 구별 짓고 자기 정체성을 만들어내는 수단으로 수집에 몰두했다. 내세보다는 현세를 찬미했던 시대적 흐름 속에서 새로운 수집가들은 성물이 아닌 세속의 물건, 특히 인간의 뛰어난 능력을 보여주는 물품에 더 큰 관심을 가졌다. 재능 있는 화가를 후원하여 초상화를 그리게 하는 등 작품을 모으고, 조각과 장식품을 사들여 수집실을 장식했다. 이탈리아를 중심으로 화상畫商들이 출현하고, 미술품이 중요한 거래품이 되기 시작한 것도 이 무렵이었다.[25]

한편, '지리상의 발견' 이후 유럽에는 신기한 물건들이 쏟아져 들어오기 시작했다. 17세기에 이르러 유럽 곳곳에 '호기심의 방'이 나타나게 된다. 그 이름처럼 사람들에게 호기심을 불러일으킬 만한 신기한 물건들을 모아두는 수집실로, 이후 박물관의 원형이 된다. 이런 방에는 일각수의 뿔, 기이하고 무시무시한 형상의 용 박제, 희귀 조류의 해골, 거대한 물고기의 턱, 호화찬란한 빛깔의 새 박제 등이 전시되었다. 영국에서 가장 유명한 호기심의 방은 한스 슬로언 경Sir. Hans Sloane, 1660~1753이 소유한 것으로, 그의 수집품은 흔히 '대영박물관'(잘못된 표현이다. 원어명은 'British Museum'일 뿐이다)으로 불리는 영국박물관과 자연사박물관의 토대가 되었다. 그의 수집품은 고대의 메달에서부터 온갖 거미류, 술에 보관한 뱀, 진귀한 의상에 이르기까지 기이하고 다양했는데, 그중에 '오스만튀르크에서 교수형당한 한 벼슬아치의 살가죽 일부'와 기형인간, 방광과 대장 등 인체의 여러 부위에서 나온 결석 400점도 포함되어 있었다.[26]

바로 이 무렵 수집은 사회적으로 의미가 있는 작업이라고 평가받기 시작한다. '컬렉션collection'이나 '컬렉터collector'라는 용어가 오늘날과 비슷한 의미로 정착된 것도 이 시기다. 그 이전까지는 '컬렉션'이 주로 문학적 자료의 모음을 일컫는 말이었지만 이제는 예술품과 진기한 물건, 동식물까지를 포함하는 말이 되었다.[27]

이때까지만 해도 수집 행위는 사회 엘리트층의 전유물이었다. 새로운 권력자로 떠오른 세속 군주들이 자신들의 힘과 권위를 과시하기 위해 물건을 모아들였던 것이다. 그리고 군주에게 봉사하며 새로운 국가 정체성 만들기에 협조한 지식인들이 고전·고대의 유물을 통해 위대한 과거를 전유하는 한편, '신대륙'에서 들어온 물건을 소유함으로써 세계를 품으려고 했다. 그렇게 수집한 수많은 물건과 동식물이 린네Carl von Linne, 1707~1778 같은 학자들에 의해 자연사적으로 분류되었다. 오늘날까지도 유효하게 이용되는 분류 체계는 실제로는 지독하게 유럽 중심적인 지적 체계로서, 중립적인 과학으로 포장되어 '객관성'을 확보해갔다.

호기심의 방

자연사와 관련된 수집품을 모아놓은 호기심의 방.
이 그림이 실린 페란테 임페라토(Ferrante Imperato, 1550~1625)의
《델 히스토리아 나투랄레(Dell'historia naturale)》(1599)는 자연사와 관련된 최초의 삽화집이다.

수집의 대중화

그런데 갑자기 수집이 보다 더 넓은 계층으로 확대되는 일이 일어났다. 그 계기는 프랑스혁명이었다. 혁명의 와중에 몰락한 귀족들이 소장하고 있던 값진 물건들이 골동품상으로 쏟아져 나왔다. 사람들은 골동품 상점으로 몰려가 오래된 물건들을 사들여 집집마다 '고고학 서재' 혹은 '가정 박물관'이라는 이름의 공간을 꾸몄다. 이런 열기는 특히 7월 왕정(1830~1848) 시기에 정점에 달했다. 당시 사람들은 '역사를 수호한다'는 열정에 불탔고, 그래서인지 수집품을 다시 팔겠다는 생각을 별로 하지 않았다.[28]

19세기 중엽부터 금전적 가치가 세상을 지배할 것이라는 생각이 만연해지면서 엄청난 부자들이 수집에 뛰어들기 시작했다. 은행가, 기업가, 백화점 주인 들은 보석을 비롯해 네덜란드 회화나 인상주의, 아르누보 양식의 미술품 등을 사들였다. 이런 예술품을 소유함으로써 자신의 부를 과시하고, '귀족'처럼 상승된 자신의 지위에 정당성을 부여하고자 했다. 이들은 자신들이 죽은 뒤에도 수집품이 흩어지지 않고,[29] 대를 이어 관리될 수 있도록 수집품에 기부자의 이름을 명시해 박물관에 통째로 기부하거나 아예 스스로 박물관을 세우기도 했다.

수집품의 변화

수집의 관행이 확대되면서 서민들도 수집에 동참하게 되었다. 평범한 사람들이 신부의 부케와 화환을 보존하는가 하면, 우표 수집에 열을 올렸

〈오후 4시의 살롱〉, 프랑수아 오귀스트 비아르, 1847년

18세기 후반 프랑스혁명 이후 궁전 기능을 상실한 루브르궁에 왕궁 소장품을 옮겨 본격적으로 일반 대중에게 공개했다. 군주나 귀족들이 독점하고 있던 각종 예술품 컬렉션을 이제 일반 대중도 함께 즐길 수 있게 된 것이다.

다. 1880년대부터는 곤충, 조개, 메달, 인형 등 손쉽게 구할 수 있는 작은 물건들이 중요한 수집품으로 등장한다.[30] 예술품이나 값진 골동품 대신 평범한 물건들로 수집의 대상이 일반화되는 현상이 나타났던 것이다. 특히 산업화 과정에서 새롭게 등장한 물건들이 사람들에게 인기가 있었는데, 형형색색의 채색화나 세계 곳곳의 풍경을 담은 우편엽서를 수집하는 일이 유행하기 시작한다. 20세기가 되자 수집가들은 너무 흔해서 사람들이 쓰고 난 뒤 쉽게 버리는 물건들을 수집하기 시작했다. 그런 물건들은 유행을 타는 소비재들이어서 머지않아 오히려 귀해질 것이라고 생각했기 때문이다. 수집가들은 단추, 상품 포장지와 상표, 베이스볼 카드, 코믹북, 병뚜껑 같은 것들을 쓰레기 더미에서 구출해 수집품의 반열에 올려놓았다. 이처럼 수집품의 폭이 다양해진 만큼 스스로 수집가임을 자처하는 사람들도 많아졌다. 20세기 후반이 되자 서양의 성인 가운데 자신을 진지한 수집가로 여기는 사람이 25~30%나 될 정도였다.[31]

수집품에 깃든 젠더성

수집은 체계화되어갈 무렵부터 꽤 오랫동안 거의 전적으로 남성적인 관행이었다.[32] 바깥세상에서 물건을 구해오는 일은 사냥과도 같았고, 그것을 모아둔 공간에서 혼자만의 시간을 누리는 습관도 남성적 특질로 여겨졌다. 시간이 흐르면서 수집은 남녀를 가리지 않고 널리 퍼졌다. 어린 소년 소녀들 사이에서도 무언가를 수집하는 일이 유행하게 된다. 하지만 막상 성인이 되면 주로 남성들만 수집 행위를 지속하며, 특히 값비싼 물품의 수집은 압도

〈우표 수집가〉, 커트 브루크너, 연도 미상

19세기 이후 수집의 관행이 확대되면서 점차 서민들도 수집에 동참했다. 수집품의 종류도 예술품이나 값진 골동품 대신 우표나 곤충, 조개, 메달, 인형 등 손쉽게 구할 수 있는 평범한 물건들로 교체되었다.

적으로 남성들이 주도하게 된다. 남성들이 재정적 자원에 대한 소유와 권한을 훨씬 더 많이 누리기 때문이다. 또한 수집 과정에서 드러나는 경쟁적이고 공격적인 측면이 '남성적 사회성'과 더 잘 부합하기 때문이라는 분석도 있다.[33] 이런 해석은 소득이 높은 남성들이 나이가 들어서도 수집을 계속하는 사실과 맞아떨어진다. 그렇지만 수집 품목을 결정하는 데 과연 소득이 중요한 요소인가에 대해서는 이견이 있을 수 있다. 피에르 부르디외Pierre Bourdieu,

1930~2002의 이론에 따르면 수집품을 선택하는 데 소득뿐 아니라 '문화자본cultural capital'의 소유 여부도 중요한 변수로 작용한다.

수집품의 종류에서도 젠더적 특성을 찾을 수 있다. 남성성이 드러나는 수집품으로는 자동차, 총, 골동품, 책, 와인 등을 꼽을 수 있다. 그보다 저렴한 아이템으로 우표, 베이스볼 카드, 비행기 모형, 맥주캔, 동전 등도 남성 수집가들 사이에서 인기가 높다. 여성들은 주로 보석, 접시 같은 주방용품, 작은 동물 모형 등을 수집하는 것으로 나타난다. 학자들은 이를 두고 남성과 여성의 수집품 사이에 큰 것/작은 것, 강한 것/약한 것, 바깥세상/가정, 기계/자연, 과학/예술, 진지함/유희성, 기능성/장식성 등의 이분법적 구분이 나타난다고 주장한다. 남성의 수집품이 좀 더 활동적인 생산과 관련된 것이라면 여성은 수동적인 소비와 관련되어 있다고도 한다.[34] 하지만 이런 이분법은 전통적인 성역할을 무조건적으로 반영한 작위적 분석이라고 비난받을 수도 있다. 태어날 때부터 남자아이는 모형비행기를, 여자아이는 인형을 좋아한다는 말인가? 혹은 자라면서 그렇게 사회적으로 학습되어가는 것일까? 이 문제에 관해서는 여전히 논란의 여지가 많다.

근대적 자아와 수집 행위의 다면성

수집 행위를 연구하는 학자들은 수집과 근대적 자아의 탄생을 연결 짓곤 한다. 수전 피어스Susan M. Pearce 같은 학자는 수집이 '소유적 자아possessive selfhood'의 형성 과정이라고 말하며, 그것은 개인적 차원과 집단적 차원이 있다고 분석했다. 개인은 수집 행위를 스스로의 이미지를 만들고 투영하는 일

수집 행위의 다면성

인형 수집을 비롯해 인간의 성장 과정이나 심리적 환경과 관련된 물건을 수집하는 행위는 트라우마 극복이나 심리적 안정에 도움을 주기도 하지만, 현실도피나 편향적인 세계관을 갖게 되는 부정적인 측면도 있다.

종의 생산적인 과정으로 활용하고, 공동체는 기존에 축적된 물질과 사회구조들을 수집하여 사회의 패턴을 유지하고 진행시키는 전략에 사용한다는 것이다.[35] 집단적 차원의 수집은 박물관, 문화유산 보존지구, 기념관 등의 형태에서 쉽게 찾아볼 수 있다. 반면에 개인적 차원에서 이루어지는 수집은 표면적으로 눈에 크게 띄지 않는다. 하지만 실제로는 그런 수집의 '숨겨진' 측면이 근대적 개인에게 어필하는 핵심 요소일 수도 있다.

어떤 학자는 수집 행위를 인간관계에서 발생하는 스트레스에서 벗어나 사물 속으로 은거하는 행위라고 해석하기도 한다. 즉, 수집 행위는 개인이라는 주체의 고양과 혼자만의 기쁨을 만끽하는 궁극적인 순간을 의미할 수 있다는 것이다. 그렇게 혼자만 즐기는 시간에는 종종 비밀스런 심리며 음성적인 함의가 투사되곤 한다. 예를 들자면《보바리 부인Madame Bovary》으로 유명한 작가 플로베르Gustave Flaubert, 1821~1880는 열 살 연상의 루이즈 콜레Louis Colet에 빠져 있었는데, 그녀와 함께 보낸 황홀한 밤들을 상기시켜줄 물건들을 시골 별장에 모아놓고 들여다보곤 했다.[36] 이 사례처럼 자신만의 환상과 관련된 물건을 수집하는 것은 개인의 수집 행위에 깃든 비밀스런 특성의 정수라고 할 수 있다.

같은 맥락에서 인간은 수집 행위를 통해 남에게 들키기 싫은 또 다른 자아를 계속 유지하거나 발전시키게 된다.[37] 어른이 되어서도 인형 수집을 계속하는 것은 성인의 삶으로부터 도피이자 어린이의 정체성을 유지하고자 하는 욕망이 투사된 것이다. 수집의 동기를 연구해온 한 학자는 어린 시절에 심각한 불안을 경험한 사람들이 수집을 통해 심리적 안정을 찾는다고 결론지었다.[38] 이것은 수집 행위가 어린 시절의 연장일 뿐 아니라 트라우마를 극복할 수 있는 교정의 힘을 갖고 있음을 부각시킨다. 하지만 이런 순기능의 이면에는 수집에 몰두함으로써 사회생활을 소홀히 하거나 편향적인 세계관을 갖게 된다는 비판도 있다. 오늘날 시쳇말로 '덕후'라고 불리는, 지나치게 지엽적인 정보만을 추구하는 사람들의 특성이 수집가들에게서도 많이 발견된다는 것이다.

수집가의 광기

수집가 집단을 연구해온 학자들은 수집가 스스로가 수집 행위를 약간은 터무니없는 일이라 생각하고 있으며 일종의 죄의식도 느끼고 있다고 보고한다.[39] 수집 행위가 종종 "꼭 그것을 가져야만 한다"는 강박적인 것이거나, 수집품에 집착하는 중독적인 측면을 지니고 있어서 그렇다는 것이다.[40] 심지어 많은 수집가는 스스로를 '마니아, 광인, 중독자, 강박증 환자, 집착증 환자'라고 묘사한다.[41] 수집이 일종의 종교가 되었다는 분석도 있다. 갖가지 코끼리 모형을 수집해온 어떤 사람은 결국 '코끼리 박물관'을 열었는데, "후손들이 언젠가는 이렇게 많은 모형을 수집한 자신을 경배하기를 바란다"고 말했다.[42]

한편, 어떤 학자들은 미국과 캐나다 지역의 수집가 수백 명을 대상으로 수집 행위가 가족관계에 어떤 영향을 미치는지를 연구했다. 그 연구 결과는 수집가들 입장에서 보자면 결코 유쾌하지 않을 내용이었다. 일단 수집에 너무 많은 돈이 들어가기 때문에 생활비를 축내는 바람에 가족 구성원들이 물질적 편의를 누리지 못하는 것으로 나타났다. 또한, 원하는 수집 아이템이 언제 시장에 나올지 모르기 때문에 가족 예산을 계획적으로 운용하기 어렵다는 문제도 지적되었다.[43]

더욱 흥미로운 점은, 수집가의 취미를 존중하는 '착한' 가족들의 경우 선물로 수집과 관련된 물건을 종종 사주어야 하고, 수집 여행에도 동참해야 하는 등 심리적으로 부담을 느낀다는 것이었다. 더 심각한 경우에는 자신도 모르게 수집가의 활동에 동화되어 결국에는 중독 증상까지도 공유하게 되었다고 한다.[44] 수집가 본인도 수집을 죄의식이 결부된 쾌락으로 인식하고 있으며, 그 때문에 가족의 눈치를 보느라 정상적인 가족관계에 어려움이 뒤따르는 것으로 나타났다.

수집은 소비인가, 아닌가

물질문화는 흔히 생산과 소비 두 영역으로 나뉜다. 수집은 굳이 분류하자면 생산보다는 물질의 소비에 가깝다. 그런데 어떤 학자들은 수집을 소비의 영역에 포함시키기를 꺼려한다. 물건을 취득한다는 차원에서는 소비의 첫 단계와 흡사하지만, 그 물건의 쓰임새가 일반적인 용도와 관계가 없기 때문이다. 예를 들자면 티스푼은 차를 마실 때 쓰는 도구이지만 세계 곳곳을 여행하며 티스푼을 모으는 수집가에게는 수집과 감상의 대상일 뿐이다.

수집가는 특정한 카테고리의 아이템을 모아들이는데, 거기에는 나름의 통일성과 질서가 있다. 이런 점에서 수집가는 물건에 대한 선별 없이 마구잡이로 '강박적 축적compulsive hoarding'을 하는 호더hoarder와는 다른 집단이다. 또한 수집가는 수집품을 관리하고 유지하는 데 엄청난 공을 들인다. 일반적으로 소비 행위에서는 물건을 취득하는 순간 그 물건에 대한 비용 지불이 끝나는 데 반해, 수집 행위는 때때로 구매비용보다 더 많은 유지비를 지출하기 때문에 이를 소비라고 보기 어렵다.

그뿐이 아니다. 일반적인 소비 행위와는 달리 수집가가 물건을 손에 넣는 과정은 '적극적이고 열정적이며 선별적으로' 이루어진다.[45] 수집은 '투자'라고 볼 수 있을 만한 행위의 연속이다. 자기가 원하는 물건을 소유하기 위해 조사를 하거나 수소문을 하고, 상점들을 돌아다니는 등 끊임없이 시간과 돈을 투자하기 때문이다. 러셀 벨크Russell W. Belk 같은 학자는 쓸데없고 값도 나가지 않는 아이템을 소유하기 위해 이처럼 공을 들이는 행위에 대해 수집가들에게 "수집은 최고의 사치품 소비나 마찬가지다"라고 말한다.[46]

사치품의 값은 물건이 지닌 원래의 기능적인 요소에 의해 매겨지는 것

《늙은 상인-오래된 골동품 상점》, 찰스 스펜서레이, 연도 미상

쓸데없고 값도 나가지 않는 아이템을 소유하기 위해 수집가들은
조사와 정보 수집 등 적극적이고 열정적인 선별 과정을 거친다.
수집은 '투자'라고 볼 수 있을 만한 행위의 연속이다.

이 아니다. 수집품의 가치도 사치품과 마찬가지로 물건 자체가 지닌 내재적 가치가 아니라 상대적 가치로 평가된다. 상대적 가치는 희소성, 독창성, 원래 누가 소유했던 물건인가와 같은 임의적인 기준에 따라 결정되는데,[47] 그 가운데 수집가의 의지가 가치를 매기는 가장 중요한 기준이 된다. 흥미롭게도

그런 수집가의 의지 때문에 수집은 일반적인 경제학 이론에서 벗어나는 행위가 된다.

수집은 소비의 한 형태다

그런데 어떤 경제학자는 우리 사회가 소비를 지나치게 폐쇄적으로 정의해왔다고 비판하며 오히려 수집을 소비를 확장시킬 수 있는 개념으로 보아야 한다고 주장한다. 즉, 똑같은 물건일지라도 수집가에 의해 전혀 다른 새로운 용도가 개발된다는 것이다. 의자는 사람이 앉는 도구이지만, 의자 수집가는 의자를 감상의 대상, 분석의 대상, 심지어 천장에 매달아 오브제로 이용하는 등 전혀 다른 방식으로 사용한다. 이렇게 보자면 수집은 '창조적 소비'의 한 행위가 되며, 수집으로 인해 물건의 다른 기능과 용도가 개발되는 것이다.[48]

그뿐만 아니라 수집 행위는 물건의 소비 과정에 일정한 패턴을 형성하며, 물건 사이의 새로운 연결망을 만들어낸다. 예를 들어 거실에 우연하게도 푸른 색조의 소파와 양탄자가 있는 경우, 전체적인 색조를 맞추고자 한다면 램프의 갓도 푸른색으로 갖추려 할 것이다. 이 경우 램프를 쇼핑하는 일은 마치 수집처럼 통일성 있는 일련의 프로그램의 영향에 놓이게 된다. 여기서 푸른 색조의 가구들은 수집 품목이나 마찬가지고, 그런 가구들로 조합된 거실은 평범한 거실과는 다른, '푸른 색조의 거실'이라는 새로운 가치를 지니게 된다. 이렇게 보자면 수집 행위의 특징적인 요소들은 소비 행위에 새로운 동기와 가치를 부여하는 일종의 자극제다.

경제학자 제이콥 바이너Jacob Viner, 1892~1970는 일찍이 수집 행위는 '욕망체감의 법칙'(흔히 한계효용체감의 법칙과 동일하게 취급된다)이 적용되지 않는 예외적인 소비 행위라고 주장했다.[49] 일반적인 소비 행위에서는 소비의 양과 빈도가 증가함에 따라 만족감은 줄어드는 데 반해, 수집 행위는 그렇지 않다는 것이다. 즉 수집가는 자신의 컬렉션을 완성해나갈 때 첫 아이템부터 마지막 아이템까지 만족감의 크기가 같거나 심지어 증가한다는 것이다. 그런데 대부분의 소비활동은 보통 욕망체감의 법칙의 지배를 받기에 생산자들은 같은 카테고리의 물건 내에서도 끊임없이 '신상(新商, 새로운 상품)'을 내놓음으로써 욕망체감의 법칙을 극복하려고 노력한다.

이렇게 보자면 꼭 필요하지 않은데도 계속 신상 백bag을 원한다든지, 언제 쓸지도 모르면서 새로 출시된 컬러의 립스틱이나 매니큐어를 사들이는 것은 소비와 수집 양쪽에 걸쳐 있는 행위로 볼 수 있다. 여기서 수집과 소비는 실제 용도와는 상관없이 끊임없이 노벨티를 찾는다는 점에서 공통점이 있다.[50] 또한 르네상스 시기 엘리트들이 낯설고 새로운 물건을 수집하며 정체성을 확보해갔듯이, 오늘날의 소비자들은 신상을 구매하며 스스로의 사회적 위치를 탐색한다고 볼 수 있을 것이다.

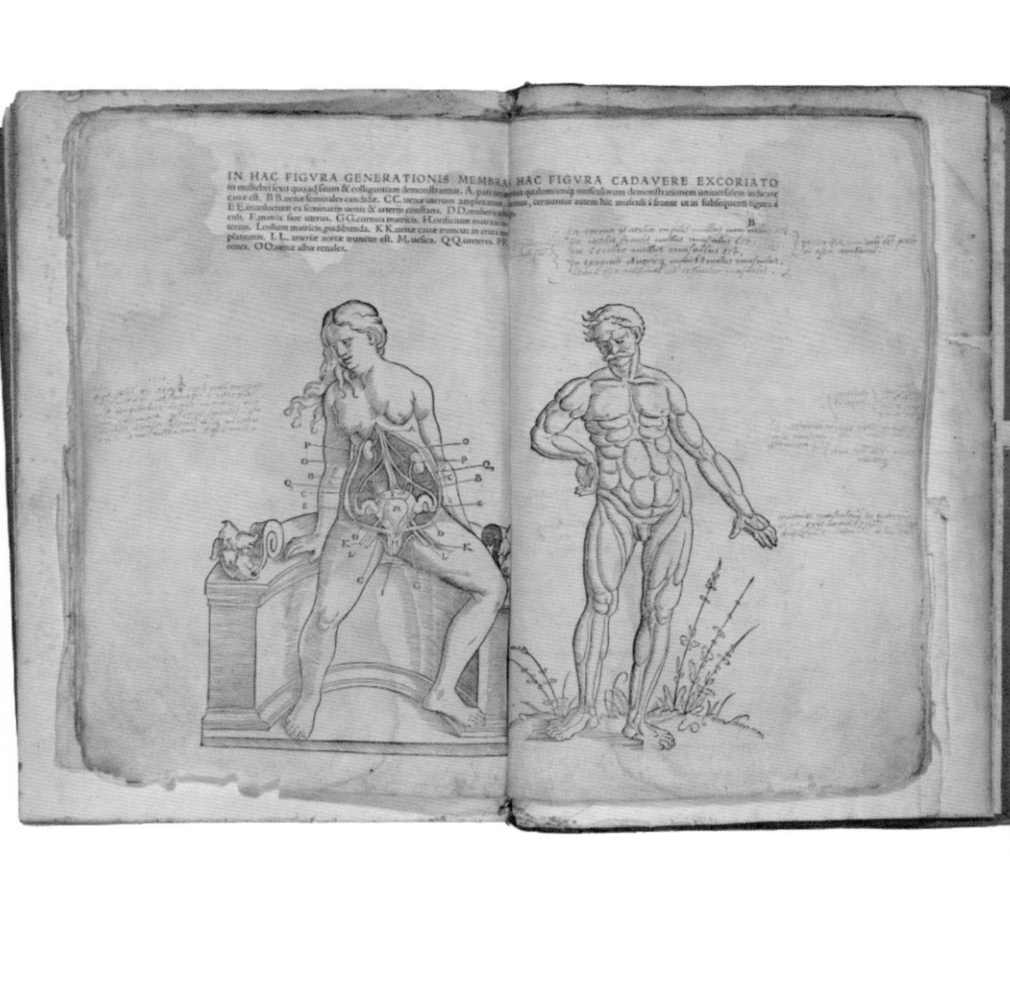

IN HAC FIGVRA GENERATIONIS MEMBRA
in muliebri sexu quoad situm & colligantiam demonstrantur. A. pars
cauæ est. B B. uenæ seminales candidæ. C C. uenæ uterum amplexantes,
E E. inuolucrum ex seminariis uenis & arteriis constans. D D. mulieris
culi. F. matrix siue uterus. G G. cornua matricis. H. orificium matricis
terus. I. collum matricis, pudibunda. K K. uenæ cauæ truncus in crura
plantatus. L L. arteriæ aortæ truncus est. M. uesica. Q Q. ureteres. P P.
renes. O O. uenæ albæ renales.

HAC FIGVRA CADAVERE EXCORIATO
qualemcunq; musculorum demonstrationem uniuersalem indicare
cernuntur autem hic musculi à fronte ut in subsequenti figura à

B

13

이중 읽기

의학서라 쓰고 포르노라 읽는다

근대 초 의학서의 비밀스런 소비

소장 도서 목록에 들어갈 수 없는 책

1669년 영국 해군성 관리였던 새뮤얼 피프스는 런던 스트랜드가의 한 서점에 갔다. 프랑스어를 할 줄 아는 아내에게 선물할 책을 사기 위해서였다. 그는 당시 인기 있던 신간《소녀들의 학교L'ecole des filles》를 샀다. 집에 돌아와 슬쩍 들추어보니 "지금까지 본 책 중에 제일 외설적이고 저급한 것"이었다. 그는 "그것을 읽는다는 사실이 부끄럽게 여겨졌다"고 일기에 썼다. 그런데 3주가 지난 뒤 피프스는 그 책을 서점에 돌려주는 대신 자신이 몰래 읽기 위해 사기로 마음먹는다. "아주 야한 책이지만 정보를 얻기 위해서 읽는다면 특별히 나쁘지 않을 것 같다"고 판단해서였다. 피프스는 다시 서점에 가서 그 책을 느슨하게 장정된 낡은 책으로 바꾸었다. 낡은 책이 뜯어서 태우기에 훨씬 수월했기 때문이다. 그 책은 결코 소장도서 목록에 들어가서는 안 되는

1666년 존 헤일스가 그린 새뮤얼 피프스의 초상화

피프스는 정치인으로서뿐 아니라 일기 때문에 문학 분야에서도 유명한 인물이다. 1660~1669년까지 약 10년 동안 쓴 일기가 1825년 《일기Diary》라는 책으로 출간되었다. 그의 일기는 영국 스튜어트 왕정복고기의 중요한 사료로 이용되기도 한다.

책이었다. "소장품 목록에 들어간다면 다른 책들을 모욕하는 일"이 될 터였다.[51]

책의 소비를 연구하는 학자라면 이 짧은 일기에서 많은 것을 찾아낼 수 있을 것이다. 하지만 다른 정보는 제쳐두고 우선 피프스가 구입한 책에만 집중해보자. 무엇보다도 그의 일기가 매우 솔직하게 쓰인 글이라는 점을 감안해야 한다. 피프스는 일기를 암호로 작성했기 때문에 19세기 초가 되어서야 그 내용이 해독되었다. 혼자만 읽을 수 있는 일기였음에도 불구하고 피프스는 그 책이 읽기에 부끄러운 것임을 분명하게 밝히고 있다. 그러면서도 그는 그 부끄러운 책에서 정보를 얻으려 했다. 《소녀들의 학교》는 어떤 책이었을까? 피프스는 그 책에서 어떤 정보를 얻었을까?

책의 질서와 독자의 저항성

〈책벌레〉, 카를 슈피츠베크, 1850년

독자는 본질적으로 텍스트의 세계에서 자유롭고자 하는 여행객이며 저항성을 내포한 존재이다.

책은 인간이 축적해온 지식의 총화이자 권력의 담지체라 할 수 있다. 이렇게 중요한 것임에도 불구하고 책에 대한 역사적 연구는 비교적 늦게 시작되었다. 1930년대, 프랑스 아날Annales학파의 기수였던 뤼시앵 페브르Lucien Febvre, 1878~1956는 책과 출판에 대한 연구가 필요하다고 판단하여 동료 학자들을 독려하며 이 문제에 파고들기 시작했다. 페브르의 의지는 그가 죽은 뒤 2년이 지난 1958년 앙리 장 마르탱Henri-Jean Martin, 1924~2007이 공동 저자로 출간한《책의 출현L'apparition du livre》(우리말 번역서의 제목은《책의 탄생》)을 통해 구현되었다.[52] 이 작업은 제지 산업, 인쇄술의 출현과 기술적 발전, 책의 물리적 구성요소, 상품 가치, 책을 만든 도제들과 장인들 및 저자와 책 상인의 세계, 책의 사회적 영향력 등을 다루며 책 자체를 역사학의 주요 의제로 편입시켰다.[53]

책의 역사에 대한 관심은 아날학파의 다음 세대 학자들에게도 계승되었다. 그 가운데 4세대 학자로 분류되는 로제 샤르티에

Roger Chartier는 책과 독서의 역사를 국제적으로, 또 대중적으로 알리는 데 크게 기여했다. 더욱이 그는 책의 역사가 독서의 역사로 거듭나야 한다고 주장함으로써 연구의 방향을 전환시켰다. 그동안 책의 역사를 저자나 출판사, 유통판매업자 등에 주목해 살펴왔다면, 이제는 일반 독자들이 책을 어떻게 수용하고 이해했으며 전유했는지도 살펴보자는 것이다. 이제 책이 저자의 의도와는 전혀 다르게 해석될 수도 있다는 점이 역사 연구의 한 주제로 떠올랐다.

사실 책은 독자가 소비하는 순간에 비로소 생명을 얻는다. 저자의 손을 떠난 원고의 의미와 가치는 결국 소비자의 손에서 결정된다. 저자와 출판업자는 독자가 자신들이 의도한 대로 책을 읽도록 통제하고자 하는데, 이것을 '책의 질서'라고 부른다. 하지만 독자는 이 책의 질서에 그대로 순응하지 않는다. 독자는 나름대로 저자나 출판업자 혹은 검열관의 의도에서 벗어나 행간을 읽으려고 애쓰며, 더 나아가 자신만의 독특한 내면세계에 비추어 책을 소화한다. 독자는 본질적으로 텍스트의 세계에서 자유롭고자 하는 여행객이며, 저항성을 내포한 존재다.[54] 결국 저자와 독자, 텍스트는 독서의 순간에 역학관계를 이루게 되며, 때때로 독자는 저자의 의도나 출판사가 표방하는 책의 의미와 전혀 다른 해석을 내놓기도 한다. 즉, 책은 소비되는 과정에서 저자보다는 독자의 자율적인 관할권에 속하게 된다. 이런 간극의 가장 흥미로운 사례를 근대 초 의학서에서 찾아볼 수 있다.

근대 초 베스트셀러가 된 의학서적

중상주의가 맹위를 떨치던 근대 초 유럽에서 인구 관리는 지배계급에게 가장 큰 화두였다. 잦은 전쟁이나 주기적으로 발생하는 전염병은 국민의 건강과 인구 재생산을 크게 위협했다. 따라서 국력이 곧 건강한 인구의 수와 비례했던 당시 사회에서 의학에 대한 관심은 증폭될 수밖에 없었다. 게다가 당시는 종교개혁 이후 교회의 권위가 도전받고, 계몽주의가 확산되던 시기였다. 의학은 새롭게 떠오르는 과학의 한 분야로서 큰 권위를 획득하게 된다. 의학과 의료가 전문화되어가는 한편, 허가받지 않은 돌팔이 의사들도 전성기를 맞을 정도로 의료시장은 팽창을 거듭했다. 이런 의학계의 성장 가운데 당시 '제너레이션generation'이라고 불렸던 생식, 즉 인구 재생산과 관련된 성性 지식은 특히 부와 명성을 가져다주는 분야가 되었다.[55] 17세기 후반부터 유럽 각국에서는 임신과 출산, 성병과 관련된 다양한 의학서가 나타나기 시작했다. 이 의학서들은 인쇄 문화의 발달에 힘입어 대중적으로 널리 퍼져나가게 되었다.

1700년을 전후로 이 분야에서 두 권의 책이 엄청난 관심을 받으면서 베스트셀러가 되었다. 먼저 니콜라스 베네트Nicolas Venette, 1633~1698 박사가 1686년 가명으로 펴낸 《부부생활의 묘사Tableau de l'amour humain considéré dans l'état du mariage》를 꼽을 수 있다. 프랑스 의사였던 베네트가 펴낸 이 책은 나오자마자 여러 나라의 말로 번역되었다. 심지어 1903년까지 판을 거듭해 인쇄되었을 정도로 인기가 지속되었다.

이 책은 종종 서구 최초의 성과학sexology 도서로 분류되는 의학서이지만, 과학적이고 학술적인 내용뿐 아니라 대중의 관심을 자극하는 음란한 내용도 뒤섞여 있었다.[56] 생리학적 기본 지식에 더해 검시 보고서가 들어 있는가 하면, 기독교의 성녀에 대한 교훈적 내용에 이어 손상된 처녀막을 보존하는 약리학적 묘책이 등장하는 식이었다. 생식과 관련하여 이른바 '과학적인'

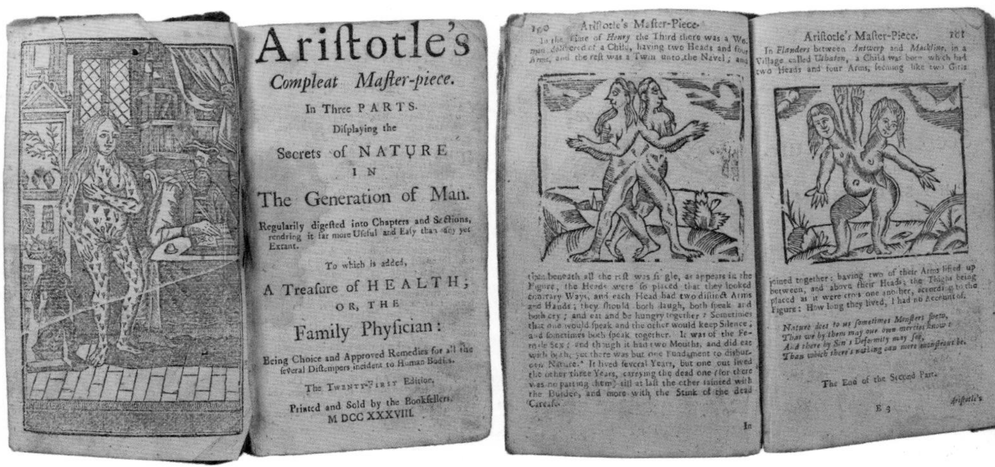
Ariſtotle's
Compleat Maſter-piece.
In Three PARTS.
Diſplaying the
Secrets of NATURE
IN
The Generation of Man.
Regularily digeſted into Chapters and Sections, rendring it far more Uſeful and Eaſy than any yet Extant.
To which is added,
A Treaſure of HEALTH;
OR, THE
Family Phyſician:
Being Choice and Approved Remedies for all the ſeveral Diſtempers incident to Human Bodies.
The TWENTY-FIRST Edition.
Printed and Sold by the Bookſellers.
M DCC XXXVIII.

《아리스토텔레스의 걸작》 1738년판의 표제지와 본문

이 책은 1683년 처음 출간된 이래 19세기까지 오랜 시간 대중의 관심을 받았으며, 20여 가지 아류작이 쏟아져 나오기까지 했다.

추론과 처방도 많이 찾아볼 수 있다. 예를 들어 남성의 성기에 대한 부분에서는 '정상적인' 길이를 6~8인치로 묘사한다(영어판에서는 6~7인치로 줄여서 기술되어 있다). 너무 커도 생식에 방해가 되어 큰 성기를 가진 프랑스 남부의 남성들이 북부 남성들보다 생식력이 떨어진다며 구체적인 증거를 들기도 한다. 그래서 너무 큰 성기를 가진 남편을 둔 부인이라면 코르크에 구멍을 뚫어 성기에 끼우면 고통 없이 사랑을 즐길 수 있다고 조언한다.

이와 대적할 만한 또 다른 베스트셀러는 1683년 처음 출판된 《아리스토텔레스의 걸작Aristotle's Masterpiece》이다. 이후 《아리스토텔레스의 조산술Aristotle's Midwifery》, 《아리스토텔레스의 마지막 유산Aristotle's Last Legacy》, 《아리스토텔레스의 문제Aristotle's Problems》 등 20여 가지 아류작이 쏟아져 나왔다. 19세기까지도 그 인기가 대단했으며, 심지어 아류작이 함께 묶여 출판되기도 했다.[57] 아리스토텔레스의 이름을 내세웠지만 사실은 익명의 저자들이 민간에 전승되어온 성에 관한 이야기를 수합해 정리한 책이었다. 해부학적 관점에서 남성과 여성의 생식기를 묘사하고 생식의 기본원리를 설명하는 한편, 그만큼 많은 도덕적 훈계도 포함하고 있다. 주로 일부일처적인 성관계의 정당성을 설파하며, 도덕적인 금기를 어길 경우 기형아를 낳을 것이라는 경고가 대부분이었다. 임신이 잘되는 법과 임신 중 피해야 할 금기사항도 중요한 부분을 차지했다.

이 책들은 모두 처녀성에 대해 중요하게 다루고 있는데, 흥미로운 것은 처녀막의 유무로 처녀성을 판별할 수는 없다고 단언했다는 사실이다. 베네트는 처녀성 판별이 "바다 위에 배가 지나간 자리를 밝혀내는 것만큼이나 어렵다"고 서술했다. 하지만 베스트셀러가 된 두 책은 전반적으로 당시의 문화적 맥락 안에서 허용되는, 혹은 이상적이라고 설정된 성생활을 원칙으로 삼고 있었다. 일부다처제나 간통, 자위행위 및 이른바 '비정상적인 체위'는 도덕적으로 옳지 않을 뿐 아니라 의학적으로도 위험한 것으로 보았다. 따라서 과학적 차원에서 보자면 이 책들은 오히려 당시의 의학 발달과 비교해볼 때 상당히 전통적이고 낡은 지식들을 설파하고 있는 것에 불과했다. 그럼에도 불구하고 이 책들에 대한 대중의 반응은 폭발적이었다. 도대체 어떤 내용이 독자들에게 그렇게 어필했던 것일까?

텍스트의 이중읽기-의학서와 포르노그래피 사이에서

여성 산파들을 위한 책이 일부 출간된 적은 있었지만, 이런 영역의 책들은 대부분 남성 독자들을 위한 것이었다. 라틴어로 쓰인 책들은 교육받은 남성을 대상으로 했고, 그 외에 '비밀'을 보여준다는 책들은 좀 더 광범위한 계층의 남성 독자들을 위한 것이었다. 이런 수요를 염두에 둔 채 작정하고 책을 펴내는 의료인도 있었다. 존 마틴John Marten, 1670~1737은 스스로 성병 치료 전문가를 자처한 돌팔이 의사였는데, 몇 편의 논문을 통해 엄청나게 유명해졌다. 그는 성병 치료에 수은을 사용할 것인가를 두고 다른 의사들과 논쟁을 벌이던 중 자신을 공격하는 의사들이 펴낸 논문에 대해 마치 다른 사람인 척하면서 반박하는 책을 냈다. 그런데 그 책이 잘 팔리자 그는 출판활동에 재미를 붙이게 되었다. 마틴은 당시 유명한 포르노그래피 작가 밑에서 습작을 한 적이 있었는데, 그때 익힌 디테일을 자신의 '의학서'에 가미했다. 이것이 바로 마틴이 성공할 수 있었던 차별화 전략이었다. 판매 부수가 늘어나면서 책의 내용도 점점 더 음란해졌다.

특히《마틴 씨의 성병에 대한 책의 여섯 번째 판의 부록An apology for a Latin verse in commendation of Mr. Marten's Gnosologium novum; or appendix to his sixth edition of The venereal disease》이라는 제목이 붙은 책은 큰 인기를 끌었다. 그 내용은 주로 고대 그리스·로마 시대부터 당대의 영국에 이르기까지 수많은 책에서 언급된 기괴하고 야한 장면만을 뽑아놓은 것이었다. 예를 들자면, "22세의 젊은이가 맥주 5파인트가 든 쇠주전자를 발기된 성기에 걸어놓고 아무런 문제없이 30분을 버텼다" 같은 내용들이었다.[58] 그리고 이런 에피소드 뒤에 곧바로 여성의 생식기에 대한 자세한 묘사나 자웅동체에 관한 해부

채찍질(Flagellation)

18세기에 이상 성행위에 대한 연구 발표를 위해 영국 왕립의사협회에 제출된 문서에 실린 삽화. 채찍질을 전문적으로 서비스하는 매음굴을 묘사한 것이다.

학적 설명을 덧붙이는 식이었다. 이런 책들은 종종 '다른 나라에서 활동하는 권위자'들의 업적을 인용하곤 했다. 즉, 프랑스에서 세 왕의 외과 주치의를 지냈다는 앙부루아즈 파레Ambroise Paré, 1510~1590는 남녀의 결합이 무릇 다음과 같아야 한다고 말했다는 것이다.

> 남편이 아내의 침실에 들어왔을 때, 그는 성교를 위해 온갖 방법을 동원해 음탕하게 굴며 아내를 즐겁게 해줘야 한다. 아내가 반응이 없거나 차가우면 멈추지 말고 상스러운 단어를 내뱉거나 저속한 말을 하며 계속 시도해야 한다. 하

지만 이 모든 것으로도 여성에게 불을 당길 수 없다면 우선 그녀의 비밀스런 부분을 허브와 무스카딘(Muscadine, 포도의 일종)으로 만든 뜨거운 탕약으로 문질러본다. …… 그래도 안 되면 약간의 머스크(musk, 사향)와 시빗(civet, 사향 고양이에서 얻는 사향액)을 그녀의 목 혹은 자궁 입구에 바른다.[59]

그런데 이런 책들은 교육이라는 미명 아래 혹은 과학적 논쟁이라는 명분 아래 실제로는 성적 흥분을 자극하는 데 이용되었다. 피터 와그너Peter Wagner 같은 학자는 이러한 장르의 책을 '은폐된 포르노그래피'로 해석해야 한다고 주장했다. 겉으로는 점잖은 의학서를 가장하고 있었기에 이런 책들은 더욱 잘 팔릴 수 있었다.

일단 충분한 독자가 확보되면 주제는 점점 더 다양해지고 과감해졌다. 자웅동체, 환관처럼 거세된 남자, 양성애자, 복장도착자 등을 둘러싼 자세한 논의를 담은 책이 등장하고, 채찍질, 결박 등의 변태적인 행위에 대한 담론도 폭발적으로 늘어났다. 책의 내용에서는 성행위와 관련된 새롭고 다양한 물품도 자주 등장했다. 특히 온갖 종류의 성행위용 채찍이 나오는데, 곧 실제로도 영국 각지에 채찍질을 전문적으로 제공하는 매춘부의 집이 생겨났다. 또한 1678년에 실린더cylinder라 불린 남근 대용품이 상품으로 나왔는데, '딜도 씨Signor Dildo'라는 이름으로 개당 6펜스에 판매되었다. 1748년에 나온 한 책의 내용을 그대로 받아들인다면, 실제 사람 크기의 섹스인형도 벌써 시중에서 구할 수 있었다.[60]

임신이냐 피임이냐, 예고된 '성의 혁명'

이런 의학서들은 성적 흥분을 불러일으키는 구실 이외에도 사람들이 필요로 하는 실용적인 성생활 관련 정보를 제공했다. 특히 피임과 관련된 정보는 매우 중요하고 유용한 정보였다. 당시 의학서에서 성생활을 다룰 때 공통된 전제는 출산을 위한 성관계만이 정당하다는 것이었다. 성관계는 부부 간에 종의 존속을 위해 이루어져야 하고, 합법적인 자손을 낳아야지만 승인되는 것이었다. 따라서 후손이라는 결실을 기대할 수 없는 동성 간의 성교나 질외사정은 비난의 대상이 되었다. 자위행위 역시 마찬가지였다. 자위행위가 비판받았던 또 다른 이유는 쓸데없이 힘을 빼게 되면 정작 결실을 맺을 수 있는 성교 능력은 줄어들게 된다는 것이었다.[61] 그렇기 때문에 성 지침서들은 특히 임신이 잘되는 성교 방법들을 자세하고 장황하게 늘어놓게 마련이었다.

하지만 '책의 질서'에 반항하는 독자들은 그 내용을 정반대로 실천했다. 《아리스토텔레스의 걸작》에서는 부부가 성관계를 할 때 남편이 너무 일찍 성기를 빼지 말라고 주의를 준다. 그리고 아내는 성교 후에 계속 누워 있어야 임신의 가능성을 높일 수 있다고 가르쳤다. 특히 재채기는 임신을 방해할 수 있기 때문에 절대로 해서는 안 될 일이었다. 베네트의 《부부생활의 묘사》에는 임신을 위해서 꼭 피해야 할 체위가 열거되어 있다. 그런데 이 모든 것을 거꾸로 읽는다면 그것은 피임을 위한 가장 정확한 안내가 될 터였다. 역사학자 앵거스 맥래런Angus McLaren은 《피임의 역사History of Contraception》에서 실제로 이 금지 사항들이 피임을 원하는 사람들에게 큰 도움을 주었음을 밝혀냈다.[62]

〈지친 엄마〉, 아우구스트 헤인, 1871년

근대 유럽에서 발간된 의학서는 출산을 전제로 한 성생활 지침서였지만,
동시에 '피임'에 대한 가장 정확한 안내서 노릇을 했다.
피임을 원하는 사람들이 늘어나면서 의학서는 새로운 용도로 활용되었다.

실제로 피임을 원하는 사람들이 점점 늘어나고 있었고, 이런 움직임은 결국 18세기 말부터 유럽에서 목격되는 '성의 혁명'을 예고하는 것이었다. 성의 혁명은 출산을 위한 성관계만 인정하던 기존 관념을 뛰어넘어 쾌락을 목적으로 한 성관계를 인정하는 인식의 변화를 이끌었다. 자위행위의 증가와 체위의 변화, 그리고 사춘기의 시기를 앞당겼을 뿐 아니라 출산주기의 변화까지 불러온 가히 혁명적이라 할 만한 움직임이었다. 과거에는 대부분의 여성이 바쁜 농사일이 끝난 늦은 봄에 임신하곤 했지만, 이제 임신한 여성을 1년 내내 마주치게 되었다. 그만큼 성행위가 더 많이, 더 자주 이루어졌다는 말이다.

피프스가 사서 읽고 불태웠다는 《소녀들의 학교》는 1655년 프랑스에서 익명으로 출판된 사랑학 교본이다. 내용은 수잔Susanne과 팡숑Fanchon이라는 사촌 자매가 나누는 대화로 이루어져 있다. 첫 대화는 팡숑을 연모하는 로비네Robinet의 부탁을 받은 수잔이 팡숑에게 행하는 일종의 성교육이고, 두 번째 대화는 팡숑이 로비네와 성관계를 갖고 난 뒤 수잔에게 그 경험을 이야기하며 펼쳐지는 성교와 쾌락에 대한 이야기다.[63] 부끄러운 책이지만 정보를 얻기 위해 이 책을 읽었다는 피프스, 그는 과연 이 책에서 구체적으로 어떤 정보를 얻었던 것일까?

14

백화점 절도

병적 도벽

소비사회가 낳은 새로운 정신병

도벽광의 정의

진짜 은화는 물론 우리가 간직했다. 가짜 은화는 너무 반짝였기 때문에 유통하기 전에 미리 그리스를 바르고 손때를 묻혀 더럽게 만들어야 했다. …… 비단과 리넨은 새것처럼 보이도록 세탁하고 다림질하는 방식이 있었다. 보석의 경우는 보통 식초로 윤을 냈다. …… 은식기는 녹인 뒤 은덩이로 만들었다. …… 장물은 런던 구석구석으로 보내졌다. 무슨 물건이든, 정말로 무슨 물건이든 깜짝 놀랄 만한 속도로 보낼 수 있었다.[64]

이 글은 박찬욱 감독의 영화 〈아가씨〉의 원작으로 알려진 소설 《핑거스미스Fingersmith》의 한 부분이다. '핑거스미스'는 빅토리아 시대 도둑을 뜻하는 은어로, 소설 속 주인공의 직업이기도 하다. 원작자 세라 워터스Sarah

2005년 영국에서 TV 드라마로 방영된 〈핑거스미스〉의 한 장면

여주인공 수잔 트린더(수잔 스미스)는 태어나자마자 고아가 되어 런던 뒷골목의 좀도둑들 사이에서 성장한다.

Waters는 영문학 전공자답게 철저한 고증을 바탕으로 빅토리아 시대 런던의 뒷골목을 생생하게 그려냈다. 그곳에는 그만큼 도둑이 많았다.

소설 속 도둑들은 생계를 위해 남의 물건을 훔치는 사람들이었다. 하지만 빅토리아 시대, 특히 19세기 중후반이 되면 전혀 다른 도둑들이 나타난다. 자신에게 전혀 필요도 없는 물건을 상습적으로 훔치는 사람들이었다. 당시 의사들은 이들을 '도벽광kleptomaniac'이라고 불렀다.

도벽광은 '병적 도벽kleptomania'을 앓는 사람들이었다. 그리스어 'kleptein'(훔치다)과 'mania'(광기)를 합쳐 발명된 말이다. 스위스 출신 의사 앙드레 마테이André Matthey, 1779~1842가 1816년 프랑스에서 출판한 논문에서 최초로 언급한 질병으로, 물건을 훔칠 때 고조되는 긴장감을 느끼기 위해 자신에게 쓸모가 없거나 금전적으로 가치가 없는 물건을 반복적으로 훔치는 충동조절장애를 말한다. 이 병은 1840년대부터 조금씩 범죄학자들의 관심을 끌기 시작하여, 19세기 후반에 들어서는 사회적으로 엄청난 반향을 불러일으켰다. 특히 1880년 이후 프랑스에서는 사회 전체에 "병적 도벽이라는 전염병이 돌고 있다"는 말까지 나올 정도였다.[65]

이 도벽을 공론화하는 데 앞장선 사람들은 법률가들이 아니라 의사들이었다. 과거에 도둑질은 범죄행위였지만 의사들은 이 도둑질을 사법적 차원을 넘어서 병리학적 영역으로 끌어들였다. 의사들이 도벽에 관여하게 된 데에는 19세기 후반 프랑스 사법체계의 변화가 한몫했다. 법정에서 의사 같은 전문가의 증언을 요구하는 일이 많아졌고, 그들의 의견이 판결에 큰 영향을 미치게 되었던 것이다. 피의자를 심문할 때 의학적인 검사가 함께 이루어지는 사례가 늘어나자, 1892년 11월에 사법당국 차원에서 의료행위와 비용, 법의학 자격증 등을 정비하는 새로운 법이 통과되었다.[66]

그런데 병적 도벽이 의학적 문제이긴 하지만 그 행위 자체는 법정에서 다뤄졌기 때문에 이 질병에 대해 법 관련 종사자들이나 공무원들이 인지할 필요성이 커져갔다. 의사들과 심리학자들은 그들에게 정보와 지식을 제공한다는 목적을 내세워 앞다투어 병적 도벽에 대한 연구를 출판하기 시작했다. 그 과정에서 "완전히 쓸모없는 물건 혹은 자신이 쉽게 돈을 지불할 수 있는 물건을 훔치는 병적인 충동"이라는 정의가 도출되었다.[67] 특히 프랑스에서는 도벽광과 병적 도벽에 대한 연구가 1880년부터 1905년 사이에 집중적으로 이루어졌는데, 행위자의 일반적인 증상, 정신질환으로서의 특성, 법적 책임 등을 포함한 여러 주제를 다루었다. 그 주제들 가운데 가장 눈에 띄는 것은 '백화점 절도'라는 영역이었다.

백화점과 도벽광의 출현

도둑질theft은 문명이 출현했을 때부터 존재해온 현상이다. 그런데 흥미롭게도 도벽광 연구에서는 거리, 가정, 교회 등 어디서나 일어나는 일반적인 도둑질이 아니라 상점에서 물건을 훔치는 '들치기shoplifting'만을 주목했다. 영어 'shoplifting'은 'lifting'에서 파생된 단어로, 16세기 런던에서 처음 사용되기 시작한 단어로 보인다. 당시 도둑질로 고발된 일단의 남성들이 'lifter'라고 불렸기 때문이다. 좀 더 구체적으로 '상점shop'이란 단어를 붙인 'shoplifting'이라는 말은 16세기 말경 희곡이나 사전에 등장하기 시작한다. 특히 여성 들치기범은 '아마존Amazon' 혹은 '으르렁거리는 여자roaring girl'라고 불리기도 했다.[68]

19세기 중반부터 파리를 비롯해 유럽의 여러 대도시에 백화점이 들어서기 시작했다. 상품으로 뒤덮인 이 새로운 공간은 들치기들에게는 천국과도 같았다. 사람들로 북적거릴 뿐 아니라 무엇보다 익명성이 보장되었기 때문이다. 파리의 봉마르셰와 루브르Les Grands Magasins du Louvre 백화점 두 곳만 하더라도 1년에 1,000명이 넘는 사람을 절도행위로 고발했는데, 그 숫자마저도 빙산의 일각이었을 것이라는 관측이 있었다. 소비에 관심이 많았던 철학자 조르주 다브넬Georges d'Avenel, 1855~1939은 파리의 주요 백화점에서 매년 절도로 인한 피해 가운데 보고되지 않은 액수만도 백화점마다 10만 프랑이 넘는다고 기록할 정도였다.[69] 이런 기록만 보더라도 1880년대 이후 들치기의 양상과 규모는 그 이전과 비교할 수 없을 만큼 커졌다고 볼 수 있다.

백화점 주인들은 법률가들과 정신과 의사들과 협력하여 도벽광 문제에 대처하려고 많은 노력을 기울였다. 병적 도벽의 패턴을 파악하고 그 원인을

백화점의 발명

19세기에 등장한 대형 백화점은 물욕을 적나라하게 드러내는 공간이자 도벽광을 끌어들이는 유혹의 장소였다. 프랑스 다큐멘터리 〈여인들의 행복 백화점-백화점의 발명(Au bonheur des dames - L'invention du grand magasin)〉(2011)의 한 장면.

찾고자 한 것이다. 그 과정에서 백화점이라는 공간 자체가 이런 사회적 현상을 부추긴다는 의견이 나타났다. 소설가 에밀 졸라Émile Zola, 1840~1902는《여인들의 행복 백화점Au Bonheur des Dames》에서 파리에 대형 백화점이 들어서면서 일어나는 변화를 묘사한 적이 있다. 여기서 졸라는 백화점을 새로운 형태의 들치기, 즉 도벽광을 끌어들이는 유혹의 장소로 본다.

> 이런 여성들은 정신과 의사들이 분류한 새로운 신경증의 일종인 변태적 욕망으로 인해 도둑질을 하는 것이다. 이 현상은 바로 [백화점 같은] 큰 상점들이 제공하는 유혹이 어떤 결과를 가져오는지를 잘 보여준다.[70]

도벽과 백화점 진열대

백화점 진열대의 상품은 바로 눈앞에 놓여 있기 때문에 손에 넣고 싶다는 그릇된 욕망을 부추긴다는 시각도 있다. 에밀 졸라의 소설《여인들의 행복 백화점》을 원작으로 한 영국 TV 드라마 〈파라다이스(The Paradise)〉(2012)의 한 장면.

좀 더 구체적으로 백화점의 진열대가 문제의 근원으로 지적되기도 했다. 진열대에는 수많은 상품이 진열되어 있었고, 손님은 과거에 작은 상점에서 쇼핑할 때와는 전혀 다른 방식으로 상품과 직접 접촉할 수 있었다. 그런 탓인지 바로 눈앞에 너무 가까이 놓여 있어 손에 넣고 싶다는 그릇된 욕망을 부추긴다는 시각도 있었다. 범죄 현장 분석의 개척자로 유명한 프랑스 법의학 교수 알렉상드르 라카사뉴Alexandre Lacassagne, 1843~1924는 유명한 범죄자들을 인터뷰하고, 고해성사를 하듯 그들이 자신들의 죄를 낱낱이 기록하도록 하는 방식으로 자료를 수집해 범죄자의 머릿속을 들여다보려 했던 인물이다. 1889년 라카사뉴는 백화점의 여성 도벽광에 대해 이런 기록을 남겼다.

> 진열장의 도발적 모습은 절도를 불러일으키는 요소 중 하나다. 진열장은 욕망을 불러일으키기 위해 만들어진 것이다. 진열장 앞에 서는 것은 환상의 준비 단계나 마찬가지다. 진열장은 고객을 매혹하고, 전시된 물건들은 정신을 못 차릴 정도로 그녀를 흔들어놓는다. 백화점은 사회질서를 뒤흔든다. 그리고 결국 범죄 욕구를 북돋운다.[71]

라카사뉴는 백화점이 그 내부 구조로 인해 "매우 위험한 장소"임이 틀림없다고 결론지었다.

도벽광 사례 연구

도벽광을 직접 인터뷰한 사람은 라카사뉴만이 아니었다. 많은 의사가 도벽광을 조사하거나 관찰하여 200건이 넘는 사례 연구를 남겼다. 절도범 대부분은 오랫동안 같은 행위를 저질렀는데도 적발되지 않았다고 고백했는데, 그래서인지 상당수는 붙잡혔을 때 오히려 안도하는 모습을 보이기도 했다. 이 도벽광들은 공통적으로 "무언가에 홀린 듯" 혹은 "강박적으로" 물건을 훔쳤다고 고백했다. 또한 훔치고자 하는 충동이 자신의 의지보다 더 컸다고 토로하거나, 스스로 무엇을 하고 있는지 몰랐다고 항변하는 사람들도 있었고, 혹은 잠깐 정신이 나갔었다고 주장하기도 했다. 이 절도범들은 대부분 한두 개의 물건이 아니라 여러 개를 잔뜩 훔쳤으며, 그것들은 보통 작고 소소한 것들이었다. 그들은 훔친 물건을 집이나 그 밖의 다른 장소에 숨겨놓곤 했는데, 가격표도 떼지 않은 물건이 많았다고 한다.[72]

〈좀도둑을 검거하다〉, 1787년

한 여성이 상점에서 물건을 훔치다 점원에게 걸린 장면을 묘사한 그림이다.
여성이 훔친 물건은 레이스와 리본 같은 사소한 것들이다.

의사나 심리학자 들은 피의자들의 범죄행위 자체뿐 아니라 그들의 과거 행적이나 가족사에도 큰 관심을 기울였다. 당시 과학 분야에서는 유전이 매우 중요한 주제였다. 또한 유전이라는 개념은 사회적으로도 새로운 근대 세계의 지배 주체를 도출하기 위해 적합fit과 비적합unfit을 나누는 중요한 도구로 이용되기도 했다. 따라서 사회적 신분이나 행위에 대한 연구는 종종 유전적 요소와 밀접하게 연관되어 진행되었고, 유전은 사회적 현상을 설명할 수 있는 강력한 과학적 도구가 되었다. 의사들은 먼저 절도범의 가족력을 면밀하게 조사해서 부모 중 한쪽이라도 정신병력이 있는지, 혹은 가까운 친척 중에 정신병자가 있는지를 살펴보았다. 만약 가족력에서 정신병이 발견된다면 피의자가 왜 도벽광이 되었는지를 아주 쉽게 설명할 수 있었다.

여성의 섹슈얼리티와 병적 도벽

그런데 피의자 가운데는 정신병자 가족을 두지 않은 사람들이 더 많았다. 의사들은 이제 백화점 절도범의 대부분이 여성이라는 사실에 눈을 돌렸다. 백화점 고객 대부분이 여성인 상황에서 절도범의 대다수도 여성이었던 것은 어쩌면 당연한 일일 터였다. 하지만 성별 분리가 엄격했던 19세기 유럽 사회에서 피의자 대다수가 여성이라는 사실을 남성 의사들이 그냥 넘길 리는 없었다. 의사들은 병적 도벽이 히스테리 같은 '여성적' 질병이라고 주장하기 시작했다. 신경질적이고 과도한 긴장감은 전형적인 여성적 성향으로 규정되어왔기에 병적 도벽처럼 이해할 수 없는 정신질환을 설명하는 데 안성맞춤이었다. 의사들은 생리, 임신, 갱년기처럼 여성의 신체적 특질이 도벽을 불러일으키는 '자가중독auto-toxic'으로 이어진다고 강조했다.

이 이론은 당시 사회에서 매우 신빙성 있게 받아들여졌다. 통계조사는 그 신뢰성을 더해주는 듯했다. 백화점 도둑 104명을 조사한 결과, 35명의 여성들이 생리 중이었고, 10명은 갱년기였으며, 5명은 임신 중이었다.[73] 이처럼 절반이 넘는 여성들이 소위 '불안정한 상태'에 있었다는 사실은 곧 도둑질이라는 비정상적인 행위가 섹슈얼리티와 관계된 병리적 원인을 갖고 있다는 해석을 뒷받침했다. 사실 어찌 보면 너무나도 편리한 해석이었다. 여성이 그 타고난 성으로 인해 쉽게 범죄에 빠져들 여지가 많다는 남성 의사들의 주장은 갈수록 거세졌다. 이런 경향은 1900년 전후로 가장 심각하게 나타났는데, 생리 중이거나 배란기이거나 모유수유 중이거나 출산 직후거나 처음으로 성관계를 가졌거나 갱년기를 겪는 모든 여성은 범죄를 저지르기 쉽다는 주장이 의학계에 팽배했다.[74]

계급과 질병

도벽광 사례 연구에 이름을 올린 200여 명은 거의 다 무죄를 선고받았다. 이들은 대부분 부르주아 여성이었다. 백화점과 법률가, 그리고 의사 들은 이들을 처벌하기보다 오히려 보호하기에 급급했다. 특히 존경할 만한 집안의 여성인 경우에는 '환자에 대한 배려'와 '가문의 명예'를 지켜주려고 엄청나게 노력했다. 하지만 노동계급 여성이나 하층민 여성의 절도행위에 대해서는 그들을 도벽광 환자로 취급하지 않고 온전한 범죄자로 경찰에 넘겨버렸다. 혁명가이자 무정부주의자였던 엠마 골드만Emma Goldman, 1869~1940은

〈파캥 살롱에서 다섯 시간〉, 앙리 제르벡스, 1906년

도벽행위에 대한 법적 판단에서 계급은 중요한 기준이었다. 부르주아 여성들의 도벽은 대부분 '질병에 기인한 행위'라는 이유로 무죄 판결을 받기 일쑤였다.

1896년 이런 사태를 지켜보며 부자들은 계급 덕에 처벌을 면하고 같은 법인데도 가난한 사람들은 처벌한다며 비판의 목소리를 높였다.

당시 전문가들은 피의자가 도벽광인지 절도범인지를 구분할 수 있는 가장 중요한 기준으로 피의자의 재산을 꼽았다. 어떤 의사는 3프랑 95상팀짜리 우산을 훔친 여성이 당시 지갑에 7만 프랑을 갖고 있었다고 증언하면서 이 여성은 결코 범죄자가 아니라고 주장했다. 옹호의 근거는 오늘날의 시각에서 보자면 사실 조금 우스꽝스럽다. 지갑에 돈이 있으면서도 그 돈을 쓰지 않고 훔쳤다면 머리가 모자란 것이지 범죄자는 아니라는 항변이었기 때문이다. 그 부르주아 여성은 '단지 지능이 낮고 정신상태가 나약했을 뿐'이라는 이유로 무죄 판결을 받았다.[75] 다른 의사들은 병적 도벽은 부르주아나 귀족 여성들 사이에서 발생하며, 그들에게는 훔친 물건이 전혀 필요하지 않았음을 강조했다. 그들은 소비를 향한 욕망이 너무 큰 나머지 이성적 통제가 어려운 히스테리 상태였다는 주장이었다. 그런데 위에 나열된 논리들에 따르자면 남성에게는 도벽광이 존재하지 않아야 할 터였다. 그렇다면 실제로 남성 도벽광은 없었을까?

남성 도벽광

물론 남성 도벽광도 존재했다. 하지만 언제나 그들은 예외적인 사례로 치부되었다. 의사였던 폴 그라니에Paul Granier는 지속적으로 책을 훔쳐온 어느 40세의 의사가 붙잡혔을 때 절도범인지 도벽광인지를 구별해야 하는 임무를 맡게 되었다. 그라니에는 그 피의자가 어린 시절에 신경쇠약에 걸렸었고, 히스테릭한 경향을 갖고 있었으며, 나중에는 자위행위에 몰두했음을 밝혀냈다. 그가 어른이 되었을 때는 성행위를 하는 데 문제가 생겼는데, 그럴 때마다 절망적인 심정으로 미친 듯이 도둑질을 해왔다는 것이다.[76] 이 남성은 성적 불능이 정신질환의 원인이었던 것으로 판단되어 면죄부를 받았다. 이 사례는 남성과 여성에게 매우 차별적인 기준이 적용되었다는 사실을 분명하게 보여준다. 즉, 남성에게는 불능과 같은 실제적인 문제가 정신병을 가져왔지만, 여성은 생리, 임신, 갱년기 등 자연스러운 신체적 변화가 정신질환의 원인으로 풀이되었던 것이다.

상점 안 보안 거울에 비친 모습

남성들 가운데 도벽광이 없는 것은 아니었다. 다만 여성의 도벽을 여성적인 특성에 기인한 것으로 본 반면, 남성의 도벽행위는 일반적인 정신질환의 범주에서 취급했다.

반면, 유전적 요소는 남녀 모두에게 평등하게 적용되었던 정신질환의 주요 원인이었다. 절도죄로 잡혀온 한 남성은 몹시 신경질적이었는데, 가족력으로 보아 도벽광이 될 조짐이 다분했다. 알코올 중독자였던 어머니는 결국 정신병자가 되었고, 이모는 이미 20세 때부터 미쳐 있었다는 것이다. 외삼촌 역시 자살을 했다. 모계에서 뚜렷하게 나타난 정신병력으로 인해 이 남성에게는 도벽광이라는 진단이 내려졌고, 무죄로 풀려나게 되었다.[77] 흥미롭게도 죽은 뒤에 도벽광 진단을 받은 사람도 있었다. 어떤 남성은 56세에 사망했는데, 그가 살던 아파트에서 그림이며 메달, 우산, 식기 등 엄청난 양의 훔친 물건이 발견되었던 것이다. 의사와 법정이 이 사람을 도벽광으로 판단했던 근거는 발견된 물건들이 그에게 필요 없는 것이고, 또 그 물건들을 통해 아무런 이익도 취하지 않았다는 점이었다.[78] 여성 도벽광에게 면죄부를 주었던 계급적 근거가 남성에게도 적용된 것이다.

근대 소비사회가 발명한 질병

19세기 후반 새롭게 '발견' 혹은 '발명'된 도벽광이라는 질병은 소비문화의 폭발적 성장이 낳은 사회적 긴장과 불안 속에서 등장한 것이다. 서구 사회에 풍요를 가져오게 된 산업화는 정치적·경제적 격변을 수반했고, 그 변화가 요구한 새로운 질서는 생산성과 노동 규범에 충실한 윤리였다. 그 윤리가 잘 지켜지려면 개인의 자기 통제가 절실하게 필요했다. 이처럼 엄격한 사회에서는 비록 잠재적일지라도 질서를 어지럽힐 만한 것들에 대해 경계심이 강하게 마련이었다. 그런데 수많은 상품이 쏟아져 나오면서 계급을 비롯한 제반 사회질서를 파괴할 수 있는 '사치의 민주화'가 예고되고 있었던 것이다.[79]

물건에 대한 참을 수 없는 욕망과 집착이 용인되는 한편, 그것이 결국 범죄가 될 수도 있다는 모순은 자본주의가 드러내는 갈등과 모순 그 자체나 다름없었다. 다니엘 벨Daniel Bell, 1919~2011은 이를 일컬어 "자본주의의 문화적 모순"이라고 정의했다. 한쪽에서는 프로테스탄트 윤리와 연결된 금욕과 통제의 가치가 고양되었고, 다른 한쪽에서는 그와는 정반대로 쾌락주의와 즉각적인 만족에 근거를 둔 소비주의적인 윤리가 동시에 발전하면서 갈등과 모순이 나타날 수밖에 없다는 설명이다.[80]

전문 집단으로서 우월한 지식과 권위를 확보하려 했던 의사들은 이런 모순적 현상에 파고들어 병적 도벽 같은 '질병'을 만들어냈다.[81] 스스로가 충동을 조절할 수 없는 상태, 자신의 통제를 벗어난 힘에 의해 노예가 되는 상태는 근대적 모순이 낳은 사생아나 마찬가지였다. 그리고 이런 질병으로부터 자유로운 '건강한' 사람이란 근대사회의 모순적 관계 속에서 절묘하게 줄타기를 할 수 있는 사람을 일컫게 된다. 즉, 적절한 소비로 스스로의 삶을 풍요롭게 하면서 절대로 과도한 충동에 휘둘리지 않는 사람 말이다.

그런데 광적 도벽 같은 '질병'은 궁극적으로는 개인이 해결해야 할 몫으로 남겨지게 된다. 질병의 원인을 비록 사회가 만들어냈다 할지라도, 질병의 고통은 개인이 감당해야 하기 때문이다. 중세에는 사치금지법 같은 법 규정만 지키면 되었지만, 오늘날에는 넘쳐나는 소비의 세계에서 정신병자라는 낙인으로부터 자유롭기 위해 끊임없이 중용과 자기 절제를 고민해야만 한다. 그야말로 '정상적인 현대인'으로 살아가는 게 결코 녹록지 않은 과제가 되어버린 것이다.

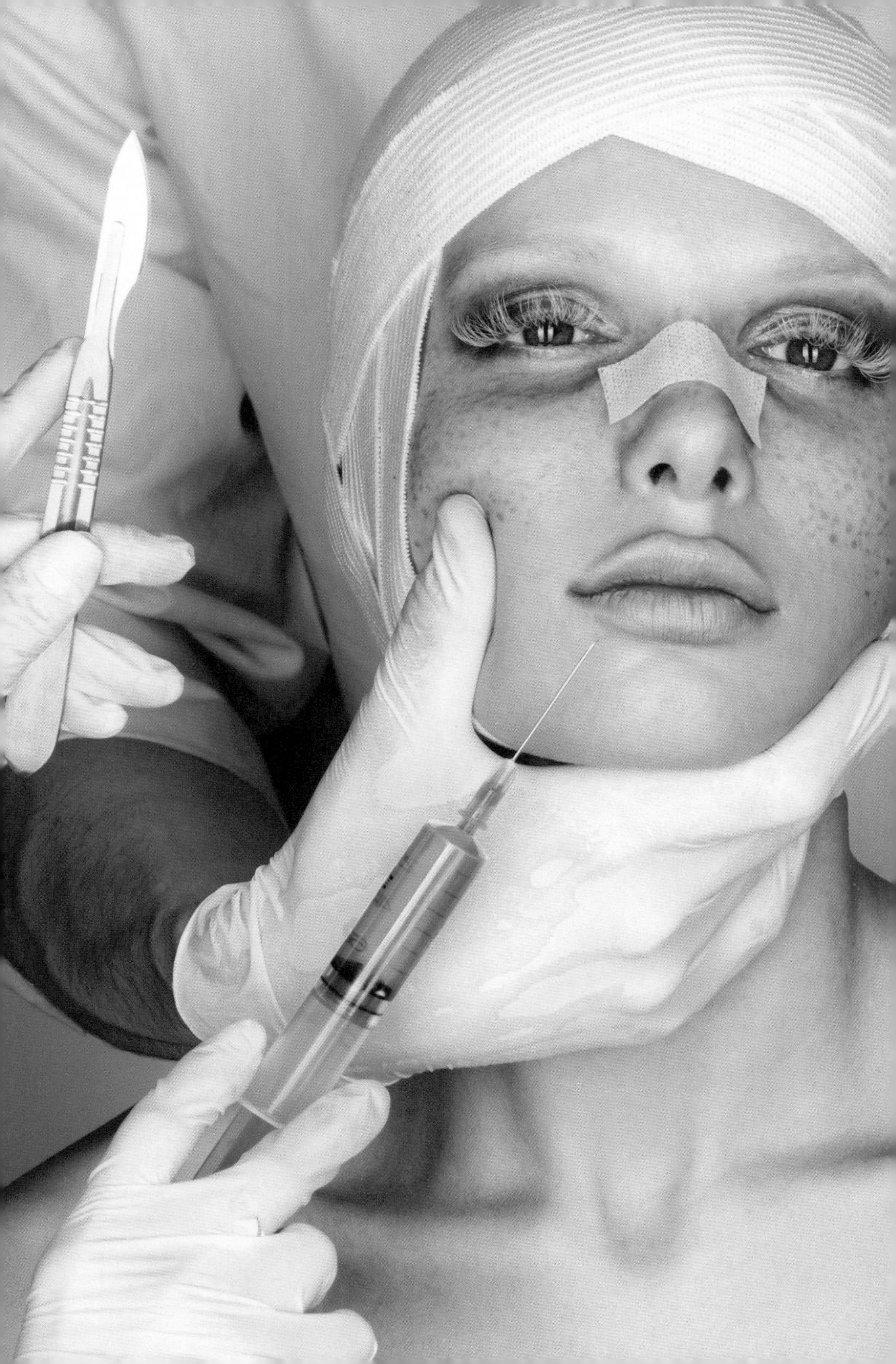

15

성형

성형소비의 내셔널리티

아르헨티나는 유방 확대, 브라질은 유방 축소

얼굴에서 가장 중요한 부분, 코

2016년 8월 국제미용성형협회에서 배포한 자료에 따르면 전 세계를 통틀어 성형수술이 가장 많이 이루어지는 나라는 미국, 브라질, 한국 순이라고 한다.[82] 2015년 한 해에만도 전 세계 여성들은 1,800만 건 이상의 성형수술을 받았다. 부위별로는 유방 확대, 지방 흡입, 눈꺼풀, 복부, 코 순으로 밝혀졌다. 물론 이것은 목욕탕이나 피부 관리실 등지에서 이루어지는 속칭 '야매'라 불리는 자잘한 시술을 포함하지 않은 수치일 것이다. 그런데 유방 확대가 1위라니, 좀 놀라운 일이다. 성형수술의 역사로 보자면 단연 코가 가장 중요한 성형수술 대상이었기 때문이다.

서양 역사에서 코의 생김새가 차지하는 위치는 특별하다. 사람의 이목구비 중 어느 하나 중요하지 않은 것이 없지만 특별히 '코'는 박해나 타자화와 깊은 관계가 있었다. 그 때문인지 성형수술의 역사는 코를 복원하는 수술에서부터 출발했다.[83] 15세기 말부터 유럽에 매독이 유행하면서 코를 잃어버린 사람이 많아졌다. 코뼈에 매독균이 감염되면 연골조직이 붕괴되면서 코가 망가지는데, 이는 성병과 관련되어 도덕적 타락의 표지로 여겨졌다. 그 때문에 코 복원 수술에 대한 수요가 급증했다. 이마의 피부를 절개해서 그대로 뒤집어 코 위에 덧씌우는 등 오늘날의 기준으로 보자면 매우 끔찍한 방법들이 사용되었는데, 사실상 이런 수술은 초창기 미용성형이었던 셈이다. 이런 맥락에서 유럽 역사에서는 오랫동안 성형수술을 곧 코 수술로 인식하는 경향이 있었다.

이후 제국주의와 더불어 나타난 인종주의의 영향 속에서 유럽 사람들은 자기들과 다른 코 모양, 특히 납작한 코에 부정적 함의를 투사하기 시작했다. 특히 18세기 이후 인종 담론에는 작은 코가 열등한 인종을 나타내는 표시라는 주장이 많이 나타났다. 네덜란드 해부학자이자 의사였던 페트루스 캄페르Petrus Camper, 1722~1789가 안면각顏面角과 비지수鼻指數, nasal index를 주창하면서 그런 편견에 '과학적' 토대를 제공하게 되었다. 캄페르는 아름다운 인간의 얼굴은 유럽인의 얼굴처럼 얼굴선이 수평면과 100도를 이룬다고 주장하며 아프리카 흑인들을 유인원과 가장 근접한 인상을 지닌 추한 존재로 규정했다.[84] 찰스 다윈Charles Darwin, 1809~1882도 얼굴이 과학적으로 문명과 야만의 경계를 나타낸다고 주장했다. 서구인들에게 얼굴은 주로 아름다움을 숭배하는 대상이지만 야만인에게는 주로 "베어냄"의 대상이라고 비아냥거리며 말이다.[85] 지독하게 인종차별적인 다윈의 이 발언은 이목구비 가운데 코를 가장 주목한 것이었다.

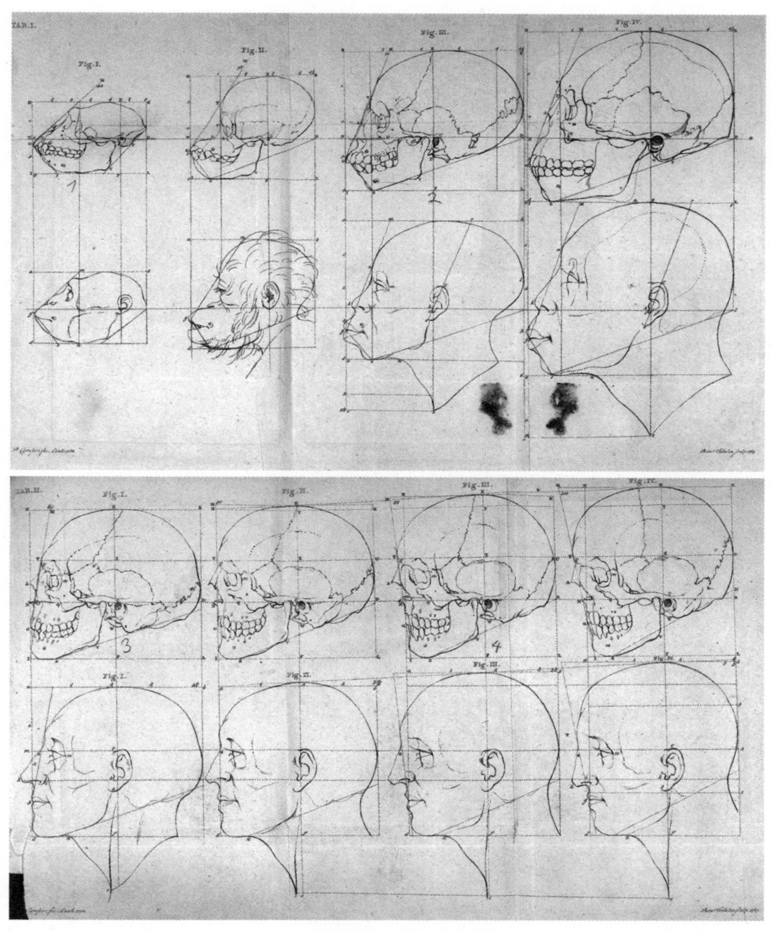

안면각과 비지수 측정 도해

네덜란드의 해부학자이자 의사였던 페트루스 캄페르가 1871년에 발표한 논문에 실린 도해이다. 꼬리 원숭이, 오랑우탄, 흑인, 칼미크인 등을 통해 진화에 따른 안면각의 차이(위)와 함께 유럽인의 얼굴 특징(아래)을 보여주고 있다.

유대인과 코 성형

흥미롭게도 19세기 유럽 사람들은 유대인이 유럽인보다 아프리카인에 가깝다고 믿고 있었다. 따라서 유대인은 흑인과 피가 섞여 있거나 혹은 최소한 인종적으로 밀접한 관련을 맺고 있다는 것이 보편적 가설이었다.[86] 그런데 물욕과 큰 관계가 없는 흑인과 달리 유대인은 재물 욕심이 많은 탐욕스런 집단으로 여겨졌고, 유대인의 긴 코 혹은 매부리코hawk-nose는 악덕의 표상이 되었다.

> 아래로 굽은 코는 결코 진실하거나, 진정으로 쾌활하거나, 고상하거나, 위대하지 않다. 그들[유대인들]의 생각과 경향은 항상 땅을 향해 있다. 폐쇄적이고, 차갑고, 냉혹하며, 의사소통을 할 수 없고, 때때로 악의적으로 냉소적이고, 성질이 나쁘며, 혹은 극도로 위선적이거나 우울하다. 코의 윗부분이 휜 경우는 소심하고 주색에 잘 빠지는 경향이 있다.[87]

아이러니하게도 유대인의 코에 대한 편견은 근대 성형수술의 발달에 큰 촉발점이 되었다. 베를린의 외과 의사 요한 프리드리히 디펜바흐Johann Friedrich Dieffenbach, 1792~1847는 아직 마취나 방부소독이 이루어지기 전인 1840년에 유대인을 대상으로 코 성형시술을 감행했다.[88] 당시 디펜바흐가 특화했던 피부 이식과 성형수술 방식은 혁신적이었다고는 하나 실제로는 매우 야만적이었다. 하지만 사람들은 엄청난 고통을 감수하면서까지 이 유명한 의사에게 몰려들었다. 디펜바흐는 재건성형과 미용성형을 구분한 최초의 의사로 의학사에 이름을 남기며 '성형외과의 아버지'라고 불리게 되는데, 흥

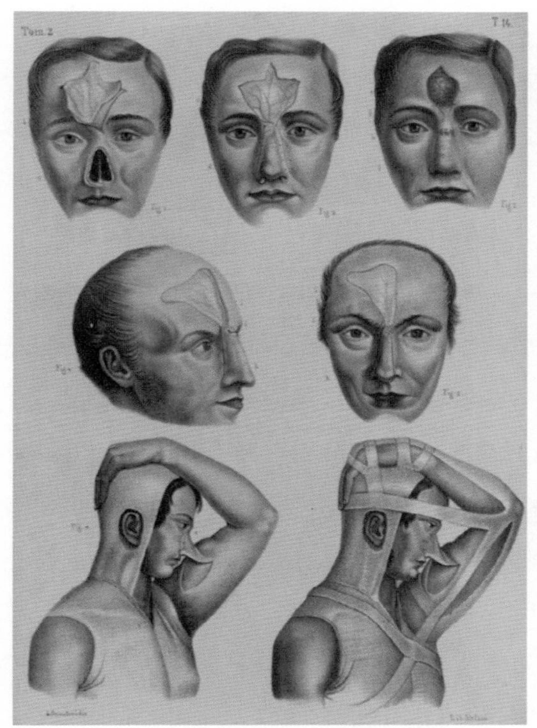

19세기 의학서적에 실린 코 성형수술 도해

당시 피부 이식과 성형수술 방식은 혁신적이라고 했으나 실제로는 매우 야만적이었다. 하지만 사람들은 엄청난 고통을 감수하면서까지 성형수술을 감행했다.

미롭게도 정작 자신은 미용성형수술에 대해 경멸했다. 의료적 기능과는 큰 관련이 없다는 이유에서였다.

19세기 말 독일에서 활동했던 의학자 요제프 야다손Josef Jadassohn, 1863~1936은 자신이 유대인이었던 탓에 미용성형에 대해 긍정적인 시각을 갖고 있었다. 본래 피부학자이자 매독학자였던 야다손은 베를린에 외과병원을 연 뒤 주로 코와 귀의 축소 수술을 시행했다. 귀를 수술한 이유는 당시 유대인의 귀에 대한 편견도 심각했기 때문이다. 살집이 두둑한 귓불과 크고 불그스레한 귀는 '돌출귀'라는 별명을 얻었는가 하면, 오스트리아에서는 그런 귀를 '모리츠(당시 가장 흔한 유대인 이름) 귀'라고 부르기도 했다.[89] 1898년 야다손은 자신이 시행한 수많은 수술 경험을 토대로 신체적으로 건강한 사람이 왜 성형수술을 받는지 그 이유와 효과를 베를린 의학협회에 보고했다. 성형수술의 심리적 효과가 매우 중요하다는 사실을 처음으로 공식화한 것이다. 요제프는 성형외과 의사에게 예술가의 자질이 필요하다고 강조했는데, 그 덕에 그는 '조각가로서의 의사'라는 별명을 얻기도 했다.[90]

20세기 초 나치스 독일은 신체적 인종주의를 내세운 극단적인 인종차별정책을 시행했다. 가장 순수하고 우수한 인종은 "금발에 큰 키와 긴 두개골, 갸름한 얼굴, 단단하고 뚜렷한 턱, 높고 뾰족한 코, 부드럽고 곧은 머리카락, 큼직하고 연한 색깔의 눈, 하얀 연분홍 피부"를 지닌 아리안이라고 설파되었다.[91] 반면 유대인은 열등한 인종의 전형으로, 독일의 정치를 부패시키고, 경제를 마음대로 휘두를 뿐 아니라 매독의 기원이며, 도덕적으로 타락한 기생충으로 간주되었다. 유대인은 '매부리코', '검은 머리', '안짱다리'와 '엄청나게 큰 성기'를 가진 육체적으로 혐오감을 불러일으키는 존재로 묘사되었다.[92]

이미 19세기 후반부터 많은 유대인이 반유대주의가 맹위를 떨치던 유럽을 떠나 미국 등지로 이주해갔다. 그런데 미국에서도 유대인의 신체적 특징은 차별의 근거이자 인종적 표지로 작동했다. 한편, 미국에서는 1921년 미국성형외과학회가 발족하여 미용성형이 전문적 의료 영역으로 귀속되었고, 많은 성형외과 의사가 활동하기 시작했다. 성형시장을 개척하느라 치열한

인종 교육

1930년대 나치스의 '인종 교육' 수업을 받고 있는 독일 여학생.
인물 사진 자료를 통해 아리아인과 유대인의 차이를 배우고 있다.

경쟁을 벌이던 성형외과 의사들은 유대인을 대상으로 코 성형을 적극적으로 권고했다. 이 때문인지 미국에서 코 성형의 빈도가 가장 높게 나타났을 때가 바로 나치스의 반유대주의가 최고조에 달했던 1940년대였다. 1960년대에도 코 성형수술을 받은 환자 가운데 절반 이상이 유대계 미국인 1세와 2세들이었다.[93]

유대인 대상의 성형수술은 이스라엘로도 전파되어 이스라엘의 주요 도

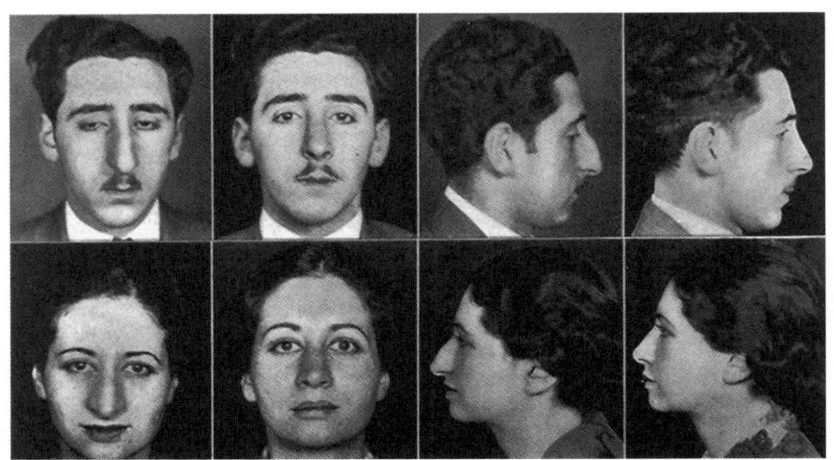

1930년대 코 성형수술 사례

수술 전후의 얼굴 전면과 옆면 사진을 통해 수술 결과를 보여주고 있다.

시는 서아시아(중동) 지역 미용성형의 중심지가 되었다.[94] 최근에는 이란에서 미용성형수술이 가장 많이 이루어지는 것으로 나타나는데 절대다수가 코 성형에 집중되어 있다. 그런데 이란인들의 코 수술 목적은 유대인과 차이가 있다. 유대인이 휜 코를 교정하기 위해 수술을 감행했다면 이란 사람들은 히잡에 어울리는 예쁜 코를 만들기 위해 수술을 받는다고 한다.

제국주의, 민족주의, 성형의 역학관계

사실 미의 기준은 문화권마다 다르게 마련이다. 동양인의 입장에서 보자면 자기들의 기준보다 큰 코는 혐오의 대상이었다. 중국인들은 유럽인을

'하얀 피부와 튀어나온 코를 가진 흉측한 족속'으로 여겼다. 17세기 중국인들은 심지어 실론 섬 주민들의 코가 우뚝 솟아 있다며 경악을 금치 못했다. 서구인의 기준에서 볼 때 실론 섬 원주민의 코는 절대로 큰 것이 아니지만, 몽골인종의 납작한 이목구비에 익숙해 있던 중국인들에게 실론 섬 사람들의 코는 우뚝해 보였던 것이다.

그런데 서구 제국주의의 물리적·문화적 영향이 동양의 구석구석에까지 미치면서 미의 기준에도 변화를 불러일으켰다. 19세기 말 일본에서는 서양의학이 수입되면서 더불어 쌍꺼풀 수술이 유행하기 시작했다. 원래는 한쪽 눈에만 쌍꺼풀이 있는 사람들이 눈의 균형을 맞추기 위해 수술을 받았는데, 점차로 오뚝한 코와 더 큰 눈 등 서구식 외모를 닮기 위한 열풍이 일면서 성형수술이 확대되었다. 1923년 니시하타西端와 요시다吉田는 상아 삽입물을 이용해 일본인의 납작한 코 모양을 바꾸는 융비술隆鼻術에 대한 논문을 최초로 발표했다. 제2차 세계대전 후 미국이 일본을 점령한 시기부터는 실리콘을 삽입하여 유방을 확대하는 수술도 발달하기 시작했다.[95]

한편, 일본에서는 서구식 근대화가 도입될 무렵 이에 대한 반동으로 일본인 고유의 신체적 특징을 규정하려는 움직임이 있었다. 19세기 말 일본의 의사와 인류학자 들을 중심으로 '진짜' 일본인 얼굴을 찾기 위한 연구가 활발하게 이루어진 것이다. 이들이 심혈을 기울인 문제는 일본 내의 열등한 집단, 즉 아이누(アイヌ, 일본의 홋카이도와 러시아의 사할린, 쿠릴 열도 등지에 분포하는 소수민족)의 '미개한' 얼굴의 특징을 찾아내고 그것과 대비되는 일본인 고유의 얼굴 이미지를 정립하는 것이었다. 하지만 이러한 움직임은 결국 서양식 근대화에 대한 동경 속에 사라져버렸으며, 미용성형외과가 전공과로 인정되는 1978년 훨씬 이전부터 외모를 서구형으로 바꾸는 성형수술이 만연하

홋카이도 지역에 살던 아이누족, 1890~1900년경

19세기 말 일본에서는 일본인 고유의 특성에 대한 연구라는 미명하에 소수민족인 아이누족을 대상으로 이들의 '열등함'과 '미개함'을 부각시키는 방식으로 자료를 축적해갔다. 아이누족을 찍은 사진들은 '기념엽서'로 서구 세계에 소개되기도 했다.

게 되었다.

이런 현상은 베트남에서도 마찬가지로 발견된다. 베트남전쟁(제2차 인도차이나전쟁, 1960~1975) 이전 시기에 베트남에서도 서구식 미의 기준에 부합하고자 하는 미용성형수술이 활기를 띠었다. 그런데 참혹한 전쟁을 치른 뒤 1975년 미군이 철수하자 통일 베트남 정부는 서구식 잔재를 일소한다는 명분을 내세워 진짜 베트남 사람의 얼굴 모습을 규정하려 했다. 미용성형을 시행하는 의사들에게 베트남인 고유의 눈의 형태며 이목구비 간의 적절한 비율 등을 명시한 지침이 내려왔다. 그런데 이런 조치는 미용성형수술의 침체를 가져왔고, 시간이 지나면서 전쟁 이전의 경향이 되살아나게 되었다. 오늘날 베트남에서는 '유럽인처럼 보이기 위해' 코를 높이고 쌍꺼풀을 만드는 성형수술이 붐을 이루고 있다.[96]

2007년 어느 신문 기사에서는 베트남 사람들이 성형수술에 따르는 위험을 고려하지 않고 무면허 의사에게서 "300달러짜리 코 수술과 500달러짜리 쌍꺼풀 수술 혹은 2,000달러짜리 유방 확대 수술"을 받곤 한다고 지적했다.[97] 여기서 주목할 것은 서구적 기준에 부합하기 위해 '싸구려' 성형을 감행하는 부위가 코와 눈, 그리고 유방이라는 사실이다.

유방 수술의 시작

오늘날 유방 성형 하면 보통 확대 수술을 떠올리지만 원래 유방 성형수술은 축소술에서 시작되었다. 1880년대부터 외과 의사들은 큰 가슴을 축소하는 방법을 고민해왔다. 암이나 다른 종양을 제거한 뒤 형태가 망가진 유방을 수정하기 위한 수술이 필요했기 때문이다. 그래서 유방 성형은 일반적으로 미용성형이 아닌 재건성형의 영역에 속했다.[98] 그런데 어차피 할 수술이라면 유방을 예쁘게 만들 필요도 있을 터였다. 이 당시 유럽인들이 생각한 여성의 이상적인 가슴 모양은 비교적 작고 둥글며 처지지 않은 것이었다. 이 말은 대륙마다 이상적으로 여기는 여성의 가슴 모양이 다르다는 이야기이기도 하다. 사실 이 시기에는 제국주의와 발맞추어 민족지학民族誌學, Ethnography이 발달하면서 인종별로 다른 신체 모습에 대한 관심도 커지고 있었다. 그 가운데 인종마다 각각 다른 유방의 모습을 파악하고자 하는 '진지한 연구'도

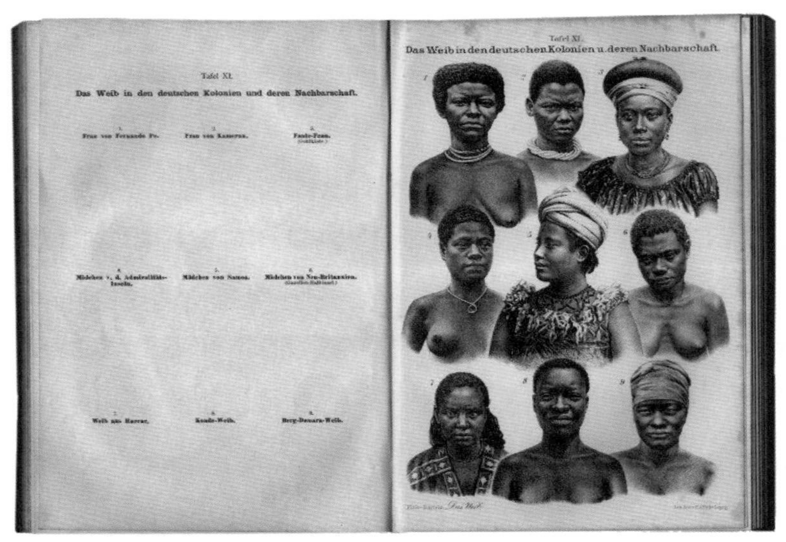

아프리카 지역 여성들의 가슴 형태

헤르만 하인리히 플로스의 《자연사와 민속학에서의 여성》(1897년판)에 실린 '독일 식민지와 그 주변 지역 여성들' 부분. 여기서 아프리카 지역 여성들의 가슴 형태를 소개하며 흑인의 특징을 밝혀놓았다.

상당히 진행되었다.

독일의 의사이자 인류학자였던 헤르만 하인리히 플로스Hermann Heinrich Ploss, 1819~1885는 1884년 《자연사와 민속학에서의 여성Das Weib in der Natur- und Völkerkunde》[99]을 펴냈다. 이 책이 특히 눈에 띄는 점은 인종별 가슴의 형태를 자세하게 구분해놓았다는 것이다. 예를 들면, 백인종과 황인종의 가슴은 처녀들처럼 탱탱하지만 흑인의 가슴은 염소 유방처럼 생겼다고 말한다. 또한 유대인 여성은 가슴이 처졌다고 주장하기도 했다. 유륜의 모양 및 크기도 인종별로 다른데, 특히 독일을 중심으로 남쪽으로 내려갈수록 유륜이 커지고 가슴은 처진다는 묘하게 독일 중심주의적 발언을 남기기도 했다. 1927년에 11번째 판이 나왔을 때는 여성의 신체 이미지를 적나라하게 실은 페이지가 1,000장 이상인 네 권 분량의 책이 되어 있었다. 그만큼 독자의 호응이 뜨거웠던 탓이다.

아르헨티나는 유방 확대, 브라질은 유방 축소

1930년대가 되면 유방 축소 수술이 재건성형에서 미용성형으로 넘어오게 된다. 그 과정에서 크고 처진 가슴을 작고 팽팽하게 만들어서 어려 보이도록 하는 수술뿐 아니라 보형물 등을 넣어 확대하는 수술도 유행하게 되었다. 초창기에는 보형물로 상아, 유리로 만든 공, 고무, 황소의 연골, 폴리머 스펀지 등이 사용되었다. 1960년대 들어 식염수 보형물과 실리콘 보형물이 등장하면서 유방 확대 수술이 엄청나게 증가하게 된다.

오늘날 유방 확대 수술이 가장 많이 시행되는 곳은 아르헨티나다. 문화적으로 가슴이 큰 여성에 대한 에로틱한 판타지가 팽배한 탓인데, 심지어 가슴 성형수술을 성인식 의례 가운데 하나로 여길 정도로 일반화되었다. 클럽이건 쇼핑몰이건 젊은이가 모이는 곳에서는 '유방 확대 전문 성형외과' 광고지를 흔히 볼 수 있다. 미국과 독일, 스페인에서도 여성들 사이에서 유방 확대 수술이 가장 인기 있는 성형수술로 자리 잡았지만, 아르헨티나는 저렴한 비용과 수준급의 의료진 때문에 1인당 실리콘 삽입술 비율이 세계에서 가장 높게 나타나고 있다.

그런데 같은 남아메리카 국가인 브라질에서는 반대로 유방 축소 수술이 훨씬 더 많이 이루어진다. 브라질의 상류층 가정에서는 성년이 된 딸에게 유방 축소술을 '선물'하곤 한다. 문화사가 샌더 길먼Sander L. Gilman은 상류층 여성들의 유방 축소 수술은 하층계급 여성과 자신들을 구별 짓기 위해서 이루어진다고 주장한다.

브라질에서는 1888년까지도 흑인 노예제가 유지되고 있었다. 특히 흑인 여성 노예는 노동력을 착취당했을 뿐만 아니라 성적 대상으로도 이용되었다. 풍만한 노예의 몸은 에로틱한 대상이자 식민적 종속의 상징물이었다. 노예제가 폐지된 지금까지도 흑인들은 대부분 하층계급에 속하며, 흑인 여성들의 큰 유방은 강력한 인종적 지표로 작용하고 있다.[100] 따라서 브라질 상류층 여성들은 이런 노예-하층민의 표지는 일찌감치 없애버려야 마땅하며, 특히나 사회에서 엘리트층에 속하려면 너무 큰 가슴은 일찌감치 제거해야 할 신체적 약점이라고 생각한다.

성형수술이 이루어지는 횟수 그 자체로만 본다면 미국이 가장 많지만, 브라질은 인구 대비 성형수술 비율이 가장 높은 곳이다.[101] 오늘날 브라질은 그야말로 미용성형수술의 메카로 알려지게 되었는데, 특히 관광 상품과 연계된 성형 프로그램이 매우 잘 개발되어 있어 전 세계로부터 고객을 끌어들이고 있다. 상파울루와 리우데자네이루의 호화로운 호텔 객실에는 테이블 서랍에《성경》대신 성형관광 패키지 안내서가 들어 있다. 이런 수요를 감안하여 브라질의 많은 젊은이가 성형외과의사를 지망하고 있으며, 결과적으로 해당 분야의 의료진이 넘쳐나면서 나라 전체가 거대한 성형 리조트가 되어버렸다는 지적도 있다.

가슴 대신 엉덩이

이처럼 브라질에서 성형수술이 발달하게 된 것은 뛰어난 성형외과의였던 이보 피탕기Ivo Pitanguy, 1923~2016의 공이라고 해도 과언이 아니다. 2016년 브라질 올림픽 때 휠체어에 앉은 채 성화를 봉송한 후 바로 다음 날 심장마비로 숨진 바로 그 인물이다. '성형수술의 철학자'라 불리는 피탕기는 빈민에게 무료로 성형수술을 해주는 등 활발한 사회활동으로 브라질 국민들로부터 존경과 사랑을 받았다. 런던과 파리에서 의학을 공부한 피탕기는 초기에는 재건수술 분야에서 뛰어난 역량을 발휘했는데, 어느 날 '애플힙apple hips'이라고 불리는 브라질식 힙업 수술을 개발하여 그야말로 미용성형 분야의 세계적인 권위자가 되었다. 그 덕분에 1980년대에 브라질은 엉덩이 성형에서 세계 최고 수준을 자랑하게 되었다.

피탕기가 엉덩이 수술의 대가가 된 이유는 가슴을 덜 강조하는 대신 엉덩이를 강조하는 브라질의 문화 때문이다. 실제로 다른 선진국에 비해 임신과 출산 비율이 높은 브라질에서 여성들은 남성을 유혹할 수 있는 이미지를 유지해야 한다는 사회적 강박 속에 놓여 있다. 이런 상황에서 매우 중요한 여성성의 상징인 탄력 있고 풍만한 엉덩이를 만들기 위해 여성들은 서슴없이 수술대에 오른다. 특히 1977년 이혼이 합법화된 이후에는 싱글맘들 사이에서 성형이 더욱 활성화되었다. 심지어 어머니와 딸이 나란히 성형외과를 찾는 사례도 늘어났다.

인류학자인 알렉산더 에드먼즈Alexander Edmonds는 브라질이 성형 대국이 된 이유가 아름답고 완벽한 몸에 대한 문화적 집착 때문이라고 지적한다. 브라질에서 외모는 사회적 계급과 직결되는 일종의 신분적 표지이자 자본이

브라질의 엉덩이 미인

성형 대국인 브라질에서는 특히 엉덩이 성형수술에서 세계 최고의 수준을 자랑하고 있다. 심지어 브라질에서는 매년 엉덩이 미인을 뽑는 '미스 붐붐 미인 대회(Miss Bum Bum Pageant)'가 개최되고 있다.

기 때문에 몸을 가꾸어야 한다는 강력한 규범이 존재한다는 것이다. 결과적으로 브라질은 '미의 신화'가 강력한 나라로, 아름다운 외모가 심지어 국가 정체성의 하나라고 여겨지는 곳으로 알려지게 되었다.[102]

그런데 아름다운 외모가 곧 신분적 표지이자 자본이라는 인식은 비단 브라질에 국한된 것은 아니다. 1994년 미국과 캐나다의 노동자를 대상으로 한 외모가 금전적 이익과 결혼에 어떤 영향을 끼치는지에 대한 연구 결과가 발표되었다. 결론은 평균 이상의 외모를 지닌 사람들이 그렇지 않은 사람들보다 12% 정도 더 높은 소득을 올린다는 것이었다.[103] 이 연구는 이후 외모와 자본주의적 이익의 상관관계를 다루는 수많은 연구를 촉발하게 되었다. 2012년 한국인 2만 명을 대상으로 이루어진 조사에서도 외모가 본인 혹은 배우자의 수입과 밀접한 관련이 있다는 연구 결과가 도출되었다.

그런데 성형수술로 외모가 달라진 경우에는 어땠을까? 흥미롭게도 결과는 성형수술로 외모가 개선되어 수입이 증가하더라도 그 수준이 성형수술 비용을 충당할 만큼은 되지 않는다는 것이었다. 연구자들은 이런 측면에서 성형은 '투자'라기보다는 본인의 즐거움을 위한 '소비'의 성격을 더 강하게 띤다고 결론지었다.[104]

16

노인 소비

노인을 위한 상품은 없다?

노년층 소비자의 재탄생

백화점에 없는 것

백화점에 가보자. 백화점의 층별 구성은 보통 '상품의 종류, 젠더, 연령'이라는 세 가지 카테고리에 의해 구분된다. 식품이나 아웃도어 등은 상품의 종류에 의한 구분이고, 여성복, 남성복은 젠더를 기준으로 구분한 것이다. 연령에 따라 베이비baby, 키즈kids, 영young 전문관 등으로 구분되고, 여성복도 보다 젊은 여성을 위한 '여성 캐주얼'과 중년 여성을 겨냥한 '여성 정장' 등으로 섹션이 나뉘기도 한다. 그런데 한 가지 이상한 점은 노인을 대상으로 한 전문 공간이 없다는 사실이다. 노인을 위한 상품은 없는 것일까?

백화점 관계자에게 왜 노인 전문관이 없느냐고 문의했더니 대답은 두 가지로 돌아왔다. 우선, 노인은 자신이 노인임을 인정하지 않으려는 저항심리가 강하기 때문에 노인 전용 상품관을 만들어봤자 손님이 들지 않는다고

런던 셀프리지 백화점의 층별 안내판

설립된 지 100년이 넘은 이 백화점에도 노인을 대상으로 한 전문 공간은 없다.

한다. 또 다른 대답은 좀 더 흥미로운데, 주로 의류 쇼핑에 관한 것이다. 대체로 사람들은 자신이 젊었을 때부터 구입해온 브랜드의 옷을 계속 입기 때문에 나이가 들었다고 해서 굳이 노인용 전문 브랜드로 바꾸지 않는다는 것이다. 40대 후반이 되어서도 어릴 적 입던 영 캐주얼 브랜드를 계속 입으려 하고, 70대 할머니도 오랫동안 단골로 다닌 '여성 정장' 섹션의 브랜드에 지속적인 충성심을 보인다는 것이다. 이렇게 보자면 브랜드는 고객과 함께 늙어가는 셈이다.

하지만 의문은 여전히 남는다. 나이가 들면 체형도 달라질 텐데, 어떻게 젊었을 때 입던 브랜드의 옷을 계속 입을 수 있을까? 보통 의류 브랜드는 특정 연령대를 겨냥한 자기 브랜드만의 스타일을 고수하지 않는가. 혹시 우리

눈에 보이지 않는 재단상의 트릭이 존재하는 것일까? 이보다 좀 더 근본적인 의문도 있다. 사실상 구매력 자체가 없는 어린이를 대상으로 한 상품은 베이비와 키즈라는 카테고리로 나누어 굳이 상품관을 따로 두면서 왜 실제 구매력이 있는 노인을 위한 전용 상품관은 그 넓은 백화점에 아예 두지 않는다는 말인가? 이 사실은 마치 백화점이 노인을 고객으로 인정하지 않으려는 것처럼 느껴지게 만든다.

"눈앞에서 치워버려!"

소비를 연구하는 학자들은 노인들이 쇼핑 현장에서 철저하게 무시되어 왔다는 데 전적으로 동의한다. 노인들은 경제력이 떨어지기 때문에 구매력이 없는 계층으로 간주되거나 신체적·정신적으로 쇠퇴하기 때문에 이유 없이 성질을 부리거나 다른 손님들의 동선을 방해하는 걸리적거리는 존재로 여겨진다는 것이다. 그뿐만 아니라 그들은 시장이나 상품에 대한 정보도 없는 뒤떨어진 무리들이어서 더 젊고 더 부유하고 더 '흥미진진한' 고객들에게 밀려 환영받지 못하는 존재로 전락한다는 주장이다.[105]

비단 쇼핑 공간만이 노인의 존재를 부정하고 싶어 하는 것은 아니다. 사회 전반적으로 노인의 존재를 언급하지 않거나 전면에 나서지 못하게 만드는 미묘한 문화가 존재한다. 이런 현상은 보통 근대성의 한 단면이라고 풀이된다. 생산과 진보를 중요시하는 근대사회는 노인이나 여성 등 사회적 약자들을 임의로 규정하고, 그들을 중심적 위치에서 소외시켰다. 이 과정에서 특히 노인은 문화적으로 죽음과 밀접하게 연관된 존재로 폄하되어 현실적으

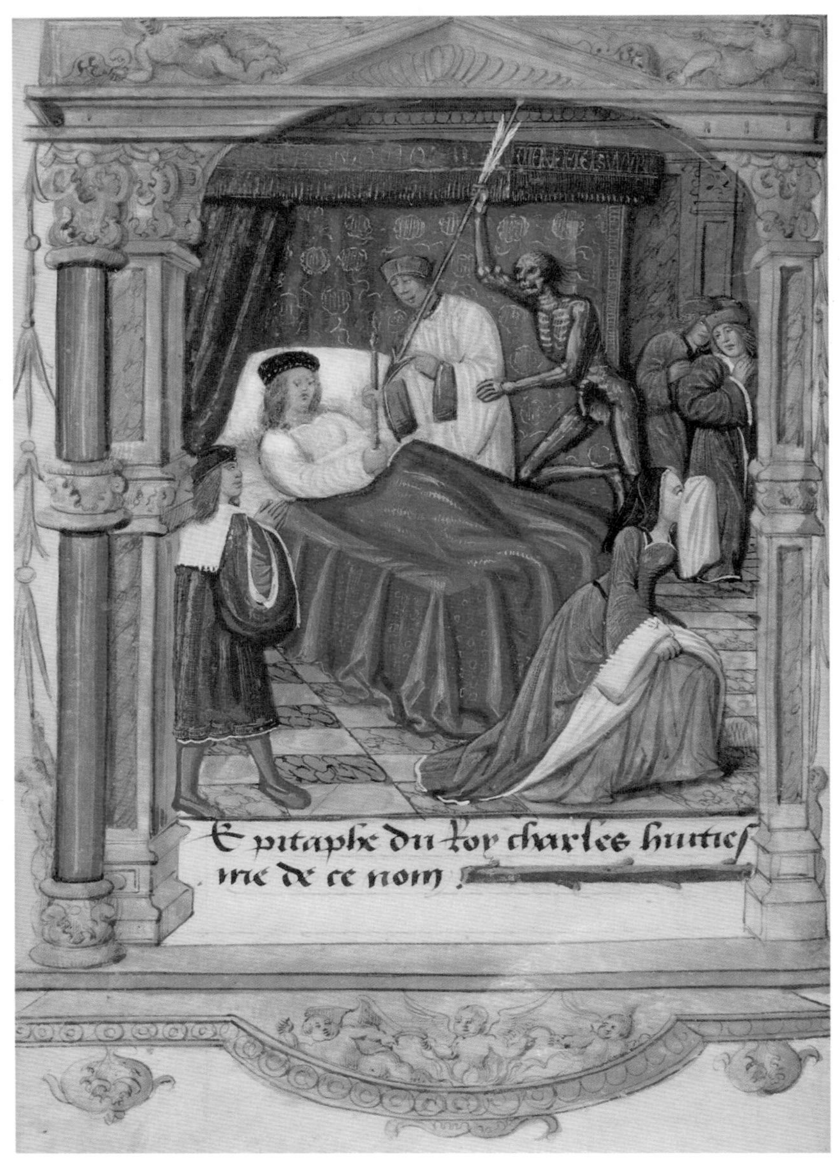

1500년대 중세 문헌 속에 그려진 '죽음'

중세만 해도 죽음이 일상에서 친숙한 일이자 중요한 도덕적 관심사였는데,
근대 이후 죽음뿐 아니라 죽음에 가까운 노인은 점차 일상에서 밀려나게 되었다.

로 부정하고 싶은 대상이 되었다. 학자들은 '노인'이란 존재와 '죽음'이라는 현상이 "성공적인 중간계급의 풍요로운 라이프 스타일에서 종종 차단되었다"[106]고 주장한다.

미셸 보벨Michel Vovelle은 《1300년부터 현재까지 서양에서의 죽음La mort et l'Occident de 1300 à nos jours》을 통해 중세만 해도 죽음이 일상에서 친숙한 일이자 중요한 도덕적 관심사였는데, 그 위치가 점차 모호해지면서 오늘날 부정적인 개념으로 자리 잡았다고 주장했다.[107] 필리프 아리에스Philippe Ariès, 1914~1984는 《죽음 앞에 선 인간L'Homme devant la mort》에서 죽음이 사람들의 삶에서 공간적·관념적으로 분리되게 된 과정을 고찰했다.[108] 도시 한가운데 자리 잡고 있던 묘지는 없애버리거나 교외로 옮겨지고, 노인에게는 죽음과 가깝다는 이미지를 덧씌우며 경원시했다. 19세기가 되면 노인들이나 환자들은 더 이상 가정에 머물지 못하고 요양기관 등 일상생활에서 격리되어 눈에 띄지 않는 곳으로 옮겨지게 된다.

역사학자 피터 스턴스Peter Stearns는 서양의 역사에서도 노인을 공경하는 전통이 있었다는 낙관적인 생각을 가지고 이를 증명하려고 마음먹었다. 그런데 그의 방대한 연구는 오히려 그를 비관적으로 만들었다. 서양의 역사에서 노인에 대해 "추하고, 이기적이고, 무능하고, 따라서 눈앞에서 치워버려야 한다"는 편견이 뿌리 깊게 자리하고 있었다는 사실을 발견하고 깜짝 놀랐기 때문이다.[109]

노인에 대한 평가는 제2차 세계대전 이후에야 새롭게 전개되기 시작했다. 미국을 중심으로 노인 인권운동이 일어나 노인에 대한 차별을 철폐하고 편견을 극복하려는 움직임이 일어난 것이다. 이 운동은 서구 여러 나라로 퍼져나갔고, 그 결과 실제로 과거에 비해 오늘날 노인에 대한 처우와 인식은

대중교통 요금 인상 반대 시위를 벌이는 노인단체 회원들

1975년 노인단체 '그레이 팬서(Gray Panthers)' 회원들은 지하철과 버스 요금 인상에 반대하는 시위를 벌였다. 그레이 팬서는 1970년 미국에서 에이지즘(ageism, 연령차별주의)에 저항하며 노인의 복지와 권리 확대를 목적으로 결성된 단체로, 노년층에 영향을 미치는 법률 및 법률 이행을 감시하는 활동을 하고 있다.

훨씬 나아진 상태이다.[110] 하지만 여전히 물질적 풍요의 상징인 백화점 같은 쇼핑 공간에서 노인은 주목받지 못하는 소비자 집단으로 취급되고 있다. 서두에서 언급했듯이 판매자들은 노인들이 노인으로 대접받기를 원하지 않기에 그들을 따로 배려할 필요가 없다고 항변하곤 한다. 그 주장이 옳다면 노인들의 쇼핑이 젊은이들의 쇼핑과 별다른 차이가 없어야 한다. 그렇다면 실제로 노인들의 쇼핑은 어떤 모습일까?

노년층 쇼핑의 특징

1년이면 수천 편의 소비 관련 연구가 쏟아져 나오지만 노인의 소비를 주목한 연구는 극히 드물다. 그런데 비록 소수이긴 하지만 이 문제에 관심을 가진 연구자들이 노인들의 쇼핑 양상을 엿볼 수 있는 상당히 의미 있는 결과물을 내놓았다.[111] 쇼핑은 어느 연령층에게나 여가활동으로서의 의미를 지니지만 특히 노년층에게는 매우 중요한 여가활동이자 사회활동이다. 그렇기 때문에 노년층은 식료품을 제외하고는 시내 중심가나 백화점까지 나들이를 나가서 쇼핑을 한다. 이러한 습관은 그들이 젊은 시절에 해왔던 관행을 지속하겠다는 의지의 한 단면일 뿐 아니라, 쇼핑을 통해 도심이나 백화점을 방문하여 친구를 만나거나 세상 돌아가는 모습을 살펴보는 등 사회활동을 해나간다는 점에서 더욱 중요하다.

노인들의 쇼핑은 젊은이들에 비해 그 빈도가 낮을지는 모르지만 훨씬 정기적이고 규칙적으로 이루어진다. 예를 들자면 영국에서 노인들은 연금 수령일에 집중적으로 쇼핑을 하고, 주로 사람이 덜 붐비는 오전에 쇼핑을 끝내는 경향이 있다. 노인들은 상행위를 둘러싼 윤리적 기준이 젊은이들보다 더 높고, 홈쇼핑 등에 대해서는 사기성이 농후하다고 생각하며 의심의 눈초리를 보내기도 한다.

이러한 내용만 보더라도 노인들의 쇼핑이 젊은이들의 그것과 다르다는 사실이 분명히 드러난다. 그런데 노인들의 쇼핑에서 독특성을 보여주는 더 중요한 요소들도 있다. 일단 노인들 사이에서는 경로 우대 할인의 유무가 쇼핑 장소를 고르는 데 매우 중요한 요소로 작용한다. 또한 상점 주인이나 점원과 친밀한 관계가 형성되어 있는지, 원하는 물건을 찾을 수 있도록 도와주는지, 그리고 배달이 가능한지의 여부도 중요한 변수이다. 그 밖에 가격이 정확하게 기재된 가격표가 붙어 있는지, 계산대에서 오래 기다리지 않아도 되는지, 들고 갈 수 있는 적당한 크기로 포장되어 있는지, 화장실과 주차장이 구비되어 있는지도 쇼핑 장소를 선택하는 중요한 기준으로 나타났다.[112]

노년층의 브랜드와 상점의 선택

연구에 따르면 노인들은 브랜드를 선택하는 데 나름의 독특성을 보인다고 한다. 오랫동안 구매해온 익숙한 브랜드에 대한 충성심이 강하고, 상품 로고의 그림과 브랜드 이름 사이에 긴밀한 연관성이 있을 때 브랜드 인지도가 높게 나타난다고 한다.[113] 즉, 세련되고 추상적인 로고보다는 '부채표의 부채 그림을 기억하세요'처럼 직접적이고 분명한 연결성이 노인 소비자들에게 크게 어필한다는 것이다. 그 이유는 노인들의 기억력이 상대적으로 떨어지기 때문이라는 해석이다. 그런데 이 해석은 지나친 일반화로 논란의 여지가 있을 뿐 아니라 상당히 노인 폄하적인 시선을 깔고 있다는 점에서 큰 문제가 있다.

모쉬스G. P. Moschis라는 학자는 55세 이상 미국인 156명의 쇼핑 양태를 상세하게 분석하여 그들이 왜 특정 상점을 선호하는지 그 이유를 밝히고자 했다.[114] 그가 발견한 결과는 노인들이 구매하려는 물건의 종류에 따라 상점을 선택하는 기준이 다르다는 점이었다. 식료품 쇼핑은 우선 집에서 얼마나 가까운지가 가장 중요한 기준이었고, 그에 더해 그 근처에 세탁소 같은 다른 상점들도 있어야 한다는 조건이 붙었다. 나간 김에 소소한 다른 볼일도 한꺼

노년층의 쇼핑

노인들은 구매하려는 물건의 종류에 따라 상점을 선택하는 기준이 다르다.
식료품의 경우 집에서 가깝고, 근처에 세탁소 등 다른 상점들이 있어
소소한 볼일을 한꺼번에 처리할 수 있는 곳을 선호한다.

번에 처리하기 위해서일 것이다.

그런데 대형 슈퍼마켓이나 체인점을 선택할 때는 브랜드 친밀도가 큰 이유로 작용했고, 얼마나 빨리 계산을 마칠 수 있는가도 매우 중요한 요소로 작용했다. 하지만 노인들이 옷이나 신발을 사는 상점을 선택할 때는 도와주는 직원이 있는지, 반품이나 교환이 가능한지를 제일 먼저 따지는 것으로 나타났다. 그보다는 조금 덜 중요하지만 얼마나 친숙한 브랜드인지, 혹은 할인 아이템이 많은지도 선택에 큰 영향을 주었다. 약국을 선택할 때는 거의 전적으로 집과 가깝고 쉽게 물건을 고를 수 있는 등의 편리성이 가장 중요한 요소로

작용했지만, 가구나 가전제품 매장에 관해서는 다소 멀더라도 판매원의 도움을 얼마나 받을 수 있는지와 같은 인적 요소를 중시하고 있음이 드러났다.

불만 접수도 못하는 노인 소비자?

노년층 소비자가 소외되는 또 다른 이유는 노인들이 흔히 '침묵하는 다수'로 여겨지기 때문이다. 사실 노인은 젊은 소비자들보다 상품에 대한 만족도가 높고 불만도 적은 것으로 알려져 있다. 젊은이들이 다양한 채널을 통해 상품 관련 정보를 얻는 반면, 노인들은 대부분 스스로의 경험적 정보에 의존하고 시장의 현실도 잘 모르고 있기 때문에 불만이 생길 소지가 적은 편이라고 한다. 노인 소비자들이 가장 빈번하게 제기하는 불만 사항은 주로 서비스나 제품의 고장 수리 문제다. 이런 영역은 사실 제조업자나 판매업자 들이 쉽게 교정하기가 매우 어려운 부분이다. 그렇기 때문에 불만을 제기한다 할지라도 적극 반영될 여지가 적고, 또 눈에 띄는 변화가 이루어지지 않기 때문에 노년층 소비자의 불만은 묻혀버리기 일쑤다.[115]

실제로 노인들은 불만이 있더라도 그것을 표현하거나 시스템을 통해 정식으로 문제를 제기하는 데 큰 어려움을 느끼는 것으로 나타난다. 어떤 연구자는 이런 현상을 '습득된 무력감Learned helplessness' 이론에 기대어 해석한다. 노인들은 과거에 불만을 제기해봤지만 별 효과가 없었고, 그래서 무언가 딱히 나아지지 않았던 생활을 오래 해왔기 때문에 복잡한 일이 될 불만 제기에 대해 일찌감치 포기하게 된다는 것이다.[116] 또한 소비자 행동 자체도 상당한 에너지가 필요한 일이기 때문에 기력이 딸리는 노인들은 나서기가 어렵다는

고립된 노인들

독거노인이나 고립된 생활을 하는 경우, 제도적 지원이나 정보를 제대로 얻지 못하기 때문에 불만을 감수하는 경우가 많다.

해석도 있다. 그 이외에도 여러 이유가 있을 수 있다. 예를 들자면 상품을 사용하면서 문제가 발생했을 때에도 본인이 눈이 나빠진 탓에 제품 설명서를 잘못 읽었다고 자책하고 포기해버리는 경우 등이다.

그런데 노인들 중에서도 독거노인이나 외부와 단절된 상태로 고립적인 생활을 이어가는 사람들이 특히 소비자 불만을 제기하지 못하는 것으로 나타났다. 반면, 친지나 이웃 등과 어울리며 활발하게 사회적 관계를 유지하는 노인들은 불공정한 사업 관행이나 제품의 하자 등에 대해 적절한 문제 제기를 한다. 주변 사람들로부터 혹은 자신이 관계하는 노인 관련 기관들을 통해 소비자 행동에 대한 정보를 얻기 때문이다. 그래서 업체를 상대로 소비자 불만을 제기하는 노인의 수는 젊은이들에 비해서는 상대적으로 적지만, 막상 불만을 제기할 때에는 젊은 소비자들 못지않게 강경한 입장을 취하는 것으로 나타난다.[117] 이런 사례는 노인들 전체를 '침묵하는 다수'처럼 단일한 성격을 지닌 집단으로 보기보다는 다양성을 지닌 사람들의 집합체로 보아야 할 필요성을 일깨워준다.

소비자 정체성 르네상스

이제 노년층은 전체 인구 대비 그 규모에서 결코 무시할 수 없는 소비자다. 출산율의 감소와 기대수명의 연장 등의 이유로 노령화는 전 세계가 직면한 문제다. 유럽만 해도 65세 이상의 인구가 2010년에 14%였으나 2050년에는 25%가 될 것으로 예상되고 있다.[118] 노인 인구의 증가는 경제성장의 걸림돌이라는 분석이 지배적이지만 최근에는 꼭 그렇지 않다는 주장도 나오고 있다. 노년층은 더 많이 저축하는 경향을 보이기 때문에 그렇게 모아진 자금이 R&D(연구개발) 사업 같은 분야에 투자되어 경제성장의 동력이 될 수 있다는 것이다.[119]

일단의 연구자들은 노인들이 사회에서 소비 붐을 일으킬 수 있는 새로운 주체로 떠오를 수도 있다는 가능성을 제기한다. 직장에서 은퇴한 노인들은 인생의 새로운 단계를 시작하면서 젊었을 때보다 더 깊고 더 넓은 스펙트럼에서 스스로의 정체성을 확립하고자 하는데, 그 과정에 소비 행위가 동반된다는 것이다. 어떤 학자들은 이 새로운 단계를 '소비자 정체성 르네상스

소비 붐의 새로운 주체로 떠오른 노년층

노년층은 운동, 등산, 여행, 그림 그리기 등 젊은 시절에 포기하거나 해보지 못한 활동을 통해 자신의 정체성을 새롭게 추구하는데, 이 과정에서 과거에 비해 훨씬 '소비 중심적인 삶'을 살게 된다.

Consumer Identity Renaissance'라고 부른다.[120] '재생' 혹은 '부활'이라는 뜻을 가진 르네상스라는 표현을 정체성에 접목한 것이다. 이 말은 과거 젊은 시절에 여러 정체성 중 한 가지를 선택하기 위해 갈등했거나 애초에 불가능하다고 생각해서 포기했던 정체성을 부활시킨다는 의미가 있다. 그런데 이 단계에서 소비가 중요하게 부각되는 이유는 은퇴 전까지의 삶이 사회에서 우선시하는 생산 중심적인 가치를 위한 삶이었다면 이제는 개인에게 더 의미가 있는 소비 중심적인 삶을 추구하기 때문이다.

노인들의 새로운 정체성 찾기는 크게 두 방향으로 이루어진다고 한다. 하나는 과거에 관심은 있었지만 당시 자신이 처했던 상황 탓에 이루지 못했던 목표나 활동을 되살려내서 추구하는 것이고, 다른 하나는 전혀 시도조차 하지 못했던 완전히 새로운 정체성을 만들어가는 것이다. 방향은 다르지만 이런 노력은 모두 기존의 소비 패턴과는 다른 새롭고도 적극적인 소비를 동반하곤 한다. 볼링 같은 새로운 운동을 시작하거나 무언가를 수집하고, 못다 이룬 로커의 꿈을 이루기 위해 밴드를 결성하기도 하고, 그림 그리기를 배워 스케치 여행을 떠나기도 한다. 이런 와중에 등산복이나 낚시도구, SUV 차량, 그림도구, 악기에 이르기까지 새로 장만해야 할 물건들이 무수히 늘어나게 된다. 이뿐만 아니라 새로운 취미 등을 배울 교육 서비스며 여행 상품, 그리고 그와 관련된 보험에 이르기까지 소비의 영역은 한없이 폭넓게 확장될 수 있다.

노인 소비자를 주목하라

오늘날 기업들은 그동안 피해왔던 노년층 소비자를 인정하고 고객으로 끌어들여야 하는 문제에 직면해 있다. 노인 소비자를 포용하기 위해서는 어떤 제품의 경우에는 기존의 특질을 수정해야 하는 과감한 도전을 해야 할지도 모른다. 또 어떤 상품은 이미지의 타격이나 변화를 각오해야 하는 모험을 감행해야 할 수도 있다. 이런 문제는 특히 최근 광범위하게 보급된 모바일 기기 분야에서 두드러지게 나타난다. 노인들일수록 과거의 습관을 지속하려 하고, 특히 새로운 테크놀로지에 저항한다는 것은 널리 알려진 사실이다. 하지만 점차 그들도 모바일 세계에 편입되어가고 있으며, 생산자 입장에서도 증가하는 노년층을 배제할 수는 없게 되었다.

2015년의 한 연구는 모바일 기기 산업에서 '젊은 노년층(65~70세)'을 중요한 소비자로 인지하고, 그들에게 필요한 애플리케이션의 개발과 기기를 개발해야 한다고 주장했다. 노년층에게 첨단 테크놀로지가 가미된 기기를 판매하기 위해서는 첨단기기에 대한 그들의 저항감을 뛰어넘을 강력한 동기가 제공되어야 할 것이다. 연구자들은 노인들에게 어필할 수 있는 '건강과 웰니스(wellness, 웰빙well-being과 행복happiness, 건강fitness의 합성어)'에 관련된 서비스 등을 개발해서 '젊은 노년층'을 적극적인 소비자로 끌어들이라고 제안한다.[121]

그런데 꼭 '젊은 노년층'만을 고려해야 할까? 노인들 사이에서도 좀 더 젊고 좀 더 늙은 사람들 사이에 차별이 있어야 하는가 말이다. 2012년에 출간된 한 연구는 요양원에서 생활하는 노인의 행동을 분석해 보여주었다. 노인들은 나이에 관계없이 자신이 늙은이로 취급되는 것에 반발하며 간병인의 도움을 거절하거나 그들과 싸우기까지 하며 자신이 늙지 않았음을 보여주려 했다. 흥미롭게도 이 노인들이 취한 가장 적극적인 행동은 쇼핑이나 음식을 준비하는 등의 '소비 행위'였다.[122]

마켓MARKET, 확장하다

17

오리엔탈 드레스

튀르크풍 의상의 유행과 쇠퇴

유럽에 영향을 끼친 튀르크 문화

오스칼이 입었던 튀르크풍 드레스

오래전 수많은 소녀의 감성을 사로잡았던 《베르사유의 장미》(1972)라는 만화가 있었다. 슈테판 츠바이크Stefan Zweig, 1881~1942의 원작을 바탕으로 이케다 리요코池田 理代子가 만화로 그려 성공을 거둔 작품으로, 이후 애니메이션으로 제작되고 여성 가극으로도 공연되었으며, 〈레이디 오스카Lady Oscar〉(1979)라는 제목의 영화로도 만들어졌다.[1] 이 만화에서 가장 인상 깊은 장면을 꼽으라면 주인공 오스칼(가상의 인물로, 우리나라 번역본에서는 오스카가 아니라 '오스칼'로 표기되었다)이 무도회 드레스를 입었던 에피소드일 것이다. 아버지의 뜻에 따라 군인이 된 후 남장을 하고 살아온 오스칼이 딱 한 번 드레스 차림의 완벽한 여성으로 등장한다. "드디어 우리 아가씨에게 드레스를 입힐 수 있게 되었다"며 감격의 눈물을 흘리던 하녀 할머니를 뒤로한 채 말이다.

튀르크풍 드레스

만화《베르사유의 장미》에서 튀르크풍 드레스를 입고 등장한 주인공 오스칼.

연회장에 등장한 그녀는 빼어난 자태로 순식간에 모든 사람의 시선을 사로잡았다.

물론 내가 보기에도 오스칼은 아름다웠다. 그런데 어린 내 눈에 오스칼의 드레스는 무언가 이상했다. 나는 오스칼도 그 만화에 나오는 왕비나 다른 귀족 아가씨들처럼 수많은 리본이며 레이스, 꽃으로 장식된, 잘록한 허리 아래로 한없이 풍성한 스커트가 펼쳐진 화려하기 그지없는 드레스를 입을 거라 기대했었다. 그런데 오스칼의 드레스는 실루엣이 좀 밋밋했을 뿐 아니라, 스커트 끝단을 수놓은 자수 디테일을 제외한다면 예상보다 소박했다. 게다가 생뚱맞게 공작새 깃털로 만든 부채라니. 그런데 그 드레스가 당시 유럽 궁정에서 첨단 스타일로 여겨진 튀르크풍 드레스였다는 것을 알게 된 것은 꽤 오랜 시간이 지나서였다. 역사 고증에 철저하기로 유명한 작가답게 이케다는 그 짧은 장면에서 당시 프랑스 패션 지형을 적확하게 묘사했던 것이다.

유럽과 오스만튀르크 제국의 교류

오스칼의 드레스가 낯설고 심심하게 느껴졌던 배경에는 역사학의 비대

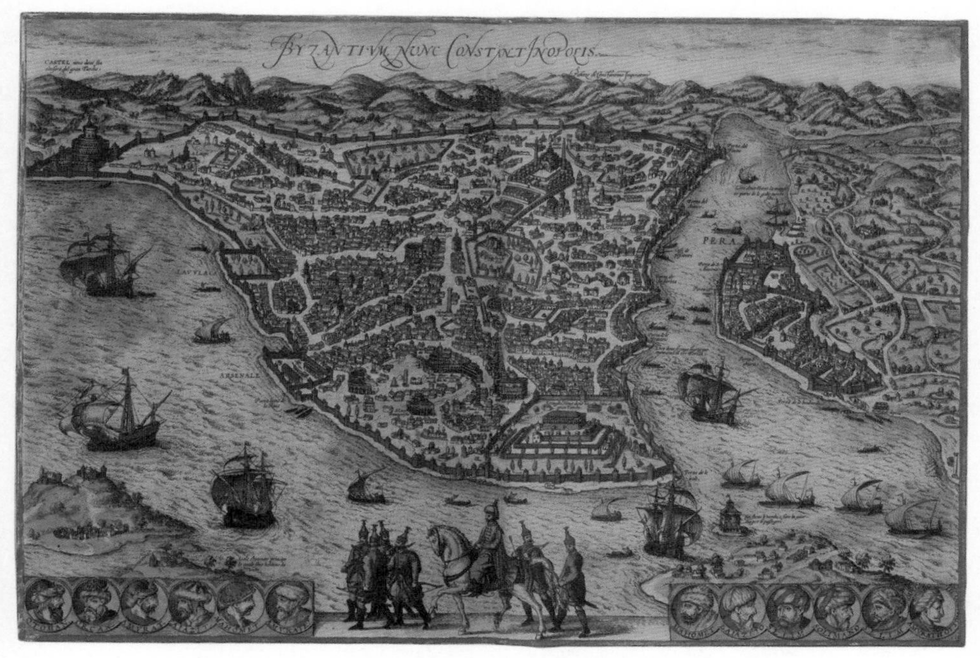

1572년 발간된 오스만튀르크 지배하의 콘스탄티노플 지도

1453년 점령된 콘스탄티노플은 이후 이스탄불로 불리며, 이슬람 제국의 중심지가 되었다.

칭성 문제가 자리 잡고 있다. 유럽 국가가 오스만튀르크 제국(현 터키) 같은 비유럽 국가에 미친 문화적 영향에 대한 연구는 넘쳐나는 반면, 비유럽 국가가 유럽에 미친 영향에 대해서는 놀라우리만치 연구가 이루어지지 않아서 이 분야는 그동안 거의 공백으로 남아 있었다. 복식사에서도 레반트 지역(그리스와 이집트 사이에 있는 동지중해 연안 지역으로, 좁게는 시리아, 요르단, 레바논 등을 일컫는다)에 영국의 값싼 직물이 널리 보급되었던 사실이며, 튀르크 여성들이 자신들의 전통의상에 프릴 같은 유럽식 장식을 가미했던 일, 1835년 술탄의 하렘에 유럽풍과 오리엔트풍이 혼재된 의상이 유행했다는 사실 등은 많이 알려졌다. 하지만 오스만튀르크 제국의 의상이 유럽에 미친 영향이나 평가에 대해서는 최근까지도 별로 언급되지 않았다.[2] 그런 까닭에 과거 수십 년 전에 본 만화에서 주인공 중 한 명이 당시 유럽에서 가장 화려했던 베르사유에서 튀르크풍 의상을 입고 주목을 받았다는 설정이 낯설게 다가올 수밖에 없었던 것이다.

1299년 제국 수립 이후 1922년 해체되기 이전까지 오스만튀르크 제국은 유럽과 가장 가까운 이웃 문명권이었다. 역사책에서는 종종 오스만튀르크 제국을 유럽이 해외 교역로를 확장하는 데 걸림돌이 되었던 측면을 강조하거나, 유럽과의 종교적 차이와 갈등만을 부각시켜 유럽 문명을 위협하는 세력 혹은 매우 이질적인 존재로 기술한다. 그런데 이 두 세계는 이미 15세기부터 폭넓게 교류하고 있었다. 오스만튀르크 제국을 다녀온 유럽의 상인이나 외교관, 여행자 들이 적지 않았고, 그들 가운데 여행기를 출판한 이들도 있었다. 마인츠 출신의 브라이덴바흐Bernhard von Breydenbach, 1440~1497가 쓴 이스라엘까지의 순례기나, 플랑드르 출신의 외교관으로 유럽에 오스만튀르크 제국의 튤립을 최초로 소개한 뷔스베크Ogier Ghiselin de Busbecq, 1522~1592의 여행담 등이 유럽 전역에서 읽히고 있었다.

유럽산 물건들이 오스만튀르크 제국으로 쏟아져 들어가기 시작한 시기는 18세기로, 그 이전까지는 오스만튀르크 제국의 물건들이 유럽에서 큰 인기를 끌었다. 유럽인들이야말로 카펫과 직물, 도자기 등 오스만튀르크 제국에서 생산된 사치품과, 더 먼 곳에서 오스만튀르크 제국으로 들어와 중개되었던 수많은 물건의 소비자였다. 당시 사치품으로 취급되었던 튀르크 의상은 보통 국경지대의 상인을 통해 유통되었지만, 여행자들은 현지에서 구입

〈데이비드 조지 반 렌넵과 그의 가족〉, 앙투안 드 파브레, 1769~1771년경

오스만튀르크 제국의 항구도시인 스미르나(현 이즈미르)에 정착한 네덜란드 출신의 부유한 상인인 데이비드 조지 반 렌넵(David George van Lennep, 1712~1797)의 가족. 여성들은 튀르크 의상을 차려입었다.

해 입기도 했다. 서아시아 지역을 여행하는 여행자들에게는 안전상의 이유 등으로 현지 의상을 입도록 권장되었다. 특히 영국인들은, 오스만튀르크 제국에 이르기까지 신교와 구교가 갈등을 겪고 있는 위험한 지역을 여러 군데 통과해야 하는 까닭에 차라리 튀르크인으로 변장하는 일이 나은 선택일 수도 있었다. 한편, 오스만튀르크 제국에서는 고귀한 손님에게 직물과 의상을 선물하는 전통이 있어, 유럽인들은 귀국할 때 튀르크의 옷과 옷감을 잔뜩 싣고 오기도 했다.

오스만튀르크 제국은 1683년 제2차 빈 공방전에서 참패한 뒤 유럽의 발달된 과학기술과 문화를 받아들이고자 유럽 국가들과의 외교관계를 확대하는 한편, 유럽인의 방문을 환영했다. 18세기 들어 오스만튀르크 제국을 방문하는 유럽인이 크게 늘어나면서 19세기에는 그 수가 폭발적으로 증가했다. 당시 여행객들 사이에서는 튀르크 의상을 입고 초상화를 그리는 일이 여행의 필수 코스인 것처럼 유행했다.

튀르크리, 새로운 패션 장르의 탄생

이미 17세기부터 유럽에서는 여행기를 비롯해 글과 그림으로 구성된 출판물을 통해 튀르크 의상이 소개되곤 했다.[3] 특히 루이 14세의 명을 받아 오스만튀르크 제국에 파견되었던 프랑스 대사 페롤Charles de Ferriol, 1637~1722이 파리에서 출간한 《레반트 지역 여러 나라의 그림Recueil de cent estampes représentant les diverses nations du Levant》(1714)은 튀르크풍 의상을 유행시킨 주역이었다. 이 책에 실린 그림을 통해 유럽인들은 오스만튀르크 주민들의 다양한 옷차림을 생생하게 접할 수 있었다. 특히 네덜란드와 프랑스 화가들은 이 책의 그림을 복제하거나 의상만 옮겨 그려 가장무도회 복장을 소개하는 화보집으로 제작하기도 했다. 이후 유럽에서 이 복장은 튀르크풍이라는 뜻의 '튀르크리Turquerie' 혹은 '튀르코마니아Turkomania'라 불리며 새로운 패션 장르가 되었다. 유럽 극장가에서는 유명 배우들이 튀르크풍 의상을 입고 활보하며 유행을 퍼트렸다. 심지어 프랑스 여배우 파바 부인Madame de Favart, 본명 Marie Justine Benoîte Duronceray, 1727~1772은 이스탄불에서 주문 제작한 드레스

튀르크 드레스를 입은 록사나

소설《록사나》에서 주인공 록사나가 튀르크 드레스를 입고서 사람들의 시선을 한 몸에 받고 있는 장면을 그린 삽화.

를 입기도 했다.[4]

튀르크 드레스는《로빈슨 크루소Robinson Crusoe》로 유명한 대니얼 디포Daniel Defoe, 1660~1731가 1724년 마지막으로 발표한 소설《록사나Roxana》에서 중요한 메타포로 등장하기도 한다. 프랑스에서 비천한 신분으로 태어난 주인공 록사나는 영국으로 건너가 고관대작의 정부가 되어 신분 상승을

꾀한다. 어느 날 튀르크 드레스를 입은 록사나는 영국 왕 찰스 2세의 눈길을 끌게 된다.[5] 그 드레스는 오스만튀르크 제국의 상선을 노략질한 몰타 출신의 군인에게서 구입한 것이었다. 소설에서 드레스를 묘사한 부분을 잠깐 보자.

> 그 드레스는 특별하게 아름다운 것이, 그 같은 것을 결코 본 적이 없기에 호기심에서 샀던 것이다. 로브는 멋진 페르시아산 혹은 인디아산 다마스크(damask, 보통 실크나 리넨으로 양면에 무늬가 드러나게 짠 두꺼운 직물)로 만들어졌는데, 흰 바탕에 푸른색과 금색의 꽃이 수놓여 있다. 트레인은 무려 5야드나 된다. 드레스 안쪽에 입는 조끼는 금으로 수놓여 있고 진주와 터키석이 박혀 있다.[6]

록사나는 드레스와 함께 오스만튀르크 제국 출신의 노예도 사들였는데, 평론가들은 이 플롯이 영국의 팽창주의적 행보를 지지하는 디포의 시각을 반영한다고 본다.

유럽에 코트와 레이어링을 유행시키다

오스만튀르크 제국이 유럽의 의상에 미친 영향은 무엇이었을까? 유럽인들이 가장 먼저, 그리고 가장 저항감 없이 받아들인 튀르크 의상은 장차 유럽에서 코트coat로 불리게 될 '카프탄caftan'이었다. 카프탄은 오스만튀르크 제국과 아랍 등 지중해 동부 지방에서 중류층 이상의 사람들이 입었던 로브(robe, 길이가 길고 커다란 가운 형태의 겉옷) 스타일의 상의로, 바지와 더불어 튀

코트를 입은 권력자들

동시대를 살았던 영국의 헨리 8세(왼쪽)와 오스만튀르크 제국의 메흐메드 3세(오른쪽).
튀르크풍 의상을 좋아한 영국 왕 헨리 8세는
술탄처럼 모피를 덧댄 코트를 입고 가장무도회에 참석하기도 했다.

르크 의상을 특징짓는 가장 중요한 아이템이었다. 이런 스타일은 사실 이슬람 문화 이전부터 소아시아, 페르시아, 중앙아시아 지역에서 발견되며, 이후 민소매, 넓게 퍼진 짧은 소매, 늘어뜨리는 소매 등 소매의 형태에 따라 다양한 변형이 나타났다. 유럽에서는 12세기부터 주로 학자나 성직자 들이 이런 겉옷을 입기 시작했는데, 이 새로운 유행은 아마도 십자군전쟁 중에 유래된 것이 아니었을까 추측된다.

15세기가 되면 유럽의 권력자들은 가장자리에 모피를 덧대어 만든 코트를 입기 시작한다. 모피로 장식된 화려한 코트를 입은 헨리 8세Henry VIII,

재위 1509~1547의 위풍당당한 초상화는 동시대 인물인 술탄 메흐메드 3세 Mehmed III, 재위 1595~1603의 초상화와 놀랄 만큼 흡사하다. 헨리 8세는 튀르크풍 의상을 좋아했다고 알려지는데, 왕의 역사가였던 홀Edward Hall, 1497~1547은 오스만튀르크의 술탄처럼 차려입고 가장무도회에 참석한 헨리 8세의 모습을 왕의 전기에 기록하기도 했다.[7]

유럽의 복식에 끼친 오스만튀르크 제국의 또 다른 영향은 바로 레이어링(layering, 겹쳐 입기) 스타일이었다. 일찍이 유목민으로 살아온 튀르크인들은 끊임없는 이동생활과 일교차가 큰 기후에 적응하기 위해 옷을 겹쳐 입는 문화가 있었다. 제국의 등장 후 겹쳐 입기 전통에는 강력한 계급적 색채가 부여되었다. 즉, 무엇을 어떻게 겹쳐 입느냐에 따라, 혹은 안에 받쳐 입은 옷의 무늬나 재질에 따라 젠더나 위계가 확실히 구별되었던 것이다. 레이어링 스타일은 중세 후반에 유럽에 소개되기 시작했는데, 처음에는 소매에 슬릿(Slit, 좁고 기다란 구멍)을 넣은 옷이 주를 이루었다. 풍성한 소매에 한 개 혹은 여러 개의 절개선을 넣어 그 틈으로 안쪽에 받쳐 입은 옷이 보이도록 장식적 효과를 노린 것이다.

16세기가 되면 스커트에도 겹쳐 입는 스타일이 도입되었다. 드레스가 풍성해 보이도록 스커트를 여러 겹 겹친 뒤 맨 겉의 스커트는 커튼처럼 젖혀 안쪽에 입은 스커트와 장식이 보이도록 디자인한 스타일은 17세기 후반부터 특히 유행하게 된다. 흥미롭게도 이 시기에 오스만튀르크 제국에서도 남녀 모두 겉옷인 카프탄의 끝단을 들어 올려 안쪽에 입은 화려한 옷을 보여주는 디자인이 유행했다.

튀르크 드레스와 여성의 권리

18세기 유럽에서 튀르크풍 드레스가 누리게 된 지위와 관련해서 빼놓을 수 없는 인물이 있다. 바로 '18세기 영국에서 가장 반짝이는 여성'으로 불리는 메리 워틀리 몬터규Lady Mary Wortley Montagu, 1689~1762다. 지체 높은 귀족의 딸로 태어나 최고의 교육을 받은 몬터규는 외교관인 남편을 따라 1716년 오스만튀르크 제국을 여행하는 기회를 얻게 되었다. 몬터규는 그 여행을 통해 영국 사회의 많은 문제점을 깨닫게 되었다. 런던의 사교계에 복귀한 뒤 그녀는 오스만튀르크에서 배운 종두법을 왕실에 소개했는가 하면, 영국을 방문한 볼테르Voltaire, 1694~1778와 교류하고 문필가들의 후원자 역할을 했다. 또한 현실을 비판하는 내용의 팸플릿을 펴내기도 했다. 신분과 지성, 이국 생활 경험과 타고난 매력은 그녀를 18세기 사교계의 트렌드 세터(trend setter, 시대의 풍조나 유행을 이끄는 사람)로 만들기에 충분했다. 몬터규는 튀르크 드레스를 입고 초상화를 제작했는가 하면, 오스만튀르크 제국에서 가져온 직물로 자신만의 패션을 창조해내기도 했다.

오스만튀르크 제국에 머무는 동안 몬터규는 그곳 여성들이 독자적으로 재산을 소유하고 심지어 사업을 통해 부를 축적할 수 있다는 사실에 충격을 받았다. 결혼한 여성에게는 재산권이 아예 주어지지 않는 영국에서는 꿈도 꿀 수 없는 일이었던 것이다. 또한 튀르크 여성들이 이혼을 요구할 수 있고, 심지어 섹스를 거부할 수 있는 권리 등 일반적인 유럽 여성들이 전혀 갖지 못한 권리를 누리고 있음에 놀라게 되었다. 몬터규는 튀르크 여성들이 누리는 자유와 권리가 그들의 의상에도 반영되어 있다고 생각했다. 온몸을 조이고 육체의 굴곡을 과장하는 유럽의 드레스에 비해 튀르크 여성들의 편안하

튀르크 드레스를 입고 있는 메리 워틀리 몬터규

외교관인 남편을 따라 오스만튀르크 제국을 여행하는 동안 몬터규는 튀르크 드레스를 비롯해 튀르크 여성들의 지위와 권리 등 현지의 문화에 깊은 관심을 보였다.

고 절제된 스타일의 의상은 마치 그녀들이 누리는 권리와 안락함을 상징하는 것처럼 보였던 것이다. 몬터규의 눈에는 얼굴을 가리는 베일조차도 여성들에게 인격을 부정당한 채 숨어 있어야 하는 존재임을 각인시키기 위한 억압기제가 아니라, 그 안에서는 무슨 일이든 할 수 있는 자유를 보장하는 안전막으로 보였다.

> 나는 콘스탄티노플에서 여성들이 무기력하게 갇혀 있는 대신 베일을 쓰고 아침부터 저녁까지 뛰어다니는 모습을 보았다.[8]

이런 몬터규의 시각은 남성 작가들이 흔히 그려내곤 했던 환상으로 가득 찬 오스만튀르크 제국에 대한 묘사, 특히 억압받는 여성들이 갇혀 있는 하렘에 대한 묘사와는 전혀 다른 것이었다. 이런 이유에서 몬터규는 종종 '선구적 페미니스트'라는 평가를 받기도 한다.

샬와르와 블루머, 남성의 권위에 도전하다

몬터규 이후 19세기에 오스만튀르크 제국을 여행한 다른 많은 여성도 튀르크 드레스를 입어보았거나 아예 사들고 돌아왔으며, 마찬가지로 튀르크 여성들이 누리던 권리를 칭송했다. 이런 측면에서 유럽 여성들은 드레스뿐 아니라 '샬와르şalvar'라는 바지 스타일 복식에도 관심을 보였다. 샬와르는 카프탄과 더불어 튀르크 복식을 특징짓는 중요한 요소로, 남녀가 모두 입는다는 차원에서 지극히 성평등적인 복장이었다. 오스만튀르크 제국을 여행했던 여성 여행자들이 이구동성으로 이 샬와르의 편리함과 평등적 의미를 칭송했던 것은 어쩌면 당연한 일이었다. 하지만 코트나 레이어링 스타일과는 달리 샬와르가 유럽에 수입되는 일은 쉽지 않았다. 여성이 바지를 입는, 즉 남녀가 같은 복식을 갖추는 일은 유럽에서는 전통적인 성역할을 뒤흔드는 엄청난 도전으로 받아들여졌기 때문이다. 이런 분위기를 잘 말해주는 일화가 있다.

헤스터 스태너프Lady Hester Lucy Stanhope, 1776~1839는 영국의 총리였던 소小 윌리엄 피트William Pitt the Younger, 1759~1806의 조카로, 삼촌이 미혼이었던 탓에 퍼스트레이디 역할을 했던 지체 높은 귀부인이었다. 1810년, 뛰어난 고고학자이기도 했던 그녀는 탐사활동을 위해 서아시아로 향하던 중 배가 난파하는 바람에 모든 짐을 잃어버려 어쩔 수 없이 샬와르를 빌려 입을 수밖에 없었다. 그런데 이 사실이 영국에 알려지면서 많은 사람의 입에 오르내렸다.[9] 19세기 후반이 되면 성차별에 저항하는 의도에서 샬와르를 입고 무도회에 참석하거나 런던 거리를 활보하는 귀부인들이 나타났다. 하지만 사람들은 여전히 그 모습에 경악했다. 당시 그 복장은 '아라비안 나이트 드레스'라 불리기도 했다.

한편, 1849년 미국에서는《수치료 저널Water-Cure Journal》이라는 건강 관련 잡지 주최로 여성들의 건강에 좋은 새로운 옷, 즉 바지를 입자는 캠페인이 벌어졌다. 당시 소개된 바지는 넉넉한 품에다 풍성해 보이도록 발목 부분을 조인 형태로, '튀르크식 드레스', '미국식 드레스' 또는 '개혁 드레스'로 불렸다. 미국의 여권운동가인 아멜리아 블루머Amelia Jenks Bloomer, 1818~1894가 이 운동을 지지하고 나섰다. 그녀는 심지어 자신이 고안한 바지 도안과 제작법까지 배포했다.

블루머가 만든 블루머

미국의 여권운동가인 아멜리아 블루머(왼쪽)와
그녀가 디자인한 바지 스타일의 의상을 입은 여인(오른쪽).

1851년 블루머가 고안한 이 새로운 의상은 사회적으로 엄청난 이슈가 되었다. 그녀의 이름을 따서 '블루머'라 불린 이 옷은 '남녀평등주의자'의 상징처럼 취급되었으며, 이 옷을 입은 사람도 그렇게 동일시되었다. 아멜리아 블루머 또한 남성의 권위를 거부하고 도전하는 여성이라는 낙인이 찍혀, 교회 출입을 거부당하기까지 했다. 언론도 나서서 비웃기에 바빴다. 결과적으로 여성들은 이 옷을 꺼려하게 되었다.

1890년경 블루머는 어린이와 여성을 위한 운동복으로 재탄생하게 된다. 무릎을 살짝 덮는 길이의 반바지는 체조, 승마, 자전거 타기 등의 스포츠

활동에서 제한적이나마 여성들에게 착용이 허용되었다. 하지만 이런 경우에도 반드시 블루머 아래로 스타킹을 신어야 했다.

튀르크풍 의상의 쇠퇴와 몸뻬의 등장

튀르크풍 의상은 20세기 초 뜻밖의 운명에 처하게 된다. 제1차 세계대전이 발발하고, 역사상 최초의 총력전이 펼쳐지면서 후방에 있던 여성들은 남성의 영역이었던 여러 분야에 투입되었다. 영국 의회는 바지가 여성들의 작업능률을 높이는 데 도움이 된다는 의견을 받아들여 제1차 세계대전 중 여성에게 바지를 입도록 허락했다.[10] 전쟁은 튀르크풍 바지를 하렘이나 궁정 무도회에서 끌어내 일터에 배치한 것이다. 이제 바지는 계급이나 나이에 관계없이 영국 여성 누구나 소비하는 일상복이 되었다. 이국적 정취와 상류사회의 패션이라는 후광을 벗어던진 이 의상은 멋쟁이 여성이라면 기피할, 그리고 '일하는 바지'라는 오명을 띤 천박한 패션이 되어버렸다. 이후 좀 더 세련된 스타일의 바지 의상이 등장하긴 했지만 그것은 더 이상 '튀르크풍 의상'으로 불리지 않았다.

영국에서 튀르크풍 의상이 일바지가 되어버린 십수 년 후 우리나라에서도 일제가 국가총동원법(1938) 등을 제정해 전시체제를 가동하면서 여성들에게 '몸뻬(もんぺ, 표준어는 일바지 혹은 왜바지)'를 입으라고 강요하는 일이 벌어졌다. 여학생에게까지 교복으로 강제했던 몸뻬는 일본 동북 지방 여성들이 입던 작업복이 한반도에 건너온 것이었다. 하지만 실제 그 원형은 일본 남성들의 작업복인 '모모히키(ももひき)'라고 한다. 모모히키는 위는 낙낙하

'일하는 바지'의 등장

제1차 세계대전 당시 영국의 고폭탄 무기 제조 공장에서
바지를 입고 일하고 있는 여성 노동자들.

고 종아리로 내려올수록 통이 좁아지는데, 이러한 형태는 16세기 포르투갈에서 전해진 '카우상(calção, 짧은 바지)'이 변형된 것이라는 설이 있다. 오늘날 우리나라에서 대표적인 작업복이 되어버린 일바지(몸뻬)는 예전보다 문양과 색감이 훨씬 울긋불긋해지면서 조금 달라진 듯하지만, 혹시 오스만튀르크 제국-유럽-일본을 거쳐 우리 복식의 역사 속으로 들어온 것은 아닌지 궁금하다.

HVNDRED SIXTY AND
BEFORE CHRIST, THAT
FIVE HVNDRED THIRTY
SINCE
ANNO DOMINI
1618

18

온천

400년 전, 온천에서 서비스를 소비하다

18세기 소비혁명 테제의 재검토

온천 도시 바스의 번영과 18세기 절대론

그들은 바스(Bath)에 도착했다. 캐서린은 즐거움으로 가득 차 있었다. 아름답고도 놀라운 곳에 가까워지면서 그녀는 여기, 저기, 모든 곳을 바라보았고, 마차는 그 길을 따라 그들을 호텔에 데려다주었다. 그녀는 행복하기 위해 이곳에 왔다. 그리고 그녀는 벌써 행복했다.[11]

제인 오스틴Jane Austen, 1775~1817은《노생거 사원Northanger Abbey》에서 바스에 도착한 캐서린 몰런드의 들뜬 상태를 이렇게 묘사했다. 오스틴은 1801년 부친이 은퇴한 후 5년 동안 가족과 함께 바스에서 살았는데, 소설에서 그려내는 모습과는 달리 이 도시를 별로 좋아하지 않았다고 한다. 그 당시 바스는 허영과 가식, 타락이 난무한 곳이었고, 최고 휴양지로서 누리던 인기도 쇠퇴하던 중이었다.

영국 남서쪽에 위치한 바스는 18세기에 최대의 번영을 맞았다. 도시는 대대적으로 새로 건설되었으며, 마치 수도가 옮겨온 것처럼 왕족을 비롯한 귀족들이 북적거렸다. 실제로 18세기 영국 사교계의 캘린더는 여름의 '바스 시즌'과 겨울의 '런던 시즌'으로 이루어져 있었다. 런던 시즌은 보통 의회가 열리는 11월에서 이듬해 5월까지였고, 이후 바스 시즌이 이어졌다. 시즌을 맞은 런던과 바스는 전국적인 결혼시장으로도 유명했다.

바스의 발전에는 '4인의 개혁가'의 활약이 한몫했다. 사교행사를 주관하는 MCMaster of Ceremonies로 추대된 멋쟁이 리처드 내시Richard Nash, 1674~1761, 신고전주의 건축물로 도시를 새롭게 단장한 건축가 존 우드 부자 John Wood Elder, 1704~1754 / John Wood Younger, 1728~1782, 그리고 사업가이자 바스 시장을 역임한 랄프 앨런Ralph Allen, 1693~1764이 그들이었다. 바스시에는 로마 시대의 콜로세움을 모방한 서커스the Circus, 화려한 쇼핑센터와 아파트로 이루어진 반달 모양의 로열 크레센트Royal Crescent, 무도회를 개최하는 어셈블리 룸Assembly Room, 온천수를 마시기 위해 사람들이 모여드는 펌프 룸 Pump Room 등 멋진 건물들이 들어섰고, 시내 곳곳은 호화로운 옷차림의 방문객들로 가득 찼다.

'조지안(Georgian, 혹은 조지 시대. 영국에서 조지 1세부터 4세까지의 기간인 1714~1830년간을 일컫는 말) 바스'의 명성은 이런 온천장이 18세기의 산물임을 증명하기에 충분하다. 실제로 영국 역사가들은 온천장 등의 휴양지를 찾는 '레저의 상업화'가 18세기에 일어났다고 주장했다. 저명한 영국 역사가 존 플럼John H. Plumb, 1911~2001은 18세기 영국에서 레저가 등장하는 것이 당시의 사회·경제적 풍요를 증명하는 지표라고 주장했다.[12] 플럼의 제자인 닐 맥

오늘날의 바스 전경

바스에는 반달 모양의 로열 크레센트와 원형의 서커스 등
조지 왕조시대의 주요 건축물들이 거의 그대로 남아 있다.

켄드릭은 소스타인 베블런의 유한계급론과 베르너 좀바르트Werner Sombart, 1863~1941의 과시적 소비에 관한 이론을 적용하여 18세기 영국 사회에서 사회적 모방social imitation과 경쟁적 소비의 양상을 재구성했다. 부를 소유하게 된 중간계급이 자기 향상의 욕구를 채우기 위해 과거 귀족들만 즐기던 레저 활동을 따라 하게 되었고, 신문이나 잡지가 그런 유행을 전파하고 부추겼다고 주장한 것이다.[13]

그런데 1980년대에 나온 이런 주장들은 오늘날의 시각에서 보면 지나치게 중간계급 신화나 공론장 이론Public Sphere Theory에 편승하고 있다는 느낌이 든다. 그렇다면 그 이전에는 온천이 없었는가? 어느 날 갑자기 허허벌판에 건물들이 지어졌고 신문을 본 사람들이 순식간에 몰려들었단 말인가? 이러한 주장에는 무언가 빠진 것 같다.

순례지에서 의료 서비스 시장으로

바스에는 기원전부터 온천수가 솟아났다는 기록이 있으며, 기원후 1세기 영국을 점령한 로마군은 그 온천물을 이용해 멋진 휴양시설을 만들었다. 오늘날 거의 완벽한 모습으로 남아 있는 로만 바스Roman Bath가 바로 그 가운데 하나이다. 로마 시대 온천장이 온전히 보존될 수 있었던 것은 19세기까지 흙속에 묻혀 있었기 때문이다. 중세에는 온천이 있던 곳에 수도원이 세워졌다. 16세기 초 종교개혁과 더불어 수도원이 파괴되었고, 순례도 금지되었다. 그러자 중세 내내 순례를 핑계로 속박된 토지에서 잠시라도 벗어날 수 있었던 사람들이 순례를 대치할 여행의 명분과 장소를 찾게 되었다. 이때 등장한

바스 지역에 남아 있는 로마 시대 공중목욕탕

18세기 중반에 인근 로마 유적과 목욕탕에 대한 발굴이 이뤄지기 시작했으며, 19세기 들어 본격적인 복원이 이뤄졌다.

것이 르네상스 의학의 한 분야였던 수水치료법hydrotherapy, 즉 온천요법이다. 과거에 성천聖川으로 불렸던 많은 곳이 온천으로 탈바꿈하게 되었고, 영국 각지에 온천이 개발되기 시작했다. 온천 개발과 함께 새로운 서비스업이 출현해 방문객들은 다양한 서비스의 소비자가 되었다. 여기서 중요한 것은 이 변화가 18세기가 아니라 16세기 중반에 일어났다는 사실이다.[14]

이 당시 온천을 찾는 사람들이 표면적으로 내세운 가장 큰 이유는 질병을 고치기 위해서였다. 그런 까닭에 온천 개발에 의료인들이 앞장섰던 사실은 어쩌면 당연한 일이었다. 당시 의료인은 크게 세 부류가 있었는데, 의과대학을 졸업하고 자격증을 취득한 내과 의사가 가장 높은 신분이었고, 그다음으로 종종 이발사를 겸했던 외과 의사, 그리고 맨 아래에 약제사와 돌팔이 의사나 약장수가 있었다. 내과 의사는 젠틀맨으로 불린 반면, 손을 쓰는 외과 의사는 수공업자로, 약제사는 상인 취급을 받았다.

그런데 16~17세기 온천이라는 의료시장에서는 이들 사이에 사회적 위계와 관계없이 일종의 자유경쟁이 벌어지고 있었다. 17세기 초 바스는 인구가 불과 2,000명 정도밖에 되지 않는 작은 도시였는데, 시에 등록된 의료인만 해도 내과 의사 12명, 외과 의사 2명, 약제사 2명, 산파와 접골사가 1명씩, 꽤 많은 의료 관련 종사자가 있었다. 이들 말고도 온천 시즌에 환자를 찾아 바스에 들어온 정식 의사며 돌팔이 의사까지 포함하면 의료인 수는 훨씬 더 많았다.[15]

내과 의사들은 현란한 프로필과 함께 수치료법에 대한 정교한 논문을 출판하는 등 전문성을 내세웠지만, 그 지역에 연줄이 있는 약제사나 직접 선술집을 돌며 저렴한 비용으로 환자를 유치하는 돌팔이 의사들에게 밀리곤 했다. 의사들은 약제사들을 "천한 돌팔이"라고 매도하면서 그들에게 치료를 맡기는 일이 "미친 사람에게 칼을 쥐어주는 것과 마찬가지"라며 환자들의 각성을 촉구했다.[16] 의사들은 경쟁적으로 팸플릿까지 펴내면서 "안전한 의약품도 돌팔이 의사의 손에 들어가면 치료제가 아니라 살인 무기가 된다"[17]고 주장했지만, 환자들은 오히려 의료인들 사이의 경쟁을 이용해 온천요법에 드는 비용이나 치료 기간 등 다양한 선택을 할 수 있었다.

정교한 수치료법

온천요법은 보통 6주에서 3개월 동안 진행되었다. 내과 의사들은 치료 목적에서뿐 아니라 수익성을 고려해 복잡하고도 정교한 수치료법을 고안해 냈다. 공통적으로는 본격적인 수치료가 시작되기 전 준비 단계인 '정화'를 강조하는 것이 특징이었다. 정화는 약제를 사용해서 사혈, 구토, 관장 등으로 몸을 비우는 것이었다. 내과 의사들은 제대로 된 정화란 환자의 혈색, 상태, 나이, 질병, 식습관은 물론 환자의 거주 지역과 기후까지 고려해야 하며, 천문학, 특히 달의 상태와도 맞추어 처방해야 한다고 주장했다.[18] 의사들은 대부분 병원과 함께 숙박시설도 운영했기 때문에 치료 기간을 길게 잡는 것이 경제적으로 이익이었을 것이다.

온천수의 사용은 크게 외용外用, outward usage과 내용內用, inward usage으로 구분되었다. 외용은 욕조나 넓은 탕에 몸을 담그는 것Bathing, 상처 부위에 직접 물을 맞는 것pumping, 두 사람 정도의 보조인을 써서 반복적으로 물을 뒤집어쓰는 방법bucketing 등이 있었다. 드라이 펌프dry pump 처방을 받은 환자는 욕탕 없이 펌프만 설치된 방에서 아픈 부위에 지속적으로 물을 맞았다.[19] 어떤 환자는 많게는 하루에 1,800번의 물줄기를 맞는 처방을 받았다.[20] 내용은 보통 광천수를 마시는 것이었는데, 의사는 "4시간마다 3파인트pint씩, 너무 급하지도 너무 천천히도 아니게 마셔라"와 같이 아주 자세한 처방을 내렸다. 놀랍게도 17세기 말이 되어서야 별도의 관으로 식용 광천수를 추출하는 기술이 도입되었으니, 그 이전까지 사람들은 자신들이 몸을 담그고 있던 탕의 물을 마셨다.[21]

내용 수치료법 가운데 주사기를 이용해 자궁이나 요도에 광천수를 주

〈마비 증상과 류머티즘, 피부병을 앓고 있는 환자를 진료하고 있는 최고의 내과의 올리버와 외과의 피어스 씨〉, 윌리엄 호어, 1761년

바스 지역에 설립된 왕립 광천수 병원(The Royal Mineral Water Hospital)에서는 외과 질환뿐 아니라 내과 질환도 온천물을 이용해 치료했다.

입하는 방법도 있었다. 이때 약제를 섞기도 했는데, 당시 가장 널리 쓰인 약제는 소금이었다. 소금이 몸에 쌓인 독소를 배출하는 데 도움이 된다고 생각했기 때문이다. 욕탕에 몸을 담그는 치료에서는 종종 온천수에 진흙, 포도주, 기름, 고추, 우유 등을 배합하기도 했다. 나병 환자에게는 '피'를 섞은 온천수에 목욕을 하도록 처방하기도 했다.[22] 환자들 가운데는 장시간 탕에 있다가 기절을 하는 경우도 있었는데, 이를 방지하기 위해 중간에 간식이 처방되었다. 와인에 설탕과 허브를 섞어 끓인 시럽을 비롯해 회향풀 열매, 오렌지 칩,

시트론 정제나 금방동사니, 생강, 금불초나 멧두릅의 뿌리로 만든 절임과자 등을 먹었다.

흥미롭게도 당시 의사가 권장하는 간식에는 담배도 포함되었다. 17세기 유럽에서 담배는 약품으로 사용되었는데, 종종 만병통치약으로 불렸다. 그런 까닭에 온천장 주변에 흡연실이 설치되기도 했다. 내과 의사들은 환자들에게 "광천수를 마신 뒤 담배를 피우는 것이 치료에 도움이 된다. 특히 연기를 깊이 빨아들여 한동안 입안에 담고 있다가 내뿜으면 더욱 좋다"라고 자세한 흡연 방법을 안내했다.[23]

온천 도시에 등장한 신종 서비스

바스에는 여러 개의 공중온천탕이 있었다. 킹스 바스King's Bath, 퀸스 바스Queen's Bath, 크로스 바스Cross Bath, 핫 바스Hot Bath가 있었고, 나환자를 격리수용하는 나환자 탕Lepers Bath과 성문 밖에 병든 말을 위한 전용탕Horse Bath도 있었다. 온천탕에는 신분에 따라 입장료가 달랐는데, 시간이 흐르면서 가난한 사람들이 무료로 이용할 수 있는 '빈자의 탕Poor Man's Bath'이 생겼다. 이 새로운 탕은 박애주의의 산물로 볼 수도 있지만 구매력이 없는 빈민을 격리하고 영업장의 수준을 유지하려는 책략이기도 해서 논란이 일었다.

대부분의 욕탕에는 수입을 톡톡히 올리는 신종 서비스 직종들이 나타났다. 가장 흔한 직종이 스파우먼spa-woman이라 불린 안내원이었다. '스파Spa 혹은 Spaw'라는 단어는 당시 유럽에서 유명했던 벨기에의 온천 도시 스파에서 비롯된 말인데, 영국에서는 온천을 의미하는 일반명사로 사용되고 있었다.

스파우먼은 온천을 찾은 손님들을 상대로 온천수를 팔거나 숙소를 소개했으며, 욕탕에서 옷을 갈아입는 것을 도와주거나 물을 떠주는 등 온천욕을 보조했다. 정해진 서비스 요금이 있었고, 팁은 별도였다.

바스시는 시의회의 회의를 거쳐 욕탕 근처에서 일하는 사람들을 총괄하는 관리장Sergeant of Bath들을 임명했다. 17세기 후반 바스를 방문했던 여행가 셀리아 파인즈Celia Fiennes, 1662~1741는 관리인의 업무에 대해 이렇게 묘사했다.

> 각 욕탕에는 관리인이 있어 고객이 목욕하는 동안 회랑을 돌며 질서가 잘 지켜지는지를 감독하고, 무례한 자들을 처벌한다. 고객 가운데 지위가 높은 사람들이 방문 사실을 알려오면 관리인은 그들에게 특별한 주의를 기울인다. 매일 아침마다 인사를 하며 아는 척하는 등 신경을 써주니 시즌이 끝날 무렵에 적절한 사례금을 주어 마땅하다.[24]

17세기 바스에서 관리인과 안내원으로 발탁되는 일은 매우 까다로웠다. 시의 유력자들과 좋은 관계를 유지해야 했으며, 평소의 행실 또한 당락을 결정짓는 중요한 요인이었다. 1663년 안내인 월터 포인팅Walter Pointing은 의사에게 욕설을 퍼부었다는 이유로 해고당했고,[25] 술주정과 불친절, 무단 결근 등으로 해고당한 안내원도 있었다.[26] 바스시는 관리인과 안내원의 고용과 해고, 심지어 그들에 대해 제기된 고객들의 불만을 해결하는 일까지 총괄했다. 당시 시의회 의사록에는 바스 시민들이 일자리를 달라고 아우성치거나 남의 부정을 밀고하고 심지어 회의장에 나타나 욕설을 퍼부었던 사례들이 생생하게 남아 있다.

바스의 공중온천탕

바스에는 킹스 바스, 퀸스 바스, 크로스 바스, 핫 바스 같은 공중온천탕을 비롯해 나환자를 격리 수용하는 나환자 탕 등 다양한 욕탕시설이 있었으며, 신분에 따라 입장료가 달랐다.

세단 체어

1630년대에 처음 도입된 세단 체어는 17세기 말에 이르면 바스시에서 발행한 가마 면허만 60건이 넘을 정도로 온천 도시의 주요 교통수단이었다.

바스시가 온천 도시로 발달하면서 직종의 분화도 나타났다. 이를테면 펌프질만 담당하는 펌퍼pumper, 미끄러운 욕탕에서 나올 때 마른 천을 바닥에 깔아주는 천 깔아주는 사람cloth layer 등이 안내원에서 독립해서 새로운 직업군으로 등장한 것이다. 이들 중 일부는 시에 점용료를 내고 그 직책을 얻어낸 뒤 많은 권리금을 받고 그 자리를 다시 임대하기도 했다. 음악가도 중요한 직종 가운데 하나였다. 손님들의 환영행사부터 식당이며 욕탕 주변에서 끊임없이 음악을 들려주며 팁을 받았다. 손님을 태우고 다니는 가마꾼도 중요한 서비스업이었다. 1630년대에 세단 체어Sedan chair라 불리는 운반용 의자형 가마가 처음 사용된 것으로 보이는데, 17세기 말에 이르면 바스시에서 발행한 가마 면허만 60건이 넘었다.

숙박업소의 경쟁

영국에서 숙박업소의 발달은 종교개혁과 관계가 깊다. 종교개혁 이전에는 수도원 같은 종교기관에서 여행자에게 숙박시설을 제공했지만, 종교개혁으로 수도원이 해체되면서 숙박업은 세속의 영역으로 넘어가게 되었다. 바스시에는 몰려드는 방문객을 수용할 숙박시설이 발달하면서 여관업자들이 시정市政을 장악하는 현상이 나타났다. 숙박업소는 욕탕을 중심으로 발달했는데, 업자들 사이에 분쟁이 끊이지 않았다. 가장 큰 문제는 숙소에서 욕탕까지 바로 연결되는 슬립slip 혹은 도어door라고 부르던 개인 통로를 둘러싼 공방이었다. 숙박업자들은 신분이 높은 고객들의 사생활을 보호하기 위해 이런 통로를 확보하는 일에 사활을 걸었다.

욕탕에서 숙소로 바로 이동할 수 있는 슬립 입구

숙박업자들은 고객 유치와 그들의 사생활을 보호하는 데
유리한 슬립을 확보하기 위해 치열하게 경쟁했다.

이미 16세기 말부터 바스의 몇몇 유력 가문은 통로를 독점했을 뿐만 아니라 불법적으로 킹스 바스로 연결되는 개인 통로를 만들려고까지 했다. 이에 격분한 시민들은 담을 부수고 폭동을 일으키기도 했다. 이런 상황에서 불법적으로 온천탕의 물을 끌어다 숙박시설 안에 사설 온천탕을 만들려는 업자들까지 나타났다. 바스의 시민들이 강력히 반발했고, 결국 시는 파이프를 강제로 철거하라고 명령했다. 이 소동이 결국 엘리자베스 여왕Elizabeth I, 1533~1603의 귀에까지 들어갔는데, 1598년 추밀원은 사설 욕탕을 유지하라는 명령을 내렸다.[27] 바스 시민들이 주장하는 평등한 권리보다는 바스를 방문하는 귀족들의 편의를 고려한 결정이었다.

스포츠와 기타 쾌락

수치료법에는 운동도 중요한 부분으로 포함되어 있었다. 운동이 "배출을 원활하게 하고, 몸속에 내재한 고유한 열기를 자극하여 광천수의 소화를 돕는다"는 이유에서였다.[28] 의사들은 구기, 카드놀이, 볼링, 승마, 매사냥과 산책, 마차 타기 등을 정식으로 처방했는데, 이러한 처방은 온천장을 스포츠와 레저의 중심지로 발전시키려는 이들에게 이론적인 근거가 되었다. 온천장에서 가장 인기 있는 스포츠는 볼링이었다. 드넓은 잔디밭에서 낮에는 볼링 경기가 열리고, 저녁에는 무도회가 펼쳐졌다. 이런 활동을 위해서는 운동이며 춤을 가르쳐주고 보조하는 사람들부터 뒷정리를 하는 사람까지 서비스 제공자가 많이 필요했다.

그런데 사실 온천장의 진짜 '스포츠'는 도박이었다. 방문객들은 숙소, 선술집, 복권가게, 심지어 욕탕에 몸을 담그고 있을 때에도 도박을 했다. 경품가게며 복권가게가 성업을 이루었고, 내기는 일상화되어 있었다. 온천은 '시대의 총아'로 불리던 전문 도박사들을 끌어들였다. 그들은 "한쪽 주머니에는 카드"를 "다른 주머니에는 가짜 주사위"를 넣고 다녔다.[29] 도박보다 더 심각한 것은 성매매였다. 온천은 이미 "색정가들의 휴양지"라는 명성을 누리고 있었다.[30] 제대로 된 수영복이 없던 당시에는 거의 나체에 가까운 차림으로 공공욕탕에서 혼욕이 이루어졌다. 이처럼 공공욕탕은 그 자체만으로도

〈게이밍 테이블(Gaming Table)의 멋쟁이 내시〉, 찰스 옥타비우스 라이트, 연도 미상.
온천장에서는 치료의 일환으로 '스포츠'가 권장되었지만,
방문객들은 도박 같은 대중오락을 즐기며 시간을 보내곤 했다.

파격적인 장소여서 어떤 형태로든 성적 도발의 위험을 가져올 수 있었다. 이에 더해 온천에서는 마음만 먹으면 남성이든 여성이든 쾌락의 상대를 쉽게 살 수 있었다. 온천 시즌에 궁성이 이동하면 도시의 매춘부들 역시 함께 이동하게 마련이었다. 1614년 바스에서는 "내가 아는 궁성의 모든 창녀가 우리 도시로 내려왔다"는 증언이 나오기도 했다.[31]

수치료법은 불임 치료에 효과가 있다고 홍보되었는데, 이미 17세기 영국에서는 불임이 온천요법이 아니라 다른 이유로 치료되는 것이라는 의심이

팽배했다.

> 물은 물일 뿐이다. 후손을 만드는 것은 미네랄이 아닌 다른 뭔가가 더 있어야 한다. …… 이 광천수가 불임이나 혐오스런 결혼생활을 고칠 수 있을까? 오래된 과부 혹은 고색창연한 처녀 들에겐 강한 턱과 일급 허리를 가진 신사가 아마 도와줄 텐데.[32]

분위기가 이런 탓에 온천장에서는 심지어 명망 높은 의료인조차 악명 높은 포주로 의심되는 일도 많았다. "온천에 간다"는 말은 곧 부정한 성관계를 하러 간다는 뜻을 내포하는 은어가 되었다.[33]

런던 한복판에 건립된 인공온천장

바스는 이미 17세기에 휴양지로서 확고한 입지를 다진 상태였다. 그 시장에 진입하지 못하거나 경쟁에서 밀려난 의사들은 대도시 런던의 한가운데 인공온천장을 세웠다. 1679년 로열 배니오The Royal Bagnio, 1683년 듀크 배니오The Duke's Bagnio가 건립되었다. '배니오Bagnio'는 이탈리아어 'bagno'에서 유래한 말로서, 당시 영국에서 목욕탕을 일컫는 용어였다. 런던의 온천장 사업자들은 인공적으로 배합한 광천수를 만들었는데, 그 물이 오염이나 온갖 이물질을 배제하여 천연 온천수보다 수질이 훨씬 좋다고 선전했다. 그뿐만 아니라 멀리 있는 온천장까지 여행할 필요도 없고, 계절에 관계없이 언제나 이용할 수 있다는 편리성을 강조했다.

인공온천장들은 왕과 귀족들의 후견에 힘입어 위상을 드높이는 한편, 고객의 편의를 위해 상주 의사를 비롯해 마사지사와 많은 하인을 두었다. 이곳에서는 고객이 입장하는 순간부터 퇴장하는 순간까지 다양한 서비스를 시행했다. 욕탕 입구에서 몸무게를 잴 수 있도록 시설을 갖추고, 개인용 욕의浴依와 목욕용품을 제공했다. 또한 조각과 분수로 장식된 냉탕, 온탕, 수증기실, 마사지실, 미용실, 운동실, 수면실 등을 배치하고, 부속 건물에는 커피하우스를 개장했다. 그 밖에도 여성 고객을 확보하기 위한 '여성 전용일'과 '아동의 날' 등을 지정하여 운영했다.

17세기 바스의 발달과 인공온천장의 설립은 소비혁명 테제를 재검토하는 데 중요한 근거가 될 수 있다. 18세기에 부를 축적한 중간계급의 자신감과 공론장의 확대로 인해 소비에 대한 수요가 생겼고, 소비혁명이 일어났다는 테제 말이다. 위의 예들이 보여주듯이 18세기 이전, 이미 16~17세기에 온천장을 중심으로 다양한 서비스가 제공되었고, 사람들은 활발하게 그 서비스를 소비했다. 이러한 변화의 원인은 종교개혁이 불러온 사회 전반의 세속화였다. 이를 통해 볼 때 어쩌면 서비스 분야에서의 소비혁명은 대량생산과 대량소비보다 먼저 발달했고, 그것이 본격적인 소비혁명의 견인차 역할을 한 것은 아니었을까.

LONDON
TIME

19

박람회

신기한 상품 더미의 스펙터클

수정궁 박람회와 소비자의 탄생

최초의 만국박람회

잘 알려지지 않은 사실이지만, 만국박람회의 모든 것은 헨리 콜Henry Cole, 1808~1882이라는 사람으로부터 시작되었다. 15세 때부터 공공기록관리 분야에서 공무원 생활을 시작한 콜은 혁신적인 아이디어맨이었다. 1840년 보다 폭넓은 계층이 우편제도를 이용할 수 있도록 1페니짜리 우편penny post 상품을 기획했고, 1843년에는 최초의 크리스마스카드를 내놓기도 했다. 오늘날 전 세계적으로 사랑받는 크리스마스카드의 아버지인 셈이다. 공무원이자 발명가였던 콜은 특히 산업디자인에 관심이 많았다. 빅토리아 여왕Queen Alexandrina Victoria, 재위 1837~1901의 남편 앨버트 공Prince Albert, 1819~1861이 왕립기술협의회Royal Society for the Encouragement of Arts, Manufactures and Commerce 회장직을 맡게 되자, 콜은 앨버트 공을 도와 1847년 산업예술박람회를 개최

산업디자인의 선구자

헨리 콜(왼쪽)이 제안하여 존 캘코트 호슬리(John Callcott Horsley, 1817~1903)가 1843년 디자인한 세계 최초의 크리스마스카드(오른쪽).

했다. 1849년에는 프랑스가 산업박람회를 개최했는데, 그곳을 방문한 콜은 이제 영국이 나서서 이런 박람회를 더 큰 국제적인 규모로 개최해야 한다는 생각을 품게 되었다. 콜은 앨버트 공을 비롯한 여러 유력 인사를 설득했고, 얼마 되지 않아 박람회 개최가 결정되었다. 개최일은 1851년 5월 1일로 정해졌다. 불과 16개월밖에 남지 않은, 어찌 보면 무모한 계획이었다.

산업제품 박람회를 처음 시작한 나라는 영국이 아니라 프랑스였다. 프랑스혁명의 승리감이 가시지 않은 1798년 파리에서 최초의 산업박람회가 개최된 뒤 여러 차례 비슷한 행사가 치러졌다. 그 과정에서 이미 1834년 즈음 국제적인 산업박람회를 열자는 제안이 나왔다. 하지만 프랑스의 행정부와 상공업자들은 이를 반기기는커녕 오히려 반대했다. 산업기술 면에서 당시 프랑스보다 훨씬 앞서 있던 영국의 공업제품들이 프랑스로 침투할 계기를 만들 수 있다는 우려 때문이었다.[34] 거꾸로 말하자면 그런 대규모 산업박람회를 열 수 있는 나라는 영국밖에 없다는 이야기였다. 따라서 영국 입장에서는 당연히 박람회를 이용해 자국의 발달된 산업 수준을 만천하에 각인시키고자 했다. 이제 역사상 가장 큰 박람회가 개최되어야만 했다. 공식적으로는 '만국 산업제품 대박람회The Great Exhibition of the Works of Industry of All Nation'라 명명된 이 박람회는 결과적으로 '대박람회'라 불리기에 손색없는 대단한 성공을 거두었다.

거대한 빛의 공간, 수정궁

개최가 결정되자 박람회 추진위원회는 눈코 뜰 새 없이 바빴다. 세계 각지의 출품 물품을 모으는 일부터 진행을 맡을 인원을 채용하고, 홍보에 돌입하는 등 해야 할 일이 산더미였다. 그런데 박람회를 반대하는 의견 또한 만만찮았다. 특히 하이드 파크가 전시장 부지로 결정되자 반대 목소리가 더욱 거세졌다. 반대자들은 하이드 파크에 있는 수많은 희귀종 나무가 박람회장 공사로 인해 멸종될 것이라고 주장했다. 한편, 의사들은 외국인 참가자나 관람객을 통해 성병 같은 전염병이 들어와 영국인의 건강을 크게 위협할 것이라고 걱정했다. 성직자들도 나서서 인간의 오만한 발상인 대박람회는 결국 신의 분노를 부르게 될 것이라고 경고했다. 그런가 하면 영국의 생산업자들은 박람회를 통해 값싼 외국 물건들이 수입될 것이며, 그 결과 국내 산업이 붕괴할지도 모른다고 주최 측을 비난했다.[35]

그런데 주최 측이 당면한 가장 큰 문제는 박람회장의 건설이었다. 시간

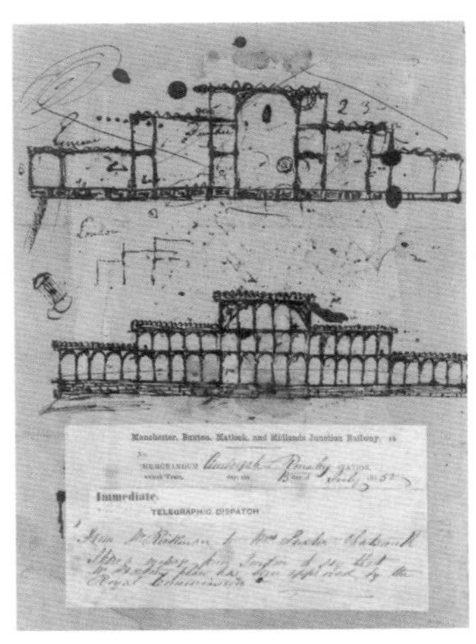

1850년 조지프 팩스턴이 제출한 박람회장 설계 스케치 원본

은 흘러가고, 그사이에 245건이나 되는 건축 제안서가 제출되었지만 대부분 단기간에 완공하기에는 불가능한 계획서들이었다. 이런 상황에서 정원사 출신으로 거대한 온실을 건축한 경력이 있는 조지프 팩스턴Joseph Paxton, 1803~1865이 기발한 아이디어를 냈다. 전시회장을 거대한 온실처럼 만들겠다는 것이었다. 건축위원회는 대충 압지에 그려 넣은 데다 공모 마감 기한도 한참이나 넘겨 제출된 그의 설계도를 놀랍게도 통과시켜버렸다.

팩스턴이 설계한 박람회장은 건축을 둘러싼 기존의 모든 틀을 깨는 것이었다. 우선, 건물을 구성하는 주 재료가 돌이나 벽돌 혹은 나무가 아닌 철골과 유리였다. 그는 먼저 유리를 끼울 프레임인 철골을 표준형 부품으로 제작해, 이 부품들을 서로 조립하는 방식으로 거대한 철제 건축물을 만들었다. 이 큰 건물의 벽면을 채우기 위해서는 당시 영국에서 생산되는 전체 유리의 3분의 1에 이르는 어마어마한 양의 유리가 필요했다. 공사가 시작될 무렵 때마침 대형 유리를 제작할 수 있는 판유리 기술이 개발되었다. 게다가 1696년부터 부과된 '햇빛에 내는 세금'이라 불리던 영국의 악명 높은 '창문세'마저 폐지되면서 제작비가 절반 이상으로 줄어들었다. 착공부터 완공까지 걸린 시간은 겨우 35주였다. 건물의 길이는 박람회가 개최되는 해를 기념하기 위해 1,851피트(약 564미터)로 정해졌다. 높이도 중앙부가 110피트(약 33.5미터)나 될 만큼 어마어마하게 높아서,

대박람회 전시관 구조

조립식 철골과 유리만으로 건축한 전시관은 전통적인 공간 개념을 일거에 뒤집었다.

대박람회 전시관 내부

박람회가 개최되는 해를 기념해 건물의 길이를 1,851피트로, 중앙부를 110피트 높이로 설계한 전시관은 하이드 파크의 느릅나무 가로수도 보존할 수 있을 정도로 대규모였다.

공사 초기에 벌목 논란이 일었던 하이드 파크의 느릅나무 가로수들도 보존할 수 있게 되었다.[36]

벽이며 지붕의 거대한 창으로 햇빛이 쏟아져 들어오는 이 휘황찬란한 공간은 그 자체로 어마어마한 스펙터클이었다. 《펀치Punch》의 칼럼니스트인 더글러스 제럴드Douglas William Jerrold, 1803~1857는 건물이 완공되기도 전에 조감도만 보고서 그곳을 '수정궁Crystal Palace'이라고 불렀다.[37] 이후 대박람회는 흔히 '수정궁 박람회'로 불리게 되었다.

전시된 상품 더미

수정궁 내부에는 서쪽으로 대영제국 상품, 동쪽으로는 해외 32개국으로부터 도착한 상품이 전시되었다. 전시품은 크게 원재료, 기계, 공업제품, 조형미술 네 부문으로 구분되었는데, 영국 섹션에서 원재료 부문의 중심을 차지한 것은 '산업혁명'의 기초가 되었던 석탄이었다. 이뿐 아니라 일상생활의 혁신을 가져온 상품도 많았다. 1820년대 북극 탐험 때 가져갔던 양고기 통조림이 25년 뒤인 그 당시에 원래 상태대로 발견된 것을 전시했는데, 그야말로 기술적 위대함을 보여주는 상품이었다. 이외에도 놀라운 제품이 아주 많았다. 증기해머와 원심펌프, 비행기계 모형과 전신인쇄기, 자명종 기능을 장착한 시계, 인공치아와 샤워기, 단검으로도 쓸 수 있는 우산, 유방을 팽창하게 하는 장치에서부터 손상된 코에 붙이는 보형물에 이르기까지, 약 10만 점에 달하는 물품이 1만 4,000개의 진열대에 전시되었다. 《타임스Times》에 따르면, 모든 전시품을 구경하는 데 200시간이 걸렸다. 당시 사람들의 상상력

산업혁명의 성과를 확인할 수 있는 기계 부문 전시관

참가국 가운데 최대 규모의 전시관을 운영한 영국관

을 뛰어넘는 놀라운 발명품과 상품으로 가득 찬 전시실은 그야말로 일대 장관이었다.[38]

동쪽의 대영제국 전시실이 백과사전식으로 비교적 질서정연하게 진열되었던 반면, 외국 제품 진열실은 '어수선하게 올려놓은 낡은 물건'이나 '기껏해야 영국 물건들의 변형된 복제품'처럼 보이기도 했다.[39] 영국의 가장 강력한 라이벌인 프랑스 전시실에서 사람들의 눈길을 끌었던 물건은 프랑스제 재봉틀과 사진기, 계산기 정도였다. 한편, 뉴펀들랜드 전시 공간은 간유肝油 말고는 채울 것이 없었던 터라 인파 속에 시달리던 사람들이 휴식할 수 있는 한적한 공간으로 각광받았다. 그런데 더 심각한 쪽은 미국 전시실이었다. 박람회 참가 비용이 부담스러웠던 미국은 영국 정부에 자금 지원을 요청했지만 거절당했고, 우여곡절 끝에 런던에 머물던 미국인 실업가 조지 피바디George peabody, 1795~1869가 비용을 부담해주어 겨우 참가할 수 있었다. 하지만 너무 넓은 공간을 배정받은 탓에 그곳을 채우느라 애를 먹었다. 심지어 영국의 언론은 미국관에는 "몇 개 안 되는 와인 잔과 비누 더미, 소금창고밖에 없다"고 조롱했다.[40]

그런데 그 빈 공간을 채우느라 무려 6,000개의 화석을 갖다놓았던 미국관은 예상을 깨고 수많은 영국 관람객의 눈길을 끄는 장소가 되었다. 무엇보다 시선을 사로잡은 것은 미국의 일라이어스 하우가 1845년 발명한 작은 재봉틀 두 대였다. 두 명의 소녀가 재봉틀에 앉아 직접 시연했는데, 1분당 600스티치라는 당시로는 경이적인 속도로 바느질을 해내어 사람들을 놀라게 했다.[41] 이뿐만 아니라 버지니아의 대장장이 사이러스 맥코믹Cyrus McCormick, 1809~1884이 출품한 곡물 수확기는 무려 일꾼 40명의 몫을 해낸다는 설명이 붙어 있었다. 사람들은 이를 믿지 못했고, 결국 미국 측 참가자들은 그 기계를 런던 인근의 농장으로 끌고 가서 시범을 보였다. 더욱 놀라운 것은 새뮤얼 콜트Samuel Colt, 1814~1862가 만든 리볼버 권총이었다. 이것은 특별한 훈련 없이도 빠르게 연발사격이 가능한 무시무시한 무기였다. 특히나 이 권총이 서로 교환 가능한 부품들을 조립해서 만든 것이라는 사실에 영국인들은 감탄하며, 이후 이런 식의 제조법을 '아메리칸 시스템the American System'이라 부르게 되었다.

대박람회의 관람객들

5개월 반 동안 계속된 대박람회는 당시 런던 인구의 세 배가 넘는 600만 명의 관람객을 끌어들였다. 영국 각지에서 수많은 사람이 수정궁을 향해 걸음을 재촉했다. 교구의 목사들은 소박한 차림의 농부들을 이끌고 런던으로 향했고, 바다 건너 가족이나 일꾼 들을 데리고 구경 오는 사람도 적지 않았다. 영국의 서남쪽 끝인 콘월Cornwall의 펜잔스Penzance에 살던 85세의 고기잡이 여성 메리 캘리넥Mary Callinack은 대박람회를 보아야겠다고 결심하고서 집을 나섰다. 근처 도시까지 걸어갔다 오곤 했던 캘리넥은 런던도 그보다 아주 멀지 않을 것이라고 생각하고는 걷기 시작했다.

실제 런던까지는 무려 270마일(약 435킬로미터)이나 되는 거리여서 캘리넥은 한 달이 넘게 도보여행을 이어갔다. 이 같은 사실이 곧 언론을 통해 알려졌고, 그녀가 수정궁 근처까지 왔을 때는 수백 명이 도열해 열렬히 환영하는 일이 벌어졌다. 빅토리아 여왕은 친히 캘리넥을 초청하여 그녀를 "영국에서 가장 유명한 여성"이라고 부르며 격려했다. 런던에서 닷새쯤 머문 이 여

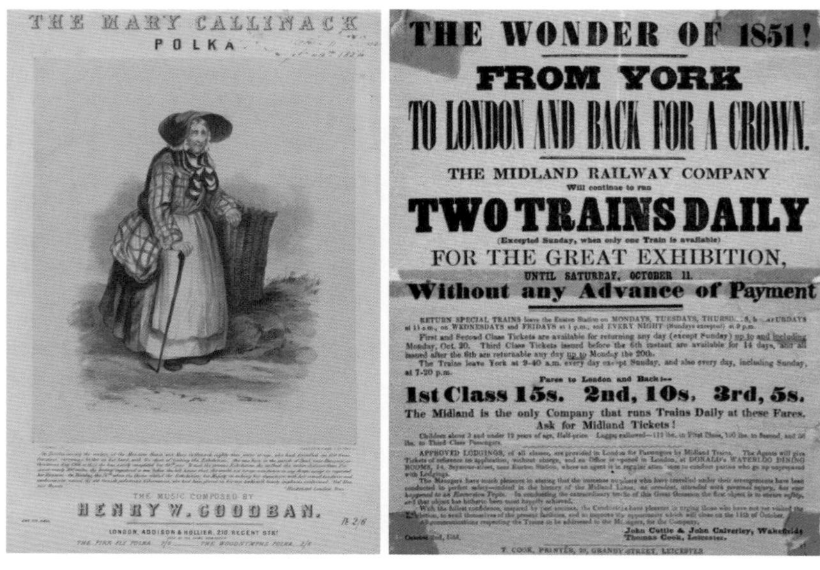

(왼쪽) 콘월에서 런던까지 한 달 넘게 걸어와서 박람회를 관람하고 돌아간 캘리넥
(오른쪽) 토머스 쿡이 내놓은 대박람회 기차 여행 광고 포스터, 1851년

성은 다시 걸어서 집으로 돌아갔다.

캘리넥은 아주 드문 예외적인 사례이고, 실제로 다른 사람들은 철도를 이용하여 박람회장에 도착했다. 1830년에 개통된 뒤 영국 전역에 그물처럼 이어진 철도망은 수정궁 박람회의 흥행에 톡톡히 한몫해낸 일등공신이었다. 당시 철도회사들은 선박회사와 경쟁관계에 있었는데, 박람회 관람객을 끌기 위해 요금을 대폭 낮추었다. 1841년 세계 최초로 열차를 이용하여 단체관광 사업을 시작한 토머스 쿡Thomas Cook, 1808~1892에게도 대박람회는 하늘이 준 기회나 마찬가지였다. 금주운동가로 노동자 계몽에 앞장섰던 쿡은 하급 기술자들이 박람회에서 발달된 기술을 직접 눈으로 확인하게 되면 기술

향상에 대한 자극을 받을 수 있을 것이라 믿었다. '박람회 관람 패키지 여행'을 성공시킨 그는 1855년 파리 만국박람회가 열리자 곧 '파리 박람회 패키지 여행' 상품을 내놓았다. 이것이 '세계 일주 패키지 여행' 등 전 세계로 퍼져나갈 해외여행 사업의 출발점이 되었다.

박람회의 입장권은 꽤 비싼 편이었다. 개회식 참석과 중복 입장이 가능한 정기권의 가격은 당시 노동자의 한 달 월급과 맞먹었다. 주최 측은 더 많은 관람객을 유치하기 위해 단계별로 요금을 조정했다. 개회일로부터 이틀 동안엔 가장 비싼 1파운드, 그 뒤 2개월 동안은 5실링, 그 후로는 월요일부터 목요일까지 주중 입장권인 1실링짜리 표가 판매되었다. 이 저렴한 입장권은 대중의 폭발적인 호응을 이끌어냈고, 전체 관람객의 75%가 1실링짜리 입장권으로 박람회를 구경했다.[42] 관람객이 가장 많았던 날로 기록된 1851년 10월 7일에는 거의 11만 명이 입장했으며, 어느 순간에는 전시관 안에 무려 9만 2,000명이 함께 들어가 있었다. 단일 실내 공간에 들어가 있는 사람의 숫자로는 역사상 최대 기록이었다.[43]

영국 역사상 이처럼 많은 사람이, 게다가 다양한 계층의 사람들이 한 공간에 모인 것은 처음이었다. 그런 탓에 대박람회가 거대한 소요나 폭동의 현장이 될 것이라고 우려하는 목소리도 있었다. 1830년대부터 시작된 차티스트운동의 불씨가 아직 살아 있었고, 계층 간의 반목과 대립도 심각한 상태였다. 대박람회가 열린 해에 출간된 헨리 메이휴Henry Mayhew, 1812~1887의 유명한 저서《런던의 노동자와 런던의 빈민London Labour and the London Poor》에서는 런던 노동자들 대부분이 폭력적인 극렬 프롤레타리아라고 쓰고 있었다. 하지만 '극렬 프롤레타리아'라고 불렸을 법한 사람들도 이 대박람회를 매우 좋아했던 것으로 보인다. 600만 명의 입장객 가운데 범법행위로 단속된 이

하이드 파크에 위치한 수정궁 박람회장을 찾은 관람객들

그동안 소비 영역에서 소외되었던 부르주아와 노동자 계급은 박람회를 통해 스펙터클한 상품세계를 경험한 뒤 '소비자'라는 새로운 집단으로 부상했다.

들은 겨우 25명에 불과했는데, 이들은 모두 소매치기나 좀도둑 같은 경범죄에 해당하는 경우였다. 계급 차별에 항거하는 움직임도 없었고, 혁명적인 구호도 나오지 않았다.[44]

군중, 구경꾼, 소비자

대박람회가 성공할 수 있었던 이유는 무엇보다 1850년대 영국이 번영을 누리고 있었기 때문이다. 산업화와 해외 식민지 수탈로 얻은 대영제국의 풍요가 조금씩 사회 하층에까지 스며들기 시작했던 것이다. 노동시간 단축, 임금 상승 등 노동계급의 상황도 개선되어갔다. 1830~1840년대 차티스트 운동 등으로 표출되었던 사회적 불만이 서서히 가라앉으며 물질적으로나 심리적으로나 좀 더 여유로운 시절이 도래했던 것이다. 수정궁을 찾은 노동자들은 이제 더 이상 집단행동을 통해 권리를 찾으려 하는 위험한 군중이 아니었다. 이들은 거대한 상품 더미의 스펙터클을 보러 모여든 구경꾼이었다.

하지만 이 역사적 박람회가 단지 구경꾼을 끌 수 있는 볼거리만 제공하려던 것은 아니었다. 조직위원회는 애초 기획 단계에서부터 향후 넘쳐나는 영국산 제품을 사용해줄 '소비자'를 양산하려고 했다. 그리고 주 타깃은 아직도 검약과 노동의 미덕을 굳게 믿고 있던 중간계급과 그 아래 계급이었다. 산업화가 진전되어감에도 19세기 중반 이전까지는 노동자 계급과 심지어 새롭게 부상한 부르주아 계급조차도 나날이 화려해지는 소비의 영역에서 상당히 소외되어 있었다. 이처럼 특별한 소비재를 경험한 적이 없는 이들에게 대박람회는 일종의 새로운 교육과 경험의 장이 되어야 했다.[45] 인구의 대다수를 차지하는 이 "주저하는 소비자들"을 유치하고, 길들이기 위해 주최 측은 1실링짜리 입장권과 더불어 "영광스런 상품들이 거래되지 않는다면, 사회는 존재할 수 없다"는 모토를 내세웠다.[46]

상품으로 채워진 수정궁은 그야말로 거대한 박물관이자 시장이었다. 나아가 비현실적으로 느껴질 만큼 스펙터클한 새로운 물질세계 그 자체였다. 자신이 사는 나라에서 만들어졌지만 난생 처음 보는 물건들과 지구 저 먼 곳으로부터 가져온 다양하고 신기한 상품들의 집합소였던 것이다. 그 엄청난 가짓수와 규모는 상품 각각의 쓰임새와는 별도로 그 앞에 선 사람들에게 상품이라는 것 자체를 '새로운 근대적인 기호'로 각인시켰다. 비록 관람하는 시간은 달라도 수정궁에서는 왕족부터 노동자까지 모두 같은 상품을 직접 볼 수 있었다. 역사학자 토머스 리처즈Thomas Richards, 1878~1962의 말처럼 그 경험은 "콕 집어 말할 수는 없지만 이 진귀하고 고급스런 물건들 하나하나가 언젠가는 누구나의 손에 평등하게 쥐어질 것이라고 약속하는 듯"했던 것이다.[47] 여러 계층의 다양한 사람들이 '소비자'라는 새로운, 하나의 집단으로 태어나는 순간이었다.

20

카탈로그

홈쇼핑의 기원

카탈로그 쇼핑과 욕망의 평등화

1845년 미국에 처음 등장한 상품 카탈로그

"블루북Blue Book이 무엇인가?"라는 질문을 받는다면 사람들은 저마다 다른 대답을 내놓을 것 같다. 미국 학생들은 시험 기간에 들고 다니는 하늘색 겉표지의 얇은 노트를 떠올릴 것이다. 미국 대학에서는 에세이 시험을 치르는 답안지를 '블루북'이라고 부르기 때문이다. 하지만 로스쿨에 다니는 학생들에게 '블루북The Bluebook: A Uniform System of Citation'은 듣기만 해도 골치 아픈 단어다. 그들에게 블루북이란 법률 관련 저술에서 판례 등을 인용할 때 지켜야 할 표준 양식 지침서로, 법률가가 숙지해야 할 온갖 까다로운 인용법이 가득한 책을 의미하기 때문이다. 영국인들에게 블루북(청서靑書)은 정부 차원의 공식 보고서를 의미하는데, 15세기부터 의회나 추밀원의 회의록을 푸른색 표지로 묶은 데서 유래한 것이다.

티파니사의 블루북

티파니사는 1845년 미국에서 처음으로 카탈로그 '블루북'(왼쪽 위)을 발간한 이후 지금까지도 푸른색 표지의 카탈로그를 발간하고 있다.

그런데 보석을 좋아하는 사람들이라면 블루북이라는 말을 들었을 때 슬며시 미소를 지을지도 모른다. 보석 전문회사 티파니Tiffany에서 매년 발간하는 고급스러운 카탈로그를 부르는 이름이기 때문이다. 우리에게는 영화 〈티파니에서 아침을〉로 잘 알려진 티파니사는 어릴 적부터 친구였던 찰스 루이스 티파니Charles Lewis Tiffany와 존 버넷 영John Burnett Young이 1837년 뉴욕에 처음 세웠던 '티파니, 영 앤드 엘리스Tiffany, Young and Ellis'에서 시작되었다. 처음에 문구류와 팬시 상품, 골동품을 판매하는 상점이었던 티파니사는, 1845년 미국 최초로 우편주문용 카탈로그를 만들어서 배포했다. 카탈로그의 표지는 결혼식과 관련 깊은 로빈새의 알 색깔인 독특한 푸른색으로 꾸몄다. 티파니의 상징이 된 그 독특한 푸른색은 '티파니 블루'라는 이름으로 알려졌고, 카탈로그에도 '블루북'이라는 이름이 붙게 되었다.

상품 카탈로그의 기원

미국에서는 1845년에 처음 나타났다지만 사실 상품 카탈로그의 역사는 르네상스 시대로 거슬러 올라간다. 1498년 베네치아의 유명한 출판업자 알도 마누치오Aldo Manuzio, 1449~1515가 자신이 출판하던 책의 카탈로그를 만들어 배포했는데, 이것이 아마도 서구 역사상 최초의 상품 카탈로그일 것이다. 베네치아는 당시 유럽에서 예외적으로 언론과 출판의 자유가 보장된 곳으로, 온갖 금서가 인쇄될 정도로 출판업이 크게 발달했다.[48] 출판의 귀재였던 마누치오는 이탤릭체 같은 새로운 활자체와 판형을 개발했는가 하면, 문고판을 보급하고 축약어나 표기 기호를 발명하는 등 인쇄업의 혁신을 이끌었다. 마누치오가 설립한 출판사 알디네Aldine는 최초로 로고를 도입한 출판사로도 유명하다. 돌고래가 닻을 휘감고 있는 모양의 로고는 스피드를 의미하는 돌고래와 멈춤을 의미하는 닻이 결합된 것으로, 절제가 수반되는 전진을 의미하는 것이었다. 이런 여러 가지 혁신 속에서 나타난 새로운 발명품이 상품 카탈로그였다.

그런데 소비의 역사에서 카탈로그 쇼핑이 눈부신 발전을 이루게 된 시점은 우편제도가 충분히 갖추어진 이후였다. 카탈로그 쇼핑이 기본적으로 우편주문mail-order을 통해 이루어졌기 때문이다. 우편제도는 철도 같은 교통수단의 발달에 힘입어 한층 더 정비되었다. 영국에서는 1840년 '페니 포스트(Penny Post, 1페니 우편제)'가 시행되면서 사람들이 부담 없이 우편으로 물건을 구매할 수 있게 되었다. 미국에서는 1896년 외딴 곳에 사는 농부들의 가정에까지 소포가 배달되는 'RFDRural Free Delivery' 제도가 도입되었다. 그전에는 꽤 먼 거리의 우체국까지 직접 가서 소포를 받아와야 했기 때문에 시

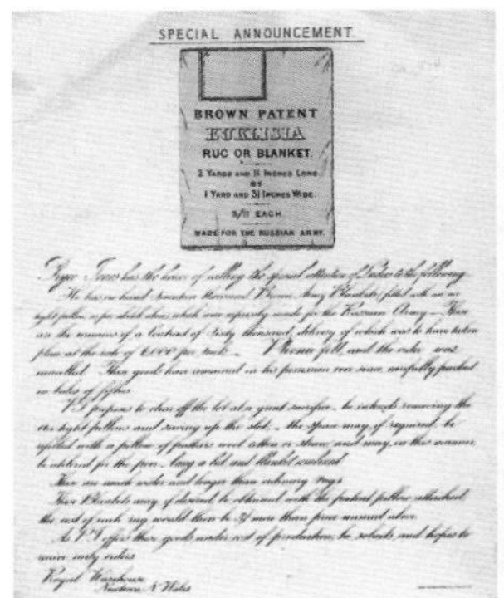
SPECIAL ANNOUNCEMENT.

BROWN PATENT
EUKLISIA
RUG OR BLANKET.
2 Yards and 11 Inches Long
by
1 Yard and 31 Inches Wide.
9/11 EACH.
MADE FOR THE RUSSIAN ARMY.

프라이스-존스의 우편주문 사업

(왼쪽) 1877년 유클리시아 러그 판매에 대한 특별 공지문.
(오른쪽) 사업 규모가 커지자 프라이스-존스는 1879년 뉴타운의 중심에 새로 건물을 세워 '프라이스 존스-로열 웨일스 웨어하우스(Priyce Jones-Royal Welsh Warehouse)'라는 간판을 내걸었다. 이 건물은 2011년까지 우편주문 사업소로 운영되었다.

간도 많이 걸리고 교통비도 추가로 들었을 뿐 아니라, 물건이 파손될 위험도 감수해야 했다. 하지만 새로운 우편제도 덕분에 카탈로그를 통한 쇼핑이 훨씬 수월해졌다. 유럽에서 우편주문 카탈로그 사업으로 큰 성공을 거둔 최초의 사례가 외딴 지역이었던 영국의 웨일스에서 나타났던 사실도 이런 정황과 무관하지 않다.

웨일스 출신의 프라이스 프라이스-존스Pryce Pryce-Jones, 1834~1920는 작은 포목상을 운영했는데, 동네에 철도가 들어오는 것을 보고 우편으로 물건을 팔 생각을 하게 되었다. 1861년 그는 카탈로그를 만들어 자신이 살던 카운티county 곳곳에 배포한 뒤 우편으로 물건을 보내주는 혁신적인 마케팅을 시작했다. 주문량이 늘어나면서 취급하는 물건의 종류도 다양해졌다. 프라이스-존스는 이에 그치지 않고 새로운 상품들을 개발해서 영국 전역의 고객을 끌어들이는 데 성공한다. 가장 큰 히트 아이템은 '유클리시아 러그Euklisia Rug'라고 불린 휴대용 침구였는데, 베개, 이불, 매트를 하나로 결합한 세계 최초의 침낭이었다. 빅토리아 여왕과 플로렌스 나이팅게일Florence Nightingale, 1820~1910도 고객이었을 정도로 큰 인기를 끌게 되면서, 그의 상품은 영국의 많은 식민지에까지 배송되었다. 어떤 학자는 "빅토리아 시대의 풍요로움을 대변하는 것 가운데 우편주문용 카탈로그만큼 분명한 것은 없다"고 말했다.[49]

백화점의 등장

카탈로그 쇼핑의 등장은 백화점의 발달과도 깊은 관련이 있었다. 1796년 이미 '최초의 백화점'이라 불리곤 하는 백화점이 영국에 나타났다. 런던에서 패션의 중심가로 손꼽히는 팰맬에 세워진 '하딩, 하웰 앤드 코Harding, Howell & Co'가 그것이다. 이 커다란 상점은 네 구역으로 나뉘어 모피, 부채, 보석, 시계, 남성복과 모자 등의 잡화를 취급했다. 특히 패션에 민감한 여성들의 취향을 만족시킬 만한 고급 물건들을 두루 갖추어 인기를 끌었다. 게다가 남성이나 샤프롱의 동반 없이 여성들이 자유롭게 둘러볼 수 있는 안전한 공간을 제공했다는 점에서 큰 의의가 있었다.

그런데 일반적으로 최초의 백화점이라고 칭했던 곳은 프랑스 파리의 봉마르셰이다. 1852년 세워진 봉마르셰는 정찰제를 도입하고, 상품 교환과 반품을 보장하는 등 근대적인 판매제도를 도입했다는 점에서 소비의 역사에

1852년 문을 연 파리의 봉마르셰 백화점

크고 화려한 실내 공간에 다양한 상품을 갖춘 백화점은 이전에는 겪어보지 못한 새로운 소비 경험을 제공했다.

서 중요한 위치를 차지한다. 봉마르셰 개장 이후 프랑스 곳곳에 백화점이 들어섰고, 곧 다른 나라에도 비슷한 대형 상점들이 나타나기 시작했다. 1858년 미국 뉴욕 맨해튼에 메이시Macy's가 문을 열었고, 이후 뉴욕에만 로드 앤드 테일러Lord & Taylor, 헨리 벤델Henri Bendel, 버도프 굿맨Bergdorf Goodman 등의 고급 백화점들이 속속 들어섰다. 1861년 필라델피아에서 남성복 상점으로 시작한 오크홀Oak Hall은 창립자의 이름을 딴 워너메이커스Wanamaker's 백화점으로 거듭나 미국 각지로 퍼져나갔다.

백화점은 전례 없이 큰 실내 공간을 호화로운 분위기로 장식했는데, 그 자체가 엄청난 무대나 다름없었다. 점원들은 친절한 동시에 우아한 주인 역할을 했다. 상류층은 이런 대형 상점을 사교의 장으로 생각했다.[50] 평범한 사람들은 백화점에 가기 위해 일부러 차려입었으며, 최대한 예의를 지켜가며 진지하게 쇼핑에 임하곤 했다. 백화점은 대중이 부르주아적 욕망을 실현하는 공간이 되었으며, 이전까지 결코 한 공간에서 같은 행위를 할 일이 없었던 다양한 계층을 한곳에 불러 모았다. 이 새로운 근대적 소비 공간은 그곳을 찾는 사람들의 사회·경제적 지위를 가시화해 소비에 사회적 의미를 부여하기 시작했던 것이다.[51]

상품의 새로운 디스플레이

상품의 판매와 구매라는 차원에서 볼 때, 백화점은 일대 변혁을 가져온 공간이었다. 예전에는 상점에 들어가 필요한 상품을 말하면 점원이 매장 뒤편의 방에 가서 그 상품을 찾아다주는 식이었다. 하지만 백화점에는 상품이 모두 한꺼번에 진열되어 있어, 고객들은 그 많은 상품을 직접 살펴보고 비교할 수 있었다.[52] 상품의 회전율 측면에서도 백화점은 기존의 소매점과는 비교할 수 없을 정도로 빨랐다. 1년에 두 번 정도 제조사로부터 물건을 받아 쌓아놓고 팔던 중소도시의 상점들은 이제 백화점의 판매 방식을 따라야 했다. 적은 물량이라도 신제품이나 생산된 지 얼마 안 된 상품을 팔려는 노력을 시작했던 것이다.

그뿐이 아니었다. 백화점에서는 판매자가 상품에 대한 정보를 어느 정

백화점의 상품 디스플레이

20세기 초 파리의 백화점 '갤러리 라파예트(Galeries Lafayette)'의
모자 매장(위)과 구두 매장(아래). 백화점에서 고객들은 진열된 상품들을 비교하거나
직접 착용해보고서 마음에 드는 물건을 구매할 수 있었다.

도 파악하고 있는가보다는 상품이 얼마나 고객들의 시선을 끄는가가 판매의 중요한 변수였다. 즉, 과거에는 크게 신경 쓰지 않았던 상품 진열 방식, 즉 디스플레이의 수준이 매우 중요해진 것이다. 워너메이커스 백화점의 설립자이자 '마케팅의 선구자'로 불린 존 워너메이커John Wanamaker, 1838~1922는 진열의 필요성을 이렇게 말했다.

> 박물관에서는 아무리 좋은 것도 다 폐물처럼 보인다, 디스플레이에 대한 어떤 생각도, 노력도 없기 때문이다. 마찬가지로 화랑에 그림을 걸어놓는 방식으로 여성들이 고급 의상을 걸친다면, 분명히 비웃음을 살 것이다.[53]

백화점 카탈로그

백화점은 사실 소수의 도시 거주민만을 위한 공간이었기에 고객을 유치하는 데 분명한 한계가 있었다. 이제 백화점은 상점의 진열대를 직접 볼 수 없는 사람들을 위해 카탈로그를 제작해 배포했다. 상품을 잘 진열해서 고객의 눈길을 끌어야 한다는 매장 관리 원칙이 카탈로그에도 그대로 적용되었다. 카탈로그는 백화점의 대리물로서 진열대의 멋진 디스플레이를 지면 위에서 구현했다. 19세기 중엽에 나온 초창기 백화점 카탈로그에는 그다지 많은 상품이 실리지 않았고, 상품을 묘사해놓은 그림 또한 패션 잡지의 일러스트레이션처럼 단순했다.[54]

1880년대가 되면 백화점 카탈로그는 엄청나게 많은 상품을 소개하기 시작한다. 처음에는 많은 백화점에서 직물을 주력 상품으로 취급했지만,

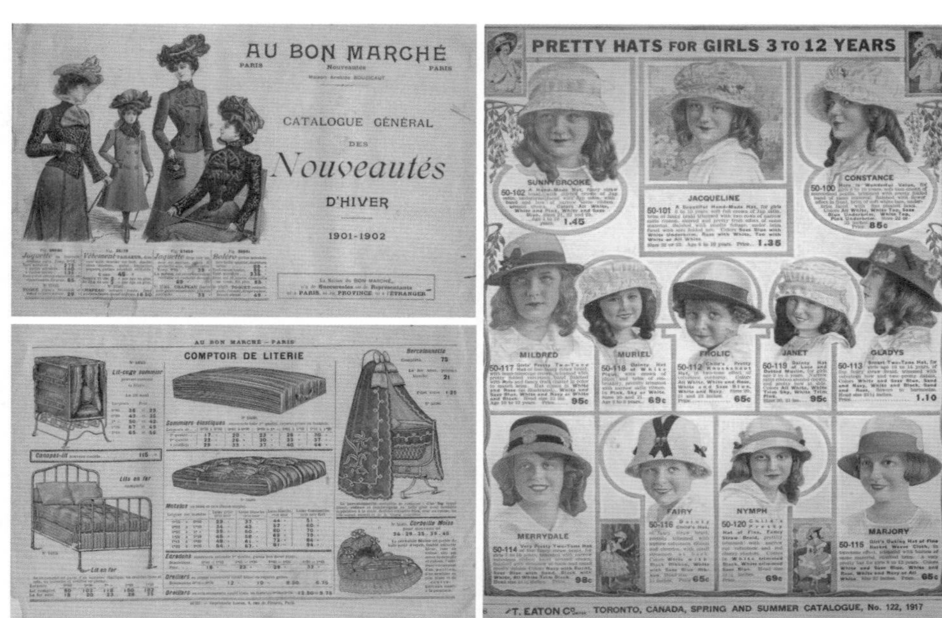

백화점 카탈로그

1901~1902년 봉마르셰 백화점 카탈로그(왼쪽)와
다색 인쇄로 제작된 1917년 캐나다 이튼 백화점 카탈로그(오른쪽).

1860년대가 되면 가구나 카펫, 잡화로 상품의 종류가 늘어나고 이후 중국산 도자기나 일본산 자개 같은 수입품까지 등장하게 된다. 시간이 흐르면서 몇 가지 상품만을 전문적으로 취급하는 특별 카탈로그도 등장했다. 유모차, 자전거, 주방용품과 고급 식재료 등이 주요 아이템이었다. 19세기 말 봉마르셰 백화점에서는 겨울 시즌용으로만 150만 부가 넘는 카탈로그를 제작했다. 그 가운데 26만 부는 이탈리아, 독일, 스위스 등지의 해외 고객용으로 제작되었고, 멀리 이스탄불이나 카이로에 있는 고객들에게까지 배달되었다.[55]

촘촘하고도 질서정연하게 구성된 카탈로그 지면은 패턴이 잘 짜인 벽지와도 같았다. 다색 인쇄 기술이 발달하면서 카탈로그의 겉표지도 화려해졌다. 형형색색에 심지어 반짝거리기까지 해서 마치 예술작품을 보는 듯했다.[56] 백화점에 갈 수 없는 사람들은 백화점의 대리물 격인 이미지와 활자로 만들어진 카탈로그를 보면서 쇼핑 욕구를 해소하곤 했다. 그런데 흥미롭게도 거꾸로 카탈로그를 통한 우편주문 판매에서 시작해 나중에 백화점 판매로 사업을 발전시킨 사례가 나타났다. 1989년까지 미국 소매업계 매출 1위를 차지했던 '시어스, 로벅 앤드 컴퍼니Sears, Roebuck & Company(이하 '시어스사')'가 바로 그 주인공이다.

시어스 카탈로그

시어스사의 창립자인 리처드 워렌 시어스Richard Warren Sears, 1863~1914는 원래 미네소타에 위치한 작은 마을의 역무원이었다. 역무원 업무가 한가했기에 그는 동네 주민을 대상으로 목재와 석탄을 파는 부업도 겸할 수 있었다. 1886년 어느 날 시카고의 한 보석상이 철도를 이용해 시계를 배송했는데, 그 시계를 받기로 한 동네 보석상이 수취를 거부하는 일이 벌어졌다. 시어스는 그 물건을 보고 자신이 대신 구입해 팔기로 했다. 그 장사에서 재미를 본 시어스는 아예 우편주문 방식을 통해 시계를 팔기로 작정하고 회사를 차려 본격적으로 사업에 뛰어들었다.

시어스는 사업이 잘되자 1년 만에 시카고로 이사를 했다. 당시 시카고는 미국 중서부로 뻗어나가는 철도의 시발점으로, 물류 중심지였기 때문이다. 사실 시어스는 중서부 넓은 평원의 외딴 마을 농부들이 물건을 구매하는 데 어떤 어려움을 겪는지 잘 알고 있었다. 시골 상권을 독점하고 있던 마을의 상점들은 철도로 배송받은 물건을 원래 가격의 두 배를 받고 팔았다. 중간상인이 취하는 이런 폭리를 자신이 낮춰서 상품을 판매한다면 자연스레 구매자가 몰릴 것이라고 생각했던 것이다. 그는 "시어스에서 쇼핑하고 돈을 아끼세요"라는 모토를 내걸었다.[57]

초창기 시어스사 카탈로그에서는 시계와 보석만 취급했지만, 1895년에는 무려 532페이지에 달하는 카탈로그에 수천 가지의 상품을 소개할 정도로 사업 규모가 커졌다. 신발부터 여성복, 낚시도구며 가구, 악기, 주방용품, 그리고 마차에 이르기까지 일상생활에 필요한 거의 모든 용품을 판매했다. 시어스사의 카탈로그는 무상으로 배포되기도 하고, 25~50센트에 팔기도 했다. 1897년 시어스사의 카탈로그는 처음으로 일부 지면을 컬러로 구성했는데, 이때 컬러로 홍보되는 영광을 누린 상품은 검정색, 붉은색, 브라운색의 구두였다. 당시 중서부 지역 농부들에게 구두가 얼마나 중요한 물건이었는지를 엿보게 해주는 대목이다.

1905년 이후 카탈로그에는 실제 벽지와 남성복 원단의 샘플이 실렸고, 곧 페인트의 컬러 샘플도 포함되었다. 1905년부터 10년 동안은 시카고의 '링컨 모터 카 공장Lincoln Motor Car Works'에서 생산한 자동차도 팔았다. 카탈로그에 구비된 상품의 종류와 가짓수로 보자면 오히려 백화점보다 많아서 굳이 백화점에 쇼핑하러 갈 필요가 없을 정도였다.

1905년에 시어스사는 아이오와주의 우수고객을 대상으로 각각 24명의 친구와 이웃의 이름을 추천받았다. 추천된 이들에게 무상으로 카탈로그를 배포한 뒤 그들이 주문장을 넣으면 추천한 우수고객에게 스토브나 자전거,

시어스사의 카탈로그

시어스사는 신발부터 여성복, 악기, 주방용품, 그리고 마차에 이르기까지 일상생활에 필요한 거의 모든 용품을 판매했다. 1905년부터는 우편주문으로 자동차를 판매했으며, 카탈로그에 실제 벽지와 남성복 원단을 싣기도 했다. (시계 방향으로) 시어스사의 1905년, 1912년, 1946년 카탈로그.

재봉틀 등을 선물했다. '아이오아제이션Iowazation'이라 불린 이 판촉 방법은 큰 성공을 거두었고, 곧 다른 주로도 확산되었다. 하지만 20세기 초 미국에 급속하게 도시화가 진행되고 상대적으로 농촌 인구가 감소하자 시어스사의 우편주문 방식은 한계에 부딪혔다.

1925년 시어스사는 첫 실물 백화점을 시카고에 개장했다. 그리고 곧 미국 전역에 많은 시어스 백화점이 생겨나게 되었다. 백화점의 캐릭터를 정하는 과정에서 시어스사는 오랫동안 거래해온 주 고객층의 요구에 부응하기로 했다. 최신 유행을 따르기보다는 내구성 있고 실용적인 아이템을 주로 공급하기로 한 것이었다. 그리고 카탈로그에서 상품을 고르듯이 판매원의 도움 없이도 물건을 고를 수 있는 환경을 만들려고 노력했다. 공격적일만큼 백화점 점포 수를 늘려서 1950년대가 되면 백화점 판매량이 카탈로그를 통한 주문 판매량을 앞지르게 되었다. 1993년 결국 100년 가까이 이어온 시어스사의 카탈로그는 폐지되기에 이른다.

소비의 평준화인가, 욕망의 평준화인가

유명한 역사가 다니엘 부어스틴Daniel J. Boorstin, 1914~2004은 백화점은 사치품 소비를 평등화하는 곳이라고 말한 바 있다.[58] 누구든 상관없이 원하기만 하면 눈앞에 값비싼 물건이 놓이기 때문이라는 것이다. 그렇게 보자면 상품 카탈로그도 마찬가지다. 누구든 카탈로그를 펴기만 하면 바로 눈앞에 수천 가지의 물건이 펼쳐지기 때문이다. 그런데 그것을 과연 소비의 평등화라고 할 수 있을까? 사회학자 마이클 셔드슨Michael Schudson은 부어스틴의 주장

우편주문용 카탈로그를 보고 있는 여성

카탈로그는 사람들을 거대한 상품의 세계로 자연스럽게 인도했다.
누구든 카탈로그를 펼치기만 하면 바로 눈앞에서 수천 가지 물건을 볼 수 있고,
무엇이든 원한다면 가질 수 있다는 환상을 불어넣었다.

에 반박하며, 백화점이 소비의 평등화를 가져온 것이 아니라 사회 전반에 걸쳐 소비를 둘러싼 '열망과 욕구의 평등화'를 제공하게 되었을 뿐이라고 주장했다.[59]

백화점의 진열장이나 카탈로그는 사람들을 거대한 상품의 세계로 자연스럽게 인도했다. 눈앞에 펼쳐진 상품들의 파노라마는 모르고 살아도 별 상관이 없을 온갖 물건에 대한 새로운 욕구를 불러일으켰다. 이런 욕망은 사회적 지위나 계급에 관계없이 누구에게나 일어날 수 있는 체험일 터였다. 이런 차원에서 보자면 셔드슨의 주장처럼 백화점이나 상품 카탈로그는 '욕망의

평등화'를 가져오는 매개체다.

그런데 이것이 다가 아니다. 욕망의 평등화는 결코 소비의 평등화로 이어지지 않는다. 평등해진 욕망으로 인해 오히려 이미 계급화된 소비 능력이 더욱 선명해질 것이기 때문이다. 차라리 보지 않았으면 아예 생기지도 않았을 상대적 박탈감 말이다. 상품 카탈로그는 온갖 물건을 보여주는 동시에 가격을 적나라하게 명시한다. 나아가 특정한 상품과 어울릴 다른 상품이나 액세서리를 소개한다거나 나아가 그 상품이 놓일 공간까지도 제안한다. 이런 맥락에서 '평등화된 욕구'는 소비를 향해 활활 타오를 수도 있지만 반대로 씁쓸함만 남긴 채 곧바로 꺾일 수도 있다.

카탈로그는 이 세상에 어떤 물건들이 팔리고 있는지를 소비자에게 알리는 동시에 상품에 대한 정보를 제공해주었다. 카탈로그를 보는 사람들에게 그 안에 담긴 상품은 무엇이든 원한다면 가질 수 있다는 환상을 불어넣으면서 말이다. 그런데 그 상품들 하나하나를 '공부'하는 동안 사람들은 스스로의 사회·경제적 위치를 깨닫게 되었다. 이것은 '성장사회'의 특성이 소비의 영역에 투영된 결과물이다. 장 보드리야르Jean Baudrillard, 1929~2007는 성장사회를 재화를 생산하는 사회이기 이전에 특권을 생산하는 사회라고 규정한 바 있다. 그런데 빈곤을 수반하지 않는 특권은 존재하지 않는다. 기술의 진보가 성장사회를 만드는 것이 아니라 특권 계급, 즉 불평등한 사회질서를 유지해야 하는 필요성이 곧 성장을 생산해낸다는 통찰이다.[60] 결국 성장사회의 지속은 지배질서가 유지되는 한도 내에서 끊임없이 불평등 구조가 재생산된다는 의미이기도 하다. 그것이 소비라는 영역에서도 마찬가지로 지속적으로 학습되며 실행되는 것이다.

19세기 중엽 교통과 우편제도의 발달에 힘입어 본격적으로 발달하기 시작한 카탈로그 쇼핑은 오늘날 우리의 일상에서 TV, 인터넷 PC, 모바일 등으로 행해지는 홈쇼핑의 기원을 이룬다. 그리고 카탈로그가 욕망의 평등화와 소비의 계급화를 내면화했듯이, 오늘날 홈쇼핑 이용객들은 화면을 보며 그 두 가지를 모두 체험하곤 한다. 누가 보더라도 너무 예쁜 물건을 보고 구매 버튼을 누르는 일이 욕망의 평등화 순간이라면, 가격을 보고 너무 비싸서 황급히 취소하는 일이 소비의 계급화를 절감하는 순간이라고 할까.

mobiltel
TWIGY

21

쇼핑몰

쇼핑몰의 이상과 한계

공간과 시간을 재구성하는 소비 공간

쇼핑몰, 어디서 온 말이니?

'쇼핑몰shopping mall'은 오늘날 흔하게 쓰이는 말이지만 이 말의 기원을 아는 사람은 많지 않다. 1950년대 후반 미국에서 여러 쇼핑센터의 이름에 '몰mall'을 붙이면서 오늘날의 의미로 사용되기 시작했는데, 1962년 켄터키의 루이빌에 지어진 거대한 쇼핑센터는 아예 이름을 '더 몰(The Mall, 이후 '몰 세인트 매튜Mall St. Matthews'로 바뀜)'이라고 지었다. 그런데 더 몰은 본래 영국의 유명한 쇼핑 거리 '팰맬Pall Mall'을 부르는 또 다른 이름이다.

팰맬은 런던 웨스트민스터 지역의 세인트 제임스 공원 북쪽에 있는 거리로, 17세기에 팰맬이라는 스포츠 경기를 펼치던 장소였다. 팰맬은 골프와 비슷하게 잔디 구장에서 나무망치로 나무나 코르크로 된 공을 치며 나가는 경기라서 길쭉하고 평평한 공간이 필요했다. 이렇게 만들어진 팰맬 거리

〈스테이블 야드(stable yard) 근처의 세인트 제임스 공원〉, 로리 앤드 휘틀, 1794년

팰맬 거리를 산책 중인 런던 시민들. 한때 팰맬 경기장으로 이용되었던 세인트 제임스 공원 근처 팰맬 거리는 큰 나무들이 양쪽으로 늘어서서 쾌적한 그늘을 드리우는 인기 있는 산책로였다.

는 큰 나무들이 양쪽으로 늘어서서 쾌적한 그늘을 드리우는 인기 있는 산책로였다. 그런데 17세기 후반부터 이 거리에 갑자기 고급 주택들이 들어서기 시작한다. 18세기가 되자 고급 상점들이 생겨났고 런던의 상류층이 쇼핑하고 산책하는 사교 공간으로 자리 잡았다. 1807년 영국에서 공공장소로는 최초로 가스 가로등이 설치될 정도로 팰맬은 화려한 중심가의 대명사였다. 지체 높은 인사와 멋쟁이 들이 자주 출몰하는 장소였기 때문에 정치에서부터 사생활에 이르기까지 스캔들과 가십이 끊이지 않는 공간으로 인식되기도 했다. 그렇다면 미국의 거대한 쇼핑센터들은 왜 하필 '쇼핑몰'이라는 이름을 가져왔을까?

교외와 쇼핑몰의 관계

19세기 중엽 이후 미국의 소비문화를 주도한 공간은 백화점이었다. 그런데 1950년대 나타나기 시작한 쇼핑몰은 그동안 백화점이 누려온 지위와 위상을 순식간에 가로챘다. 쇼핑몰은 백화점이 제공했던 온갖 상품뿐 아니라 푸드 코트, 영화관, 다양한 이벤트 등을 갖춘 전혀 새로운 공간이었다. 규모 면에서 백화점과 비교가 안 될 정도로 큰 데다, 무엇보다 백화점이 대부분 도심에 입지한 반면 쇼핑몰은 교외suburb에 건설되었다는 점이 가장 큰 차이점이었다. 따라서 쇼핑몰의 탄생은 교외라는 공간과 떼려야 뗄 수 없는 관계에 있다.

교외는 전통적으로 도시와 농촌으로 이루어져온 이분법적 지형에 뜬금없이 나타난 새로운 공간이었다. 도시 바깥에 위치하고 있지만 그렇다고 농촌이라고 할 수는 없는 이 공간은 도시에서 일하는 사람들의 생활공간으로 개발되었다. 본질적으로 도시에 의존할 수밖에 없는 성격 때문에 철도나 자동차 같은 이동수단의 발달이 뒷받침되어야만 하는 공간이었다.

그런데 미국의 경우 교외가 급속도로 팽창하는 상황이 일어난다. 대공황과 제2차 세계대전의 혼란 속에서 미국인의 복지 증진을 위한 일련의 조치들이 시행되면서 사람들이 교외로 몰리게 된 것이다. 먼저 주택 구입을 위한 담보대출을 국가가 보증해주는 1934년의 '국민주택법National Housing Act'이 큰 역할을 했다. 주택 가격을 평가하는 과정에서 낡거나 위험요소가 많은 주택보다 새로 지어진 교외의 주택이 더 높게 평가되었다. 그러다 보니 지원을 더 많이 받을 수 있는 교외 주택으로 수요가 몰리게 되고, 자연스럽게 교외에 주택 건설 붐이 일었다. 종전 후 귀향할 제대 군인들의 복지를 위해 제

대규모 고속도로 건설

1956년에 제정된 '연방 지원 고속도로법'에 의해 미국 전역에 구도시와 교외를 잇는 고속도로가 건설되어 교외 지역 주민들의 생활환경이 더욱 향상되었다.

정된 1944년의 '제대 군인 원호법GI Bill of Rights' 역시 같은 맥락에서 교외 주택에 더 호의적인 조치였다. 이에 더해 1956년에 제정된 '연방 지원 고속도로법Federal Aid Highway Act' 덕에 고속도로가 대규모로 건설되면서 구도시와 교외는 더 빠르고 편리하게 연결되었다.[61]

교외는 이제 미국에서만 볼 수 있는 독특한 특징을 지닌 공간이 되어갔다. 새롭게 건설된 드넓은 주택단지는 엄청난 수요가 창출되는 개척지 같은 곳이기도 했다. 가재도구부터 가전제품, 도심까지 이동할 수 있는 자동차에 이르기까지 수많은 소비재가 필요했기 때문이다. 1953년 미국 내 교외 거주자는 약 3,000만 명으로 전체 인구의 19% 정도였지만, 지출과 소비 면에서는 29%를 차지했다.[62] 이런 구매력을 가진 교외 거주자, 즉 교외에 거주하는 소비자들의 수요에 대응하기 위해 곧이어 고속도로 변이나 큰 교차로 근처에 길쭉한 띠 형태의 상가군이 들어섰다. 이런 장소를 '스트립strip'이라고 불렀는데, 라스베이거스를 관통하는 번화가 '스트립'은 이런 스트립의 발달된 형태로 볼 수 있다. 그런데 이런 상업지구들이 미국 도시 주변에 우후죽순으로 생겨나면서 새로운 문제가 발생했다. 무분별한 건설로 주변 경관을 해치는가 하면 체인점의 발달로 인해 어딜 가나 비슷한 모습의 상점이 죽 늘어서 있어 '풍경의 균일화'라는 비판도 받았다.[63] 이런 상황에서 뒷날 '쇼핑몰의 아버지'라 불리게 된 빅터 그루엔Victor David Gruen, 1903~1980이 나타났다.

빅터 그루엔의 계획과 쇼핑몰의 원형들

빅터 그루엔은 오스트리아 빈에서 태어난 유대인으로, 대학에서 건축을 전공했다. 강성 사회주의자였던 그는 나치스의 압박을 피해 35세인 1938년 미국으로 건너오게 된다. "건축과 졸업장과 주머니 속의 8달러, 그리고 영어를 못하는 입"만을 가진 채 이민생활을 시작했지만 곧 뉴욕에서 고급 상점들의 외부 및 실내 디자인으로 명성을 얻게 되었다. 대공황을 겪던 터라 사람들은 쇼핑을 꺼렸고, 상점 측에서도 점포에 투자하려는 의지가 별로 없었다. 하지만 그루엔은 아름다운 상점은 손님을 끌게 마련이고 그들을 오래 머물게 할 수 있어 결국 판매 증가로 이어진다고 주장했다. 당시 그의 눈에 비친 교외의 상업지구는 그야말로 마구 지어진 흉측한 건물 더미였다. 그루엔은 교외에 복합적인 기능을 갖춘 멋진 쇼핑 공간을 지어야겠다고 마음먹었다. 커다란 쇼핑센터가 아파트, 사무실, 병원과 함께 있고, 육아시설은 물론 도서관과 방공호까지 갖춘 그런 공간을 구상한 것이다.

그루엔은 동료와 함께 로스앤젤레스 외곽 웨스트체스터에 있는 밀리론즈Milliron's 백화점을 설계하게 되었다. 1949년 완공된 밀리론즈 백화점은 멀리서도 눈에 띄는 개성 있는 외관을 갖추었을 뿐 아니라 당시 골칫거리였던 주차 문제를 해결할 만큼 충분한 주차시설을 건물 둘레와 옥상에 갖춘 덕에 언론의 주목을 받았다. 밀리론즈 백화점 설계로 유명해진 그루엔에게 이번에는 디트로이트의 허드슨스Hudson's 백화점 설계 의뢰가 들어왔다. 원래 이 백화점은 시내에 건립될 예정이었지만 그루엔은 백화점 대표에게 편지를 써서 반드시 교외에 지어야만 한다고 호소했다. 백화점 고객들 대부분이 교외에 거주하고 있기 때문에 그들을 위해 교외에 쇼핑센터를 짓는 일이 훨씬 나은 선택이라는 주장을 했던 것이다. 결국 허드슨스 백화점은 애초의 계획을 변경해 교외인 노스랜드Northland에 대규모 쇼핑센터를 짓기로 결정했다. 그루엔은 허드슨스 백화점을 중심으로 자잘한 상점들을 한곳에 모아놓을 계획이었다. 그렇게 하면 이후 백화점 주변에 각종 상가가 난립하는 것을 원천적으로 차단할 수 있을 것이라는 계산이었다.

1954년 마침내 문을 연 노스랜드 쇼핑몰은 기존의 쇼핑센터들과는 차원이 다른 쇼핑 공간이었다. 앵커스토어(anchor store, 상권 내에서 대표 상가나 중심이 되는 점포)인 허드슨스 백화점을 중심에 두고 삼면을 작은 상점들이 둘러싸는 형태로 설계했고, 그 바깥으로 주차장을 지었다. 허드슨스 백화점에 들어오려면 사람들이 100개 정도의 작은 상점들을 지나쳐 가야만 하는 구조였다. 그루엔은 쇼핑센터 내부를 자신이 나고 자란 빈의 구도심 같은 느낌이

1954년에 문을 연 노스랜드 쇼핑몰의 외관

그루엔은 쇼핑센터를 여러 구획으로 나누어 방문객들이 쇼핑뿐 아니라
산책과 문화생활을 겸할 수 있도록 각종 편의시설을 갖춘 복합공간으로 설계했다.

1956년에 개장한 사우스데일 쇼핑센터의 내부

미네소타주 미니애폴리스에 건립된 사우스데일 쇼핑센터는
전체를 지붕으로 덮음으로써 마침내 완벽한 실내 도시를 구현했다.

나도록 설계했다. 예쁘고 개성 있는 상점들과 그 사이사이의 노천 카페, 그 앞을 천천히 걷는 사람들의 여유로움이 그가 원했던 이상적인 공간상이었다. 그래서 그는 쇼핑센터를 여러 구획으로 나누어 '공작새 테라스'며, '그레이트 레이크 코트', '마을 길' 같은 아기자기한 이름을 붙였다. 또한 엄청난 양의 식물과 꽃을 들여놓았으며, 폭포와 장식적인 조형물을 설치하고 공원 벤치를 이곳저곳에 놓아두어 고객의 편의를 배려했다. 노스랜드 쇼핑몰에는 볼링과 아이스스케이팅, 연극과 공연, 전시를 위한 공간도 갖추었다. 다른 백화점에서는 볼 수 없었던 다양한 시설들이었다. 하지만 이 공간은 아직 지붕이 없는, 야외 쇼핑몰이었다.

미국 최초의 몰이 제안한 원칙

1956년 그루엔은 미네소타주 미니애폴리스에 사우스데일Southdale 쇼핑센터를 건설하게 되었는데, 이때 전체를 지붕으로 덮음으로써 마침내 완벽한 실내 도시를 만들어냈다. 이 '미국 최초의 몰'은 81만 평방피트의 면적에 자동차 5,200대를 수용할 수 있는 어마어마한 규모였다. 앵커스토어인 두 개의 대형 백화점 사이를 잇는 길은 2층으로 만들어져 점포들이 들어섰다. 중심에는 5층 높이의 거대한 돔 천장이 있었고, 그 아래에는 광장이 조성되었다. 미네소타는 겨울이 길고 추워서 쇼핑하기 힘든 날이 많았다. 하지만 이제 사우스데일 쇼핑센터의 내부는 전체적으로 온도를 조절하여 1년 내내 봄날 같은 기온을 유지했다. 난초와 수많은 열대식물, 42피트의 유칼립투스, 금붕어가 노니는 연못, 이국적인 새들이 날아다니는 어마어마하게 큰 조류원은

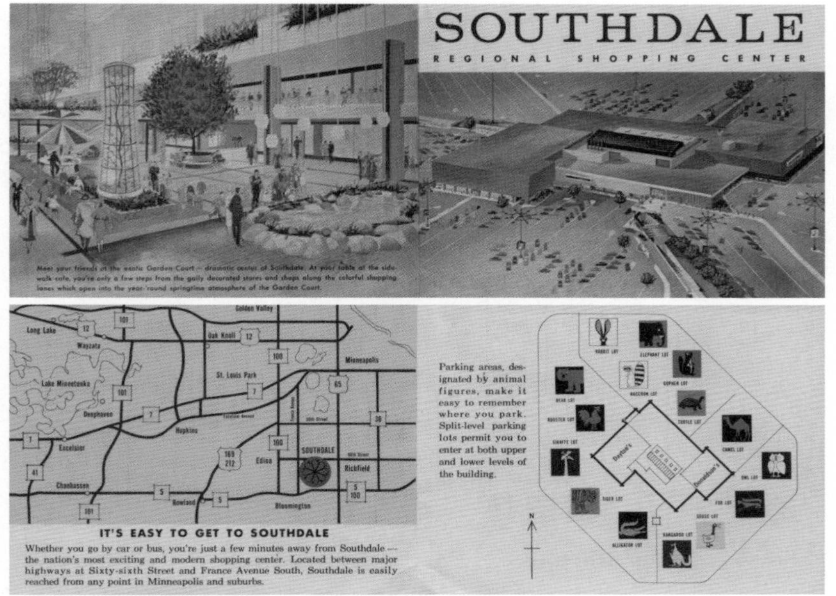

개장 당시 사우스데일 쇼핑센터의 팸플릿

이 팸플릿에 소개된 사우스데일 쇼핑센터의 구조와 특징은 오늘날에도 여전히 유효한 쇼핑몰의 기본 원칙이다.

미네소타 사람들의 이목을 집중시켰다.

그루엔이 건설한 사우스데일은 오늘날까지도 쇼핑몰의 기본을 이루는 여러 가지 원칙을 만들어냈다. 일단 쇼핑몰은 도심에서 떨어진 교외에 넓고 큰 주차장을 갖춘 건물이어야 한다. 사람들은 자동차로 쇼핑몰에 도착하지만 일단 실내에 들어서면 걸어 다닐 수 있도록 설계되었다. 보통 사람들이 도심에서 세 블록 정도를 걷는다는 원칙에 근거하여 그 거리에 해당하는 1,000피트가 몰의 평균 길이가 되었다. 엘리베이터나 계단은 중앙부가 아니라 몰의 양쪽 끝에 설치하는데, 그렇게 해야만 다른 층으로 이동하는 과정에서 입점한 모든 점포를 거쳐 갈 수 있다. 마찬가지 이유로 몰은 2층으로 이루어진다. 1층이나 3층으로 지으면 고객들이 놓치는 상점들이 생기기 때문이다. 이뿐만 아니라 사람들이 아래에서 위로 올라가는 것보다 위에서 내려오는 것을 편안하게 여기기 때문에 주차장은 맨 위층에 설치하여 사람들이 쇼핑하기 위해 아래로 내려오도록 고안되었다.[64]

미국 전역에 수많은 몰이 생겨나면서 사업이 대형화되자 몰을 설계하고 운영하는 매뉴얼이 점점 더 정교해졌다. 사업가들은 미리 해당 지역의 인구 구성에 대한 치밀한 조사와 분석을 통해 어떤 점포들을 어떻게 배치할 것인가를 정해나갔다. 예를 들어 신분 상승 욕구가 강한 여피족(Yuppies, 젊고 도시적인 전문직 종사자들)이 많은 동네에는 브룩스브라더스(Brooks Brothers, 남성 슈트 전문 브랜드)와 앤테일러(Ann Taylor, 정장 위주의 여성복 브랜드)의 입점이 필요하고, 좀 더 보수적이고 신앙심이 깊은 중하류층이 많이 사는 동네에는 대형 유통업체인 케이마트Kmart나 제이씨페니J. C. Penny가 앵커스토어가 되어야 한다는 것 등이었다.[65] 전통적으로 앵커스토어는 백화점이나 대형 슈퍼마켓인 경우가 많았지만, 최근에는 트렌디한 레스토랑이나 영화관, 놀이공원이 그 역할을 하기도 한다.[66]

쇼핑몰이 주는 환상

그루엔은 쇼핑몰이 단순히 물건을 구매하는 공간이 아니라 사람들이 교류하고 상호작용하는 공간이 되어야 한다고 생각했다. "고대 그리스의 아고라, 중세의 시장, 그리고 지난날의 타운 광장이 제공했던 공간과 기회를 현대의 공동체에 만들어줄 수 있을 것"이라고 믿었다.[67] 여가가 사회적인 삶과 어우러지며 나아가 교육적인 기능과도 결합한다면 사람들이 쇼핑몰을 통해 그동안 잃어버렸던 공동체 의식을 되찾을 수 있으리라는 희망을 품었던 것이다. 쇼핑몰 건축가들은 이와 비슷한 맥락에서 역사적 유산이나 장소를 몰의 테마로 정하기도 했다. 예를 들어 미국 개척기의 작은 마을이나 타운을 몰 전체의 디자인 모티브로 끌어오는 것처럼 말이다. 이는 좀 더 단순했던 과거의 삶을 재현함으로써 방문하는 사람들이 그런 역사적 가치를 추구하기 위해 몰을 찾는 것 같은 느낌을 갖게 할 수도 있었다. 그런데 이렇게 만드는 실제 목적은 역사적 가치를 고양하는 것이라기보다는, 색다른 볼거리를 전면에 내세워 마치 현재의 쇼핑 행위가 부차적인 일인 것처럼 느끼게 하려는 것이었다. 존 고스Jon Goss 같은 학자는 과거로 돌아가는 착각을 주는 몰의 장치들은 "옛날의 진짜 공동체를 그리워하는 현대의 향수"를 자극하여 사람을 끌어 모으는 것이라고 해석했다.[68]

쇼핑몰 개발업자들은 갈수록 적극적으로 현재 쇼핑 행위 자체를 희석할 수 있는 다양한 방식들을 고안해냈다. 물건을 사기 위해 돈을 쓰는 행위에 부담감을 느끼지 않도록 그런 느낌을 순간적으로 가리거나 정당화할 만한 장치들을 구축하려는 것이었다. 그런 맥락에서 쇼핑몰은 일상성에서 벗어날 수 있는 환상을 제공해야 했다. 쇼핑몰이라는 공간에서 경험하게 될 환상은 공간성뿐 아니라 시간성에서도 탈현실적인 것이 되어야 했다. 그러기 위해서는 쇼핑몰은 일상의 대표적인 두 공간, 즉 일터와 가정과는 전혀 다른 '제3의 공간'이 되어야 했다. 이제 쇼핑몰은 지중해식 건축물이나 카리브 해안을 모티브로 삼거나 할리우드 같은 연예산업의 중심지가 주는 휘황찬란함, 심

1967년에 개장한 '팜비치 몰(Palm Beach Mall)'

이 쇼핑몰은 실내에 물길을 내고 나무와 각종 식물을 옮겨놓는 등
자연을 모티브로 실내 공간을 휴양지처럼 꾸몄다.

지어 미래지향적인 우주 공간 등을 차용하여 실내를 꾸몄다. 사람들은 쇼핑몰에 가는 것 자체가 다른 공간으로 '여행'하는 느낌을 받기 때문에 상대적으로 돈을 쓰는 데 덜 인색해질 수 있었다.[69] 보통 여행이 일상생활보다, 심지어 쇼핑과 비교하더라도 돈을 더 많이 쓰게 되는 활동이라고 생각하기 때문이다.

특히 쇼핑몰에는 식물, 폭포, 바위 등 자연을 모티브로 삼은 인테리어가 자주 등장하는데, 이것은 실내 공간에 청량감을 주는 효과 외에도 돈을 쓰는 행위를 자연의 일부처럼 자연스러운 일로 느껴지게 만든다고 한다.[70] 그리고 쇼핑몰 안에서는 사람들이 모두 걸어 다닌다. 자동차 천국 미국에서 쇼핑몰은 아무 관계가 없는 사람들이 걸어 다니며 서로를 보고 서로에게 보여지는 아마도 유일한 일상의 공간일 것이다. 1737년 영국 런던의 '더 몰The Mall'을 설명하는 말이었던 "산책로의 기능을 하는 그늘진 보도"를 가장 충실히 구현하는 공간, 그래서 쇼핑몰은 몰이라는 이름이 붙을 수밖에 없었던 것이다.

쇼핑몰에 대한 비판

1949년 밀리론즈 백화점을 완공한 이래 그루엔은 미국 내에서만 50개가 넘는 쇼핑몰을 설계했다. 오늘날 쇼핑몰은 미국 전역에 약 4만 5,000개가 있고, 미국인은 다른 어느 나라 사람들보다 쇼핑몰에서 많은 시간을 보낸다. 이렇게 보자면 쇼핑몰은 '성공한 아이디어'라고 할 수 있다. 하지만 그루엔은 환멸을 느끼기 시작했다. 무엇보다도 경쟁적으로 쇼핑몰을 지어대는 개발업자들에 대한 불만이 가장 컸다. 쇼핑몰은 부동산 '투기'를 위한 부자들의 포석이 되어버렸다. 쇼핑몰에 너무 많은 사람이 몰리면서, 주변에는 또 다시 스트립 상가군이 생겨나고 심지어 신도시가 건설되기도 했다. 애초 쇼핑몰이 등장할 무렵 그 주변 땅값이 떨어질 것이라 걱정했던 것과는 상반된 결과였다.

쇼핑몰이 전국적으로 마치 복사품을 흩뿌려놓은 것같이 비슷한 형태로 지어지는 것도 문제였다. 게다가 쇼핑몰에 입점한 상가도 비슷한 체인점과 브랜드 들로 이루어져 있어서 사람들은 어딜 가나 비슷한 브랜드를 입고, 몰 안에서도 비슷한 활동을 하게 되는 '경험의 획일화'가 일어났다. 그루엔의 이상이었던 공동체의 활성화나 시민 의식의 고양 같은 효과는 별로 나타나지 않았다. 결국 1968년 그루엔은 고향 빈으로 돌아가버렸다. 그 후 이 '쇼핑몰의 아버지'는 쇼핑몰을 신랄하게 비판하는 최고의 반대론자가 되었다. 그루엔은 이제 쇼핑몰이 "거대한 쇼핑 기계일 뿐"이고, "땅을 낭비하는 추한 주차장의 바다"가 되어버렸다고 한탄했다. 1978년 런던에서 열린 강연회에서는 오늘날의 쇼핑몰들은 자신이 구상했던 것과는 달리 변질된 것이므로, 자신은 그 추한 결과물들에 대해 어떤 책임도 질 생각이 없다고 선언했다. 이 강연의 제목은 '쇼핑센터의 슬픈 이야기'였다.

해외로의 확장

이미 꽤 오래전부터 미국의 지식인들은 쇼핑몰에 대한 비판을 제기해왔고, 몰이 삶의 일부가 되면서 사람들 사이에도 피로감이 나타나게 되었다. 미국의 쇼핑몰은 1990년대 정점을 찍었고 이제 쇠퇴 추세라는 이야기도 들린다. 그런데 그 무렵 미국이 수출해온 많은 상품이나 문화처럼 쇼핑몰도 해외로 활발하게 수출되기 시작했고, 오히려 다른 나라들에서는 매우 인기 있는 장소가 되어가고 있다. 수입된 쇼핑몰은 미국의 몰과 비슷한 외양과 시스템을 유지하지만 지역별 특성도 나타난다. 예를 들면 말레이시아의 쿠알라룸푸르의 쇼핑몰은 현대적 라이프 스타일을 지향하는 사람들에게 어필하는 장소인 반면, 영국에서는 가족 단위로 쇼핑하기에 안전한 환경을 지닌 곳 혹은 노인층이 산책하는 데 편안하고 흥미로운 곳이라는 이미지가 강하다. 한편, 전체 인구의 65%가 30세 이하인 이집트에서 쇼핑몰은 젊은이들을 끌어들이느라 여념이 없다. 갖가지 상품뿐 아니라 당구장, 디스코텍, 영화관, 아이스 스케이팅 링크나 볼링장 등이 중요한 역할을 하고 있다.[71]

쇼핑몰의 확장은 해외로의 수출에 그치지 않는다. 오늘날 세계 소비시장을 강타하는 온라인 쇼핑에서도 쇼핑몰이라는 말을 자주 사용한다. 물론 현실 공간에서의 쇼핑몰이 좀 더 공간적 개념에 치우친 반면, 온라인 쇼핑몰은 상품의 집합체라는 성격이 강하다. 그런데 시간이 흐르면서 온라인 쇼핑몰 사이에서는 마치 성격이 다른 백화점처럼 각각의 쇼핑몰만의 개성이 만들어지는가 하면, 이용객들 사이에도 일종의 소속감이 생겨나기도 한다. 그렇다면 그루엔이 그토록 원했던 소비생활을 통한 공동체 만들기가 혹시 온라인 쇼핑몰을 통해 구현될 수 있을지 자못 궁금해진다.

보이콧BOYCOTT, 거부하다

22

설탕거부운동

노예제 폐지와 설탕거부운동

윤리적 소비의 기원

설탕과 노예제

"설탕 1파운드를 소비할 때마다 사람의 살 2온스를 먹는 것이나 마찬가지다."[1] 이것은 18세기 말 영국에서 매우 영향력 있던 사회평론가 윌리엄 폭스William Fox, 주요 활동 시기 1791~1813가 출간한 팸플릿의 한 구절이다. 카니발리즘(cannibalism, 인간이 인육을 먹는 관습)의 메타포를 깔고 있는 이 비유는 영국에서 시작된 설탕거부운동에 폭발적인 동력을 불어넣었다. 설탕거부운동은 노예노동으로 생산된 설탕을 거부함으로써 노예제의 경제적 근간을 흔들려는 움직임이었다. 이 운동은 역사상 최초로 먹거리 같은 일상 소비 상품을 대상으로 정치·도덕적 차원에서 문제를 제기한 '윤리적 소비'의 시원이라고 볼 수 있다.

원래 남태평양, 인도네시아 등지에서 재배되던 사탕수수는 점차 인도,

중국, 페르시아 등 불교 문화권과 이슬람 문화권으로 퍼져나갔다. 이후 십자군전쟁 등을 통해 유럽에 전해진 설탕은 사치품의 일종으로 고급 향신료나 의약품으로 사용되었다. 16세기 해외 팽창 과정에서 설탕 재배로 얻게 될 엄청난 수익성을 감지한 유럽은 17세기부터 서인도제도의 섬들과 브라질 등지에서 본격적으로 사탕수수 재배에 돌입했다. 사탕수수로 설탕을 생산하는 과정에는 많은 노동력이 필요했는데, 현지에서 노동력 공급이 원활치 않자 유럽인들은 아프리카에서 흑인들을 잡아들여 서인도제도의 사탕수수 재배업자들에게 노예로 공급했다. 영국은 17세기 후반에 뒤늦게 노예무역에 뛰어들었는데, 18세기 초가 되자 네덜란드와 프랑스를 제압하고 노예무역에서 독점적인 위치를 차지하게 되었다.

제국주의가 본격화되면서 유럽에는 초콜릿, 커피, 설탕 등 식민지에서 들어온 새로운 식재료들로 넘쳐났다. 이에 따른 새로운 음식문화의 등장은 식민주의가 유럽인의 일상에 끼친 가장 큰 영향이라 해도 지나치지 않을 것이다. 역사학자 캐롤 샤마스Carole Shammas는 "아마도 근대 초 소비에서 가장 획기적인 변화가 일어난 것은 음식이다"라고 말했다.[2] 특히 쓴맛이 강한 차나 초콜릿에 설탕을 넣어 단맛을 가미하기 시작하면서부터 설탕 수요가 폭발적으로 늘어났다. 1800년 무렵에 설탕은 이미 유럽에서 대중적인 소비재가 되었다. 낮은 임금을 받으며 장시간 노동에 시달리던 산업화 시대 노동자들에게 차와 설탕은 저렴한 비용으로 높은 열량을 얻을 수 있는 경제적인 식품이었다.

시드니 민츠Sidney Mintz, 1922~2015는 《설탕과 권력Sweetness and Power: The Place of Sugar in Modern History》에서 설탕이 "1650년대에는 신기한 물건, 1750년에는 사치품, 1850년에는 그야말로 필수품이 되었다"고 주장한다.[3] 이처

아프리카 흑인들을 강제로 잡아서 수송하던 노예무역선의 내부, 1763년

노예들은 손과 발에 족쇄를 차고서 책꽂이의 책처럼 눕힌 채 장거리를 이동했다. 몸을 돌릴 수조차 없는 상태에서 짧게는 한 달, 길게는 두세 달에 이르는 항해를 이겨내고 살아남는 것 자체가 기적이었다.

럼 차와 설탕이 영국인의 일상에서 빼놓을 수 없을 정도로 중요해진 탓에 그것을 공급하는 일은 단순히 경제적 측면에서뿐 아니라 정치적인 차원에서도 문제가 되었다.[4] 같은 맥락에서 설탕을 먹느냐 먹지 않느냐 하는 문제도 정치적 사안이 될 수 있었다. 특히 설탕은 영국이 공급하는 아프리카 흑인 노예에 의해 생산되었기 때문에 좀 더 복잡한 정치적 주제가 될 운명을 지니고 있었다.

노예제 폐지운동

영국이 노예무역에서 두각을 나타내기 시작한 18세기 전반부터 퀘이커교도 등 종교집단들이 앞장서서 노예무역을 반대했다. 서인도제도 노예들의 해방과 노예무역 폐지를 목적으로 하는 단체들이 생겨났고, 1772년부터는 영국 의회에서 이 문제가 본격적으로 논의되었다. 1786년에는 토머스 클라크슨Thomas Clarkson, 1760~1846이 케임브리지 대학에서 논문상을 받은《노예제와 인간매매론An Essay on the Slavery and Commerce of the Human Species》을 출간함으로써 노예제 폐지운동을 사회적인 이슈로 부각시키게 된다. 이 책은 노예무역 종사자들과의 인터뷰를 비롯한 상세한 조사를 통해 노예무역선의 참상과 끔찍한 노예 학대를 고발한 것이었다.

그런데 당시 영국 의회 의원들 가운데 상당수는 노예무역이나 서인도제도의 농장들과 깊은 이해관계를 맺고 있었다. 따라서 그들이 노예무역 폐지 논의 자체를 방해하려는 온갖 공작을 펼쳤던 것은 어쩌면 당연한 일이었다. 하지만 노예제 폐지운동은 쉽게 꺾이지 않았다. 1792년 영국 정부에 접수된 노예무역 반대 청원서만 519건에 이르렀다.

흥미로운 사실은 노예제 폐지운동의 발흥을 순수하게 인도주의적 차원에서만 볼 수 없다는 점이다. 경제사가들은 노예노동에 의존하던 중상주의적 식민주의 경제가 자유무역에 기초한 자본주의적 제국주의 체제로 전환하기 위해서는 노예제가 폐지될 필요가 있었다고 주장한다. 다시 말하자면 세계 경제의 패러다임이 바뀌면서, 노예노동은 더 이상 이전만큼의 효율성이나 이익을 내지 못했기 때문에 폐기 수순을 밟을 시점에 봉착했었다는 말이다. 당시 사회의 지배세력으로 떠오르던 부르주아 중 일부는 노예제 자체가 개인의 자유와 이익 추구를 기초로 하는 시장체제와 양립할 수 없다는 이념적 이유에서 반대했다. 하지만 표면적으로 노예제 폐지운동은 인도주의적 시민 의식이 이끌어가고 있었다.

1792년 노예무역 폐지에 관한 결의안이 비로소 영국 하원을 통과했다. 그런데 프랑스에서는 혁명이 한창 진행 중이었고, 바다 건너 상황을 조심스럽게 지켜보던 영국에서는 프랑스혁명이 자국에 미칠 영향에 대한 두려움이 커져갔다. 갈수록 프랑스혁명이 폭력성을 강하게 띠게 되자 영국에서는 프랑스혁명에 자극받은 급진주의 세력이 계급질서 등 영국의 전통적인 사회체제를 붕괴시키지 않을까 우려하기 시작한 것이다. 결국 조지 3세George III, 재위 1760~1820의 광기 같은 당면한 내치 문제와 맞물려 보수 세력이 결집하면서 노예무역 폐지안이 발효되지 못했다. 이 법안은 1807년에서야 의회를 통과했다. 그런데 당시 이 법안은 영국 상선에 의한 노예무역을 금지하는 제한적인 조치에 불과했고, 노예제 자체가 폐지된 것은 한참 뒤인 1833년이 되어서였다.

설탕 거부 논쟁

설탕거부운동은 노예제 폐지론자들이 소비자들에게 설탕, 인디고, 쌀, 면화 등 노예노동을 통해 생산된 상품들에 대한 거부를 촉구하면서 시작되었다. 특히 설탕의 경우 영국인의 일상에 밀착된 상품이어서 유달리 더 큰 논쟁에 휘말렸다. 설탕 교역을 지지하는 사람들은 설탕이 감각적인 사치품이 아니라 건강을 유지하기 위한 필수품이라고 주장했다.[5] 의사들은 설탕을 끊게 되면 건강에 큰 해를 불러올 것이라며 경고했다. 사실 이런 논의가 일견 자연스럽게 느껴질 만큼 당시 영국인은 설탕에 거의 중독되어 있었다. 프레데릭 슬레어Frederick Slare, 1647?~1727라는 의사는 신생아에게 설탕을 먹일 것을 권한 논고로 유명하다. "자연이 갓 태어난 아기에게 선사한 첫 음식인 모유는 섬세하고 부드러우며 달콤하다는 측면에서 설탕과 흡사하다. 그래서 모유가 필요할 때 설탕을 대신 쓰는 것은 잘 알려진 사실이다"라고 주장했다.[6] 이처럼 설탕을 모유에 빗댄다거나 인간의 신진대사에 꼭 필요한 요소라는 식의 설탕 옹호론은 한동안 설득력을 발휘했다.

그런데 이런 상황은 글의 서두에서 언급한 바 있는 윌리엄 폭스의 팸플릿, 즉《서인도제도의 설탕과 럼 사용 금지에 관해 영국 국민에게 드리는 글An Address to the People of Great Britain, on the utility of refraining from the use of West India Sugar and Rum》때문에 뒤집히게 된다. 폭스는 설탕 소비를 경제적 차원에서뿐 아니라 윤리적 측면에서도 고려해봐야 할 문제라고 주장했다. 이런 맥락에서 노예가 생산하는 설탕을 섭취하는 일을 인간을 잡아먹는 식인행위에 비유했던 것이다. 폭스의 저서는 출간되자마자 무려 13만 부나 팔려나갔다. 이듬해에는 미국에서 판매된 부수까지 합쳐서 또 12만 부가 팔렸다. 이

〈서인도제도의 야만〉, 제임스 길레이, 1791년

서인도제도의 사탕수수 농장에서 강제노동에 시달리다 결국 죽음에 이르게 되는 아프리카 흑인 노예들의 참상을 폭로한 이 풍자화로 설탕거부운동과 노예제 폐지 이슈가 한층 더 뜨거워졌다.

수치는 당시 센세이션을 일으킨 토머스 페인Thomas Paine, 1737~1809의 《인권Rights of Man》의 판매 부수를 능가하는 것이었다. 다른 지식인과 예술가 들도 폭스의 반反노예제 레토릭에 동참했다. 유명한 풍자화가 제임스 길레이James Gillray, 1756~1815는 〈서인도제도의 야만Barbarities in the West Indias〉이라는 작품에서 잔인하고 탐욕스런 농장주가 설탕을 끓이는 솥에 흑인 노예를 집어넣어 함께 삶는 모습을 묘사해 이 민감한 이슈를 한층 더 뜨거운 논쟁으로 끌어올렸다.

먹거리 생산과 소비의 사슬

노예제 폐지론자들은 설탕이 식민지에서 노예를 끔찍하게 착취한 결과물이라는 사실을 강조했다. 한 팸플릿에서는 이렇게 썼다.

> 노예는 자신을 사슬에 매어둔 악마 같은 인간들이 왜 자기에게 밥을 먹이려고 하는지를 이해할 수가 없다. …… 그는 결국 그들이 원할 때 잡아먹기 위해 자기를 살찌우려는 것이라고 결론짓는다. 노예는 음식을 거부한다. 그는 먹지 않는다는 이유로 채찍질당한다. 그러나 노예는 분노가 만들어낸 강인함으로 채찍질에 굴복하지 않는다. 그러면 집게로 입을 억지로 벌리려다 이가 부러지면서 틈이 생긴다. 강제로 벌어진 입에 쌀을 집어넣고 목구멍으로 쑤셔 넣는다. 노예는 살아가는 일을 강요당한다.[7]

노예가 음식을 거부하는 것은 인간이 자율적으로 선택한 저항의 극단적 방식이었다. 그러나 그 저항마저 결국 강제로 음식을 주입받으며 실패한다. 음식을 생산하는 노예에게 강제로 음식을 먹이면서 일을 시키는 광경에 대한 생생한 묘사는 먹거리를 생산해내는 생산의 사슬에서 노예와 설탕을 따로 떼어놓고 볼 수 없다는 점을 알려주었다.

생산자와 생산품을 동일시하는 은유는 노예제 폐지론자들 사이에서만 통용되던 것은 아니다. 18세기부터 19세기까지 먹거리를 생산하는 노동자의 육체를 상상하는 것은 당시에 널리 퍼져 있던 '사회적 상상력'이었다. 영국의 의사로서 자메이카에서 활동했던 벤자민 모슬리Benjamin Moseley, 1742~1819는 노동자의 육체는 그들의 섭생을 그대로 표현하는 '상형문자'와 다름없다고 말했다.[8] 이런 인식의 연장선에서 생산된 먹거리와 그것의 소비자를 동일시하는 시각도 있었다. 즉, "당신이 먹는 음식이 바로 당신 자신이다You are what you eat"라는 생각 말이다. 이런 상황에서 소비자들은 자신이 먹는 설탕에 가혹한 노동에 시달리는 노예의 피와 땀을 투영하게 되었다. 노예제 폐지론자들은 한발 더 나아가 식민지에서 생산되는 설탕이 노예의 피와 땀을 비롯해 이와 진드기 등에 오염된 것이라고 주장했다.

그런데 노예의 피와 땀에 관련된 담론에는 노예를 생각하는 척하면서도 사실 그들과 거리 두기를 하려는 의도가 숨어 있었다. 작열하는 태양과 끈적이는 대기, 뭔지도 모를 벌레들로 득시글거리는 곳에서 생산되는 설탕은 위험한 것이었다. 그곳에서 일하는 노예들의 육체도 이미 위험에 노출되어 있는 데다 오염되기까지 했다. 반면, 깨끗하고 합리적인 영국은 노예노동이 벌어지는 그 이상한 이방의 세계와는 다른 '문명화된 곳'이었다. 설탕을 거부하는 일은 그런 혼탁한 바깥세상으로부터 영국의 우월성을 지키려는 배타적인 이데올로기와도 맞닿아 있었던 셈이다.

여성이여 앞장서라

설탕거부운동 초기에는 여성들을 설탕 소비의 주범으로 지목하고 비난하는 경향이 강했다. 특히 여성들이 모여 한담을 나누는 차 문화가 특권과 여가, 무분별한 소비와 가십거리나 만들어내는 쓸모없는 문화라는 비난을 받으며 '스캔들의 본거지'라는 오명까지 뒤집어쓰기도 했다. 그런데 이런 비판의 대상이었던 여성들이 노예무역 반대운동과 설탕불매운동에 앞장서서

〈차 한 잔과 수다〉, 로버트 페이턴 레이드, 1887년

설탕반대운동 초기에는 설탕 소비가 무분별하게 이루어진다는 이유로
여성들의 차 문화까지 비난을 받았다.

활약을 펼치게 된다. 여성들의 적극적인 참여에는 여성의 운명을 노예의 처지에 비유하곤 했던 페미니스트의 담론이 한몫했다.

그런데 이 운동에서 주목할 만한 사실은 여성들이 도덕적 소비를 주도할 주체성을 갖게 되었다는 점이다. 18세기 중반부터 여성에게는 가정domestic sphere의 수호자로서의 정체성이 부여되었다. 복잡한 경제활동과 정치가 이루어지는 바깥세상과는 분리된, 개인의 생각과 감정이 지배하는 공간의 주인공이 된 것이다. 이 당시 영국 중간계급 사이에서는 '가정생활의 도덕적 가치'에 대한 이상이 확산되고 있었다. 가정에서 여성, 즉 부인이나 어머니가 가족 구성원들에게 더 나은 사람이 되도록 영향을 미칠 수 있다는 것이었다. 18세기 말이 되면 "권력은 남성을 위한 것이지만 영향력은 여성에게서 나온다"는 말이 사회에 널리 통용되었다.[9]

여성의 도덕적 영향력은 풍부한 감정, 동정, 공감, 연민에 바탕을 둔 것이었다. 여성은 타인의 고통을 눈에 보이듯이 그려내고 자신의 일처럼 생생하게 느낄 수 있다고 생각되었다. 노예제 폐지를 주장하는 내용의 팸플릿은 점차로 여성들의 감수성에 호소하는 메시지를 담아내기 시작했다. 이런 팸플릿을 읽은 여성이 노예들의 처참한 처지를 동정하여 설탕 소비를 거부하게 된다면 그 자체만으로도 남성들에게 일종의 모델이 될 수 있을 것이라고 설파되었다.[10] 이제 사소한 소비 행위가 여성성과 연관된 도덕적 감수성에 의해 공적 차원의 의사 표시로 연결되는 통로로 작동하기 시작한 것이다. 그리고 설탕을 거부하는 운동은 곧 여성이 사회적인 미덕을 지키는 한 방식이 된다. 오늘날 소비자운동에서 여성들이 담당하고 있는 역할, 즉 건강지킴이로서 가정의 수호자이자 시장논리에 맞서는 도덕의 담지자라는 역할의 역사적 단초가 마련된 것이다.

설탕거부운동의 효과와 이면

1791년부터 2년 동안 약 30만~40만 명 정도의 영국인이 서인도제도에서 노예노동으로 생산된 설탕의 소비를 중단했고, 영국 전체 가구의 90% 정도가 설탕절제운동에 동참했다. 그런데 이 운동을 돈벌이의 기회로 포착한 이들이 있었다. 바로 서인도제도 이외의 지역에서 생산된 설탕을 판매해온 상인들이었다. 특히 동인도회사는 서인도제도산 설탕을 대신하여 자신들이 거래하던 지역의 설탕을 시장에 풀기 시작했다. 이들은 동인도제도, 즉 인도나 동남아시아 등지에서의 설탕산업은 노예가 아닌 자유노동자에 의해 이루어진다는 점을 전면에 내세웠다.

1820년대가 되자 동인도제도산 설탕은 노예제 폐지론을 지지하는 많은 영국인에게 큰 호응을 받게 되었고, 1824년에는 전용 창고까지 생겨났다. '자유인free men이 만든 설탕'임을 보증한다며 동인도제도산 설탕만을 파는 가게들도 늘어났다. "동인도제도산 설탕은 노예가 만들지 않았습니다EAST INDIA SUGAR not made by SLAVES"라는 모토가 새겨진 설탕 그릇이 판매되었다. 이런 그릇은 식탁을 장식하는 중요한 아이템이 되어 주인이 '의식 있는' 사람임을 보여주었다. 설탕거부운동이 시작된 이래 설탕 소비는 적게는 3분의 1, 많게는 2분의 1까지 줄어들었지만 동인도제도산 설탕은 불과 몇 년 사이에 열 배가 넘는 판매량을 기록했다.

그런데 이 반동적인 움직임은 사실 동인도제도산 설탕을 지나치게 미화한 것이었다. 주로 인도에서 재배되고 가공된 동인도제도산 설탕은 영국 동인도회사의의 엄격한 통제 속에서 생산된 것이었다. 인도에서 설탕을 생산하던 노동자들은 지독한 가난과 혹독한 카스트 제도하에 신음하던 농민들이었다. 그들의 상황은 사실 서인도제도의 노예와 크게 다르지 않았고, 대대적으로 홍보되었던 '자유노동'과도 거리가 멀었다. 서인도제도산 설탕 제조업자들은 이러한 문제점을 지적하면서 동인도제도산 설탕 판매업자들을 위선자라고 비난했다. 하지만 이런 비난에도 불구하고 서인도제도산 설탕을 거부해온 노예제 폐지론자들이 동인도제도를 비롯한 다른 지역의 노동조건에 관심을 갖기까지는 꽤 오랜 시간이 걸렸다.

1820~1830년경 판매된 노예제 반대 설탕 그릇

당시 사람들은 이런 그릇을 사용함으로써 노예제 폐지와 설탕거부운동에 동참하고자 했다.

18세기 후반 영국의 설탕거부운동은 윤리적 소비의 역사적 출발점이었다. 오늘날에는 '착한 소비' 운동처럼 소비 행위에 윤리적이고 도덕적인 문제의식을 투영하는 경향이 범세계적으로 뚜렷해지고 있다. 그런데 이런 과정에서 윤리적 소비는 그 자체가 '빅 비즈니스'가 되어가는 측면이 있다. 다른 빅 비즈니스에서 흔히 볼 수 있듯이, 문제가 되었던 비윤리적인 요소를 제거했다는 이유만으로 대안적 생산방식이 미화되기도 하고, 정치적 이유를 앞세워 그 이면에 놓인 문제들이 은폐되기도 한다. 그렇기 때문에 최초의 윤리적 소비운동인 설탕거부운동에 동인도제도산 설탕이 불러온 반전은 눈여겨봐야 한다. 정치성을 필수조건으로 삼는 윤리적 소비운동이 왜 반드시 정치성과 거리를 두어야만 하는지를 명징하게 보여주는 역사적 선례이기 때문이다.

23

외제품 불매

애국소비

'바이 아메리칸' 캠페인의 역사

미국 독립과 애국소비운동

2016년 치러진 미국 대통령선거에서 도널드 트럼프Donald Trump가 당선된 사실은 전 세계를 충격에 빠트렸다. 막말과 성추행 등 상식 밖의 자질들은 차치하고 경제적 측면에서만 보더라도 트럼프가 내세우는 극단적인 보호무역주의는 전 세계적으로 큰 혼란과 우려를 불러일으키고 있는 상황이다. 그런데 자국 산업 보호, 이민자 배척, 교역 규제 등은 미국 역사에서 낯설지 않은 움직임이다. 애초 미국의 탄생은 애국주의적 경제운동에서 비롯되었다고 해도 과언이 아니다. 미국은 20세기에만도 두어 차례의 굵직한 애국소비 캠페인을 경험한 바 있다.

미국의 독립을 촉발한 발화점으로 흔히 1773년 보스턴 차 사건Boston Tea Party을 꼽는다. 그런데 실제로 미국 독립의 단초는 1765년으로 거슬러 올라

1765년 인지조례에 반대하는 뉴욕의 시위 행렬

영국 본국에서 인지조례를 제정해 식민지 의회를 무시하고 강제 과세 조치를 취하자 식민지인들은 "대표 없이 조세 없다"는 구호를 내걸고 인지조례의 무효를 결의하는 등 강력하게 항의했다.

간다. 1765년 영국이 북아메리카 식민지에 인지조례印紙條例, Stamp Act를 선포하며 각종 서류와 인쇄물에 인지를 붙일 것을 요구했다. 인지세는 본국 영국에서 이미 시행되고 있던 과세였지만 북아메리카 식민지에 부과한 최초의 직접세라는 점과 식민지 의회를 무시한 강제 과세였다는 점에서 거센 반발을 불러일으켰다. 식민지인들은 "대표 없이 조세 없다"는 구호를 내걸고 인지조례의 무효를 결의하는 등 강력하게 항의했고, 인지세는 1766년 시행된 지 3개월 만에 폐기되었다.

식민지 인지조례 회의가 열리던 1765년 8월, 보스턴의 한 평범한 술집에 꽤나 잘나가는 상인 50명이 모였다. 이들은 영국에서 수입한 옷이며 레이스나 러플을 단 화려한 옷을 입지 않기로 결의하는 한편, 장례식에 참석할 때도 수수한 옷차림을 하기로 약속했다. 곧이어 뉴잉글랜드 곳곳에서 비슷한 운동이 일어났고, 보스턴의 수공업자들은 매사추세츠에서 만든 옷만 입기로 서약했다. 예일 대학교 학생들도 이에 동참하며 외국산 술을 마시지 않기로 결의했다.[11] 영국 상품에 대한 수입거부운동은 곧 국산품 애호운동이었고, 이를 통틀어 '애국소비'라 부를 수 있다. 이 운동은 순식간에 큰 반향을 불러일으켰으며, 그 과정에서 식민지 사람들은 온갖 불만을 토로했다. 이 불만들은 곧 미국 독립혁명을 불러온 '영국 압제에 대한 미국인의 권리 주장 목록'이 되었다.

대서양 경제공동체와 소비의 정치성

뚜렷한 목적을 가지고 수입거부운동을 펼친다는 것은 그만큼 수입품이 많았다는 것이다. 1740년까지도 북아메리카의 평범한 사람들은 극단적으로 단순하고 검소한 삶을 영위했다. 그런데 영국에서 '소비혁명consumer revolution'이 일어나면서 갑자기 수많은 물건이 식민지에 쏟아져 들어오게 되었다. 옷이며 직물, 도자기, 유리 제품, 금속 제품, 차, 신문 등 갖가지 영국제 상품이 그야말로 순식간에 식민지 구석구석에까지 퍼져나갔다. 식민지인들은 '순종적인 소비자'들이어서 열심히 일해 번 돈으로 물건을 사는 데서 '자유'의 의미를 맛보았다고 한다.[12] 이뿐만 아니라 본국인들과 마찬가지로 영

영국 상품 수입거부운동에 동참한 여성들

식민지 여성들은 영국산 직물에 대한 의존도를 낮추기 위해 직접 옷감을 짜 의복을 마련하는 등 영국 상품 수입거부운동에 동참했다.

국제 상품을 쓴다는 점에서 식민지인들은 본국과 자신들이 하나로 연결된 '상상의 공동체'에 속해 있다고 느꼈다.[13] 영국과 북아메리카는 이미 대서양 경제공동체였고, 18세기 중엽에 식민지인들은 적어도 영국 수출품의 25% 이상을 소비하고 있었다.

그런데 식민지의 동의 없이 과세된 강제 조세는 이 평화로운 관계를 의심하게 만들었다. 자신들이 무시당하고 착취당하는 존재라는 생각에 북아메리카 주민들은 영국에 분노했으며 독립이라는 선택을 고려하게 되었다. 그 동안 식민지인들은 영국제 상품을 구입해 소비하면서 일상적 차원에서 시장에서 이루어지는 경제적 선택권이며 부르주아적 미덕을 배웠던 터였다. 그것은 동시에 자신들이 영국에 소속감을 느끼는 경험이기도 했다. 그런데 이들이 2등 시민 취급을 받는다는 사실을 깨달은 순간, 본국과 일체감을 느끼게 했던 상품들은 곧 저항을 위한 소품이 되었다. 이 소품들, 즉 일상적으로 사용하는 물건들은 혁명가의 팸플릿에 적힌 이데올로기와는 다른 차원에서 실제적이고 강력한 힘을 가진 것이었다. 그리고 이 영국 상품 수입거부운동에서는 평범한 사람들도 자신의 의견을 낼 수 있었기에 식민지의 다른 협의체에서보다 훨씬 더 민주적인 도덕률과 원칙 들이 도출될 수 있었다.[14]

수입거부운동에 참여한 사람들은 서약을 지키지 않는 구성원들에게 가차 없이 응징하기도 했다. 토머스 릴리Thomas Lilly는 1775년 영국에서 차를 수입하다가 적발되었는데, 사람들이 모여들어 차를 불태웠을 뿐 아니라 그는 공개된 장소에서 다시는 이런 행위를 하지 않겠다는 맹세를 해야 했다.[15] 뉴저지의 한 가족은 영국 제품 거부운동 서약을 해놓고도 영국 차를 끊지 못했는데, 이 사실을 알게 된 사람들은 그 가족과 모든 인연을 끊고 이름을 공개했다.[16]

이처럼 영국 제품을 끊지 못하는 사람들이 있었는가 하면, 애국소비운동을 내심 반기던 부자들도 많았다. 1750년대 들어 아메리카 식민지에도 빈부격차가 점차 커지기 시작했다. 부유한 식민지인들은 자신들의 지위를 과시하기 위해 값비싼 물건들을 사들였는데, 그 물건들이란 대부분 영국산 수입품이었다. 1760년대가 되자 그들의 소비 수준은 통제 불능 상태에 이르렀다. 지위가 비슷한 사람들끼리 경쟁이 붙어 서로 보조를 맞추다 보니 빚을 내서라도 소비를 계속할 수밖에 없는 상황이었던 것이다. 수입거부운동은 이런 난처한 상황에 빠진 부자들에게 좋은 핑곗거리가 되었다. 스스로 체면을 구기지 않고서도 소비를 줄이고 빚을 청산할 수 있게 되었기 때문이다.

이뿐만 아니라 그전에 빈부격차로 인해 생겨났던 계급적 분노도 진정시킬 수 있었다.[17]

1767년 12월 10일 일간지《펜실베이니아 가제트Pennsylvania Gazette》에 실린 슬로건은 이런 분위기를 잘 대변해준다. "만약 우리가 자유롭기를 원한다면, 만장일치로 외제 사치품을 치우고 우리가 만든 물건을 사용합시다. 당신이 아끼는 돈이 곧 당신의 나라를 구할 것입니다."[18] 10년 가까이 펼쳐진 이 운동을 통해 식민지인들은 경제주권을 천명하고, 자신들의 경제원칙이 구현되는 국가에 대한 전망을 세울 수 있었다. 보스턴 차 사건은 이런 움직임의 클라이맥스였을 뿐이었다. 이를 두고 미국 역사가 브린T. H. Breen은 "수입거부운동이야말로 자유주의 사상의 역사에서 중요한 순간이었다"라고 말한다.[19] 같은 맥락에서 다나 프랭크Dana Frank도 "미국 상품 애용운동이 미국의 탄생을 가져왔다"고 주장했다.[20]

흥미롭게도 같은 시기 대서양 경제공동체의 또 다른 일원이었던 아일랜드에서도 애국소비운동이 일어났다.[21] 1775년부터 영국과 미국의 관계가 악화되자 1776년 2월 3일 영국 정부는 전쟁에 대비하여 아일랜드 재화를 독점적으로 확보하고자 아일랜드의 대외 수출을 금지했다. 이 통상금지령으로 인해 아일랜드는 갑작스러운 경제 위기에 처했는데, 이런 상황에서 국산품 애호운동이 일어나게 되었다. 직물업자들은 사치품 수입의 주역이었던 상류층을 향해 고통을 겪고 있는 자국 산업에 동정을 가져달라고 호소했는가 하면, 언론은 국민들에게 국가적 위기 상황에서 애국적 소비자로서 해야 할 역할을 설파했다. 그 결과 일상적인 소비 행위가 곧 국민 정체성, 애국심을 증빙하는 척도로 여겨지게 되었다.[22]

대공황과 바이 아메리칸 캠페인

제1차 세계대전이 끝나고 유럽은 극심한 경제적 어려움에 처하게 되었다. 미국에 전쟁부채를 상환해야 했던 영국은 1920년대 경제 부흥을 위한 노력의 일환으로 "영국제 물건을 사자Buy British"는 캠페인을 벌였다. 버스와 기차, 지하철에는 400만 장의 포스터가 나붙었고, 보이스카우트를 비롯해 BBC 같은 언론사, 전국 제조업 노동조합과 수천 개의 소상공인협회가 캠페인에 동참했다. 겨울이면 프랑스 리비에라에서 휴가를 보내던 귀족들도 국내 휴양지를 찾는 등의 모범을 보였다. 1933년이 되자 애국소비 캠페인은 비단 영국에서뿐 아니라 유럽 곳곳에서 목격할 수 있는 사회적 현상이 되었다. 프랑스에서는 노동조합원들이 "외제품에 대항하고 프랑스 상품을 애호하자"는 대규모 시위를 벌이기도 했고, 프랑스 정부는 모든 직조품에 대한 원산지 라벨 부착을 시행했다. 신발과 도자기 제품에 이은 세 번째 원산지 표시 조치였다.[23]

한편, 영국의 애국소비운동을 눈여겨본 미국인이 있었다. 바로 전설적인 언론 재벌 윌

"영국제 자동차를 사자"

1920년대 영국에서 일어난 애국소비 캠페인 광고.

"일자리를 달라, 미국산 제품을 사자"

1930년대 대공황기 미국의 애국소비 캠페인 광고.

리엄 랜돌프 허스트William Randolph Hearst, 1863~1951였다. 그는 무려 27개의 주요 신문사뿐만 아니라 리츠 호텔 같은 고급 호텔을 비롯해 페루에 광산도 소유하고 있었다. 정계 진출을 꿈꾸었던 허스트는 영국의 애국소비 캠페인을 미국에 도입하기로 마음먹는다. 1930년대 대공황을 겪고 있던 미국에서 국산품 애용운동을 벌여 정치적 영향력을 확대하려 한 것이다. 그는 외국 제품 불매운동에 앞장서는 한편, 이주노동자 특히 아시아 출신 노동자를 배척해야지만 미국이 대공황이라는 경제적 난관을 헤쳐나갈 수 있다고 주장하기 시작했다.[24] 허스트는 "싸구려 외국산 물건이 대공황의 원인이다"라고 단언했다.[25]

1932년 가을부터 허스트는 본격적으로 "미국 제품을 사자Buy American"는 캠페인을 벌였다. 그가 소유한 27개 신문들은 12월 26부터 매일 두 달 동안 1면에 적게는 한 개에서 많게는 서너 개씩 '바이 아메리칸 스토리'를 실었다. 영화관에서는 영화 상영에 앞서 그와 관련된 홍보를 내보냈다. 백인 어린이가 미국산 장난감을 갖고 놀면서 "우리 엄마랑 아빠는 사람들이 모두 미국 제품을 사야 한다고 말씀하세요. 그래야 많은 사람이 일자리를 얻게 된다고요"라고 말하는 광고였다.[26] 1933년에는 허스트를 따라 많은 사람과 단체가 캠페인에 동참했다.

하지만 모든 사람이 허스트의 캠페인에 찬성하는 것은 아니었다. 특히 아프리카 출신 노예의 후손인 흑인들과 미국 서부 개척에 투입되었던 중국인 이민자의 후손들은 허스트가 주창하는 백인 중심의 국수주의적 경제관을 경계했다. 미국 상품 애용 캠페인에 대해 흑인 커뮤니티는 "일할 수 없는 곳에서는 구매하지 마라Don't buy where you can't work"는 슬로건으로 대응했고, 중국인 이민자들도 이에 적극 동조했다.

"일할 수 없는 곳에서는 구매하지 마라"

대공황이 진행되는 동안 아프리카계 미국인들은 흑인을 고용하기를 거부한 지역사회 기업들에 대해 보이콧을 벌였다.

한편, 경제 회복을 위해서는 국가주의적 장벽을 허물고 국제적 연대를 도모해야 한다는 의견도 있었다. 미국의 위기감과 좌절감을 이민자들과 외국인에게 떠넘기는 것은 궁극적인 해결책이 될 수 없다고 지적하면서 합리적이고 장기적인 비전을 요구한 것이다.[27] 그런데 이런 혼란과 갈등은 곧 제2차 세계대전의 발발로 인해 묻히게 되었다.

라벨을 확인하세요

제2차 세계대전의 가장 큰 수혜자는 미국이었다. 전쟁으로 초토화된 유럽이 힘든 복구 과정에 시달리는 동안 미국은 세계 최강국으로 부상하며 1950년을 전후로 20여 년 동안 역사적인 호황을 누리게 된다. 그런데 1970년대 중반에 들어서면서 대내외적 요인으로 인해 심각한 경기후퇴를 겪는다. 당시 사람들이 피부로 느끼는 가장 분명한 불황의 지표는 실업이었다. 제조업계에서는 1년에 무려 90만 개가 넘는 일자리가 사라졌다. 1979년에서 1984년 사이 철강업계의 고용률은 40%로 떨어졌다. 1970년 전미자동차노동조합United Auto Workers, UAW의 조합원 수가 150만 2,000명에 이르렀는데, 15년 후에는 그중 50만 명이 일자리를 잃었다.

이 같은 불황 속에서 가장 길고 강렬했던 애국소비운동, 즉 '바이 아메리칸' 시즌 2에 가까운 캠페인이 벌어졌다. 1970년 국제여성복노동조합International, Ladies' Garment Workers' Union, ILGWU은 TV 광고를 제작해 내보냈는데, 그것이 엄청난 반향을 일으켰다. 여성복을 만드는 노동자들이 직접 광고에 출연해 자기들이 만든 미국산 제품을 애용해달라고 호소하며 〈노동조

"노동조합 라벨을 확인하세요"

1978년 노동절 퍼레이드에 참석한 국제여성복노동조합의 조합원들은
자신들이 만든 미국산 제품을 애용해달라고 호소했다.

합 라벨을 확인하세요Look for the Union Label〉라는 노래를 불렀다.

당신이 코트나 드레스, 블라우스를 살 때면

어디선가 우리가 바느질하고 있다는 걸 기억해주세요.

우리는 임금으로 아이들을 키우고 가정을 꾸려요.

I.L.G. 덕분에 우리는 먹고살고 있어요!

그러니까 꼭 우리 노동조합의 라벨을 찾아봐주세요.

그것은 미국 안에서 우리도 만들 수 있다는 것을 보여주니까요.

대공황 시절과 마찬가지로 1970년대 다시 시작된 미국 상품 애용운동에도 강한 인종차별적 색채가 배어 있었다. 1941년 일본의 진주만 공습을 겪은 뒤 일본인을 강제수용소에 가둔 바 있었던 미국은 한동안 묻어두었던 기억 속의 '황색공포yellow peril'를 다시 끄집어냈다. 국제여성복노동조합은 뉴욕 시내 곳곳과 지하철에 큰 포스터를 내걸었는데, 성조기 아래 굵은 글씨로 '메이드 인 재팬Made in Japan'이라고 쓰고, "아직 당신의 일자리는 일본으로 수출되지 않았나요?"라고 적어놓았다.[28]

도요타 박살내기

1980년대가 되자 미국 상품 애용운동은 좀 더 과격한 양상을 띠었다. 가장 눈에 띄는 것은 자동차회사의 해고 노동자들이 커다란 해머를 들고 도요타Toyota 자동차를 때려 부수는 장면이었다. 국제여성복노동조합의 광고가 큰 호응을 얻으며 시리즈로 제작되는 동안 국제여성복노동조합의 조합원들도 이 애국소비 캠페인에 동참하기로 결정하고 범퍼 스티커, 티셔츠 등을 만들어 배포했다. 그 과정에서 만들어진 프로그램 중 하나가 바로 '도요타 박살내기Toyota Bashing' 행사였다. 이 행사에 동반된 슬로건은 "미국제를 사세요—당신이 구해주는 일자리가 바로 당신 일자리일 수도 있습니다Buy American—The job you save may be your own"였다.[29]

이 운동의 핵심은 노동자 대량해고와 경기불황의 원인을 무분별한 외국 상품 수입에서 찾는 것이었다. 따라서 외국 상품 및 외국인에 대한 배척은 그 논리상 당연한 결과였을지도 모른다. 특히 눈에 띄게 늘어난 일본제 자동

"미국에서 팔려면 미국에서 생산하라"

1981년 3월, 미국 자동차 노동자들이 일본산 자동차 반대 집회에서 도요타 자동차를 박살내는 이벤트를 벌이기까지 했다.

차는 미국의 불경기를 예고하는 전조처럼 보였다. 이 때문에 자동차 산업 종사자들은 일본제 자동차를 증오와 불안의 대상으로 여겼다. 자동차의 도시 디트로이트에서는 주차장마다 "미국산 차량만 주차 가능: 수입차는 다른 곳을 찾아보시오"라는 팻말이 걸렸다. 제너럴모터스General Motors, GM 공장이 있는 뉴저지의 린든 근처에서는 수천 명이 환호하는 가운데 일본 국기가 불태워지는 일도 있었다. 그때 현장에 설치된 대형 스피커에서는 브루스 스프링스틴Bruce Springsteen의 노래 〈Born in the U.S.A.〉가 울려 퍼졌다.[30]

1991년 제너럴모터스가 생산공장 가운데 21개를 폐쇄하겠다고 발표하자 사람들은 거의 전쟁에 임하는 듯한 반응을 보였다. 전미자동차노동조합United Auto Workers, UAW은 "미국인은 일본제 제품과 모든 비非미국산 제품에 대한 전쟁을 선포한다"라는 전단지를 뿌렸다. 포드Ford 자동차 노동자들은 도요타 대리점 앞에서 "우리는 1945년에 이미 끝냈다. 1992년에 다시 겪을 수는 없다"고 적힌 피켓을 들고 미국의 경기불황을 제2차 세계대전에서의 대對일본전에 비유했다. 플로리다에 사는 한 남성은 독특한 범퍼 스티커와 티셔츠를 디자인해 판매하면서 엄청난 인기를 끌었는데, 그것은 일본 비행기가 미국 본토에 라디오와 TV, 자동차 등을 공중 투하하는 모습을 그린 것이었다. 그림 위에 붙인 제목은 '진주만2'였다.[31]

상표에 적힌 국적의 의미

1970년대 중반 이래 계속된 경기침체와 대량해고가 외제품의 범람과 이민자 출신 노동자의 증가 때문일까? 만약 그렇다면 애국소비운동만 성공한다면 경제 위기에서 쉽게 벗어날 수 있었을 것이다. 하지만 1970년대부터 1990년대까지 계속된 해고 조치는 훨씬 복합적인 원인에서 비롯된 결과였다. 이익 증대를 주목적으로 삼은 기업가들은 생산의 자동화 공정을 추진하고, 노동 강도를 높이고, 노동조합이 발달하지 않은 작은 기업에 하청을 주는 한편 노동자를 해고했다. 주요 자동차 회사들은 비용 절감을 내세워 기존 공장을 폐쇄하는 한편, 황량한 중서부 지역에 새로 조립공장을 세웠다.[32] 노동조합이 '바이 아메리칸' 캠페인을 벌이는 동안 제너럴모터스, 포드, 크라이슬러Chrysler의 '빅3' 자동차 기업은 신속하게 해외로 진출했다. 1980년대 말에 포드는 마쓰다Mazda 주식의 25%, 크라이슬러는 미쓰비시Mitsubishi 주식의

24%를 소유하게 되었다.[33]

이런 상황이 되자 완전한 미국제라고 믿고 산 포드 자동차는 멕시코에서 멕시코 노동자가 만든 것일지도 모를 일이었다. 또한 일본의 혼다Honda 자동차는 오하이오의 공장에서 미국 노동자에 의해 만들어졌다. 심지어 혼다는 전미자동차노동조합의 'UAW' 상표를 부착할 수도 있었다.[34] 반면 멕시코에서 만들어진 포드는 그 상표를 붙일 수 없었다.

이제 상표로 상품의 국적을 가리는 일이 별 의미가 없는 시대가 되었는지도 모른다. 이미 1980년대 국제여성복노동조합은 그 사실을 깨달았다. 노동조합 대표로 새로 선출된 제이 마주르Jay Mazur는 10년 넘게 계속된 "노동조합 라벨을 확인하세요" 캠페인을 끝내며 외국인 노동자를 배척하기보다는 국제적 연대를 강화하는 데 더 집중하겠다고 선언했다. 또한 수입을 중지하려는 노력보다는 국제적으로 공정한 근로기준과 무역협정 정비가 시급하다고 밝혔다.[35]

이미 생산, 고용, 수익 창출이 온전히 국경 안에서 이루어질 수 있는 시대는 끝난 것이다. 드레스에 붙어 있는 미국산이라는 라벨은 레토릭으로 의미가 있을지는 모르지만 직물에 쓰인 염료는 저 먼 제3세계로부터 몇 나라를 거쳐 들어왔는지 알 수 없다. 또한 그 옷은 말레이시아나 타이완 혹은 한국에서 만들어져 로스앤젤레스의 자바시장Jobber Market에서 출고 직전에 상표만 붙였을 수도 있다. 심지어 그 상표를 붙이는 일을 하며 임금을 받는 멕시코 출신 노동자는 차로 두 시간 거리의 멕시코 국경에 사는 가족들을 부양하는 가장인지도 모른다. 이처럼 이미 1980년대, 경제의 글로벌화는 애국주의의 장벽으로 막아낼 수 없는 거대하고 도도한 흐름이었던 것이다.

COLORED
ENTRANCE

24

인권운동

미시시피 버닝의 뒷이야기

흑인의 소비와 불매운동

미시시피 버닝 사건과 민권법

2016년 6월 미국 법무부는 '미시시피 버닝Mississippi Burning' 사건에 대한 수사를 미제 상태로 종결한다고 발표했다. 미시시피 버닝은 1964년 6월 21일 미시시피주 네쇼바Neshoba 카운티에서 흑인의 유권자 등록을 독려하던 인권운동가 세 명이 잔인하게 살해된 뒤 암매장된 사건이다.

범인들은 백인우월주의를 주장하는 KKK단(Ku Klux Klan, 쿠클럭스클랜) 단원들이었는데, 이들은 모두 살인죄를 면했고, 길어야 6년의 수형생활을 마친 후 출소했다. 온당한 죗값을 치르지 않은 이들에 대한 사회적 공분이 거세지자 2005년 미국 법무부와 미시시피 주정부는 사건을 재수사하기로 결정했다. 하지만 주모자 격인 에드거 레이 킬런Edgar Ray Killen에게만 징역 60년이 선고되었을 뿐, 나머지 가담자들에 대해서는 증거 불충분으로 기소가 이루어지지 못한 채 수사가 종결되었다.

이 사건은 1964년 미국 민권법The Civil Rights Act of 1964의 통과를 앞둔 상황에서 벌어진 것이었다. 민권법은 인종, 민족, 출신국, 소수종교 및 여성을 차별하는 행위들을 불법으로 규정한 기념비적인 법안이다. 이 법으로 인해 불평등한 투표자 등록 요구 사항 및 학교와 직장, 공공시설 등에서의 인종분리racial segregation가 원칙적으로 종식되었다. 미시시피 버닝 사건은 민권법의 통과와 이후 그 법이 보강되는 데 큰 영향을 미쳤고, 1988년 앨런 파커Alan Parker 감독에 의해 동명의 영화로 만들어졌다. 영화사映畵史에서 수작으로 손꼽히는 〈미시시피 버닝〉은 참담한 흑인의 현실과 백인의 무자비한 폭력뿐 아니라 기득권의 음모와 은폐, 중앙정부와 지역주의의 갈등 등 여러 중요한 정치적 의제를 다루고 있다.

그런데 스릴러처럼 전개되는 이 영화에서 잠시 스치듯이 지나가는 흐릿한 장면이 있다. 백인이 운영하는 가게 앞에 불매운동 피켓을 들고 서 있는 초라한 흑인의 모습이다. 쫓기고, 숨고, 분노하는 흑인들의 모습과는 사뭇 다르게, 위험 가득한 거리에 나선 그 흑인은 말없이 자신의 권리를 주장하며 서 있다. 같은 인간으로서, 같은 '소비자'로서의 평등한 권리를 말이다.

노예의 소비

미국 노예제를 연구하는 학자들이 최근 들어 노예들 사이에서도 적은 액수이지만 돈을 벌고 쓰는 행위가 존재했다는 사실을 밝힌 바 있다. 테드 오운비Ted Ownby 같은 학자는 미국 남부 미시시피 지역에서 노예들이 어떻게 현금을 손에 쥐게 되었는지를 추적했다.[36] 백인 농장주 가운데 일부는 노예들에게 크리스마스 선물로 푼돈이지만 현금을 나눠주었다. 하지만 이런 사례는 매우 드문 일이었고, 그보다는 농장주의 눈을 피해 노예들이 온갖 방법으로 돈을 번 경우가 대부분이었다. 일부 노예들은 작은 텃밭을 일구어 작물을 키워 내다 팔기도 하고, 닭을 기르거나 사냥을 하고, 덫을 놓아 야생동물을 잡아 가죽이나 털을 팔았다. 산에 올라가 야생 베리며 허브를 채집하고, 담배를 재배하기도 했다. 손재주가 있는 노예들은 나무로 도구를 만들거나 신발을 만들어 팔기도 했다. 노예들은 아는 사람을 통해서, 혹은 동네 주민이나 가게 등 동원할 수 있는 모든 판로를 이용했는데, 심지어 자신의 주인에게 돈을 받고 물건을 넘기기도 했다. 노래를 부르거나 악기를 연주해서 팁을 받는 노예도 있었다. 실제로 미시시피 지역에 남아 있는 대부분의 농장 기록에는 노예에게 현금을 지불한 사례가 전한다.[37]

노예들은 그렇게 번 돈으로 주로 옷이나 신발을 샀다. 당시에는 농장주가 노예들에게 옷을 지급했지만, 그래 봤자 변변치 않은 몇 벌에 불과했고, 그나마도 계절에 맞게 곧바로 지급하지도 않았다. 힘든 노동을 견디기 위해서는 몸을 보호해줄 최소한의 옷가지와 신발이 절실했을 것이다. 옷이나 신발 외에 담배와 사탕도 구매 목록 가운데 하나였는데, 당시 이 물품은 노예들에게는 어마어마한 '사치품'이었다. 그런데 일반적으로 가혹한 착취자로 알려진 농장주들이 왜 노예에게 돈을 주거나 그들이 돈을 모으고 쓰는 일을 허락했던 것일까? 바비 윌슨Bobby M. Wilson 같은 연구자는 그 이유를 농장주의 '개인적 허영이나 허세'로 해석한다.[38] 노예들에게 호의적인 사람으로 비쳐짐으로써 얻게 되는 일종의 '사회적 명망'을 기대했다는 것이다. 하지만 좀 더 깊숙이 들여다보면 그런 태도는 노예노동 착취의 참혹한 현실을 숨기기 위한 것이거나 노예들의 저항이나 반란을 무마하고 힘든 노동을 계속하도록 독려하는 일종의 안전장치였다.[39] 이보다 더 본질적인 해석도 가능하다. 노예들의 저축이나 소비 행위가 노예제 자체를 위협하지는 않았다. 노예가 가진 재산이나 소유물은 결국 그 노예를 소유한 노예 소유주의 것이나 다름없었기 때문이다.

노예해방과 소비자로의 진입

남북전쟁이 한창이던 1862년 링컨 미국 대통령이 노예해방령을 선포한 뒤, 1865년이 되어서야 비로소 미국과 그 영토 내에서 노예제가 법적 절차에 따라 폐지되었다. 몇몇 주는 이에 반발하며 노예제 폐지를 반영하는 수정헌법의 비준을 거부했다. 노예해방과 더불어 노예들은 새로운 노동자 계급으로서 생산과 소비의 장에 편입되었다. 그런데 지금껏 해오던 일의 연장이나 마찬가지인 생산 분야와 달리 노예였던 사람들이 소비의 세계에 진입하기에는 너무 많은 장벽이 가로막고 있었다. 임금이 적은 탓에 살 수 있는 물건들은 제한될 수밖에 없었고, 급여가 지급되는 방식도 사용자 마음대로라 소비 계획을 미리 세울 수도 없었다.[40] 대다수의 노예는 해방과 더불어 소작인의 신분이 되었는데, 이들은 향후 수확물을 담보로 일종의 선금 형식으로 현물을 받기도 했다. 하지만 소작인 처지에서는 필요하거나 마음에 드는 물건을 선택할 수도, 자기가 받은 물건들이 실제로 얼마짜리인지도 알 수 없었다. 수확을 마친 뒤에라야 몇 푼 안 되는 현금을 손에 쥐게 되지만 소작인들에게는 자급자족용 곡식 재배가 허락되지 않았기 때문에 그 돈의 대부분은 먹거리를

미국 사우스캐롤라이나 지역의 수박 시장, 1866년

노예해방 후 남부 흑인들은 경작이 수월한 수박을 재배해 직접 시장에 내다팔아 수입을 올리곤 했다.

사는 데 쓰였다. 이런 상황에서 해방된 흑인들은 자신들이 오랫동안 일해왔던 농장을 벗어났을 때라야 비로소 생산과 소비의 현장을 경험할 수 있었다.

20세기 초 미국에서는 포디즘Fordism으로 대표되는 대량생산의 시대가 본격적으로 시작되었다. 대량생산체제는 대량소비사회를 전제로 한 경제체제로서 노동력과 소비력이 어우러져야 제대로 돌아갈 수 있었다. 따라서 생산력에 걸맞은 소비력을 확대하려면 사람들은 모두 소비의 장에 편입되어야 했다. 자유인이 된 흑인들 역시 이 구조에 끌어들여야 했다. 이제 흑인들이 잠재적 소비자라는 사실에는 이론의 여지가 없었다. 하지만 백인들은 과거

노예였던 흑인들이 자기들과 마찬가지로 자유의사에 따라 돈을 쓸 수 있게 되자 이를 기득권을 침해하는 문제로 여겼다. 화폐라는 미디엄(medium, 매개물)은 인간들 사이에 존재해온 구별이나 차이를 별 의미 없는 것으로 만들어 버리는 절대적인 힘을 발휘하기 때문이다.[41] 미국의 저술가이자 흑인 인권운동가였던 두 보이스W. E. B. Du Bois, 1868~1963는 "소비자로서 니그로Negro는 생산자로서보다 훨씬 가깝게 백인들과의 경제적 평등에 접근할 수 있었다"고 말했다.[42]

분리평등과 소비 문제

자유노동자가 된 흑인들은 이제 상품과 소비의 세계에서 백인과 동등한 권리를 갖게 되었다. 상점 같은 소비 공간은 일터나 가정보다도 훨씬 더 백인과 마주칠 확률이 높은 곳이었다. 그런데 백인들은 흑인들이 자기들보다 열등하다고 생각했을 뿐 아니라 그렇게 '보이기'를 원했다. 그래서 흑인을 교묘하게 배제함으로써 소비의 장에서까지 그들을 소수자로 남겨두려 했다.[43] 이를 위해 백인들은 '분리평등Separate but Equal'이라는 전략을 내세웠고, 이는 노예해방 후 이루어진 차별의 근본적인 기제가 되었다. 말이 좋아 분리평등이지 실제로는 분리와 불평등을 조장하는 수많은 인종차별적 규범과 법령이 만들어졌다.

흑인과 백인은 같은 숙소 건물에 묵는 일이 허락되지 않았고, 극장에서도 백인은 1층, 흑인은 2층에 완전히 따로 앉아야 했다. 화장실이 별도로 만들어졌던 것은 물론이고, 심지어 음수대에서조차 흑인은 '유색인종 전용

백인과 유색인의 분리평등

'분리평등' 원칙을 내세워 흑백차별을 조장해온 백인들은 심지어 음수대조차 백인(WHITE)과 유색인(COLORED)으로 구분해서 사용하도록 했다.

흑인 전용 입구에서 아이스크림을 주문하는 흑인

흑인들은 상품을 구매할 때에도 흑인 전용 출입문만 이용해야 했고, 백인들 뒤로 순서가 밀리곤 하는 차별을 받았다.

colored only'이라고 쓰인 수도꼭지만 사용할 수 있었다. 버스나 열차에서는 흑인용 좌석이 분리되어 지정되었을 뿐 아니라, 병원에서조차 그들은 다른 사람들의 눈에 띄지 않게 대기하며 백인 환자의 진료가 끝나기를 기다려야 했다. 대학 시절부터 열혈 인권운동가였던 찰스 맥듀Charles McDew, 1938~는 상대적으로 인종차별이 덜했던 오하이오 출신이었는데, 1961년 미시시피에 도착하자마자 경찰관으로부터 흰 셔츠를 입었다는 이유로 검문을 당했다. 경찰관은 "이곳에서는 선생이나 목사가 아닌 이상 깜둥이들이 주중에 흰 셔츠를 입을 수 없어"라고 말하면서 그가《성경》이나 교과서 혹은 작업복 셔츠를 소지하지 않았다면 감옥에 처넣을 것이라고 위협했다. 실제로 맥듀는 '조화로운 인종관계를 파괴했다'는 이유로 마흔세 번이나 체포되었다.[44]

이런 식의 차별은 심지어 죽어서까지 계속되었다. 흑인은 백인과 같은 묘지에 묻히는 일이 법적으로 금지되었다.[45] 인종차별이 극심했던 앨라배마주의 버밍엄시는 1950년에도 새로운 분리법(Birmingham Segregation Law)을 추가하여 흑인과 백인이 야구, 축구, 농구 등의 스포츠를 함께 즐기는 일을 금지했다. 이런 상황에서 흑인이 상품과 소비의 세계로 들어가는 것은 오직 불평등의 원칙을 순순히 받아들일 때만 가능했다. 식당에 들어갈 때는 흑인 전용 뒷문으로만 출입할 수 있고, 상점을 이용하는 흑인들의 거래장부에는 언제나 'col'(color의 줄임말)이라는 기록이 남았다.[46] 이 새로운 소비사회는 자체의 필요를 충족하기 위해 흑인들에게 '입장'은 허용했지만, 그들을 평등한 소비자로서 대우할 의지는 없었던 것이다.

흑인들의 입장에서 이런 차별을 피할 수 있는 거의 유일한 대안은 우편주문이었다. 흑인들은 몽고메리워드Montgomery Ward사나 시어스사의 우편주문 카탈로그를 적극 이용했다. 피부색을 드러내지 않아도 되고 눈총을 받으며 시내 중심가에 나가 물건을 살 필요도 없었기 때문이다. 우편주문 판매는 흑인들의 성원에 힘입어 엄청난 성공을 거두었다. 결국 이런 성공에 위협을 느낀 백인 상점 주인들은 시어스사나 몽고메리워드사의 설립자가 흑인이라거나, 혹은 유대인 회사라는 소문을 퍼트렸다.[47] 시어스사는 설립자의 사진을 배포함으로써 이 소문에 정면으로 대응했고, 몽고메리워드사는 소문을 퍼트린 자를 찾기 위해 현상금을 내걸기도 했다.

흑인인권운동과 보이콧 캠페인

1950년대부터는 흑인인권운동이 시작되면서 '분리평등' 원칙에 근거한 수많은 불평등에 대해 저항하는 목소리가 수면 위로 올라오기 시작했다. 먼저, 흑인들이 백인과 가장 자주 접촉해왔던 상업 공간, 즉 백인 소유의 상점에서 일어났던 차별들이 구체적인 불만 사항으로 공론화되었다. 흑인들은 상점에 먼저 왔더라도 나중에 온 백인이 계산을 끝낼 때까지 기다려야 했다. 상점 주인이나 점원들은 백인 손님에게 관습적으로 붙이는 '미스터, 미스, 미시즈Mr, Miss, Mrs' 등의 경칭을 흑인에게는 생략했을 뿐 아니라, 아예 성도 붙이지 않은 채 이름만 부르곤 했다. 유명한 시민운동가이자 정치가인 찰스 에버스Charles Evers는 어린 시절 백인이 운영하는 상점에 들어가는 것이 끔찍하게 싫었다고 회상했다. 상점 주인이나 손님들이 흑인 아이만 보면 춤을 추라고 강요했기 때문이다.[48]

백인들은 흑인들에게 물건을 팔면서도 그들이 돈만 생기면 마구 돈을 써대는 무절제한 존재이자 고상한 취향이라고는 찾아볼 수 없는 천박한 인

백인 소유 상점에 대한 보이콧

1960년 12월, 크리스마스가 다가오자 시위자들은 피켓의 문구를 "크리스마스에 오래된 옷을 그냥 입자. 여기서 쇼핑하지 말자"로 바꾸었다.

간들이라고 생각했다. 상점 주인들은 흑인 손님이 오면 싸구려 옷만 잔뜩 골라서 내주곤 했는데, 특히 형형색색의 옷을 내놓으며 흑인들에게는 이런 옷이 잘 어울린다는 식으로 대하곤 했다. 더 심각한 차별은 흑인에게는 옷을 입어보는 일조차 금지한 것이다. 흑인은 무언가를 훔쳐갈 것이라는 의심을 받은 탓에 원천적으로 탈의실 사용이 불허되었다. 심지어 모자를 써볼 수도 없었는데, "흑인들의 머리카락은 언제나 기름기로 떡칠되어 있어서 모자를 망가뜨린다"는 이유에서였다.[49]

이런 상황에서 1960년대로 접어들자 미시시피주에는 수년 동안 계속된 흑인인권운동의 영향이 만들어낸 팽팽한 긴장감이 돌았다. 그 결과의 하나로 많은 도시에서 백인 소유 상점에 대한 '보이콧(불매운동)'이 펼쳐지기 시작했다. 이 운동을 가장 적확하게 대변하는 슬로건은 "차별을 사지 맙시다Don't Buy Segregation"였다.[50] 사람들은 각자 하고 싶은 말을 피켓에 적어 들고 나왔다. 상점 앞에는 많은 흑인이 "이 가게를 이용하지 맙시다"라고 쓴 피켓을 들고 서 있었다. 크리스마스가 다가오자 피켓의 문구는 "오래된 옷을 그냥 입자" 혹은 "크리스마스 쇼핑에 쓸 돈이 있으면 저축하거나 자선단체에 기부하라"로 바뀌었다. 시위자들은 상점 안에서 어떤 차별이 일어나고 있는지를 고발하고자 했고, 그런 목적에서 "당신을 증오

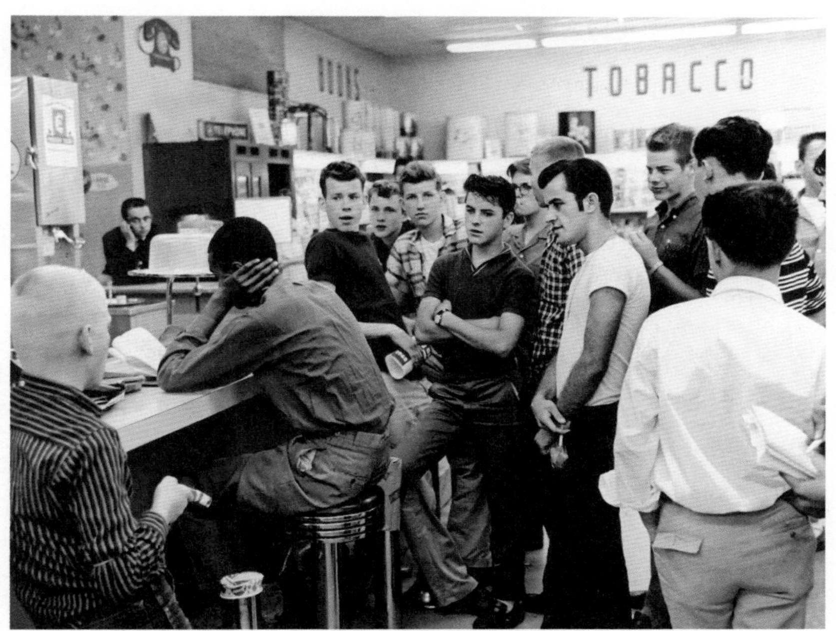

간이식당 연좌시위(Sit-In Movement)

1960년 6월 10일 미국 남부 알링턴 지역의 약국 간이식당에서 백인들의 위협과 모욕에도 불구하고 자리를 차지하고 앉아 시위를 하고 있는 흑인 학생. 당시 미국 남부 지역에서는 백화점이나 약국 내에 있는 간이식당에서 흑인은 의자에 앉아 음식을 먹을 수가 없었다.

하는 사람에게 돈을 주지 마세요"[51]라는 슬로건을 들고 나오기도 했다. 시위자들은 흑인들도 상점의 점원으로 고용해줄 것을 요구하고, 자신들에게 '허드렛일'만 시킬 것이 아니라 더 중요한 직책과 일을 맡겨야 한다고 주장했다. 잭슨시에서는 대학생들이 이 운동에 동참했다. 그들은 "캐피탈가에서 쇼핑하지 마세요Don't Shop on Capital Street"라는 구호를 한 글자씩 써넣은 티셔츠를 입고 상점 앞에 줄지어 서서 눈길을 끌었다. 이 보이콧은 외부에서 온운동가에 의존한 것도, 강력한 리더가 이끌었던 것도 아니었지만 흑인들 대부분이 참여한 엄청난 규모의 불매운동이었다.

불매운동은 단순히 상점 주인에 대한 불만을 토로하는 데 그치지 않았다. 흑인들은 자신들이 일상에서 겪는 차별을 수합하여 행정당국에 이를 개선해달라고 요구했다. 예를 들어 나체즈(Natchez, 미국 미시시피주의 서쪽에 있는 도시)시에서는 미국흑인지위향상협회National Association for the Advancement of Colored People(이하 NAACP) 지부가 나서서 흑인에 대한 경찰의 폭력 행사를 중단할 것과 경찰, 학교교육위원회 등에 흑인을 고용해달라는 요구 사항 등을 시참사회에 접수했다. 흑인의 장례식에서도 백인과 같은 수준으로 경호 서비스를 제공하고, 시 차원에서 흑인 거주 지역의 하수도 정비 및 청소를 해달라는 내용도 포함되어 있었다. 이런 요구가 관철될 때까지 흑인들은 백인 소유의 상점에 대한 불매운동을 지속하기로 했다.

백인의 대응

흑인의 불매운동은 백인 상점주와 정치가 들을 놀라게 했다. 그들은 흑인들이 분별없이 돈을 써대는 집단이라고 생각해왔기에 흑인들 스스로 소비를 통제하며 집단행동에 나선 사실이 몹시 뜻밖이었던 것이다. 하지만 인종분리철폐운동이 내세운 다른 저항에 비해 상점 앞 시위는 사소한 것이라고 여겼기 때문에 별다른 조치를 취하지 않았다. 대신 백인들은 이런 불매운동은 외부에서 온 선동가들이 벌인 것이라고 떠벌리면서 참여자들도 금세 질려서 일상으로 돌아갈 것이라고 큰소리쳤다. 하지만 보이콧은 몇 달이 넘도록 계속되었고, 상점 주인들은 경제적 압박을 느끼지 않을 수 없게 되었다.

1960년대 중반에 인권운동이 강렬해지면서 언론의 집중적인 관심을 받기 시작했다. 그러자 긴장이 고조된 도시에서는 KKK단과 시의회 등이 나서서 백인들에게 피켓 시위가 벌어지는 가게를 멀리하라고 권고했다. 자칫 그곳에서 흑백 간의 충돌이 일어날 경우 언론에 알려질까 봐 걱정되었기 때문이다.[52] 이렇게 되자 상점에는 흑인뿐 아니라 백인 손님마저 끊기는 상황이 벌어졌다. 다급해진 상점들은 자기 가게는 안전하다는 내용을 신문에 광고하며 손님을 끌기 위해 안간힘을 썼다.

> 흑인들이 다른 동네에서 쇼핑하는 것을 이미 잘 알고 있는 많은 애국 시민이 흑인들의 보이콧에 동정심을 느끼지 않으면서도 이런저런 이유로 다른 도시에서 쇼핑을 하고 있습니다. 하지만 우리 도심은 완벽하게 안전합니다. 왜냐하면 시위자들은 대부분 깜둥이 아이들이고, 그들 중 일부는 금방 기저귀를 뗀 어린이에 불과합니다. …… 우리 가게는 다양한 상품을 구비하고 있으며, 정중한 서비스와 함께 우리 고객을 위한 할인 판매를 실시합니다.[53]

하지만 불매운동은 계속되었고, 발길을 끊은 백인 고객도 별로 늘어나지 않자 상점주들은 흑인 시위자들을 영업 방해 혐의로 고발하기 시작했다. 1965년 나체즈시에서만도 불법 보이콧과 허가증 없는 시위행진을 금지하는 법원의 명령이 내려진 뒤 불과 4일 만에 500명을 잡아들였고, 200명 이상을 감옥에 보냈다. 1966년이 되자 미시시피주 곳곳에서 많은 상점주가 NAACP 등의 단체와 시위자들을 고발하여 350만 달러의 손해배상 청구소송이 진행되었다. 미시시피주 대법원은 피의자들에게 125만 달러를 배상할 것을 선고

백인들의 맞불집회

1965년 10월 30일, 나체즈에서 흑인 1,000여 명이 모인 시위행진이 끝나자 2시간 뒤 같은 코스를 KKK단 단원 100여 명을 포함한 백인 시위대 600여 명이 행진하며 맞불집회를 열었다.

했다. 이에 대해 1982년 연방대법원에서는 무효 판결을 내렸다.[54]

나체즈시에서 흑인들의 불매운동이 지속되는 동안 인근 도시의 시의회들은 KKK단과 미국백인보존협회 등과 연대하여 '나체즈에서 쇼핑하는 날Buy In Natchez Day' 캠페인을 조직했다. 1965년 11월 1일에 인근 도시의 모든 백인이 나체즈에 모여 그 도시에 "마땅한 균형감"을 되살리고, 흑인의 보이콧을 격파하자는 것이었다. 크리스마스가 가까웠기 때문에 슬로건은 '나체즈의 화이트 크리스마스White Christmas' in Natchez'로 정했다. 화이트 크리스마스의 의미는 흰 눈이 아니라 백인들로 뒤덮이는 날이라는 뜻이었으리라.

이 이벤트는 큰 성공을 거두었다. 인근 도시뿐 아니라 아주 먼 곳에서까지 많은 백인이 나체즈로 몰려들었다. 곧 미시시피 곳곳에서 '바이 인Buy In' 캠페인이 펼쳐졌다. 백인들은 시가행진을 하면서 언론을 향해 자랑스럽게 포즈를 취하는 등 쇼핑을 백인의 축제로 승화시켰다. 흑인의 보이콧에 대항하고자 마련한 이 이벤트는 어느덧 또 다른 강력한 흑백차별의 전통이 되어버렸다. 1978년 투펠로(Tupelo, 미시시피주 북동부의 도시)에서 흑인들이 경찰의 폭력에 항의하며 보이콧을 펼치자 그 지역 KKK단이 백인 상인들을 지지하는 집회를 열었고, 1980년 파이에트(Fayette, 미시시피주 제퍼슨 카운티에 있는 도시)에서 흑인 고용인을 해고한 상점에 대해 보이콧이 일어났을 때는 200명의 백인이 그 상점으로 떠들썩한 '쇼핑 트립'을 떠나기도 했다.[55]

소비자 정체성과 저항의 무기

흑인인권운동의 역사에서 이 불매운동의 의의는 매우 크다. 흑인들이 평등을 성취하고자 한 다양한 행동들 가운데 아마도 적극적이고 공격적일 수 있는 수단이었기 때문이다. 흑인들은 자신들의 구매력이 엄청나게 영향력 있는 무기임을 알게 되었다. 그들은 소비사회의 필수적인 구성원인 소비자로서 자신들이 마땅히 누려야 할 권리와 지위가 무엇인지 직접 보여준 것이다. 백인의 부당한 통제를 거부하는 한편, 쇼핑을 민주적인 경험으로 규정했던 것이다. 소비자로서 흑인들은 상점과 같은 소비의 장에 백인들과 평등하게 진입할 권리를 주장했고, 그것은 다른 불평등에 대한 척결로 이어질 터였다.

간이음식점에서 나란히 앉아 각자 음료를 마시고 있는 흑인 여성과 백인 여성, 1962년

흑인들은 불매운동을 통해 자신들의 구매력이 엄청나게 영향력 있는 무기임을 알게 되었다. 불매운동 이후 흑인들은 소비자로서 소비의 장에 백인들과 평등하게 진입할 권리를 획득했다.

시위가 계속되자 먼저 전국의 체인점들이 나서서 흑인 점원을 고용했고, 흑인 손님들에게도 미스터나 미스와 같은 경칭을 붙였다. 나체즈에서도 23곳의 상점이 이런 변화에 동참했다.[56] 백인 우월주의자들은 흑인들의 요구 사항을 들어주는 상점들은 지역사회와 연고가 없는 곳일 뿐이라며 그들의 '변절'을 비난하고 나섰다. 이런 밀고 당기는 과정 속에서 1970~1980년대까지도 경제적 보이콧은 간간이 계속되었다. 인종분리정책이 철폐되고, 인종차별은 줄어들었지만 아직도 넘어야 할 산이 많이 있었다.

미시시피의 월마트

이제 미시시피에서는 과거 백인 상점주가 경영하던 상점 같은 곳은 찾아보기 어렵다. 1974년 미시시피주에 월마트Wal-Mart가 처음 들어온 이래 전국 규모의 체인점이 쇼핑의 지형을 바꿔놨기 때문이다. 이런 대형 체인점은 사회·경제적 측면에서 지역적 특색을 훼손하고 지역의 소상인과 상권을 잠식한다는 비판의 표적이 되었다. 그런데 미시시피의 흑인들에게는 월마트가 다른 의미에서 각별한 곳이었다. 도심의 가게에서 한번도 받아보지 못한 "고객님 환영합니다" 같은 환대를 처음으로 누려본 곳이기 때문이다. 그곳에서는 흑인들이 흑인 전용 뒷문으로 출입하지 않아도 되었고, 계산대에서 백인에게 자리를 양보할 필요도 없었다. 게다가 교육받은 점원들의 '영혼 없는 친절함'마저도 백인과 흑인에게 공평하게 베풀어졌기 때문에 상점에서 위축될 필요가 없었다.[57]

학자이자 인권운동가이며 《미시시피 델타로부터From the Mississippi Delta》라는 유명한 희곡을 쓴 엔데샤 이다 메이 홀랜드Endesha Ida Mae Holland, 1944~2006는 1965년 인권운동을 방해하려는 KKK단이 집에 불을 지르는 바람에 어머니를 잃었다. 고통스런 기억으로 가득 찬 미시시피를 등졌던 그녀는 오랜만에 고향에 돌아왔을 때 자신이 일하던 농장에 월마트가 들어선 것을 보았다. 그 순간 그녀는 친구에게 "참으로 좋은 새날이야"라고 말했다.[58] 다른 사람은 동의할 수 없을지라도, 미시시피 출신 흑인인 홀랜드에게는 월마트야말로 긍정적인 변화를 보여주는 분명한 징표였던 것이다.

onsumerReports®

23

CARS, S TRUC

RATINGS & PRICING GUID

SEP

ET THE

DEALER PRICE

FOR ALL MAJOR MODE

merReports Specials

il September 29, 2014

BEST & WORST CARS

MOST & LEAST RELIABLE

BEST FUEL ECONOM

25

글로벌 소비자 연합

소비의 정치성

소비자운동의 탄생과 발달

소비사회에 대한 비판적 시선

20세기 중반 프랑크푸르트학파나 리처드 호프스태터Richard Hofstadter, 1916~1970 같은 학자들은 왜 미국 정치가 더 급진적인 자유주의나 계급투쟁으로 나아가지 않았는가에 대해 의문을 가졌다. 그들이 찾아낸 결정적 원인은 19세기 말에 일어난 소비경제의 확산이었다. 근대 소비사회에서는 인간의 행위나 존립이 물질처럼 취급되는 '물화物化, Reification'를 겪게 되며, 인간은 '구매력을 지닌 소비자'로 전화轉化하게 된다. 이런 사회에서는 소비가 곧 '삶의 질'과 동일시되면서 계급모순이나 계급불평등이 은폐된다. 사람들은 물질적 안락을 추구하며 사회적 상향 이동성에 대한 희망을 품기 때문에 어떤 종류의 집단행동도 일어날 가능성이 줄어든다는 주장이다.[59] 저명한 역사가 다니엘 부어스틴도 소비가 사회적 연대를 희석시킨다며, "이제 사람들은

1964년 4월 하이델베르크에서 만난 막스 호르크하이머(왼쪽)**와 테오도르 아도르노**(오른쪽)

이들은 자본주의 사회에서는 소비문화를 주입받는 수동적인 시민이 양산된다며
소비자 비평에 관한 한 가장 염세적인 견해를 피력했다.

그들이 믿는 것에 의해 연대하기보다는 그들이 소비하는 것에 따라 연대한다"고 한탄했다.[60] 대량생산된 상품이 사람들을 연결시키기는 하지만, 그것은 오직 피상적인 경험일 뿐이라면서 말이다.

같은 맥락에서, 쏟아져 나오는 상품들과 균질화된 문화가 인간의 존재를 '무기력한 양떼'로 만들어버렸다는 비판도 나오기 시작했다. 그 가운데 테오도르 아도르노Theodor W. Adorno, 1903~1969와 막스 호르크하이머Max Horkheimer, 1895~1973는 소비자 비평에 관한 한 가장 염세적인 견해를 피력했다. 그들은 자본주의 생산체제가 그 자체를 재생산하기 위한 소비문화를 만들어내며, 그 결과 마치 마약 중독자처럼 그것을 주입받는 수동적인 시민이 양산된다고 주장했다.[61] 장 보드리야르 또한 "소비자란 결국 19세기 초 노동자들과 마찬가지로 무의식적이고 비조직적인 개인들로, 칭찬받으며 아첨에 속아 넘어가는 얼간이 같은 존재"라고 조소했다.[62]

이처럼 1970년대까지 학계에서는 소비가 인간의 삶에서 시민권이나 공공성 같은 가치를 제거해나갈 것이라는 어두운 전망이 지배적이었다. 보드리야르는 "소비자들이 자동차 등록세에 반대하여 동맹을 결성한다든가 TV 시청자들이 프로그램에 대해 집단적으로 항의한다든가 하는 사태를 상상할 수 있는가?"라고 물었을 정도였다.[63] 심지어 1977년 저널리스트 니콜라스 호프만Nicholas von Hoffman은 소비자란 "이기적일 뿐 아니라, 심지어 완전히 인간이 되지도 못한 존재다"라고 말하면서, 그들은 기껏해야 돼지 정도로 진화했을 뿐이기 때문에 "소비자들의 국가란 돼지들의 국가다"라는 비난도 서슴지 않았다.[64]

소비자운동의 기원

그런데 실제 소비자는 그렇게 무지하거나 분별력이 없는 존재가 아니었다. 그들은 상품 생산과 소비의 순환 속에서 자신의 권리를 찾기 위해 능동적으로 행동해왔다. 그런 행동을 포괄적으로 '소비자운동'이라고 부를 수 있는데, 제품에 대한 불만 제기와 불매운동부터 제품 비교와 검사, 올바른 사용법에 대한 교육, 지나친 소비에 대한 경종과 국가적 차원의 규제 촉진, 더 나아가 저개발국의 생활수준 향상을 위한 지원에 이르기까지 소비자운동은 폭넓은 스펙트럼을 이루고 있다. 그렇기 때문에 소비자운동이 인류 역사에 상

19세기의 협동조합운동

1844년 설립된 '로치데일 개척자조합'의 초창기 조합원들의 기념사진(왼쪽)과
1899년 3월 영국에 문을 연 협동조합 1호 상점(오른쪽).

품이 등장했을 때부터 시작되었을 것이라고 믿는 사람도 있다. 국제적으로 유명한 소비자운동가 안와 파잘Anwar Fazal은 기원전 18세기 아나톨리아 지역에 이미 소비자의 권리에 대한 인식이 있었다고 주장하며, 히타이트족Hittites의 법률에 "오염되거나 마법을 건 기름을 사용하면 안 된다"는 내용이 들어 있다는 점을 강조했다. 이 주장을 받아들이자면 히타이트족의 법률은 소비자를 현혹하거나 불순물이 포함된 불량품을 금지하는 역사 최초의 규제라고 할 수 있다.[65]

하지만 일반적으로 소비자운동의 출발점은 19세기 초반 영국에서 일어난 협동조합운동Co-Operative Movement에서 찾는다. 선구적인 사회주의자 로버트 오언Robert Owen, 1771~1858은 1844년 잉글랜드 북부 로치데일Rochdale에서 '로치데일 개척자조합Rochdale Pioneers'을 설립했다. 이 조합은 중간상인을 배제하여 소비자의 이익을 증대하려는 목적에서 만들어진 것으로, 자본주의적 시장경제에 대한 일종의 대안으로 고안되었다. 최초의 조합원은 1인당 1파운드씩 갹출한 28명의 노동자들로, 이들은 정치·종교적 중립을 지키고, 구매 액수에 따른 배당금 책정, 시가 현금 거래, 1인 1표주의 등 오늘날까지도 매우 유효한 원칙들을 만들어냈다. 로치데일 소비자운동은 곧 여러 나라로 퍼져나가 제1차 세계대전이 발발할 무렵에는 영국, 오스트리아, 독일, 프랑스, 러시아와 스칸디나비아에서 수천 개의 지역적 협동조합이 활동하고 있었다. 그런데 흥미롭게도 이 운동은 미국에서는 큰 호응을 얻지 못했다.

미국의 소비사회와 계획된 진부화

미국에서 소비자운동의 역사가 부재한 것은 아니었다. 영국 제품 불매운동이 미국 건국에 큰 역할을 했을 뿐 아니라 1890년대에는 뉴욕에서 여성노동조합연맹의 주도로 전국소비자연맹National Consumers League이 설립되었다. 20세기 초반에는 노동자들을 중심으로 소비와 관련된 임금과 생활비 투쟁도 진행되었다.

하지만 1920년대 미국 사회는 대량생산과 대량소비 그리고 신용, 유행이 만들어낸 새로운 생활양식이라는 거대한 흐름 속에 빨려 들어가고 있었다. 이 와중에 가장 두드러지게 나타난 현상이 바로 '계획된 진부화planned obsolescence'였다. '진부화'라는 개념은 이미 소스타인 베블런이 《유한계급론》(1899)에서 여러 차례 사용한 바 있는데, 이 개념이 1920년대 미국에서 가시화된 것이다. 대량생산 시스템 속에서 생산이 계속되려면 제품의 수명이 짧

컨베이어 벨트를 이용한 대량생산

포드 자동차는 1910년대 컨베이어 벨트를 이용한
'포드 시스템'을 도입하면서 대량생산 시대의 문을 열었다.

계획된 진부화

새로운 수요를 창출하기 위한 '계획된 진부화'로 인해
대형 가전제품마저도 소모품처럼 폐기되기 일쑤다.

아져야 하고, 멀쩡한 제품을 폐기하기 위해서는 소비자에게 그것이 낡고 지루하다는 인식을 심어줘야 했다. 계획된 진부화라는 것은 곧 새로운 유행의 창출이었다. 이제 새로운 유행을 만들어내는 작업은 광고업자와 그들을 고용한 기업의 사명이 된다. 스튜어트 유언Stuart Ewen은 광고업자나 기업가 엘리트 들이 노동자들을 "소비를 위한 욕망"의 세계로 끌고 갔다고 주장했다.[66]

그런데 이 현상은 단지 대량생산된 상품의 국내 판로를 찾기 위한 경제적 해법만은 아니었다. 당시 소련의 볼셰비즘이 위협적으로 확대되자 이에 대적할 정치적 방안을 모색하던 중 계획된 진부화를 동원하게 된 것이다. 자유주의 기업가들과 정책 입안자들은 미국 노동자들에게 계급투쟁을 포기하도록 종용하기 위해 소비문화의 확산과 계획된 진부화를 적극 이용했다.[67] 결국 대중은 정치나 이념 문제보다는 유행을 좇기에 바쁘고, 그 자체를 사회적 성취의 중요한 척도로 여기게 되면서 기존 정치체제는 무리 없이 유지될 수 있었다. 사회학자 지그문트 바우만Zygmunt Bauman, 1925~2017은 이제 소비자가 자신이 항상 잘못된 물건을 산 것은 아닌지, 혹은 자신에게 제대로 된 취향이 없는지를 의심하며, 생활양식이나 유행을 다루는 잡지를 의식하면서 스스로가 구식으로 보이지 않는지를 걱정하는 존재가 되어버렸다고 비판했다.[68] 하지만 그런 상황 속에서도 소비자들이 침묵하거나 마냥 수동적으로 유행을 따랐던 것은 아니었다.

컨슈머 리포트의 탄생

오늘날 경제계에 강력한 영향을 미치는 월간지 《컨슈머 리포트Consumer

Reports》가 이 시기에 등장하게 된 것은 결코 우연이 아니다. 그것은 계획된 진부화의 시대를 살던 소비자들 나름의 대응 방식이었다. 제1차 세계대전 후 유럽이 피폐해진 경제를 재건하느라 여념이 없었던 반면, 미국에서는 주요 산업 분야에서 다양한 브랜드가 등장하고 기술혁신을 반영한 새로운 상품이 무수히 쏟아져 나왔다. 자동차, 냉장고, TV, 스테레오, 세탁기, 청소기 등의 상품은 미국 중간계급의 상징이자 '실용적인' 사치품이었다. 이런 상품들이 한꺼번에 쏟아져 나오자 제품의 성능을 비교·분석할 필요가 제기되었다.[69] 제품 비교라는 관행은 19세기 중반에 처음 나타났는데, 1920년대가 되어서야 본격적으로 소비자를 보호하는 프로그램으로 도입되었다. 이제 소비자운동은 불매운동이나 협동조합운동에 더해 제품 검사라는 중요하고도 강력한 분야를 추가하게 되었다.

이 운동을 선도한 사람은 경제학자 스튜어트 체이스Stuart Chase, 1888~1985였다. '뉴딜New Deal'이라는 용어를 만들어낸 체이스는 가업이던 공인회계사를 그만둔 뒤 워싱턴 DC의 정부기관에서 일하면서 상품 비교·분석을 담당했다. 그 경험을 토대로 쓴 책이 《낭비의 도전The Challenge of Waste》(1922), 《낭비의 비극The Tragedy of Waste》(1925)이었다. 체이스는 이 책을 통해 소비자들이 판매나 광고에 속아 물건을 사들이는 세태를 비판했다. 1927년에는 공학자인 프레드릭 쉬링크Frederick J. Schlink, 1891~1995와 함께 《당신이 지불한 돈의 가치Your Money's Worth》를 펴냈는데, 이 책은 엄청난 파급력을 지닌 베스트셀러가 되었다. 이 책에서 저자들은 상업광고가 전달하는 그릇된 정보를 고발하는 한편, 소비자에게 의심하는 태도를 가질 것을 종용하고, 제품 생산 과정에서의 엄격한 기준과 독립적인 검사의 중요성을 강조했다.

《당신이 지불한 돈의 가치》의 폭발적인 인기에 힘입어 상품에 등급을

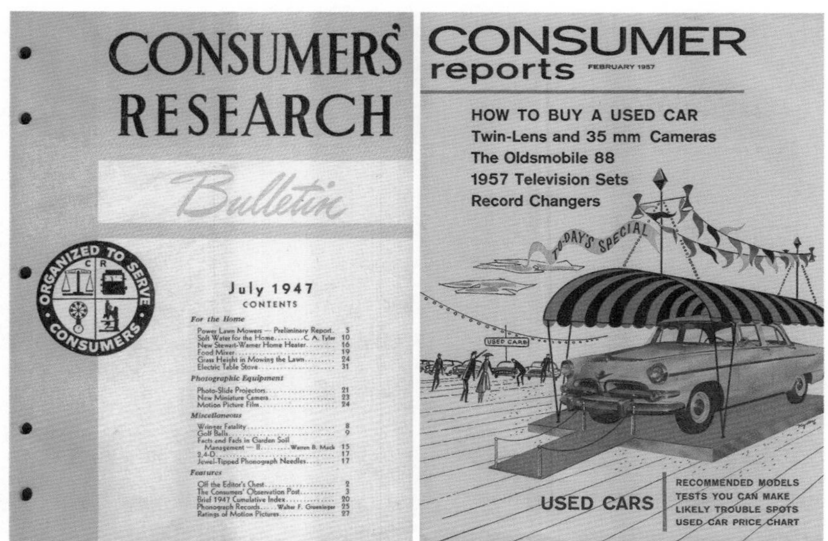

제품 검사 잡지

(왼쪽) 소비자연구소에서 발간한《소비자연구회보》1947년 7월호.
(오른쪽) 소비자동맹에서 발간한《컨슈머 리포트》1957년 1월호.

매기는 최초의 안내서인《소비자연구회보Consumers' Research Bulletin》가 창간되었다. 창간 당시 구독자는 565명에 불과했지만 곧 엄청난 인기를 끌게 되었고, 이후 소비자연구소Consumers' Research, CR 산하에 통합되었다. 1936년 소비자연구소에서 분리·독립한 소비자동맹Consumers' Union, CU이 새로《컨슈머 리포트》를 발행하게 된다. 제2차 세계대전이 끝나자 곧 유럽의 여러 국가에서도《컨슈머 리포트》같은 잡지를 만들고자 했다. 소비자동맹 측은 그런 국가들에 자문을 제공했는데, 그 결과 네덜란드의《Cosumentengids》(1953), 영국의《Which?》(1957), 오스트레일리아의《Choice》(1959), 독일의

《Test》(1966) 등 여러 나라에서 제품 검사 잡지가 발간되었다. 이 잡지들은 다양한 제품을 다루었는데, 그 가운데 가장 눈에 띄는 상품은 자동차였다.

남자 잔 다르크, 네이더

1960년대 초 하버드 로스쿨 출신 랠프 네이더Ralph Nader, 1934~는 코네티컷에서 변호사로 활동하던 중 자동차 사고에 관심을 갖게 되었다. 자동차 사고는 보통 운전자에게 책임이 전가되었는데, 네이더는 자동차 자체의 결함을 의심하게 되었다. 마침 그는 워싱턴 DC로 가서 노동부의 교통안전 자문위원으로 활동하게 되었다. 이때 수집한 자료들을 바탕으로 1965년《어떤 속도에서도 안전하지 않다Unsafe at Any Speed》를 출간했다.[70] 이 책에서는 제조사의 부주의로 인해 생긴 자동차 자체의 결함을 고발하는 한편, 문제가 있는 자동차의 브랜드 이름이며 사고의 사례 들을 구체적으로 명시했다. 이 책은 처음에는 큰 관심을 끌지 못했는데, 주요 결함 차량을 생산하는 업체로 지목된 제너럴모터스가 예민하게 반응하면서 베스트셀러가 되어버렸다.

1966년 네이더는 제너럴모터스에서 탐정을 고용하여 자신의 사생활을 캐고 있으며 심지어 성적 스캔들로 비화될 수 있는 함정을 파고 있다는 사실을 알게 되었다. 네이더는 이 불법적인 행위를 자동차 안전에 관한 상원 청문회에서 폭로했는데, 그가 제기한 음모의 전말이 자동차 안전보다 더 큰 이슈가 되면서 네이더는 하루아침에 유명인이 되었다. 골리앗 같은 미국의 자동차 기업에 도전하는 용감한 다윗으로 비교되면서 대중의 열광적인 지지를 한 몸에 받게 된 것이다. 결과적으로 이 사건은 1968년 미국 의회에서 자동

청문회에 참석한 랠프 네이더

1966년 자동차 안전에 관한 상원 청문회에 참석해서 차량 결함과 관련해 설명하고 있다.

차교통안전법National Traffic and Motor Vehicle Safety Act이 통과되는 데 큰 역할을 했다. 이 법은 자동차 설계 개선을 통해 사고자 수를 줄이려는 것이었다. 네이더는 제너럴모터스를 상대로 한 소송을 통해 거액의 보상금을 받았으며, 그 돈으로 소비자운동을 위한 기구를 확충했다.[71]

미국의 대중이 네이더에게 열광한 이유는 여러 가지였다. 먼저, 네이더는 거대 기업과 부패한 권력에 맞서 싸우는 작고 평범한 사람으로, 미국적 정서에서 볼 때 진정한 영웅의 이미지를 지녔기 때문이다. 그래서 네이더는 남자 잔 다르크 혹은 루터라 불렸으며, 심지어 레닌이라는 별명을 얻기도 했다. 이뿐만 아니라 네이더의 독특한 캐릭터와 청교도적인 생활방식도 대중의 관심을 끌었다. 그는 초라한 하숙집에 살면서 매일 똑같은 싸구려 양복을 입고 자동차도 몰지 않았다. 평생 결혼도 하지 않고 어떤 종류의 사치나 악덕도 멀리했으며, 하루 두세 시간만 잠자면서 공익을 위해 일했다. 이런 네이더의 모습은 미국 개척기 애국자를 연상시켰으며, 사람들에게 풍요로운 소비사회가 가져온 어두운 면들을 되돌아보게 했던 것이다. 네이더는 대중의 인기에 힘입어 이후 정계에 진출했으며, 1992년부터 2008년까지 연속해서 미국 대통령선거에 도전하기도 했다.

네이더 효과와 기업의 대응

네이더는 기업의 횡포에 맞서 소비자운동을 주도하는 활동가의 대명사가 되었다. 네이더를 추종하는 사람들이 모여 '네이더 네트워크Nader's Network'를 만들었고, 젊은 법률가들이 '네이더 돌격대Nader's Raiders'를 결성하여 대기업과 정부의 부정을 적발해냈다. 1970년대까지 네이더는 그야말로 미국에서 하나의 '사회적 현상'이 되었으며, 소비자들이 스스로 권리를 찾고자 하는 운동은 '네이더리즘'이라 불리게 되었다.[72]

이런 움직임에 힘입어 1960년대 후반에는 소비자운동의 굵직한 성과들이 나타나게 되었다. 미국 정부가 아동보호법Child Protection Act, 1966을 시작으로 담배표기법Cigarette labeling Act, 1966, 인화성직물개정법Flammable Fabrics Amendment Act, 1967, 위생 육류법Wholesome Meat Act, 1967, 소비자 신용보호법Consumer Credit Protection Act, 1968, 위생 가금류 생산물법Wholesome Poultry Products Act, 1968 아동보호 및 완구 안전법Child Protection and Toy Safety Act, 1969 등을 잇달아 제정했다.

소비자 보호와 제품 안전 관리

1973년 5월 정식으로 발족한 '소비자제품안전위원회(Consumer Product Safety Commission, CPSC)'는 안전사고를 예방하고 줄이기 위해 1만 종 이상의 제품류를 대상으로 안전규격을 제정·실시하고 있다.

하지만 기업의 입장에서는 정부가 소비자의 청원을 받아들여 새로운 규제들을 도입하는 이런 세태가 결코 달가울 리가 없었다. 거대 기업들은 엄청난 비용을 들여 소비자 문제에 대응할 법률가 집단을 고용했으며, 언론인과 정치인을 포섭해서 네이더와 다른 소비자운동 단체들을 흠집 내고 비판하는 데 열을 올렸다. 소비자운동은 경제의 흐름을 방해하는 불필요한 간섭이고, 그런 간섭으로부터 자유로운 경제야말로 진정한 자본주의라는 주장이었다. 1970년대가 되면 소비자운동 자체가 권력화되었다고 비판하면서 그들이 제기하는 문제의식의 순수성을 공격하기도 했다. 기업들은 소비자운동가를 자유로운 기업의 생존을 위협하는 "재앙 로비"를 하는 사람이고, "파멸의 예언자"라고 부르기도 했다.

소비자운동에 비판적인 시각을 지녔던 사람들은 이미 20세기 초반부터 소비자운동가들이 공산주의에 동조한다는 색깔론을 덧씌우곤 했는데, 1970년대에는 다시 그 색깔론을 불러들여 소비자운동가들이 유럽 파시즘의 국가통제를 추종하는 전체주의자라고 비난했다.[73] 또한 정부의 규제나 간섭으로 인해 미국 기업의 성장이 저해되어 세계 경제에서 미국이 경쟁력을 잃을 것이라는 우려스러운 전망을 내놓기도 했다.[74] 이런 가운데 1980년대가 되면 거대 기업들이 당시 정치적으로 부활한 우익집단과 연계하는 데 성공한다. 로널드 레이건Ronald Reagan, 1911~2004 대통령을 비롯한 우익 정치인들은 오랫동안 미국 정부가 국내 혹은 국제적으로 경제적인 개입을 펼치는 데 반대해왔다. 흔히 '레이거노믹스Reaganomics'로 불리는 레이건의 친기업적 정책은 미국 정부 차원에서 반反규제 아젠다를 내세웠을 뿐 아니라 국제기구인 유엔UN에까지 그 영향을 미치기 시작했다. 사실 소비자운동은 이미 오래전부터 국제적인 문제였기 때문이다.

세계화와 소비자운동

1960년 국제소비자연맹The International Organisation of Consumers Unions, IOCU이 발족했다. 영국과 미국의 소비자단체가 주도하여 창립한 국제소비자연맹은 초창기에는 당시 소비자운동의 가장 큰 프로그램이었던 상품 비교 테스트를 확대·보급하는 데 주력했다. 국제소비자연맹은 창립할 때부터 유엔의 적극적인 지원을 받았으며, 1960년대 말에는 유엔경제사회이사회United Nations Economic and Social Council, ECOSOC, 유엔아동기금United Nations Children's Fund, UNICEF, 유엔식량농업기금Food and Agriculture Organization of the United Nations, FAO, 유엔교육과학문화기구United Nations Educational, Scientific and Cultural Organization, UNESCO 등의 자문기관이 되면서 NGO 가운데 가장 중요한 A급 기구의 위치에 오르게 된다. 국제소비자연맹은 1995년 세계소비자기구Consumers International, CI로 명칭을 변경했는데, 오늘날 120개국의 250개 단체를 대표하고 있다. 본부는 런던에 있지만 칠레, 남아프리카공화국, 말레이시아, 오만에 각 지역을 관할하는 지역사무소를 두어 남반구와 북반구를 포괄한 범지구적 차원에서 소비자 문제를 다루고 있다. 우리나라는 1970년에 국제소비자연맹에 가입했다.

국제소비자연맹은 그 성격으로 볼 때 어떤 단체보다도 큰 영향력을 행사할 수 있는 기구이다. 무엇보다도 소비자라는 범주가 매우 일반적이고 보편적이어서 전 세계인을 구성원으로 상정할 수 있기 때문이다. 이뿐만 아니라 소비자운동은 다른 사회운동과는 달리 이상주의와 실용주의를 잘 혼합한 특성을 갖고 있어 실제 생활과 이데올로기 양측 모두에 해당하는 아젠다를 활용할 수도 있다. 실제로 국제소비자연맹은 당파나 정치적 이념으로부터 자유로운 중립적인 기구임을 자처해왔는데,[75] 그 중립성은 변화무쌍한 세계 정치 지형에서 언제나 어디서나 개입 가능한 강력한 무기다. 이런 맥락에서 소비자는 인종적·민족적 구분을 초월한, 새로운 형태의 연대가 가능한 집단이 되기도 한다.

미국의 역사가 리자베스 코헨Lizabeth Cohen은 1920년대 미국에서 '소비자 공화국Consumers' Republic'이 탄생했다고 주장하며, 소비가 새로운 시민의 기준이 될 수 있다는 전망을 내놓은 바 있다.[76] 부당한 가격에 맞서거나 제품의 질에 대한 불만을 표출하고, 고용 불평등 문제까지 개입하며 소비자운동의 선구자 역할을 하는 '의식 있는 시민-소비자self-conscious citizen consumers'를 통해 진정한 민주주의가 구현될 수 있다는 가능성을 본 것이다. 비단 투표권 행사에 머무는 것이 아니라 일상에서 행사되는 민주주의는 더 강력할 수 있기 때문에 최근 학계에서는 소비자를 국가나 제국 혹은 글로벌 정치에서 대안적 '시민citizen' 개념으로 보며 그로부터 파생한 운동성에 주목하기도 한다.[77]

하지만 글로벌한 차원에서의 소비자의 탄생이나 소비자운동은 나름의 여러 문제에 직면해 있다. 일단 지역별로 사회·경제적 배경이 다양한 탓에 해결해야 할 과제의 우선순위가 다르고, 문화적 차이로 인해 공통의 아젠다를 추진하는 데 갈등이 나타나기도 한다. 예를 들자면 동성애를 노출시킨 광고에 대해 많은 나라에서는 환영하거나 긍정적인 반응을 내놓았던 반면, 이슬람 문화권에서는 이에 대해 강력히 비판했다. 또한 아시아의 여러 국가에서는 서구식 물질문화의 유입에 대한 경계가 소비자운동의 한 축을 이룬다. 서구식 생활방식이 전통적인 삶의 방식을 파괴하고 의미 없는 개인주의만 낳을 것이라는 불만 때문이다. 한편, 일정한 경제 수준에 도달하는 것이 급선무인 저개발 국가에서는 소비자운동이 불가피하게 개발 논리 및 개발 기구들과 연계될 수밖에 없는 딜레마에 봉착해 있다. 심지어 파푸아뉴기니에서는 대부분 문맹인 소비자들을 새로운 시장경제에 적응시키는 것이 소비자운동의 급선무이다.[78]

최근 국제소비자연맹은 또 다른 문제에 봉착해 있다. 글로벌 차원에서 소비자운동의 제1기구가 과거만큼의 위상을 누릴 수 없게 된 탓이다. 1981

년 국제 NGO는 1만 3,000개 정도였는데, 2001년 4만 7,000여 개로 폭발적으로 늘어나면서 영향력이 감소한 것이 사실이다. 이뿐만 아니라 1990년대에 들어서면서 윤리적 소비와 공정무역운동 등이 급속하게 성장하면서 전통적인 소비자운동의 구심력이 여러 갈래로 분산되는 경향을 보이고 있다. 예상치 못한 문제도 있다. 휴대전화와 메신저 서비스, 블로그와 위키 등의 새로운 커뮤니케이션 도구가 집단행동의 능력과 성격을 바꾸어놓고 있다. 이제 새로운 미디어는 그와 상응하는 새로운 미디어 주체를 만들어내며, 과거와는 성격이 다른 새로운 소비자 군단을 만들어내고 있다. 인터넷 테크놀로지와 저널리즘의 사회·경제적 효과를 연구하는 클레이 서키Clay Shirky는 "이제 소비자라는 범주가 영구적 정체성이라기보다는 일시적 행동을 나타내게 되었다"고 주장한다.[79]

하지만 소비자단체의 위상이나 프로그램, 운동의 형태가 변화할지라도 소비자운동에서 지속적으로 변하지 않는 분명한 본질이 있다. 바로 소비자를 혼탁한 소비사회에서 자신의 역할을 증명하기 위해 투쟁할 줄 아는 존재로 본다는 사실이다. 소비자운동의 기원과 발달 과정이 보여주듯이 소비자는 오래전부터 수동적인 '돼지'가 아닌 소비 행위의 주체로서 역할해왔다. 따라서 깨어 있는 소비자는 소비로부터 해방의 잠재력을 찾고 진정한 민주주의를 실현하는 주인공이 될 수 있을 것이다.

서구 소비사의 현황과 전망

소비사History of Consumption는 가장 최근에 시작된 연구 분야다. 소비의 역사가 뒤늦게 시작된 데는 생산에 비해 소비를 폄하해온 학계의 통념 탓이 크다. 프랑스 경제학자 장바티스트 세Jean Baptiste Say, 1767~1832가 1803년 출간한 《정치경제학논고Traité d'Économie Politique》에서 '공급이 수요를 창출한다'는 '세의 법칙'을 주장한 이래 학계의 연구는 생산과 공급에만 집중해 왔다.[1] 카를 마르크스Karl Marx, 1818~1883는 소비를 자본주의 생산과정에서 인간관계나 사회적 성격을 은폐해버리는 '상품 물신숭배commodity fetish'라고 불렀는가 하면, 잘 먹고 잘 입는 등의 욕구를 "인간적 기능human function이 아닌, 동물적 기능animal functions"[2]이라고 비하했다. 막스 베버Max Weber, 1864~1920는 소비 행위가 사회적 지위 획득에 중요한 요소라고 지적한 바 있었지만, 프로테스탄트 윤리를 자본주의 발달의 추동력으로 보는 논리 안에서는 소비는 쾌락으로 간주되었고 결국 주변적 위치로 밀려났다.[3]

그런데 일찌감치 소비에 눈을 돌린 학자들도 있었다. 소스타인 베블런은 《유한계급론》(1899)을 통해 소비를 학술적 주제로 끌어올렸다. 자본주의가 꽃을 피우기 시작하던 19세기 후반 미국 사회에서 벌어진 부유층의 소비 행태를 분석하며 과시적 소비conspicuous consumption, 금전적 경쟁pecuniary emulation, 과시적 낭비conspicuous waste 같은 개념을 만들어냈던 것이다. 이제 사회적 우월성은 도덕성이나 지적 가치가 아닌 재산에 근거해 나타나며, 재화를 낭비하거나 쓸데없는 데 돈을 펑펑 쓴다는 사실 자체가 바로 명성의 원인이 된다는 주장이다.[4]

근대 자본주의 연구로 유명한 독일 경제학자 베르너 좀바르트의《사치와 자본주의》(1922) 또한 소비사의 시원을 이루는 중요한 업적이다. 마르크스 신봉자였으나 나중에 반反마르크스주의로 돌아섰던 좀바르트는 자본주의 생성과 발전의 원동력이 형성된 시기를 중세 말로 끌어올렸다. 십자군전쟁 이후 유럽 사회는 큰 변화를 겪었는데, 그 가운데 정치·문화의 중심지로 떠오른 궁정은 '여성의 지배에 기초하게 되었으며, 사랑과 같은 세속적 욕망을 퍼트리는' 구심점 역할을 하게 되었다. 좀바르트는 궁정의 일상생활에서 일어난 변화를 "거대한 사치를 만들어낼 수 있는 모든 조건이 충족된 것"[5]으로 보았다. 사치를 통해 지배계급의 생활양식이 재편성되면서 근대적인 경제조직이 탄생할 수 있었다는 것이다.

그런데 '한가한 무리들'을 바라보는 베블런의 냉소적 시선이나 여염집 부인까지 고급 창녀와 경쟁하며 유행을 만들어냈다는 좀바르트의 분석은 소비를 다시금 사치나 방탕같이 도덕적으로 열등한 범주로 떨어뜨리는 데 일조한 면이 없지 않다. 여기에 베버의 청교도주의의 영향 아래 놓여 있던 역사학이나 사회학은 주로 노동자 계급의 삶과 정치를 주목하는 동시에 소비를 천박한 물질주의나 이기적 도락 혹은 무분별한 쾌락과 연결시켰다. 이런 풍조가 지속되면서 노동에 대비되는 쇼핑 행위는 정당치 않은, 학문적 대상이 되기에는 저급한 주제로 간주되었다.

하지만 1970년대가 되자 문화연구, 인류학, 경제사회학 등의 분야에서는 소비를 창의적이고 능동적인, 의미 있는 행위로 보기 시작했다. 또한 포스트모더니즘이 확산되는 가운데 장 보드리야르나 피에르 부르디외 등이 이후 소비사에 큰 영향을 끼치게 될 새로운 이론을 내놓았다. 특히 보드리야르는 생산에 관한 이론이 현대 프랑스 사상을 지배해왔다고 비판하며 자신의 과업은 그러한 지배적 관점을 소비로 돌리는 것이라고 선언한 바 있다.[6] 그는《소비의 사회》(1970)에서 소비를 개인적 행위 문제가 아니라 전체로서의 전반적인 경제체제와 연결된 것으로 파악하며, 의사소통체계의 일부라는 기호론semiotic code적 주장을 펼치게 된다. 자본주의 체계에서 사물은 전 산업적 생산과정이나 상징적 가치와 분리되어 마치 기호처럼 기능하기 시작하며, 소비자의 소비 행위는 그 체계 속에 위치함으로써 의미를 얻게 된다는 것이다.[7] 한마디로 소비는 기호가 소비되는 것이지 사물 자체가 소비되는 것이 아니다.

보드리야르의 소비 이론이 포스트모더니즘의 특징 가운데 '언어적 전환'의 흐름을 보여준다면 부르디외의《구별 짓기》(1979)[8]는 '문화적 전환'의 조류에 놓여 있다고 할 수 있다. 부르디외는 그동안 자본에 대한 논의가 경제적 자본만을 다뤄왔다고 비판하며, 때로는 경제적 자본으로 치환 가능하지만 그와 대립되는 자본이 존재한다고 주장했다. 그가 강조하는 '문화자본'은 간접적이며 비가시적인 자본으로, 소비 행위를 통해 사회적 차이를 재생산하는 자본이다. 그런데 보드리야르나 부르디외의 이론은 그 난해성 때문에 보수적 학자들에게 거부감을 불러일으키기도 했다. 심지어 어떤 학자는 소비문화를 다루는 문화비평이 욕망의 상징주의와 같은 모호한 개념에 끈

질기게 집착한다고 비난하며 "그런 이야기들을 부정하고 싶어 미칠 지경이다"[9]라고 말할 정도였다.

1980년대가 되자 소비사는 폭발적으로 성장하기 시작한다. 소비사는 근대 역사학이 도외시해온 주제들을 주목하는 포스트모던 역사학의 문제의식과 국경을 초월하는 글로벌 시대의 학문적 지형을 뚜렷하게 보여주며 첨단의 연구 분야로 자리매김하게 되었다. 그 결과 2012년 영국의 역사학자 프랭크 트렌트만Frank Trentmann은 "소비는 생산의 그림자에서 빠져나왔다. 소비하는 인간homo consumens이 만드는 인간homo faber을 대체했다"고 선언하기에 이른다.[10]

근대 초 '소비혁명'

소비사 연구가 본격적으로 이루어지기 시작하던 지점에서의 가장 큰 화두는 인류 역사에서 언제 소비의 폭발이 일어났는가 하는 문제였다. 이 화두는 시공간적으로 크게 두 줄기로 나뉘게 된다. 근대 초 영국을 중심으로 한 기원론 논쟁과 20세기 미국이 전형적으로 발전시켰다는 '대량소비사회' 논쟁이 그것이다. 1980년대 닐 맥켄드릭, 그랜트 맥크래켄Grant McCracken 등이 이른바 '소비혁명Consumer Revolution' 테제를 주창하면서 소비사회 기원론 연구가 출범했다.[11] 이들은 서구 역사학계가 산업혁명과 산업화를 대량생산이라는 측면에서만 고찰한다고 비판하며 본격적인 산업화 이전에 '소비'라는 수요 측면에서의 팽창이 있었다고 주장했다.

맥크래켄은 영국에서 소비가 팽창했던 두 차례의 역사적 전환점을 지목하는데, 우선 16세기 후반 엘리자베스 여왕 시기에 나타난 소비 붐과 그다음으로 18세기 웨지우드 도자기 같은 새로운 소비재의 유행을 꼽았다. 맥크래켄은 특히 엘리자베스 여왕 시대 궁정에서 벌어진 경쟁적 소비 양태를 주목한다. 멋진 의상, 화려한 연회, 값비싼 선물과 으리으리한 저택은 신하들이 여왕 앞에서 자신의 위치를 드러내는 지표 역할을 했다. 이 때문에 신하들은 앞다투어 과도한 지출을 서슴지 않았고, "소비라는 광풍 속에 빠져버린" 것이었다.[12]

한편, 맥켄드릭 등은 영국에서 진정한 소비사회는 18세기가 되어서야 출현했다고 보았다. 맥크래켄의 고찰이 16세기 궁정 엘리트에 한정되었던 정치적 소비인 데 비해 번영하던 18세기 영국 사회야말로 보다 많은 사람에게 사치품 소비의 세계를 열어주었기 때문이다. 여기서 맥켄드릭은 베블런의 유한계급론과 좀바르트의 과시적 소비에 관한 이론을 18세기에 적용하며 사회적 모방social imitation과 경쟁적 소비의 도식을 그려냈다. 부유층이 '소비탐닉orgy of spending'을 통해 새로운 소비시대를 선도하고, 중간층이 부유층의 사치를 모방하고, 이어 하류층이 중간층을 모방하며 소비의 붐이 일어났다고 보는 것이다. 여기서 '트리클 다운'이나 '쫓기와 도망가기chase and flight' 같은 양상이 벌어지며 유행의 확산이 일어났다.[13] 이처럼 수요가 확대되면서 생산 섹터를 자극해 경제적 진전, 즉 자본주의의 발달이 일어나게 되었다는 주장이다.

그런데 콜린 캠벨Colin Campbell은 위 연구들이 근대 유럽에서 발생한 소비혁명을 충분하게 설명하지 못했다고 비판하고 나섰다.[14] 캠벨은 맥켄드릭과 마찬가지로 산업혁명이 필연적으로 생산뿐 아니라 소비의 혁명을 수반하는 과정이었다고 상정한다. 이를 위해 그가 끌어들인 이론은 베버의《프로테스탄트 윤리와 자본주의 정신》이다. 그런데 여기서 캠벨은 많은 학자가 주장한 것처럼 18세기 중간계급이 소비를 주도해갔다면, 그것은 베버의 테제와 정면으로 배치된다고 지적한다. 소비혁명을 일으킨 이들이 청교도적 윤리의 담지자였다면, 어떻게 그들이 사치스럽고 쾌락주의적인 소비도 만들어냈을까 하는 의문이 든다는 것이다. 그리하여 캠벨은 프로테스탄트 윤리를 광범위하게 검토하여 영국 청교도에 하나가 아닌 두 개의 강력한 문화적 전통이 있었음을 밝혀냈다. 하나는 베버가 규정한 합리적이고 근면한, 성취를 강조하는 전통이고, 또 하나는 칼뱅교의 징표교의가 '낙관적인 감정주의'와 합체되어 감상주의와 낭만주의 윤리로 귀착되는 흐름이다.

캠벨은 이 두 흐름 모두에서 문화담지자 역할을 맡은 중간계급이 18~19세기에 걸쳐 각자 나름의 방식으로 산업혁명을 완수하고 부르주아적 생활방식을 정당화해갔다고 본다. 하지만 두 흐름 가운데 특히 낭만주의 윤리가 근대 소비주의정신과 기본적으로 합치하거나 '선택적 친화력'을 갖고 있다고 주장한다. 유행, 낭만적 사랑, 소설 읽기, 취향의 발생이 소비혁명 및 근대 소비 행동 모두와 깊숙이 연루되어 있었기 때문이다. 그런데 여기서 캠벨이 특히 강조하는 것은 욕구와 획득의 간극이 결코 메워지지 않는다는 사실이다. 그런데 역설적으로 그 간극이 소비를 추동하는 동기가 되어 끝없는 욕구 추구라는 근대 소비의 특징을 형성하게 되었다고 보는 것이다. 캠벨은 그 동력을 '자기 환상적 쾌락주의self-illusory hedonism'라 불렀다.

소비사회 발원의 동력을 영국 내에서 찾았던 맥켄드릭이나 캠벨과는 달리 '세계체제론World-System'적 시각에서 국제 교역의 영향이 유럽에 소비 붐을 일으켰다는 시각도 나타났다. 찬드라 무커지Chandra Mukerji는 18세기 이전 유럽 시장에 실크, 도자기, 양모, 향료와 목재가 넘쳐났음을 주목하면서 산업혁명의 결과로 발생했다고 알려진 대량소비가 그보다 훨씬 이전 글로벌 교역의 산물이었다고 주장했다.[15] 최근에는 소비의 팽창기를 르네상스나 중세 말로 거슬러올라가 잡는가 하면[16], 19세기 말과 20세기야말로 진정한 소비혁명의 시대라는 시각도 만만찮다. 특히 20세기를 강조하는 시각은 미국의 대량소비사회 테제 추종자들이 주도해왔다.

미국식 '대량소비사회'의 등장

1954년 데이비드 포터David Potter는 경제적 풍요야말로 미국의 국가 정체성의 핵심이라고 선언했다. 미국이 천연자원, 기술, 모험가 정신 등 여러 면에서 세계 어느 곳보다 오랫동안 풍요로웠기 때문에 온갖 종류의 상품을 마음껏 즐길 수 있었으며, 그런 소비문화가 미국 문화의 핵심이라는 것이다.[17] 존 갤브레이스John K. Galbraith, 데이비드 리스먼David Riesman, 밴스 패커드Vance Packard, 다니엘 부어스틴 등 많은 학자가 미국을 국민 대부분이 온갖 물질생활을 향유하는 '풍요로운 사회affluent society'라고 불렀다. 풍요로운 사회의 또 다른 이름은 '대량소비사회mass consumption society'였다.

제2차 세계대전 후 미국은 자본주의 최대 전성기를 맞게 되었다. 전 세계 공산품의 3분의 2를 생산했으며, 노동자의 평균임금도 전쟁 전에 비해 두 배가량 상승했다. 산업화와 도시화는 도시 인구의 급증을 가져왔고, 한적한 교외에 주택을 소유하는 붐이 일었는가 하면 자동차 같은 고가 상품과 새로운 가전제품의 구매가 사회 전반으로 확산되었다. 신용카드와 할부제도는 구매에 새로운 활기를 불어넣었고, 전쟁을 통해 개발된 플라스틱 같은 신소

재나 신기술은 그동안 존재하지 않았던 수많은 상품을 시장에 선보이기 시작했다. 기업과 광고계는 쏟아져 나오는 상품들, 특히 '비필수재'에 대한 수요를 창출하기에 고심한다. 그들은 1920년대부터 펼쳐온 '계획된 진부화' 전략을 강화해 모든 상품으로 하여금 유행을 타도록 만들었다.[18]

학자들은 이처럼 미국에서 전형적으로 나타나게 된 대량소비사회의 연원을 찾고자 했다. 리처드 호프스태터는 19세기 말 미국 경제와 미국인의 삶에서 생산만큼이나 소비를 중요하게 여기기 시작한 중대 변화가 일어났다고 주장했다. 이 변화로 인해 도시 소비자가 미국 사회의 정치학에서 매우 중요한 변수로 떠올랐으며, 그런 '소비자 의식consumer consciousness'이 미국 정치를 새롭게 편성하게 되었다고까지 주장했다.[19] 백화점이나 체인점처럼 새롭게 등장한 근대적 소비 공간은 그곳을 찾는 사람들의 사회·경제적 지위를 가시화해 소비에 사회적 의미를 부여하기 시작했다.[20] 심지어 이 시기에는 어린이들도 소비의 주체로 편입되기 시작한다. 그 이전까지는 어른이 어린이를 위해 쇼핑을 했다면 이제는 어린이가 자신의 취향과 욕구에 맞는 물건을 고르는 주체가 되었다는 것이다. 인형 산업이 발달하기 시작했으며, 독일에서 들어온 곰인형은 '테디 베어Teddy Bear'라는 새로운 이름으로 불리며 미국에서 큰 인기를 끌었다.[21]

그런가 하면 1920년대를 미국 소비사회의 진정한 출발점으로 보는 이들도 많다. 제1차 세계대전 후 미국이 농촌 중심에서 도시 중심의 사회로, '청교도-공화주의적, 생산자-자본가 문화'에서 소비와 여가를 미덕으로 여기는 '풍요의 문화'로 그 무게중심이 이동했다는 것이다.[22] 이제 미국인들은 소비자로 변신하고 있었으며, 소비를 누구나 참여할 수 있는 '기회의 균등'으로 여기며 민주주의와 동일시하게 되었다. 19세기 말부터 연방정부가 일상생활에 미치는 영향력이 커졌는데, 연방정부는 소비를 활성화하기 위해 다양한 행정부서를 가동하며 미국이 대량소비사회로 전환하는 데 결정적 중재자 역할을 하게 되었다.[23] 1920년대가 되면 사치라는 단어가 부정적 의미에서 벗어나 윤리적으로 '중립적'인 단어가 되었는가 하면, 미국 경제에서 소비가 필수적인 요소로 간주되었다.[24] 한 경제학자는 사회적 진보란 "사치품이 편의품으로, 편의품이 필수품으로 전환되는 과정일 것이다"라고 말하기도 했다.[25]

이제 미국은 "욕망의 민주화"를 이룬, 풍요로운 "소비자 천국"이라는 신화가 생겨났다.[26] 하지만 이 사회를 바라보는 학자들의 시선은 크게 엇갈린다. 풍요로운 사회가 개인의 선택과 자유를 증진시킨다고 보는 로스토W. W. Rostow[27] 같은 학자가 있는가 하면, 풍요가 미국을 역사의 새로운 궤적에 올려놓은 것은 분명한 사실이지만 천박한 개인주의가 공적인 삶과 사회적 의무를 훼손한다고 우려하는 학자들도 많았다.[28] 갤브레이스는 개인적 풍요가 수많은 '공적 문제'를 불러왔고, 자본주의의 폐해에 대한 대책은 별로 이루어지지 않았다고 갈파했다.[29] 포터는 물질적 풍요는 심리적 형벌이라는 반대급부를 수반한다고 지적하기도 했다. 물질적 소유를 통해 사회적 위치를 드러내야 하기 때문에 끝없는 경쟁에 놓인 사람들은 결국 불안감과 스트레스에서 벗어날 수 없다는 것이다.[30]

확산론과 탈중심적 시각

미국식 대량소비사회 모델은 냉전시대에 미국이 서구 사회에 퍼트린 가장 중요한 수출품이었다. 트렌트만은 이를 두고 "소비주의와 미국화는 사실상 동의어가 되었다"라고 천명하기도 했다.[31] 이런 상황에서 미국식 소비주의가 다른 국가나 지역으로 확산된 과정을 탐구하는 작업이 소비사의 주요 흐름으로 자리 잡은 것은 당연한 결과인지도 모른다.[32] 이런 연구들은 대부분 영미권에서 발달한 소비사의 문제의식이나 분석틀을 제3세계에 적용하여 논의를 전개한다. 최근에는 제국주의라는 틀 속에서 유럽과 비유럽을 넘나드는 소비의 트랜스내셔널적 움직임을 주목하는 굵직한 연구들도 나오고 있는데, 소비가 식민 지배에 매우 중요한 요소였음을 부각시키는 성과물들이 그것이다.

하지만 미국 경제가 침체기에 접어들면서 최근 일각에서는 미국식 소비주의가 일방적으로 세계로 전파되었다는 확산론적 내러티브에서 벗어나려는 움직임이 뚜렷하게 나타나고 있다. 우선, 시드니 민츠의 《설탕과 권력》처럼 상품의 '사회적 삶'을 추적하는 작업은 미국 중심적인 소비문화의 보편화 가설에 균열을 내는 한 예다.[33] 특정한 물건이 제작자의 손을 떠나 상인을 거쳐 개개인의 소비자에게 이르기까지 사회적 가치나 역할이 변화한다는 사실을 주목하기 때문이다. 같은 맥락에서 세계 경제의 주변부들은 글로벌한 상품의 흐름에서 중요한 역할을 했다는 사실을 강조하는 탈중심화decentering적 시각도 최근 매우 활발하게 부상하는 연구 분야이다.[34]

미국식 소비주의의 확산론에 의문을 제기하는 경향은 좀 더 시기를 앞당겨 근대 초 물질문화에서 절대적인 '중심지'였던 영국에 대항하던 사례들에 대한 연구와도 일맥상통한다. 미국 역사가 브린은 미국의 독립이 영국 물건에 대한 보이콧 운동과 깊은 관계가 있었다는 제안을 내놓았다. 소비를 정치와 엮어내며 영국 중심적인 확산론에 정면으로 반박하는 것이다.[35] 같은 맥락에서 다나 프랭크는 자국산 물품 소비촉진운동이 미국 독립에 끼친 영향을 주목하며 "미국 물건을 사자는 캠페인이 미국을 탄생시켰다"고까지 말하기도 한다.[36] 당시 영국은 미국과 전쟁을 치르기 위해 아일랜드를 상대로 통상금지령을 선포했는데, 그로 인해 극심한 경제적 어려움에 처하게 된 아일랜드 사람들이 애국적 소비 담론을 전개했다는 사실이 밝혀지기도 했다.[37] 이런 사례들은 근대 서구에서 내셔널리즘과 소비가 결합하여 정치적 저항으로 작동할 수 있었던 역사적 전범에 다름 아니다.

한편, 조이 파Joy Parr는 미국식 대량소비문화가 최고점을 향해 달려가던 제2차 세계대전 후 약 20여 년 동안 캐나다에서 펼쳐진 소비문화를 탐구했다.[38] '욕망이 곧 소비의 핵심'이라는 미국식 '풍요로운 사회'의 이상과는 달리 이 시대 캐나다인들은 근대 초 사치금지법을 연상시키는 절제된 소비윤리를 되살려냈음이 드러난다.[39] 물건을 직접 만들어 쓰는 옛 관행이 되살아났는가 하면, 캐나다 특산물인 단풍나무를 이용해 만든 가구의 유행을 창출하는 등 자국 고유의 소비 행태를 주조해나갔던 것이다. 캐나다의 사례는 미국식 대량소비주의의 범세계적 전파에 저항하는 하나의 모델을 보여준다는 점에서 의미가 크다.

이런 연구들은 소비와 시장경제 자체의 구조적 절대성에서 한발 벗어나 소비자를 되살려내고, 소비자의 '행위주체성agency'에 주목하는 최근의 흐름과 닿아 있다. 피터 손더스Peter Saunders는 소비가 정말로 중요한 이유는 생산이 아닌 소비야말로 사람들로 하여금 자신의 삶에 대한 통제를 확대할 수 있도록 하기 때문이라고 주장한다.[40] 이런 문제의식 속에서 최근에는 집단적인 소비자뿐 아니라 소비하는 개인의 행위주체성에 초점을 맞춘 연구도 활발해지고 있다. 소비 주체를 개인으로 상정할 경우 계급, 젠더, 교육수준 등 전통적으로 소비 패턴을 결정짓는다고 알려진 중요한 요소들과는 크게 상관이 없는, 전혀 뜻밖의 요소가 더 강력한 변수로 작용하기도 한다.[41] 최근에는 인종이나 종교, 연령대 등을 소비에 영향을 미치는 또 다른 변수로 보는 연구가 활발해지면서 소비사를 더욱 다채롭게 만들어가고 있다.

소비의 역사, 모호함과 가능성 사이에서

지난 30여 년 동안 소비사 관련 연구는 폭발적으로 성장해왔으며, 학자들은 그런 움직임이 "전혀 그칠 기미가 보이지 않는다"[42]고 말한다. 하지만 소비사가 자리매김하는 데 아직 극복해야 할 과제가 많은 것도 사실이다.

우선, 소비의 정의를 둘러싼 문제를 들 수 있다. 소비사는 생산 위주의 접근에 대한 반발에서 출발했지만 정작 소비를 어떻게 규정할 것인가에 대해서는 오랫동안 진지한 논의가 부재했다. 그런 상황에서 역사학뿐 아니라 문학, 사회학, 경영학, 인류학 등 다양한 학문 분야에서 소비에 대한 연구가 동시에 진행되면서 소비의 정의 및 연구의 초점이 각각 다르게 나타나게 되었다. 경제학자들에게 소비는 흔히 총수요aggregate demand의 약자나 마찬가지였고, 전통적인 사회이론에서는 주로 근대성 논쟁의 연장선에서 다루어졌다. 경영학에서 소비 연구는 결국 특정 상품을 얼마나 더 팔 것인가에 집중되었는가 하면 학문이 곧 현실 개혁의 도구가 되어야 한다고 믿는 학자들은 '윤리적 소비'를 위한 방향성을 모색하는 데 열중한다. 한편, 정치학이나 언론학 분야는 소비 패턴을 정치 참여의 지형도와 일치시키느라 여념이 없다. 이제 소비사는 학문의 파편화를 보여주는 극단적인 사례라 해도 과언이 아닐 지경이 되어버렸다.

이런 파편화로 인해 여러 가지 문제점이 나타났다. 가장 큰 문제점은 소비사만의 뚜렷한 방법론이나 메타이론이 도출되지 못하고 있다는 사실이다. 이에 대해 학자들은 "소비 연구는 언제나 학제적이었다"[43]고 항변하며 이 문제는 학문 간 융합을 통해 점차 극복될 수 있을 것이라고 낙관한다. 실제로 소비사 영역은 학제적 접근이 비교적 활발한 분야여서 최근 사회학과 역사학, 문화비평 및 경제학은 그동안 각각 발전시켜온 방법론을 서로 차용하기도 한다. 그런데 그런 학제적 시도들은 또 다른 문제점을 낳게 되었는데, 그것은 소비가 지나치게 광범하게 정의되기에 이르렀다는 점이다. 이제 소비란 단순히 물건을 사거나 쓰는 행위만을 지칭하지 않는다. 재화를 둘러싼 욕망과 보이지 않는 문화자본의 향유를 포함하는가 하면 공적 영역과 사적 영역을 넘나들며 수없이 많은 주제를 포괄하는 거대한 개념이 되어버린 것이다.[44] 쇼핑 행위와 소비가 이루어지는 공간, 소비 욕구를 불러일으키는 욕망의 창출에서 낭비나 재활용에 이르기까지 그 스펙트럼이 통제할 수 없을 만큼 넓어졌다.

상황이 이렇다 보니 소비사를 표방하면서도 사실은 본질적으로 생산에 대한 연구이거나, 소비와 생산을 모호하게 포괄하는 경우를 많이 찾아볼 수 있다. 이런 현상이 벌어진 데는 소비사가 전통적인 경제사 분야가 도외시해온 수많은 주제가 한꺼번에 몰려드는 일종의 집합소가 되어버린 탓도 있다. 예를 들자면 판매나 광고 같은 영역들이 소비사의 한 축을 차지하게 되는데, 그것이 과연 소비와 생산 어느 영역에 속하는지 애매한 경우가 많다. 광고의 본질은 소비 촉진이지만 그런 욕망을 불러일으키기 위해 제작되는 광고는 다분히 생산으로서의 특성이 더 강하지 않은가? 백화점에 대한 연구도 마찬가지다. 백화점이 근대 세계의 대표적인 소비 공간인 것은 분명하지만, 그곳에서 일어나는 판매활동이 온전히 소비의 영역일까? 특히 판매 증진을 위해 백화점 공간을 재구획하는 일은 과연 소비인가, 생산인가? 물건을 자기 식으로 개조해서 사용하는 크리슈머는 과연 소비자인가, 생산자인가?

이런 혼란은 포스트모더니즘의 영향으로 소비를 문화적으로 재정의하려는 움직임 속에서 오히려 더 커져가는 것으로 보인다. 마이크 페더스톤 Mike Featherstone 같은 학자들은 포스트모던 세계에서는 상품 그 자체를 소비하는 대신에 광고와 디스플레이를 통해 구성되는 상품의 의미를 소비한다고 주장한다.[45] 그렇다면 이제 소비사는 실질적 소비와 이미지 소비라는 두 범주의 소비를 모두 고려해 이루어져야 하는 것이다. 나아가 인터넷 같은 가상공간에서 일어나는 쇼핑의 비중이 더욱 커져가는[46] 지금, 향후 연구는 재화 획득 공간의 이원화 양상을 포괄할 새로운 패러다임을 요구한다. 이뿐만 아니라 최근에는 전통적으로 민간 영역으로 분류되어온 소비의 정체성마저 흔들리고 있다. 정부가 큰돈을 쓰면서 마치 소비자처럼 행동하여 시장에 영향을 미치고, 동시에 소비를 규제하는 역할을 하여 더 큰 권력을 휘두르기 때문이다.[47] 따라서 이제 연구자들에게는 시민의 소비와 정부의 소비 모두를 고찰해야 하는 또 다른 과제가 주어진 셈이다.

하지만 이런 문제점들은 곧 소비사가 지닌 특성이자 잠재력이기도 하다. 다룰 수 있는 주제의 외연이 엄청나게 확장될 수 있다는 사실, 실재적 영역과 가상의 공간을 모두 다룰 수 있다는 점, 민간 부분과 공적 부분을 함께 고려하는 폭넓은 분석틀의 도출 가능성 같은 것들 말이다. 또한 소비는 글로벌 자본주의에 대항할 수 있는 단초를 찾아내거나 국가나 민족, 계급을 초월한 또 다른 형태의 연대와 네트워크를 주목한다는 점에서, 그리고 소비라는 인간의 행위를 결정짓는 수많은 돌발 변수를 포착해낼 수 있다는 점에서 가장 트렌디하면서도 가장 현실 참여적인 주제다. 그렇기 때문에 소비사는 모호함 속에 무한한 가능성을 지닌, 역사학의 지평을 넓혀줄 수 있는 참으로 매력적인 분야다.

부록

본문의 주

굿즈GOODS, 욕망하다

1 제임스 샤피로 지음, 신예경 옮김, 《셰익스피어를 둘러싼 모험》 글항아리 (2016), pp.29, 453.

2 J. J. Scarisbrick, *The Reformation and the English People* (Oxford: Blackwell, 1986), pp.3, 7, 8.

3 Lorna Weatherill, *Consumer Behaviour and Material Culture in Britain*, 1660~1760 (New York: Routledge, 1988), p.xvi.

4 Weatherill, *Consumer Behaviour*, p.168.

5 Maxine Berg, "Women's Consumption and the Industrial Classes of Eighteenth-Century England", *Journal of Social History*, 30:2 (1996), pp.415~434.

6 Borthwick Institute, University of York, Probate Records, Ann Allen (August, 1794).

7 Borthwick Institute, University of York, Probate Records, John Smith (February, 1754).

8 Borthwick Institute, University of York, Probate Records, Isaac Stretch (5 April, 1716).

9 빌 브라이슨 지음, 박중서 옮김, 《거의 모든 사생활의 역사》, 까치 (2011), pp.466~469.

10 미셸 페로 편집, 전수연 옮김, 《사생활의 역사 4: 프랑스 혁명부터 제1차 세계대전까지》, 새물결 (2002), pp.58~59 참조.

11 필리프 페로 지음, 이재한 옮김, 《부르주아 사회와 패션》, 현실문화연구 (2007), p.167.

12 David Kuchta, "The Making of the Self-Made Man: Class, Clothing, and English Masculinity, 1688~1832", in Victoria de Grazia and Ellen Furlough, eds., *Sex of Things: Gender and Consumption in Historical Perspective* (Berkeley: Univ. of California Press, 1996), pp.55~56.

13 Guy Miege, *The New State of England under Their Majesties K. William and Q. Mary*, Vol. 2 (London, 1691), pp.38~39.

14 William Cobbett, *Advice to Young Men, and (incidentally to Young Women, in the Middle and Higher Ranks of Life* (London: Mills, Jowett, and Mills, 1829~1830), no pag.

15 페로,《부르주아 사회와 패션》, p.116.

16 페로,《부르주아 사회와 패션》, p.150.

17 댄디즘에 대해서는 쥘 바르베 도르비이 지음, 고봉만 옮김, 이주은 그림,《멋쟁이 남자들의 이야기 댄디즘: 최초의 멋쟁이 조지 브러멀에 대한 상세한 보고서》, 이봄 (2014) 참조.

18 Thomas Carlyle, *Sartor Resartus* (London: James Fraser, 1836); 스티븐 컨 지음, 이성동 옮김,《육체의 문화사》, 의암출판 (1996), pp.26~27 참조.

19 Charles-Pierre Baudelaire, "Le Dandy", in *Oeuvres Complètes* (Paris: Editions de la Pléiade, 1951), p.1179.

20 Jennifer Jones, "Coquettes and Grisettes: Women Buying and Selling in Ancient Régime Paris", in Grazia and Furlough, *Sex of Things*, p.30.

21 Helen Berry, "Polite Consumption: Shopping in Eighteenth-Century England", *Transactions of the Royal Historical Society*, Sixth Series, 12 (2002), p.382.

22 Peter Borsay, *The Image of Georgian Bath, 1700-2000* (Oxford: Oxford UP., 2000), p.30.

23 페로,《부르주아 사회와 패션》, p.97.

24 J. P. Malcolm, *Anecdotes of the Manners and Customs of London during the Eighteenth Century*, Vol. 2 (London, 1808), pp.132~134.

25 Berry, "Polite Consumption", p.389.

26 Berry, "Polite Consumption", p.388.

27 *Spectator*, no. 454 11 Aug. 1712.

28 스티븐 컨 지음, 이성동 옮김,《육체의 문화사》, 의암출판 (1996), p.24.

29 컨,《육체의 문화사》, p.25.

30 브라이슨,《거의 모든 사생활의 역사》, p.481.

31 Maxine Berg and Helen Clifford, eds., *Consumers and Luxury: Consumer Culture in Europe, 1650~1850* (Manchester: Manchester UP., 1999); Maxine Berg and Elizabeth Eger, eds., *Luxury in the Eighteenth Century* (Basingstoke: Palgrave Macmillan, 2003).

32 Warren G. Breckman, "Disciplining Consumption: The Debate about Luxury in Wilhelmine Germany, 1890~1914", *Journal of Social History*, 24:3 (1991), pp.485~505.

33 Louis Dumont, *From Mandeville to Marx: The Genesis and Triumph of Economic Ideology* (Chicago: University of Chicago Press, 1977), pp.6~7.

34 J. C. Flugel, *The Psychology of Clothes* (London: Hogarth Press, 1930), p.113.

35 Joyce Appleby, "Consumption in Early Modern Social Thought", in Lawrence B. Glickman, ed., *Consumer Society in American History* (Ithaca: Cornell UP., 1999), p.134.

36 T. 베블렌 지음, 이완재·최세양 옮김, 《한가한 무리들》, 통인 (1995). 특히 4장 〈과시하는 소비〉, pp.97~121.

37 베블렌, 《한가한 무리들》, p.161.

38 베블렌, 《한가한 무리들》, p.190.

39 버나드 맨더빌 지음, 최윤재 옮김, 《꿀벌의 우화: 개인의 악덕, 사회의 이익》, 문예출판사 (2011), p.142.

40 맨더빌, 《꿀벌의 우화》, pp.146~147.

41 Mimi Hellman, "Furniture, Sociability, and the Work of Leisure in Eighteenth-Century France", *Eighteenth-Century Studies*, 32:4 (1999), pp.415~445; John E. Crowley, "The Sensibility of Comfort", *The American Historical Review*, 104:3 (1999), pp.749~782.

42 티머시 브룩 지음, 박인균 옮김, 《베르메르의 모자: 베르메르의 그림을 통해 본 17세기 동서문명교류사》, 추수밭 (2008), pp.102~103 참조.

43 John E. Vollmer, E. J. Keall, and E. Nagai-Berthrong, *Silk Road, China Ships* (Toronto: Royal Ontario Museum, 1984), pp.129, 130.

44 설혜심, 《그랜드 투어: 엘리트 교육의 최종단계》, 웅진지식하우스 (2013), pp.186~187.

45 민은경, 〈고대와 근대 논쟁: 템플과 워튼의 중국관을 중심으로〉, 《영국연구》, 9 (2003), pp.35~36.

46 Anthony Pagden, *European Encounters with the New World: From the Renaissance to Romanticism* (New Haven: Yale University Press, 1993), p.27.

47 Malcolm Waters, *Globalization* (London: Routledge, 1995), p.140.

48 Irma Hoyt Reed, "The European Hard-Paste Porcelain Manufacture of the Eighteenth Century", *The Journal of Modern History*, 8:3 (1936), p.276.

49 Rose Kerr, "Asia in Europe: Porcelain and Enamel for the West", in Anna Jackson and Amin Jaffer, eds., *Encounters: The Meeting of Asia and Europe, 1500~1800* (London: V & A Publications, 2004), p.126.

50 배경진, 〈18세기 유럽의 물질문화와 중국풍 도자기〉, 연세대학교 석사학위논문, 2008, pp.45~47.

51 Julie Emerson, Jennifer Chen and Mimi Gardner Gates, eds., *Porcelain Stories: From China to Europe* (Seattle: Seattle Art Museum & Univ. of Washington Press, 2000), p.257.

52 이지은, 《귀족의 은밀한 사생활》, 지안 (2006), p.177.

53 브룩, 《베르메르의 모자》, p.120.

54 Kerr, "Asia in Europe", p.231에서 재인용.

55 C.J.A. Jörg, *Porcelain and the Dutch China Trade* (The Hague: Martinus Nijlloff, 1982), p.108.

56 J. Samaine Lockwood, "Shopping for the Nation: Women's China Collecting the Late-Nineteenth Century New England", *The New England Quarterly*, 81:1 (2008).

57 프란츠 파농 지음, 이석호 옮김, 《검은 피부, 하얀 가면》, 인간사랑 (1998), pp.83, 269.

58 Timothy Burke, "Nyamarira That I Loved: Commoditization, Consumption and the Social History of Soap in Zimbabwe", *The Societies of Southern Africa in the Nineteenth and Twentieth Centuries*, 42:17 (London, 1992), p.209.

59 Johann Caspar Lavater, *Essays on Physiognomy* (London, 1840), p.304.

60 Frederick Hollick, *The Marriage Guide or Natural History of Generation* (New York: T. W. Strong, 1850), p.309.

61 William Harvey Brown, *On the South African Frontier: The Adventures and Observations of an American in Mashonaland and Matabeleland* (New York: Charles Scribner's Sons, 1899), p.194.

62 Burke, "Nyamarira That I Loved", p.200.

63 Sam Kemp, *Black Frontiers: Pioneer Adventures with Cecil Rhodes' Mounted Police* (London: George G. Harrap, 1932), p.64.

64 R. C. K. Ensor, *England, 1870~1914* (Oxford: Clarendon, 1936); J. D. Unwin, *Sex and Culture* (Oxford: Oxford UP., 1934).

65 Ronald Hyam, "Empire and Sexual Opportunity", *Journal of Imperial and Commonwealth History*, 14.2 (1986): pp.66~70.

66 Wayland Young, *Eros Denied* (London: Weidenfeld & Nicolson, 1965), Chp.20.

67 설혜심·박형지, 《제국주의와 남성성: 19세기 영국의 젠더 형성》, 아카넷 (2016).

68 권창규, 《상품의 시대: 출세·교양·건강·섹스·애국 다섯 가지 키워드로 본 한국 소비사회의 기

원》, 민음사 (2014), pp.205~206.

69 Anne McClintock, *Imperial Leather: Race, Gender, and Sexuality in the Colonial Contest* (New York: Routledge, 1995), p.212.

70 Juliann Sivulka, *Soap, Sex, and Cigarettes* (Belmont, Calif.: Wadsworth Publishing, 1998), p.66.

71 Thomas Richards, *The Commodity Culture of Victorian England* (London: Verso, 1991), p.119.

72 Sivulka, *Soap, Sex, and Cigarettes*, p.74.

73 양정혜, 《광고의 역사》, 한울 (2009), p.73.

74 Burke, "Nyamarira That I Loved", p.203.

75 Mary Louise Roberts, "Consumption, and Commodity Culture", *The American Historical Review*, 103:3 (1998), p.834.

76 Burke, "Nyamarira That I Loved", p.203.

77 J. E. Maroun, *Third Advertising Convention in South Africa: The Challenge of the Decade* (Johannesburg: Statistic Holdings Inc, 1960), p.125.

78 Burke, *Lifebuoy Men, Lux Women: Commodification, Consumption and Cleanliness in Modern Zimbabwe* (Durham, NC: Duke UP., 1996).

79 Nimrod Mkele, "Advertising to the Bantu", *Report on the Second Advertising Convention in South Africa* (Durban: Society of Advertisers, 1959), p.127.

80 Francis A Davidson, *South and South Central Africa: A Record of Fifteen Years' Missionary Labours Among Primitive People* (Elgin, IL: Brethren Publishing House, 1915), p.68.

세일즈SALES, 유혹하다

1 Archives Nationales, series O 3,793(1785), on Marie Antoinette's wardrobe account.

2 Jennifer Jones, "Coquettes and Grisettes: Women Buying and Selling in Ancient Régime Paris", in Victoria de Grazia and Ellen Furlough, eds., *Sex of Things: Gender and Consumption in Historical Perspective* (Berkeley: Univ. of California Press, 1996), p.26.

3 *Mémoires de la Baronne d'Oberkrich* (Paris, 1869), quoted in Anny Latour, *Les Magiciens de la mode*(Paris: R. Julliard, 1961), p.25.

4 Denis Diderot, *Encyclopédie* (Paris: Briasson, 1751~80), 10:598.

5 Jones, "Coquettes and Grisettes", p.39.

6 Jones, "Coquettes and Grisettes", p.31.

7 Jones, "Coquettes and Grisettes", p.32.

8 Louis-Sebastien Mercier, *Tableau de Paris* (Amsterdam, 1784), 6:311.

9 D. Cruickshank, *The Secret History of Georgian London* (London: Random House, 2009)을 보라.

10 Nicolas Deseassarts, *Dictionnaire Universel de Police* (Paris: Moutard, 1785~87), pp.624~625.

11 Jones, "Coquettes and Grisettes", p.28.

12 Walter Benjamin, "Paris, Capital of the Nineteenth Century", in Peter Demetz, ed., *Reflections: Essays, Aphorisms, Autobiographical Writings* (New York: Harcourt Brace Jovanovich, 1978), p.157.

13 Judith R. Walkowitz, *City of Dreadful Delight: Narratives of Sexual Danger in Late-Victorian London* (Chicago: Univ. of Chicago Press, 1992).

14 Abigail Solomon-Godeau, "The Other Side of Venus: The Visual Economy of Feminine Display", in Grazia and Furlough, *The Sex of Things*, pp.113.

15 John Trytten, "Sex in Advertising: the Easy Way Out", *Sales Management*, 110 (1973), p.37; 양정혜,《광고의 역사》, 한울 (2009), p.147.

16 Juliann Sivulka, *Soap, Sex, and Cigarettes* (Belmont, Calif: Wadsworth Publishing, 1998), pp.254~255; 캐서린 하킴 지음, 이현주 옮김,《매력자본》, 민음사 (2013), pp.201~204, 214~215.

17 Nathaniel Hawthorne, *The American Notebooks*, ed., Claude M. Simpson (Columbus: Ohio State UP., 1972), p.110.

18 김덕호,《욕망의 코카콜라》, 지호 (2014), 1~2장 참조.

19 Roy Porter, *Quacks: Fakers & Charlatans in English Medicine* (Stroud: Tempus, 2000), p.91.

20 Porter, *Quacks*, pp.89~90.

21 Thomas Richards, *The Commodity Culture of Victorian England: Advertising and Spectacle, 1851~1914* (London: Verso, 1990), p.168.

22 Porter, *Quacks*, p.94.

23 Jackson Lears, *Fables of Abundance: A Cultural History of Advertising in America* (New York: Basic Books, 1994), pp.65~67.

24 Thomas Turner, *Diary of Thomas Turner, 1754～1765*, ed., David Vaisey (Oxford: Oxford UP., 1984), p.208.

25 Lears, *Fables of Abundance*, pp.71～72에서 재인용.

26 양정혜, 《광고의 역사》, pp.46～47.

27 권창규, 《상품의 시대: 출세·교양·건강·섹스·애국 다섯 가지 키워드로 본 한국 소비사회의 기원》, 민음사 (2014), pp.36～38.

28 Friedrich Engels, *The Condition of the Working Class in England* (Stanford: Stanford UP., 1968), 118.

29 *Report from the Select Committee on Patent Medicines* (London: Wyman and Sons, 1914), p.107.

30 Richards, *Commodity Culture of Victorian England*, p.196.

31 Richards, *Commodity Culture of Victorian England*, p.176.

32 Joseph Conrad, *The Secret Agent* [1907] (Harmondsworth: Penguin, 1963), p.52.

33 Richards, *Commodity Culture of Victorian England*, pp.172～173.

34 김덕호, 《욕망의 코카콜라》, pp.29～30.

35 Richards, *Commodity Culture of Victorian England*, p.179.

36 Andrew Godley, "Selling the Sewing Machine around the World: Singer's International Marketing Strategies, 1850～1920", *Enterprise & Society*, 7:2 (2006), p.266.

37 Godley, "Selling the Sewing Machine", p.268.

38 Godley, "Selling the Sewing Machine", p.272.

39 Godley, "Selling the Sewing Machine", p.278.

40 Judith G. Coffin, "Credit, Consumption, and Images of Women's Desires: Selling the Sewing Machine in Late Nineteenth-Century France", *French Historical Studies*, 18:3 (1994), p.750.

41 Godley, "Selling the Sewing Machine", p.281.

42 Lendol Calder, *Financing the American Dream: A Cultural History of Credit* (Princeton: Princeton UP., 1998), pp.165.

43 Godley, "Selling the Sewing Machine", pp.281～283, 295.

44 월터 A. 프리드만 지음, 조혜진 옮김, 《세일즈맨의 탄생》, 말글빛냄 (2005), p.157.

45 Robert B. Davies, *Peacefully Working to Conquer the World: The Singer Sewing Machine in Foreign Markets, 1854～1920* (New York: Arno, 1976), p.235.

46 Barbara Taylor, "Sex and Skill: Notes towards a Feminist Economics", *Feminist Review*, 6 (1980).

47 Coffin, "Credit, Consumption, and Images of Women's Desires", p.758.

48 Coffin, "Credit, Consumption, and Images of Women's Desires", p.758.

49 "Keep Them in Stitches: A Capitalist Romance: Singer and the Sewing Machine, by Ruth Brandon", *Newsweek*, June 6, 1977.

50 Coffin, "Credit, Consumption, and Images of Women's Desires", p.774.

51 Coffin, "Credit, Consumption, and Images of Women's Desires", p.759.

52 미셸 페로 편집, 전수연 옮김, 《사생활의 역사 4: 프랑스혁명부터 제1차 세계대전까지》, 새물결 (2002), p.228.

53 Adelphe Espagne, *De l'industrie des machines à coudre à la maison centrale de Montpellier* (Paris, 1869), pp.11~13.

54 Coffin, "Credit, Consumption, and Images of Women's Desires", p.774.

55 Maxime Vernois, *De la main des ouvriers et des artisans* (Paris, 1862); Espagne, *De l'industrie des machines à coudre à la maison centrale de Montpellier*, pp.6~7.

56 Karen Offen, "Powered by a Woman's Foot: A Documentary Introduction to the Sexual Politics of the Sewing Machine in Nineteenth-Century France", *Women's Studies International Forum*, 11 (1988), pp.97~98에서 재인용.

57 Coffin, "Credit, Consumption, and Images of Women's Desires", p.776.

58 Coffin, "Credit, Consumption, and Images of Women's Desires", p.768.

59 Coffin, "Credit, Consumption, and Images of Women's Desires", p.763.

60 프리드만, 《세일즈맨의 탄생》, pp.30, 33~34, 39, 99~100.

61 Laura Klepacki, *Avon, Building the World's Premier Company for Women* (Hoboken, NJ: John Wiley & Sons, Inc., 2005 참조.

62 숙종 시기 문인으로 활약한 조구명(趙龜命, 1693~1737)의 《동계집 5권(東谿集卷之伍)》의 〈매분구(賣粉嫗) 옥랑전(玉娘傳)〉에 나오는 내용이다.

63 〈화장품 판매 진화〉, 《조선비즈》, 2013년 12월 2일자.

64 이종태·김상덕·송영욱, 〈한국화장품산업 유통 경로의 역사적 발전〉, 《경영사학》, 24:4 (2009), pp.161~165.

65 전완길, 〈화장품 방문판매에는 어떤 문제점이 있나: 에이본사와 태평양화학을 중심으로〉, 《마

케팅》, 8:2 (1974), p.93.

66 전완길, 〈화장품 방문판매에는 어떤 문제점이 있나〉, p.92.

67 Klepacki, *Avon*, p.66.

68 박유정 · 한효선 · 황완균, 〈방문 및 할인점 판매 화장품의 소비 형태 비교연구〉, 《대한피부미용학회지》, 8:2 (2010), p.35.

69 Klepacki, *Avon*, pp.170~171.

70 Ara Wilson, "The Empire of Direct Sales and the Making of Thai Entrepreneurs", *Critique of Anthropology*, 19:4 (1999), p.404.

71 Klepacki, *Avon*, p.172.

72 Matt Haig, *Brand Success* (London: Kogan Page, 2011), p.235.

73 콘스탄스 클라센 등 지음, 김진옥 옮김, 《아로마》, 현실문화연구 (2000), p.239.

74 Catherine Dolan and Linda Scott, "Lipstick Evangelism: Avon trading Circles and Gain Empowerment in South Africa", *Gender and Development*, 17:2 (2009), pp.203~204.

75 Dolan and Scott, "Lipstick Evangelism", p.207.

76 Wilson, "The Empire of Direct Sales", pp.402~404.

77 Dolan and Scott, "Lipstick Evangelism", pp.210~211.

78 Joan W. Scott, "Comment: Conceptualizing Gender in American Business History", *Business History Review*, 72 (1998), p.245.

79 Lawrence B. Chonko, "Alliance Formation with Direct Selling Companies: Avon and Mattel", *The Journal of Personal Selling and Sales Management*, 19:1 (1999), p.51.

80 Ambrose Heal, *London Tradesmen's Cards* (New York: Dover Publication, 1968), pp.1~13.

81 Heal, "Samuel Pepys and His Trade Cards", *The Connoisseur*, 92 (1933), pp.165~171.

82 Katie Scott, "The Waddesdon Manor Trade Cards: More Than One History", *Journal of Design History*, 17:1 (2004), p.97.

83 Minnesota Historical Society, "MHS Collection: Minnesota Trade Cards", *Minnesota History*, 43:7 (1973), p.270.

84 권창규, 《상품의 시대》, p.24.

85 Susan Strasser, *Satisfaction Guaranteed* (Washington: Smithsonian Institution Press, 1989).

86 킴 나출 외 지음, 한상필 · 김대선 옮김, 《현대사회와 광고》, 한나래 (1994), p.111.

87 Michael Torbenson and Jonathon Erlen, "A Case Study of the Lash's Bitters Company-Advertising Changes after the Federal Food and Drugs Act of 1906 and the Sherley Amendment of 1912", *Pharmacy in History*, 45:4 (2003), p.140.

88 Margaret E. Hale, "The Nineteenth-Century American Trade Card", *The Business history Review*, 74:4 (2000), p.686.

89 Susan Strasser, *Satisfaction Guaranteed*, p.165.

90 Hale, "The Nineteenth-Century American Trade Card", p.685.

91 William Woys Weaver, "The Dark Side of Culinary Ephemera: The Portrayal of African Americans", *Gastronomica*, 6:3 (2006), p.76.

92 Weaver, "The Dark Side of Culinary Ephemera", p.76.

93 Robert Jay, *The Trade Card in Nineteenth-Century America* (Columbia: Univ. of Missouri Press, 1987), p.72.

94 권창규, 《상품의 시대》, pp.22~23.

95 The President and Fellow of Harvard College, "A Short History of Trade Cards", *Bulletin of the Business Historical Society*, 5:3 (1931), p.2.

96 Phillippa Hubbard, "Trade Cards in 18th-Century Consumer Culture: Circulation, and Exchange in Commercial and Collecting Spaces", *Material Culture Review*, 74/75 (2012), p.34.

컨슈머CONSUMER, 소비하다

1 Margaret Loane, *From Their Point of View* (London: Arnold, 1908), p.75.

2 Paul Johnson, "Consumption and Working-Class Culture in Late Victorian and Edwardian Britain", *Transactions of the Royal Historical Society*, 38 (1988), p.31.

3 A. Fishlow, "Comparative Consumption Patterns, the Extent of the Market, and Alternative Development Strategies", in E. B. Ayal, ed., *Micro-Economic Aspect of Development* (New York: Praeger, 1971).

4 Johnson, "Consumption and Working-Class Culture", p.32.

5 Neil McKendrick, "Home Demand and Economic Growth: A New View of the Role of Women

and Children in the Industrial Revolution", in McKendrick, ed., *Historical Perspectives* (London: Europa, 1974).

6 Georg Simmel, "Fashion", *American Journal of Sociology*, 62: 6, 1957, p.543.

7 T. 베블렌 지음, 최세양·이완재 옮김, 《한가한 무리들》, 통인 (1995), pp.125~128.

8 베블렌, 《한가한 무리들》, pp.110~111.

9 Michael Winstanley, *Life in Kent at the Turn of the Century* (Folkestone: Dawson, 1978), p.165.

10 Grace Foakes, *Between High Walls: A London Childhood* (London: Shepheard-Walwyn, 1972), p.22.

11 Jim Wolveridge, *Ain't It Grand* (London: Stepney Books, 1976), p.19.

12 베블렌, 《한가한 무리들》, p.132.

13 Johnson, "Consumption and Working-Class Culture", pp.35~36.

14 Peter M. Scott and James Walker, "Working-Class Household Consumption Smoothing in Interwar Britain", *The Journal of Economic History*, 72:3 (2012), pp.797~825.

15 Scott and Walker, "Working-Class Household Consumption Smoothing", pp.799~800.

16 Brent W. Stoffle, Richard W. Stoffle, Jessica Minnis and Kathleen Van Vlack, "Women's Power and Community Resilience Rotating Savings and Credit Association in Barbados and the Bahamas", *Caribbean Studies*, 42:1 (2014).

17 Scott and Walker, "Working-Class Household Consumption Smoothing", pp.798~801.

18 Scott and Walker, "Working-Class Household Consumption Smoothing", pp.808~809.

19 Johnson, "Consumption and Working-Class Culture", pp.40~41.

20 베블렌, 《한가한 무리들》, p.126.

21 Maud Pember Reeves, *Round About a Pound a Week* (London: Virago, 1913), p.5

22 베블렌, 《한가한 무리들》, p.132.

23 E. Eisenberg, *The Recording Angel: Explorations in Phonography* (New York: McGraw-Hill, 1987).

24 설혜심, 〈취미의 역사〉, 김정락·백영경·설혜심 등, 《취미와 예술》, 방송대출판부 (2016).

25 양정무, 《그림값의 비밀》, 매일경제신문사 (2013), pp.56~57, 249.

26 필립 블롬 지음, 이민아 옮김, 《수집: 기묘하고 아름다운 강박의 세계》, 동녘 (2006), pp.94~98.

27 Majorie Swann, *Curiosities and Texts: The Culture of Collecting in Early Modern England* (Philadelphia: Univ. of Pennsylvania Press, 2001), p.1.

28 미셸 페로 편집, 전수연 옮김,《사생활의 역사 4: 프랑스혁명부터 제1차 세계대전까지》, 새물결 (2002), p.686.

29 페로,《사생활의 역사 4》, pp.686~688.

30 페로,《사생활의 역사 4》, pp.688~689.

31 S. M. Pearce, *Collecting in Contemporary Practice* (London: Sage, 1998), pp.1, 46.

32 페로,《사생활의 역사 4》, p.684.

33 D. Rigby and E. Rigby, *Lock, Stock and Barrel: The Story of Collecting* (Philadelphia, J. B. Lippincott, 1944).

34 Russell W. Belk, "Collecting as Luxury Consumption: Effects on Individuals and Households", *Journal of Economic Psychology*, 16 (1995), p.484.

35 Susan M. Pearce, *On Collecting: An Investigation into Collecting in the European Tradition* (London: Routledge, 1995), p.3.

36 페로,《사생활의 역사 4》, pp.687~688, 790~791.

37 Kristen Haring, "The Freer man of Ham Radio: How a Technical Hobby Provided Social and Spatial Distance", *Technology and Culture*, 44 (2003).

38 W. Muensterberger, *Collecting, An Unruly Passion: Psychological Perspectives* (Princeton, NJ: Princeton UP., 1994).

39 Belk, "Collecting as Luxury Consumption", p.478.

40 Belk, "Collecting as Luxury Consumption", p.478.

41 Belk, "Collecting as Luxury Consumption", p.480.

42 Belk, "Collecting as Luxury Consumption", p.486.

43 Belk, "Collecting as Luxury Consumption", pp.482~483.

44 C. T. Boyle, "Filthy with Things", in C. T. Boyle, ed., *Without a Hero* (New York: Viking, 1994), pp.41~63.

45 Belk, *Collecting in a Consumer Society* (London: Routledge, 1995), p.7.

46 Belk, "Collecting as Luxury Consumption", p.479.

47 제롬 드 그루트 지음, 이윤정 옮김,《역사를 소비하다》, 한울 (2014), pp.139~140.

48 Marina Bianchi, "Collecting as a Paradigm of Consumption", *Journal of Cultural Economics*, 21 (1997), p.275.

49 Jacob Viner, "The Utility Concept in Value Theory and Its Critics", in Alfred N. Page, ed., *Utility Theory* [1925] (New York: Wiley and Sons, 1968), p.130.

50 Bianchi, "Collecting as a Paradigm of Consumption", p.276.

51 Samuel Pepys, *Diary*, 8th. Feb. 1669.

52 뤼시앵 페브르·앙리 장 마르탱 지음, 강주헌·배영란 옮김, 《책의 탄생》, 돌베개 (2014).

53 육영수, 《책과 독서의 문화사》, 책세상 (2010), p.53.

54 육영수, 《책과 독서의 문화사》, p.74.

55 Peter Wagner, *Sexual Underworlds of the Enlightenment* (Manchester: Manchester UP., 1987), p.46

56 로이 포터·미쿨라시 테이흐 엮음, 이현정·우종민 옮김, 《섹슈얼리티와 과학의 대화: 성지식·성과학의 역사》, 한울 (2001), p.176.

57 포터·테이흐, 《섹슈얼리티와 과학의 대화》, p.177.

58 Wagner, *Sexual Underworlds*, p.47~48.

59 Wagner, *Sexual Underworlds*, p.48에서 재인용.

60 Wagner, *Sexual Underworlds*, p.53.

61 포터·테이흐, 《섹슈얼리티와 과학의 대화》, pp.189~190.

62 Angus McLaren, *Reproductive Ritual: The Perception of Fertility in England from the Sixteenth to the Nineteenth Century* (London: Methuen, 1984).

63 신은영, 〈사랑, 리베르티나주적 육체와 정신의 반항: 《소녀들의 학교L'Ecole des filles》〉, 《프랑스고전문학연구》, 10 (2007), pp.96~97, 100~101.

64 세라 워터스 지음, 최용준 옮김, 《핑거스미스》, 열린책들 (2002), p.20.

65 Patricia O'Brien, "The Kleptomania Diagnosis: Bourgeois Women and Theft in Late Nineteenth-Century France", *Journal of Social History*, 17 (1983), p.66.

66 O'Brien, "The Kleptomania Diagnosis", pp.65~66.

67 J. Rogues de Fursac, *Manuel de psychiatrie* (Paris: Alcan, 1903), p.280.

68 Rachel Shteir, *The Steal: A Cultural History of Shoplifting* (New York: Penguin Press, 2011), pp.16~17.

69 G. d' Avenel, vicomte, *Le Mecanisme de la vie moderne* (Paris: A. Colin et cie, 1896), pp.75~76.

70 Emile Zola, *The Ladies' Paradise* (Berkeley, Calf.: Univ. of California Press, 1992), p.226.

71 Alexandre Lacassagne, "Les Vola à l'étalage et dans les grands magasins", *Revue de l'Hypnotisme et de la Psychologie Physiologique*, II (1896), pp.77~78.

72 O'Brien, "The Kleptomania Diagnosis", p.67.

73 A. Pitres and E. Régis, *Les Obsessions et les impulsions* (Paris: O. Dion, 1902).

74 Camille Granier, *La Femme criminelle* (Paris: O. Doin, 1906).

75 O'Brien, "The Kleptomania Diagnosis", p.67.

76 Paul Granier, *La Folie à Paris* (Paris, 1890).

77 H. Dagonet, *Traite de maladies mentales* (Paris, 1894), p.464.

78 Dagonet, *Traite de maladies mentales*, pp.263~264.

79 Gerda Reith, "Consumption and Its Discontents: Addiction, Identity and the Problems of Freedom", *The British Journal of Sociology*, 55:2 (2004), pp.287~288.

80 Daniel Bell, *The Cultural Contradictions of Capitalism* (London: Heinemann, 1976).

81 H. Levine, "The Discovery of Addiction: Changing Conceptions of Habitual Drunkenness in America", *Journal of Studies on Alcohol*, 39:1 (1978).

82 〈성형수술을 가장 많이 하는 나라는? 미국, 한국 3위〉, 《머니투데이》, 2016년 8월 15일자.

83 샌더 L. 길먼 지음, 곽재은 옮김, 《성형수술의 문화사》, 이소출판사 (2003), pp.16~17, 29, 77.

84 길먼, 《성형수술의 문화사》, pp.121~122.

85 Charles Darwin, *An Anthology* (London: Transaction Publishers, 2009), p.340.

86 길먼, 《성형수술의 문화사》, pp.125~126.

87 Johann Caspar Lavater, *Essays on Physiognomy* (London, 1840), p.472.

88 Sander L. Gilman, *The Jew's Body* (New York: Routledge, 1991), p.185.

89 길먼, 《성형수술의 문화사》, p.172.

90 길먼, 《성형수술의 문화사》, pp.175~177, 195~200.

91 Joachim Fest, *The Face of the Third Reich: Portraits of the Nazi Leadership* (Harmondsworth: Penguin, 1972), p.154.

92 설혜심, 《서양의 관상학, 그 긴 그림자》, 한길사 (2015), pp.317~318.

93 길먼, 《성형수술의 문화사》, pp.246~247, 254.

94 길먼, 《성형수술의 문화사》, pp.262, 265.

95 길먼, 《성형수술의 문화사》, pp.139, 143.

96 길먼, 《성형수술의 문화사》, p.146.

97 Sophie Malo, "Plastic Surgery a Dangerous Business in Vietnam", *Things Asian*, Jan 19, 2007.

98 길먼, 《성형수술의 문화사》, pp.286~287.

99 Hermann Heinrich Ploss, *Das Weib in der Natur- und Völkerkunde*, 2 Vols. (Leipzig, 1884).

100 길먼, 《성형수술의 문화사》, p.294.

101 Daniel Dorneles de Andrade, "On Norms and Bodies", *Reproductive Health Matters*, 18:35 (2010), p.75.

102 Alexander Edmonds, "The Poor have the Right to be Beautiful: Cosmetic Surgery in Neoliberal Brazil", *Journal of the Royal Anthropological Institute*, 13:2 (2007), pp.374~375, 377.

103 Daniel S. Hamermesh and Jeff E. Biddle, "Beauty and the Labor Market", *The American Economic Review*, 84:5 (1994), pp.1174~1194.

104 Soohyung Lee and Keunkwan Ryu, "Plastic Surgery: Investment in Human Capital or Consumption?", *Journal of Human Capital*, 6:3 (2012), pp.224~250.

105 A.C. Tynan and J. Drayton, "The Neglect of the Older Consumer", *Journal of Consumer Studies and Home Economics*, 12 (1988), pp.159~171.

106 Barbara Ann Day, "Representing Aging and Death in French Culture", *French Historical Studies*, 17:3 (1992), p.688.

107 Michel Vovelle, *La mort et l'Occident de 1300 à nos jours* (Paris: Gallimard, 1983).

108 Philippe Ariès, *L'homme devant la mort* (Paris, Le Seuil, 1977). 우리말 번역본은 필리프 아리에스 지음, 유선자 옮김, 《죽음 앞에 선 인간》, 동문선 (2006).

109 Peter Stearns, *Old Age in European Society: The Case of France* (New York: Holmes & Meier, 1976).

110 Day, "Representing Aging and Death in French Culture", p.690.

111 Steve Burt and Mark Gabbott, "The Elderly Consumer and Non-Food Purchase Behaviour", *European Journal of Marketing*, 29:2 (1995), p.45.

112 Burt and Gabbott, "Elderly Consumer and Non-Food Purchase Behaviour", pp.45~46.

113 Praggyan Mohanty, S. Ratneshwar and Moshe Neveh-Benjamin, "Improving Associative and Item Memory for Brands among Elderly Consumers", *Advances in Consumer Research*, 40 (2012), p.836.

114 G. P. Moschis, *Marketing to Older Consumer: A Handbook of Information for Strategy Development* (Westport, CT: Greenwood Press, 1992).

115 H. K. Hunt, "Consumer Satisfaction/Dissatisfaction and Complaining Behavior of the Elderly", in H. K. Hunt and F. M. Magrabi, eds., *Interdisciplinary Consumer Research* (Ann Arbor, MI: Association for Consumer Research, 1980), pp.79~89.

116 M. C. Laforge, "Learned Helplessness ass an Explanation of Elderly Consumer Complaint Behavior", *Journal of Business, Ethics,* 8:5 (1989), p.360.

117 Jinkook Lee and Horacio Soberon-Ferrer, "An Empirical Analysis of Elderly Consumers' Complaining Behavior", *Family and Consumer Sciences Research Journal*, 27:3 (1999), p.345.

118 N. Renuga Nagarajan, Aurora A.C. Teixeira and Sandra T. Silva, "The Impact of an Ageing Population on Economic Growth: An Exploratory Review of the Main Mechanism", *Análise Social*, 51:218 (2016), p.5.

119 K. Prettner, "Population Aging and Endogenous Economic Growth", *Journal of Population Economics*, 26 (2012), pp.811~834.

120 Hope Jensen Schau, Mary C. Gilly and Mary Wolfinbarger, "Consumer Identity Renaissance: The Resurgence of Identity-Inspired Consumption in Retirement", *Journal of Consumer Research*, 36:2 (2009).

121 Shahrokh Nikou, "Mobile Technology and Forgotten Consumers: the Young-Elderly", *International Journal of Consumer Studies*, 39 (2015), pp.294~304.

122 Michelle Barnhart and Lisa Peñaloza. "Who Are You Calling Old? Negotiating Old Age Identity in the Elderly Consumption Ensemble", *Journal of Consumer Research*, 39:6 (2013), pp.1133~1153.

마켓MARKET, 확장하다

1 이성재, 〈일본 만화《베르사이유의 장미》의 미학과 역사적 상상력〉, 《서양사연구》, 34 (2006),

pp.273~291.

2 Charlote Jirousek, "Ottoman Influence in Western Dress", in S. Faroqhi and C. Neumann, eds., *Ottoman Costumes: From Textile to Identity* (Istanbul: Eren Publishing, 2005) 참조.

3 Onur Inal, "Women's Fashion in Transition: Ottoman Borderlands and the Anglo-Ottoman Exchange of Costumes", *Journal of World History*, 22:2 (2011), p.250.

4 Fatma Müge Göçek, *East Encounters West* (Oxford: Oxford UP., 1987), p.74.

5 Ros Ballaster, "Performing Roxane: the Oriental Woman as the Sign of Luxury in Eighteenth-Century Fictions", in Maxine Berg and Elizabeth Eger, eds., *Luxury in the Eighteenth Century* (London: Palgrave, 2003), pp.165~177 참조.

6 Daniel Defoe, Roxana, *The Fortunate Mistress* (Oxford: Oxford UP., 1964), p.174.

7 Edward Hall, *Henry VIII, Vol 1 of The Lives of the Kings*, reprint of 1550 folio edition (London and Edinburgh, 1904), pp.15~16.

8 Mary Wortley Montagu, "To Lady Pomfret Feb, 1740", ed., Robert Halsband, *The Complete Letters of Lady Mary Wortley Montagu*, Vol.2 (Oxford: Oxford UP., 1966), p.173.

9 "Travels in Nubia, Syria, etc.", *The Literary Gazette and Journal of Belle Lettres, Arts, and Sciences, etc.*, No. 358 (1823), p.760.

10 Dianne S. Macleod, "Cross-Cultural Cross-Dressing: Class, Gender and Modernist Sexual Identity", in Julie F. Codell and Dianne S. Macleod, eds., *Orientalism Transposed: The Impact of the Colonies on British Culture* (Hants, England: Ashgate, 1998), p.77.

11 Jane Austen, *Northanger Abbey* [1817~1818] (New York: Wild Jot Press, 2009), p.9.

12 J. H. Plumb, *The Commercialization of Leisure in Eighteenth-Century England* (Berkshire: Univ. of Reeding Press, 1972).

13 Neil McKendrick, *The Birth of a Consumer Society* (London: Europa Publications, 1982).

14 설혜심,《온천의 문화사: 건전한 스포츠로부터 퇴폐적인 향락에 이르기까지》, 한길사 (2001).

15 Roger Rolls, "Asylum Chronicorum Morborum: Medical Practice in Stuart Bath", unpublished typescript, Bath Record Office (1992).

16 Patrick Madan, *A Phylosophical and Medicinal Essay of the Waters of Tunbridge* (London, 1687), p.5.

17 Edward Wilson, *Spadacrene Dunelmensis, Or, A short Treatise of an Ancient Medicinal Fountain* (London, 1675), p.B3.

18 John Jones, *The Benefit of the Auncient Bathes of Buckstones* (London, 1572), p.15.

19 Edward Jorden, *A Discourse of Natual Bathes and Mineral Waters* (London, 1632), p.153.

20 William Schellinks, *The Journey of William Schellinks' Travels in England, 1661～1663*, trans., M. Exwood and H. L. Lehnmann, (London: Royal Historical Society, 1993), pp.105～106.

21 Robert Pierce, *The History and Memoirs of the Bath* (London, 1697), pp.254～257, 387.

22 John Floyer, *An Enquiry into the Right Use and Abuse of the Hot, Cold, and Temperate Baths in England* (London, 1697), pp.60～62.

23 Lewis Rouse, *Tunbridge Wells* (London, 1725), p.12.

24 Celia Fiennes, *The Illustrated Journeys of Celia Fiennes, 1685～c.1712* (London: Alan Sutton, 1995), p.44.

25 Minutes of the Council, 1613～1700, Bath Record Office, [Mar. 23rd, 1663].

26 Minutes of the Council, 1613～1700, Bath Record Office, [Apr. 7th, 1634]; [Apr. 21st, 1674].

27 Acts of the Privy Council of England [1597～1598], pp.373～375.

28 John French, *The York-Shire Spaw* (London, 1652), p.96.

29 Edward Ward, *A Step to the Bath* (London, 1689), p.13.

30 William Harrison, *The Description of England, ed., George Edelen* (Ithaca: Cornell UP., 1968), p.290.

31 PRO, STAC 8/237/26 (Perman v. Bromley, 1614).

32 Thomas Rawlins, *Tunbridge-Wells, or A Days of Courtship* (London, 1678), pp.4～5.

33 Anon, *Merry News from Epsom-Wells* (London, 1663), n.p.

34 요시미 순야 지음, 이태문 옮김,《박람회, 근대의 시선》, 논형 (2004), pp.52～53.

35 계정민, 〈빅토리아 시대 문학텍스트에 나타난 소비문화의 새로운 기호〉, 《서강영문학》, 7 (1996), pp.29～30.

36 빌 브라이슨 지음, 박중서 옮김,《거의 모든 사생활의 역사》, 까치 (2011), pp.20～24.

37 *Punch*, 13th July (1850).

38 순야,《박람회, 근대의 시선》, pp.60～63 참조.

39 계정민, 〈빅토리아 시대 문학텍스트에 나타난 소비문화의 새로운 기호〉, p.31; Thomas Richards, *The Commodity Culture of Victorian England: Advertising and Spectacle, 1851～1914* (London: Verso, 1991, p.25～26.

40 Asa Briggs, *Victorian Things* (Chicago: Univ. of Chicago Press, 1988), p.62.

41 Briggs, *Victorian Things*, p.62.

42 순야, 《박람회, 근대의 시선》, p.67.

43 브라이슨, 《거의 모든 사생활의 역사》, pp.38~39.

44 브라이슨, 《거의 모든 사생활의 역사》, pp.38~39.

45 Richards, *Commodity Culture*, p.37.

46 Henry Mayhew and George Cruikshank, *1851, or, The adventures of Mr. and Mrs. Sandboys, their son and daughter, who came up to London to enjoy themselves and to see the Great Exhibition* (New York: Stringer and Townsend, 1851), p.17.

47 Richards, *Commodity Culture*, p.19.

48 알렉산드로 마르초 마뇨 지음, 김정하 옮김, 《책공장 베네치아》, 책세상 (2015).

49 Miles Orvell, *The Real Thing* (Chapel Hill: Univ. of North Carolina Press, 1989), p.43.

50 Michael Schudson, *Advertising, the Uneasy Persuasion: It's Dubious Impact on American Society* (London: Routledge, 1993), p 151.

51 Sharon Zukin and Jennifer Smith Maguire, "Consumers and Consumption", *Annual Review of Sociology*, 30 (2004), p.177.

52 Schudson, *Advertising, the Uneasy Persuasion*, p.150.

53 Neil Harris, "Museums, Merchandising, and Popular Taste: The Struggle for Influence", in Ian M. G. Quimby, ed., *Material Culture and the Study of American Life* (New York: W. W. Norton, 1978), p.152.

54 Orvell, *The Real Thing*, p.43.

55 이지은, 《부르주아의 유쾌한 사생활》, 지안 (2011), pp.190~193.

56 William Leach, *Land of Desire: Merchants, Power and the Rise of a New American Culture* (New York: Vintage Books, 1994), pp.44~45.

57 Sears Archives (http://searsarchives.com).

58 Daniel Boorstin, *The Americans: The Democratic Experience* (New York: Random House, 1973), p.107.

59 Schudson, *Advertising*, p.151.

60 장 보드리야르 지음, 이상률 옮김, 《소비의 사회》, 문예출판 (1991), pp.55, 60. 81.

61 박진빈, 〈전후 미국 쇼핑몰의 발전과 교외적 삶의 방식〉, 《미국사 연구》, 37 (2013), pp.111~112.

62 박진빈, 〈전후 미국 쇼핑몰의 발전〉, p.113.

63 박진빈, 〈전후 미국 쇼핑몰의 발전〉, p.114.

64 "Who Invented the Shopping Mall?", *Uncle John's Bathroom Reader*, November 9 (2015).

65 James J. Farrell, "Shopping: The Moral Ecology of Consumption", *American Studies*, 39:3 (1998), p.162.

66 Farrell, "Shopping", p.163.

67 박진빈, 《도시로 보는 미국사: 아메리칸 시티, 혁신과 투쟁의 연대기》, 책세상 (2016), p.144에서 재인용. Victor Gruen and Larry Smith, *Shopping Town USA: The Planning of Shopping Center* (New York: Reinhold Publishing, 1960), pp.23~24.

68 Jon Goss, "Disquiet on the waterfront: Reflections on nostalgia and utopia in the urban archetypes of festival marketplaces", *Urban Geography*, 17 (1996), pp.221~247; Jon Goss, "The Magic of the Mall: An Analysis of Form, Function, and Meaning in the Contemporary Retail Built Environment", *Annals of the Association of American Geographers*, 83:1 (1993), pp.22~25.

69 Jon Goss, "Once-upon-a-Time in the Commodity World: An Unofficial Guide to Mall of America", *Annals of the Association of American Geographers*, 89:1 (1999), p.47.

70 Farrell, "Shopping", p.163.

71 Dalia Farrag, "Mall Shopping Motives and Activities: A Multimethod Approach", *Journal of International Consumer Marketing*, 22 (2010), p.96.

보이콧BOYCOTT, 거부하다

1 William Fox, *An Address to the People of Great Britain, on the Utility of Refraining from the Use of West India Sugar and Rum* (London, 1791), p.4.

2 Carole Shammas, *The Pre-Industrial Consumer in England and America* (Oxford: Clarendon, 1990), p.121.

3 Sidney Mintz, *Sweetness and Power: The Place of Sugar in Modern History* (New York: Viking, 1985), p.148.

4 Mintz, *Sweetness and Power*, p.116.

5 Anon, *Strictures on an Address to the People of Great Britain, on the Propriety of Abstaining from West India Sugar and Rum* (London, 1792), p.6.

6 Frederick Slare, *A Vindication of Sugars against the Charge of Dr. Eillis, other Physicians and Common Prejudices* (London, 1715), p.162.

7 Richard Hillier, *A Vindication of the Address to the People of Great Britain, on the Use of West India Produce* (London, 1791), p.7.

8 Benjamin Moseley, *A Treatise on Sugar* (London, 1800), p.166.

9 Leonore Davidoff and Catherine Hall, *Family Fortunes: Men and Women of the English Middle Class, 1780~1850* (Chicago: Chicago UP., 1987), p.170.

10 Charlotte Sussman, *Consuming Anxieties: Consumer Protest, Gender and British Slavery, 1713~1833* (Stanford: Stanford UP., 2000), p.126.

11 Dana Frank, *Buy American: the Untold Story of Economic Nationalism* (Boston: Beacon Press, 1999), pp.5~6.

12 T. H. Breen, *The Marketplace of Revolution: How Consumer Politics Shaped American Independence* (New York: Oxford UP., 2004), p.24.

13 Breen, *The Marketplace of Revolution*, p.133.

14 Frank, *Buy American*, pp.4~5.

15 Arthur M. Schlesinger, *Colonial Merchants at the American Revolution*, 1763~1776 (New York: Frederick Unger, 1957), pp.481~482.

16 Breen, "Baubles of Britain: The American and Consumer Revolutions of the Eighteenth Century", *Past and Present*, 119 (1988), p.103.

17 Frank, *Buy American*, p.14.

18 "Letters from a Farmer in Pennsylvania, to the Inhabitants of the British Colonies. Letter II.", *The Pennsylvania Gazette*, December 10, 1767.

19 Breen, *The Marketplace of Revolution*, p.23.

20 Frank, *Buy American*, p.4.

21 Padhraig Higgins, "Consumption, Gender, and the Politics of "Free Trade" in Eighteenth-Century Ireland", *Eighteenth-Century Studies*, 41:1 (2007), pp.87~105.

22 Higgins, "Consumption, Gender, and the Politics", pp.93~94.

23 Frank, *Buy American*, pp.61~62.

24 Frank, *Buy American*, pp.58~62.

25 *San Francisco Examiner*, Dec. 7, 1932.

26 "Children Enlist to Aid 'Buy American", Feb. 1, 1933, Hearst Metrotone News Service, UCLA, Film Archive.

27 Frank, *Buy American*, pp.78~79.

28 Frank, *Buy American*, p.139.

29 Frank, *Buy American*, pp.160~162.

30 *San Jose Mercury-News*, Feb. 21, 1992.

31 Frank, *Buy American*, pp.162~163.

32 Eric Mann, "Keeping GM Van Nuys Open", *Labor Research Review*, 9 (1986), pp.35~44.

33 *Detroit Free Press*, Feb. 4, 1992.

34 Frank, *Buy American*, p.180.

35 Frank, *Buy American*, pp.158~159.

36 Ted Ownby, *American Dreams in Mississippi: Consumers, Poverty and Culture, 1830~1998* (Chapel Hill: Univ. of North Carolina Press, 1999), pp.50~60.

37 Owenby, *American Dreams in Mississippi*, p.50.

38 Bobby M. Wilson, "Race in Commodity Exchange and Consumption: Separate but Equal", *Annals of the Association of American Geographers*, 95:3 (2005), p.591.

39 Owenby, *American Dreams in Mississippi*, p.59.

40 Wilson, "Race in Commodity Exchange and Consumption", p.592.

41 Wilson, "Race in Commodity Exchange and Consumption", pp.589~590.

42 W. E. B. Du Bois, *Dusk of Dawn: An Essay toward and Autobiography of a Race Concept* (New York: Harcourt, Brace and Co. 1940), p.208.

43 Lawrence B. Glickman, ed., *Consumer Society in American History* (Ithaca: Cornell UP., 1999), p.3.

44 National Civil Rights Museum, "Honoring the Struggle of a Generation", *History News*, 51

(1999), pp.5~11.

45 Wilson, "Race in Commodity Exchange and Consumption", pp.597~598.

46 Wilson, "Race in Commodity Exchange and Consumption", p.600.

47 Stuart Ewen and Elizabeth Ewen, *Channels of Desire: Mass Images and the Shaping of American Consciousness* (Minneapolis: Univ. of Minnesota Press, 1992), p.44.

48 Charles Evers, "From Evers", in Dorothy Abbott ed., *Mississippi Writers: Reflections of Childhood and Youth*. Vol. 2: *Nonfiction* (Jackson: Univ. of Mississippi, 1986), p.200.

49 Medgar Evers and William Peters, *For Us, the Living* (Garden City, NJ: Doubleday and Co., 1967), pp.194~195; Charls Evers and Andrew Szanton, *Have No Fear: The Charles Evers Story* (New York: John Wiley and Sons, 1997), p.156.

50 Owenby, *American Dreams in Mississippi*, p.153.

51 Charles Payne, *I've Got the Light of Freedom: The Organizing Tradition and the Mississippi Freedom Struggle* (Berkeley: Univ. of California Press, 1995), pp.323~325.

52 Owenby, *American Dreams in Mississippi*, p.155.

53 *Grenada Daily Sentinel-Star*, July, 13, 1966.

54 Owenby, *American Dreams in Mississippi*, pp.155~156.

55 Owenby, *American Dreams in Mississippi*, p.157.

56 Owenby, *American Dreams in Mississippi*, p.154.

57 Owenby, *American Dreams in Mississippi*, p.163.

58 Owenby, *American Dreams in Mississippi*, p.163에서 재인용.

59 강명구, 《소비대중문화와 포스트모더니즘》, 민음사 (1993), p.26; Meg Jacob. "State of the Field: The Politics of Consumption", *Reviews in American History*, 39: 3 (2011), p.563.

60 Daniel Boorstin, *The Americans: The Democratic Experience* (New York: Random House, 1973), p.89.

61 Theodor Wiesengrund Adorno and Max Horkheimer, "The Culture Industry: Enlightenment as Mass Deception", in *Dialectic of Enlightenment* [1944](New York: Herder and Herder, 1972).

62 장 보드리야르 지음, 이상률 옮김, 《소비의 사회: 그 신화와 구조》, 문예출판사 (1993), p.114.

63 보드리야르, 《소비의 사회》, p.113.

64 Nicolas von Hoffman, "The Consumer Is Not a Customer", *Chicago Tribune*, May 7, 1977.

65 Anwar Fazal, "The Citizen As Consumer", Tun Hussein Onn Memorial Lecture, Kuala Lumpur, Malaysia, Oct. 16, 1993.

66 Stuart Ewen, *Captains of Consciousness: Advertising and the Social Roots of the Consumer Culture* (New York: MGraw-Hill, 1976).

67 세르주 라투슈 지음, 정기헌 옮김, 《낭비사회를 넘어서》, 민음사 (2014), p.38.

68 Zygmunt Bauman, *Leben als Konsum* (Hamburg: Hamburger Edition, 2009), pp.114, 127.

69 Matthew Hilton, *Prosperity for All: Consumer Activism in an Era of Globalization* (Ithaca: Cornell UP., 2009), pp.25~26.

70 Ralph Nader, *Unsafe at Any Speed: The Designed-In Dangers of the American Automobile* (New York: Grossman Publishers, 1965).

71 Hilton, *Prosperity for All*, pp.161~162.

72 Hilton, *Prosperity for All*, pp.162~165.

73 Hilton, *Prosperity for All*, p.167.

74 Lucy Black Creighton, *Pretenders to the Throne: The Consumer Movement in the United State* (Lexington, MA: D.C. Heath, 1976), pp 64~66.

75 Hilton, *Prosperity for All*, pp.52~55, 105.

76 Lizabeth Cohen, *A Consumers' Republic: The Politics of Mass Consumption in Postwar America* (New York: Vintage Books, 2003).

77 Martin Daunton and Matthew Hilton, eds., *The Politics of Consumption: Material Culture and Citizenship in Europe and America* (Oxford: Berg, 2001); Lawrence Glickman, *Buying Power: A History of Consumer Activism in America* (Chicago: Chicago UP., 2009).

78 Hilton, *Prosperity for All*, pp.207, 234.

79 클레이 서키 지음, 송연석 옮김, 《끌리고 쏠리고 들끓다: 새로운 사회와 대중의 탄생》, 갤리온 (2008), p.119.

보론 || 서구 소비사의 현황과 전망

1 Jean Baptiste Say, *Traité d'Économie Politique* (Paris: Crapelet, 1803).

2 Karl Marx, "Economic and Philosophic Manuscripts of 1844", in R. C. Tucker, ed., *The Marx-Engels Reader* (New York: Norton, 1972), p.60.

3 Max Weber, "Class, Status, Party", in H. H. Gerth and C. W. Mills, eds., *Essays in Sociology* (New York: Oxford UP., 1946), pp.180~195; *The Protestant Ethic and the Spirit of Capitalism*, trans. T. Parsons (New York: Scribner, 1958).

4 Thorstein Veblen, *The Theory of the Leisure Class* (New York: Macmillan, 1899).

5 베르너 좀바르트 지음, 이상률 옮김, 《사치와 자본주의》, 문예출판사 (1997), p.112.

6 보드리야르가 《생산의 거울Le Miroir de la Production》에서 한 말이다. 리처드 J. 레인 지음, 곽상순 옮김, 《장 보드리야르, 소비하기》, 앨피 (2008), p.123에서 재인용.

7 여기서 소비는 최종적으로는 욕구와 향유에 근거하는 것이 아니라 기호(기호로서의 사물) 및 차이의 코드에 근거한다. 장 보드리야르 지음, 이상률 옮김, 《소비의 사회: 그 신화와 구조》, 문예출판사 (1993).

8 P. 부르디외 지음, 최종철 옮김, 《구별 짓기: 문화와 취향의 사회학》, 새물결 (1995).

9 Jean-Christophe Agnew, "The Consuming Vision of Henry James", in T. J. Jackson Lears and Richard Wightman Fox, eds., *The Culture of Consumption: Critical Essays in American History, 1880~1980* (New York: Pantheon, 1983), p.67. 이 말은 다분히 보드리야르나 부르디외뿐 아니라 에밀 뒤르켐(Emile Durkheim), 발터 벤야민(Walter Benjamin), 지그문트 바우만(Zygmunt Bauman), 앤서니 기든스(Anthony Giddens) 등이 유럽의 근대성과 문화를 소비와의 관계에서 살핀 비평적 글들을 의식한 것으로 볼 수 있다.

10 Frank Trentmann, "Introduction", in Trentmann, ed., *The Oxford Handbook of the History of Consumption* (Oxford: Oxford UP., 2012), p.1.

11 Neil McKendrick, "Home Demand and Economic Growth: A New View of the Role of Women and Children in the Industrial Revolution", in McKendrick, ed., *Historical Perspectives* (London: Europa, 1974); McKendrick, John Brewer and J. H. Plumb, *The Birth of a Consumer Society: The Commercialization of Eighteenth-Century England* (Bloomington: Indiana UP., 1982); Grant McCracken, *Culture and Consumption* (Bloomington: Indiana UP., 1988).

12 McCracken, *Culture and Consumption*, p.12.

13 '트리클 다운'은 사회 상층에서 하층으로 부가 흘러가는 현상을 말하는 것으로, 1904년 게오르그 짐멜이 상위 계급의 행태를 모방하여 유행이 확산되는 현상을 지칭하기 위해 쓴 말이다. Georg Simmel, "Fashion [1904]", *American Journal of Sociology*, 62:6 (1957), p.543. 그런데 맥크래켄은 그 방향이 상향식이기 때문에 '쫓기와 도망가기'가 더 적절한 용어라고 지적한 바 있

다. McCracken, *Culture and Consumption*, p.94.

14 콜린 캠벨 지음, 박형신.정헌주 옮김,《낭만주의 윤리와 근대 소비주의 정신》, 나남 (2010).

15 Chandra Mukerji, *From Graven Images: Patterns of Modern Materialism* (New York: Columbia UP., 1983).

16 Evelyn Welch, *Shopping in the Renaissance: Consumer Cultures in Italy 1400~1600* (New Haven: Yale UP., 2005); Christopher Dyer, *An Age of Transition? Economy and Society in England in the Latter Middle Ages* (Oxford: Clarendon, 2005).

17 David Potter, *People of Plenty: Economic Abundance and the American Character* (Chicago: Univ. of Chicago Press, 1954).

18 양정혜,《광고의 역사: 산업혁명에서 정보화 사회까지》, 한울 (2009), pp.134, 146, 155, 156.

19 Richard Hofstadter, *The Age of Reform: From Bryan to F. D. R.* (New York: Vintage Books, 1955), pp.170~172.

20 Sharon Zukin and Jennifer Smith Maguire, "Consumers and Consumption", *Annual Review of Sociology*, 30 (2004), p.177.

21 Peter N. Sterns, "Stages of Consumerism: Recent Work on the Issues of Periodization", *The Journal of Modern History*, 69:1 (1997), p.111.

22 Warren Susman, *Culture as History: The Transformation of American Society in the Twentieth Century* (New York: Pantheon, 1984), pp.xx~xxi; 김덕호,《욕망의 코카콜라》, 지호 (2014), p.107.

23 김덕호,《욕망의 코카콜라》, pp.122~124.

24 William Leach, *Land of Desire: Merchants, Power and the Rise of the New American Culture* (New York: Vintage Books, 1994), p.295.

25 Edwin R. Seligman, *The Economics of Installment Selling*, Vol. 1 (New York: Harper & Brothers, 1927), p.221. 김덕호,《욕망의 코카콜라》, p.119에서 재인용.

26 *Leach, Land of Desire*, p.5.

27 W. W. Rostow, *The Stages of Economic Growth: A Non-Communist Manifesto* (Cambridge: Cambridge UP., 1960).

28 Vance Packard, *The Hidden Persuaders* (New York: Washington Square Press, 1957); Daniel Horowitz, *The Anxieties of Affluence: Critiques of American Consumer Culture, 1939~1979* (Amherst, MA: Univ. of Massachusetts Press, 2004).

29 John Kenneth Galbraith, *The Affluent Society* (Boston: Houghton Mifflin, 1958).

30 Potter, *People of Plenty*, p.108.

31 Trentmann, "Introduction", p.5.

32 Bruce Mazlish, "Consumerism in the Context of the Global Ecumene", in Bruce Mazlish and Akira Iriye, eds., *The Global History Reader* (London: Routledge, 2005); Victoria de Grazia, *Irresistible Empire: America's Advance through 20th-Century Europe* (Cambridge, MA: Harvard UP., 2005); Sheryl Kroen, "Negotiations with the American Way", in John Brewer and Frank Trentmann, eds., *Consuming Cultures, Global Perspectives* (Oxford: Berg, 2006).

33 시드니 민츠 지음, 김문호 옮김 《설탕과 권력》, 지호 (1998). 또한 다음 저작들도 참고하라. Arjun Appadurai, ed., *The Social Life of Things: Commodities in Cultural Perspective* (Cambridge: Cambridge UP., 1986); Wim M. J. van Binsbergen and Peter L. Geschiere, eds., *Commodification: Things, Agency and Identities* (Berlin: LIT, 2005).

34 Daniel Miller, ed., *Worlds Apart: Modernity through the Prism of the Local* (London: Routledge, 1995); Jeremy Prestholdt, *Domesticating the World: African Consumerism and the Genealogies of Globalization* (Berkeley: Univ. of California Press, 2008).

35 T. H. Breen, *The Marketplaces of Revolution: How Consumer Politics Shaped American Independence* (Oxford: Oxford UP., 2005).

36 Dana Frank, *Buy American: The Untold Story of Economic Nationalism* (Boston: Beacon, 1999), p.4.

37 Padhraig Higgins, "Consumption, Gender, and the Politics of "Free Trade" in Eighteenth-Century Ireland", *Eighteenth-Century Studies*, 41:1 (2007).

38 Joy Parr, *Domestic Goods: The Material, the Moral and the Economic in the Postwar Years* (Toronto: Univ. of Toronto Press, 1999).

39 Parr, *Domestic Goods*, p.83.

40 Peter Saunders, *Social Theory and the Urban Question* (London: Unwin Hyman, 1986).

41 특히 문화자본에 대한 소비 연구에서는 최근 과연 계급과 젠더라는 두 범주가 소비 행태를 범주화하는 데 절대적인 척도인가에 대해 의문을 던지며, 국가별 비교를 통해 다양한 변수를 도출하곤 한다. Tally Katz-Gerro, "Highbrow Cultural Consumption and Class Distinction in Italy, Israel, West Germany, Sweden, and the United States", *Social Forces*, 81:1 (2002).

42 Sara Pennell, "Consumption and Consumerism in Early Modern England", *The Historical*

Journal, 42:2 (1999), p.549.

43 Zukin and Maguire, "Consumers and Consumption", p.175.

44 "소비의 과정이란 물건을 사고 서비스에 대해 대금을 지불하는 것에서 끝나는 것이 아니라 실제 사용 및 상품과 서비스를 즐기는 것까지 포함한다." Jörg Rössel, "Cultural Capital and the Variety of Modes of Cultural Consumption in the Opera Audience", *The Sociological Quarterly*, 52:1 (2011), p.83. "소비사회에서 소비는 단순히 물질적인 소비 그 이상의 의미를 지닌다. 즉, 사회적인 이미지나 상징 등과 같은 인간 생활을 형성하는 비물질적 요소를 포함하게 되며 소비의 형태는 사용상의 효용 이상의 것으로 다양화된다." 천경희·홍연금·윤명애·송인숙, 《착한 소비, 윤리적 소비》, 시그마프레스 (2010), p.6.

45 Mike Featherstone, *Consumer Culture & Postmodernism* (London: Sage, 1991).

46 피터 코리건 지음, 이성용 외 옮김, 《소비의 사회학》, 그린 (2000), pp.319~320.

47 Lawrence B. Glickman, "Consumer Activism, Consumer Regimes, and the Consumer Movement: Rethinking the History of Consumer Politics in the United States", in Trentman, *History of Consumption*, pp.408~415.

참고문헌

■ 매뉴스크립트/아카이브

"Asylum Chronicorum Morborum: Medical Practice in Stuart Bath [Roger Rolls]", unpublished typescript, Bath Record Office, 1992.

Acts of the Privy Council of England [1597~1598].

Archives Nationales, series O 3,793(1785), on Marie Antoinette's wardrobe account.

Borthwick Institute, University of York, Probate Records, Ann Allen (August, 1794).

Borthwick Institute, University of York, Probate Records, Isaac Stretch (5 April, 1716).

Borthwick Institute, University of York, Probate Records, John Smith (February, 1754).

Houghton Lib. MS Eng. 586, pp. 22, 343.

Minutes of the Council, 1613~1700, Bath Record Office, [Apr. 21st, 1674].

Minutes of the Council, 1613~1700, Bath Record Office, [Apr. 7th, 1634].

Minutes of the Council, 1613~1700, Bath Record Office, [Mar. 23rd, 1663].

"Children Enlist to Aid 'Buy American'", Feb. 1, 1933, Hearst Metrotone News Service, UCLA, Film Archive.

PRO, STAC 8/237/26 (Perman v. Bromley, 1614).

Samuel Pepys, *Diary*, 8th. Feb (1669). Henry B. Wheatley, Project Gutenberg (http://digital.library.upenn.edu/webbin/gutbook/lookup?num=4200).

Sears Archives (http://searsarchives.com).

■ 기사/연설문

"Keep Them in Stitches: A Capitalist Romance: Singer and the Sewing Machine, by Ruth Brandon",

Newsweek, June 6, 1977.
"Letters from a Farmer in Pennsylvania, to the Inhabitants of the British Colonies. Letter II.", *The Pennsylvania Gazette*, December 10, 1767.
"Travels in Nubia, Syria, etc.", *The Literary Gazette and Journal of Belle Lettres, Arts, and Sciences*, 358, 1823.
Detroit Free Press, Feb. 4, 1992.
Fazal, Anwar, "The Citizen As Consumer", Tun Hussein Onn Memorial Lecture, Kuala Lumpur, Malaysia, Oct. 16, 1993.
Grenada Daily Sentinel-Star, July 13, 1966.
Hoffman, Nicolas von, "The Consumer Is Not a Customer", *Chicago Tribune*, May 7, 1977.
Malo, Sophie, "Plastic Surgery a Dangerous Business in Vietnam", *Things Asian*, Jan 19, 2007.
Punch, July 13th, 1850.
San Francisco Examiner, Dec. 7, 1932.
San Jose Mercury-News, Feb. 21, 1992.
Spectator, No. 454, Aug 11, 1712.
〈성형수술을 가장 많이 하는 나라는? 미국, 한국 3위〉, 《머니투데이》, 2016년 8월 15일자.

■ **단행본과 논문**

Abbott, Dorothy, ed., *Mississippi Writers: Reflections of Childhood and Youth*. Vol. 2: Nonfiction (Jackson: Univ. of Mississippi, 1986).
Adorno, Theodor Wiesengrund, and Max Horkheimer, *Dialectic of Enlightenment* [1944], trans. John Cumming(New York: Herder and Herder, 1972).
Andrade, Daniel Dorneles de, "On Norms and Bodies", *Reproductive Health Matters*, 18:35 (2010).
Anon, *Merry News from Epsom-Wells* (London, 1663).
Anon, *Strictures on an Address to the People of Great Britain, on the Propriety of Abstaining from West India Sugar and Rum* (London, 1792).
Appadurai, Arjun, ed., *The Social Life of Things: Commodities in Cultural Perspective* (Cambridge: Cambridge UP., 1986).
Ariès, Philippe, *L'homme devant la mort* (Paris, Le Seuil, 1977).
Austen, Jane, *Northanger Abbey* [1817～1818] (New York: Wild Jot Press, 2009).
Ayal, E. B., ed., *Micro Aspect of Development* (New York: Praeger 1971).

Barnhart, Michelle, and Lisa Peñaloza. "Who Are You Calling Old? Negotiating Old Age Identity in the Elderly Consumption Ensemble", *Journal of Consumer Research*, 39:6 (2013).

Baudelaire, Charles, *Oeuvres Complètes* (Paris: Editions de la Pléiade, 1951).

Bauman, Zygmunt, *Leben als Konsum* (Hamburg: Hamburger Edition, 2009).

Belk, Russell W., "Collecting as Luxury Consumption: Effects on Individuals and Households", *Journal of Economic Psychology*, 16 (1995).

Belk, Russell W., *Collecting in a Consumer Society* (London: Routledge, 1995).

Bell, Daniel, *The Cultural Contradictions of Capitalism* (London: Heinemann, 1976).

Berg, Maxine, "Women's Consumption and the Industrial Classes of Eighteenth-Century England", *Journal of Social History*, 30:2 (1996).

Berg, Maxine, and Elizabeth Eger, eds., *Luxury in the Eighteenth Century* (Basingstoke: Palgrave Macmillan, 2003).

Berg, Maxine, and Helen Clifford, eds., *Consumers and Luxury: Consumer Culture in Europe, 1650~1850* (Manchester: Manchester UP., 1999).

Berry, Helen, "Polite Consumption: Shopping in Eighteenth-Century England", *Transactions of the Royal Historical Society*, Sixth Series, 12 (2002).

Bianchi, Marina, "Collecting as a Paradigm of Consumption", *Journal of Cultural Economics*, 21 (1997).

Binsbergen, Wim M. J. van, and Peter L. Geschiere, eds., *Commodification: Things, Agency and Identities* (Berlin: LIT, 2005).

Borsay, Peter, *The Image of Georgian Bath, 1700~2000* (Oxford: Oxford UP., 2000).

Boyle, C. T., "Filthy with Things", in Boyle, ed., *Without a Hero* (New York: Viking, 1994).

Breckman, Warren G., "Disciplining Consumption: The Debate about Luxury in Wilhelmine Germany, 1890~1914", *Journal of Social History*, 24:3 (1991).

Breen, T. H., "Baubles of Britain: The American and Consumer Revolutions of the Eighteenth Century", *Past and Present*, 119 (1988).

Breen, T. H., *The Marketplace of Revolution: How Consumer Politics Shaped American Independence* (New York: Oxford UP., 2004).

Brewer, John and Frank Trentmann, eds., *Consuming Cultures, Global Perspectives* (Oxford: Berg, 2006).

Briggs, Asa, *Victorian Things* (Chicago: Univ. of Chicago Press, 1988).

Brown, William Harvey, *On the South African Frontier: The Adventures and Observations of an American in Mashonaland and Matabeleland* (New York: Charles Scribner's Sons, 1899).

Burke, Timothy, "Nyamarira That I Loved: Commoditization, Consumption and the Social History of Soap in Zimbabwe", *The Societies of Southern Africa in the Nineteenth and Twentieth Centuries*, 42:17 (London, 1992).

Burke, Timothy, *Lifebuoy Men, Lux Women: Commodification, Consumption and Cleanliness in Modern Zimbabwe* (Durham, NC: Duke UP., 1996).

Burt, Steve, and Mark Gabbott, "The Elderly Consumer and Non-Food Purchase Behaviour", *European Journal of Marketing*, 29:2 (1995).

Calder, Lendol, *Financing the American Dream: A Cultural History of Credit* (Princeton: Princeton UP., 1998).

Carlyle, Thomas, *Sartor Resartus* (London: James Fraser, 1836).

Chonko, Lawrence B., "Alliance Formation with Direct Selling Companies: Avon and Mattel", *The Journal of Personal Selling and Sales Management*, 19:1 (1999).

Cobbett, William, *Advice to Young Men, and (incidentally to Young Women, in the Middle and Higher Ranks of Life* (London: Mills, Jowett, and Mills, 1829~1830).

Codell, Julie F., and Dianne S. Macleod, eds., *Orientalism Transposed: The Impact of the Colonies on British Culture* (Hants, England: Ashgate, 1998).

Coffin, Judith G., "Credit, Consumption, and Images of Women's Desires: Selling the Sewing Machine in Late Nineteenth-Century France", *French Historical Studies*, 18:3 (1994).

Cohen, Lizabeth, *A Consumers' Republic: The Politics of Mass Consumption in Postwar America* (New York: Vintage Books, 2003).

Conrad, Joseph, *The Secret Agent* [1907] (Harmondsworth: Penguin, 1963).

Creighton, Lucy Black, *Pretenders to the Throne: The Consumer Movement in the United State* (Lexington, MA: D.C. Heath, 1976).

Crowley, John E., "The Sensibility of Comfort", *The American Historical Review*, 104:3 (1999).

Cruickshank, D., *The Secret History of Georgian London* (London: Random House, 2009).

Dagonet, H., *Traite de maladies mentales* (Paris, 1894).

Darwin, Charles, *An Anthology* (London: Transaction Publishers, 2009).

Daunton, Martin, and Matthew Hilton, eds., *The Politics of Consumption: Material Culture and Citizenship in Europe and America* (Oxford: Berg, 2001).

d'Avenel, G., vicomte, *Le Mecanisme de la vie moderne* (Paris: A. Colin et cie, 1896).

Davidoff, Leonore, and Catherine Hall, *Family Fortunes: Men and Women of the English Middle Class, 1780~1850* (Chicago: Chicago UP., 1987).

Davidson, Francis A., *South and South Central Africa: A Record of Fifteen Years' Missionary Labours*

Among Primitive People (Elgin, IL: Brethren Publishing House, 1915).

Davies, Robert B., *Peacefully Working to Conquer the World: The Singer Sewing Machine in Foreign Markets, 1854~1920* (New York: Arno, 1976).

Day, Barbara Ann, "Representing Aging and Death in French Culture", *French Historical Studies*, 17:3 (1992).

Defoe, Daniel, *Roxana, The Fortunate Mistress* (Oxford: Oxford UP., 1964).

Demetz, Peter, ed., *Reflections: Essays, Aphorisms, Autobiographical Writings* (New York: Harcourt Brace Jovanovich, 1978).

Deseassarts, Nicolas, *Dictionnaire Universel de Police* (Paris: Moutard, 1785~1787).

Diderot, Denis, *Encyclopédie* (Paris, 1751~1780).

Dolan, Catherine, and Linda Scott, "Lipstick Evangelism: Avon trading Circles and Gain Empowerment in South Africa", *Gender and Development*, 17:2 (2009).

Du Bois, W. E. B., *Dusk of Dawn: An Essay toward and Autobiography of a Race Concept* (New York: Harcourt, Brace and Co. 1940).

Dumont, Louis, *From Mandeville to Marx The Genesis and Triumph of Economic Ideology* (Chicago: Univ. of Chicago Press, 1977).

Dyer, Christopher, *An Age of Transition? Economy and Society in England in the Latter Middle Ages* (Oxford: Clarendon, 2005).

Edmonds, Alexander, "The Poor Have the Right to be Beautiful: Cosmetic Surgery in Neoliberal Brazil", *Journal of the Royal Anthropological Institute*, 13:2 (2007).

Eisenberg, E., *The Recording Angel: Explorations in Phonography* (New York: McGraw-Hill, 1987).

Emerson, Julie, Jennifer Chen and Mimi Gardner Gates, eds., *Porcelain Stories: From China to Europe* (Seattle: Seattle Art Museum & Univ. of Washington Press, 2000).

Engels, Friedrich, *The Condition of the Working Class in England* (Stanford: Stanford UP., 1968).

Ensor, R. C., *England, 1870~1914* (Oxford: Clarendon, 1936).

Espagne, Adelphe, *De l'industrie des machines à coudre à la maison centrale de Montpellier* (Paris, 1869).

Evers, Charles and Andrew Szanton, *Have No Fear: The Charles Evers Story* (New York: John Wiley and Sons, 1997).

Evers, Medgar, and William Peters, *For Us, the Living* (Garden City, NJ: Doubleday and Co., 1967).

Ewen, Stuart, and Elizabeth Ewen, *Channels of Desire: Mass Images and the Shaping of American Consciousness* (Minneapolis: Univ. of Minnesota Press, 1992).

Ewen, Stuart, *Captains of Consciousness: Advertising and the Social Roots of the Consumer Culture* (New

York: MGraw-Hill, 1976).

Faroqhi, S., and C. Neumann, eds., *Ottoman Costumes: From Textile to Identity* (Istanbul: Eren Publishing, 2005).

Farrag, Dalia, "Mall Shopping Motives and Activities: a Multimethod Approach", *Journal of International Consumer Marketing*, 22 (2010).

Farrell, James J., "Shopping: The Moral Ecology of Consumption", *American Studies*, 39:3 (1998).

Featherstone, Mike, *Consumer Culture & Postmodernism* (London: Sage, 1991).

Fest, Joachim, *The Face of the Third Reich: Portraits of the Nazi Leadership* (Harmondsworth: Penguin, 1972).

Fiennes, Celia, *The Illustrated Journeys of Celia Fiennes, 1685~c.1712* (London: Alan Sutton, 1995).

Floyer, John, *An Enquiry into the Right Use and Abuse of the Hot, Cold, and Temperate Baths in England* (London, 1697).

Flugel, J. C., *The Psychology of Clothes* (London: Hogarth Press, 1930).

Foakes, Grace, *Between High Walls: A London Childhood* (London: Shepheard-Walwyn, 1972).

Fox, William, *An Address to the People of Great Britain, on the utility of refraining from the use of West India Sugar and Rum* (London, 1791).

Frank, Dana, *Buy American: the Untold Story of Economic Nationalism* (Boston: Beacon Press, 1999).

French, John, *The York-Shire Spaw* (London, 1652).

Fursac, J. Rogues de, *Manuel de psychiatrie* (Paris: Alcan, 1903).

Gailhard, Jean, *A Treatise concerning the Education of Youth* (London, 1678).

Galbraith, John Kenneth, *The Affluent Society* (Boston: Houghton Mifflin, 1958).

Gilman, Sander L., *The Jew's Body* (New York: Routledge, 1991).

Glickman, Lawrence B., *Buying Power: A History of Consumer Activism in America* (Chicago: Chicago UP., 2009).

Glickman, Lawrence B., ed., *Consumer Society in American History* (Ithaca: Cornell UP., 1999).

Göçek, Fatma Müge, *East Encounters West* (Oxford: Oxford UP., 1987).

Godley, Andrew, "Selling the Sewing Machine around the World: Singer's International Marketing Strategies, 1850~1920", *Enterprise & Society*, 7:2 (2006).

Goss, Jon, "Disquiet on the Waterfront: Reflections on Nostalgia and Utopia in the Urban Archetypes of Festival Marketplaces", *Urban Geography*, 17 (1996).

Goss, Jon, "Once-upon-a-Time in the Commodity World: An Unofficial Guide to Mall of America", *Annals of the Association of American Geographers*, 89:1 (1999).

Goss, Jon, "The Magic of the Mall": An Analysis of Form, Function, and Meaning in the

Contemporary Retail Built Environment", *Annals of the Association of American Geographers*, 83:1 (1993).

Granier, Camille, *La Femme criminelle* (Paris: O. Doin, 1906).

Granier, Paul, *La Folie à Paris* (Paris, 1890).

Grazia, Victoria de, and Ellen Furlough, eds., *The Sex of Things: Gender and Consumption in Historical Perspective* (Berkeley: Univ. of California Press, 1996).

Grazia, Victoria de, *Irresistible Empire: America's Advance through 20th-Century Europe* (Cambridge, MA: Harvard UP., 2005).

Gruen, Victor, and Larry Smith, *Shopping Town USA: The Planning of Shopping Center* (New York: Reinhold Publishing, 1960).

Haig, Matt, *Brand Success* (London: Kogan Page, 2011).

Hale, Margaret E., "The Nineteenth-Century American Trade Card", *The Business history Review*, 74:4 (2000).

Hall, Edward, *Henry VIII, Vol 1 of The Lives of the Kings* [reprint of 1550 folio edition] (Edinburgh: Edinburgh Bibliographical Society, 1904).

Hamermesh, Daniel S., and Jeff E. Biddle, "Beauty and the Labor Market", *The American Economic Review*, 84:5 (1994).

Haring, Kristen, "The Freer man of Ham Radio: How a Technical Hobby Provided Social and Spatial Distance", *Technology and Culture*, 44 (2003).

Harrison, William, *The Description of England*, ed., George Edelen (Ithaca: Cornell UP., 1968).

Hawthorne, Nathaniel, *The American Notebooks*, ed., Claude M. Simpson (Columbus: Ohio State UP., 1972).

Heal, Ambrose, "Samuel Pepys and His Trade Cards", *The Connoisseur*, 92 (1933).

Heal, Ambrose, *London Tradesmen's Cards* (New York: Dover Publication, 1968).

Hellman, Mimi, "Furniture, Sociability, and the Work of Leisure in Eighteenth-Century France", *Eighteenth-Century Studies*, 32:4 (1999).

Higgins, Padhraig, "Consumption, Gender, and the Politics of "Free Trade" in Eighteenth-Century Ireland", *Eighteenth-Century Studies*, 41:1 (2007).

Hillier, Richard, *A Vindication of the Address to the People of Great Britain, on the Use of West India Produce* (London, 1791).

Hilton, Matthew, *Prosperity for All: Consumer Activism in an Era of Globalization* (Ithaca: Cornell UP., 2009).

Hofstadter, Richard, *The Age of Reform: From Bryan to F. D. R.* (New York: Vintage Books, 1955).

Hollick, Frederick, *The Marriage Guide or Natural History of Generation* (New York: T. W. Strong, 1850).

Horowitz, Daniel, *The Anxieties of Affluence: Critiques of American Consumer Culture, 1939~1979* (Amherst, MA: Univ. of Massachusetts Press, 2004).

Hubbard, Phillippa, "Trade Cards in 18th-Century Consumer Culture: Circulation, and Exchange in Commercial and Collecting Spaces", *Material Culture Review*, 74/75 (2012).

Hunt, H. K., "Consumer Satisfaction/Dissatisfaction and Complaining Behavior of the Elderly", in Hunt and F. M. Magrabi, eds., *Interdisciplinary Consumer Research* (Ann Arbor, MI: Association for Consumer Research, 1980).

Hyam, Ronald, "Empire and Sexual Opportunity", *Journal of Imperial and Commonwealth History*, 14:2 (1986).

Inal, Onur, "Women's Fashion in Transition: Ottoman Borderlands and the Anglo-Ottoman Exchange of Costumes", *Journal of World History*, 22:2 (2011).

Jackson, Anna, and Amin Jaffer, eds., *Encounters: The Meeting of Asia and Europe, 1500~1800* (London: V & A Publications, 2004).

Jacob, Meg, "State of the Field: The Politics of Consumption", *Reviews in American History*, 39:3 (2011).

Jay, Robert, *The Trade Card in Nineteenth-Century America* (Columbia: Univ. of Missouri Press, 1987).

John Trytten, "Sex in Advertising: the Easy Way Out", *Sales Management*, 110 (1973).

Johnson, Paul, "Consumption and Working-Class Culture in Late Victorian and Edwardian Britain", *Transactions of the Royal Historical Society*, 38 (1988).

Jones, John, *The Benefit of the Auncient Bathes of Buckstones* (London, 1572).

Jorden, Edward, *A Discourse of Natual Bathes and Mineral Waters* (London, 1632).

Jörg, C. J. A., *Porcelain and the Dutch China Trade* (The Hague: Martinus Nijlloff, 1982).

Katz-Gerro, Tally, "Highbrow Cultural Consumption and Class Distinction in Italy, Israel, West Germany, Sweden, and the United States", *Social Forces*, 81:1 (2002).

Kemp, Sam, *Black Frontiers: Pioneer Adventures with Cecil Rhodes' Mounted Police* (London: George G. Harrap, 1932).

Klepacki, Laura, *Avon, Building the World's Premier Company for Women* (Hoboken, NJ: John Wiley & Sons, Inc., 2005).

Lacassagne, Alexandre, "Les Vol à l'étalage et dans les grands magasins", *Revue de l'Hypnotisme et de la Psychologie Physiologique*, 2 (1896).

Laforge, M. C., "Learned Helplessness ass an Explanation of Elderly Consumer Complaint Behavior", *Journal of Business*, Ethics, 8:5 (1989).

Latour, Anny, *Les Magiciens de la mode* (Paris: R. Julliard, 1961).

Lavater, Johann Caspar, *Essays on Physiognomy* (London, 1840).

Leach, William, *Land of Desire: Merchants, Power and the Rise of a New American Culture* (New York: Vintage Books, 1994).

Lears, Jackrson, *Fables of Abundance: A Cultural History of Advertising in America* (New York: Basic Books, 1994).

Lears, Jackson, and Richard Wightman Fox, eds., *The Culture of Consumption: Critical Essays in American History* (New York: Pantheon, 1983).

Lee, Jinkook, and Horacio Soberon-Ferrer, "An Empirical Analysis of Elderly Consumers' Complaining Behavior", *Family and Consumer Sciences Research Journal*, 27:3 (1999).

Lee, Soohyung, and Keunkwan Ryu, "Plastic Surgery: Investment in Human Capital or Consumption?", *Journal of Human Capital*, 6:3 (2012).

Levine, H., "The Discovery of Addiction: Changing Conceptions of Habitual Drunkenness in America", *Journal of Studies on Alcohol*, 39:1 (1978).

Loane, Margaret, *From Their Point of View* (London: Arnold, 1908).

Lockwood, J. Samaine, "Shopping for the Nation: Women's China Collecting the Late-Nineteenth Century New England", *The New England Quarterly*, 81:1 (2008).

Madan, Patrick, *A Phylosophical and Medicinal Essay of the Waters of Tunbridge* (London, 1687).

Malcolm, J. P., *Anecdotes of the Manners and Customs of London during the Eighteenth* Century, Vol. 2 (London, 1808).

Mann, Eric, "Keeping GM Van Nuys Open", *Labor Research Review*, 9 (1986).

Maroun, J. E., *Third Advertising Convention in South Africa: The Challenge of the Decade* (Johannesburg: Statistic Holdings Inc, 1960).

Mayhew, Henry, and George Cruikshank, *1851, or, The Adventures of Mr. and Mrs. Sandboys, Their Son and Daughter, Who Came up to London to Enjoy Themselves and to See The Great Exhibition* (New York: Stringer and Townsend, 1851).

Mazlish, Bruce, and Akira Iriye, eds., *The Global History Reader* (London: Routledge, 2005).

McClintock, Ann, *Imperial Leather: Race, Gender, and Sexuality in the Colonial Contest* (New York: Routledge, 1995).

McCracken, Grant, *Culture and Consumption* (Bloomington: Indiana UP., 1988).

McKendrick, Neil, ed., *Historical Perspectives* (London: Europa, 1974).

McKendrick, Neil, John Brewer and J. H. Plumb, *The Birth of a Consumer Society: The Commercialization of Eighteenth-Century England* (Bloomington: Indiana UP., 1982).

McLaren, Angus, *Reproductive Ritual: The Perception of Fertility in England from the Sixteenth to the Nineteenth Century* (London: Methuen, 1984).

Mercier, Louis-Sebastien, *Tableau de Paris* (Amsterdam, 1784).

Miege, Guy, *The New State of England under Their Majesties K. William and Q. Mary*, Vol. 2 (London, 1691).

Miller, Alan S., and John P. Hoffmann, "Risk and Religion: An Explanation of Gender Differences in Religiosity", *Journal for the Scientific Study of Religion*, 34:1 (1995).

Miller, Daniel, ed., *Worlds Apart: Modernity through the Prism of the Local* (London: Routledge, 1995).

Minnesota Historical Society, "MHS Collection: Minnesota Trade Cards", *Minnesota History*, 43:7 (1973).

Mintz, Sidney, *Sweetness and Power: The Place of Sugar in Modern History* (New York: Viking, 1985).

Mkele, Nimrod, *Report on the Second Advertising Convention in South Africa* (Durban: Society of Advertisers, 1959).

Mohanty, Praggyan, S. Ratneshwar and Moshe Neveh-Benjamin, "Improving Associative and Item Memory for Brands among Elderly Consumers", *Advances in Consumer Research*, 40 (2012).

Montagu, Mary Wortley, *The Complete Letters of Lady Mary Wortley Montagu*, ed., Robert Halsband, Vol. 2 (Oxford: Oxford UP., 1966).

Moschis, G. P., *Marketing to Older Consumer: A Handbook of Information for Strategy Development* (Westport, CT: Greenwood Press, 1992).

Moseley, Benjamin, *A Treatise on Sugar* (London, 1800).

Muensterberger, W., *Collecting, An Unruly Passion: Psychological Perspectives* (Princeton, NJ: Princeton UP., 1994).

Mukerji, Chandra, *From Graven Images: Patterns of Modern Materialism* (New York: Columbia UP., 1983).

Nader, Ralph, *Unsafe at Any Speed: The Designed-In Dangers of the American Automobile* (New York: Grossman Publishers, 1965).

Nagarajan, N. Renuga, Aurora A.C. Teixeira and Sandra T. Silva, "The Impact of an Ageing Population on Economic Growth: An Exploratory Review of the Main Mechanism", *Análise Social*, 51:218 (2016).

National Civil Rights Museum, "Honoring the Struggle of a Generation", *History News*, 51 (1999).

Nikou, Shahrokh, "Mobile Technology and Forgotten Consumers: the Young-Elderly", *International*

Journal of Consumer Studies, 39 (2015).
O'Brien, Patricia, "The Kleptomania Diagnosis: Bourgeois Women and Theft in Late Nineteenth-Century France", *Journal of Social History*, 17 (1983).
Offen, Karen, "Powered by a Woman's Foot: A Documentary Introduction to the Sexual Politics of the Sewing Machine in Nineteenth-Century France", *Women's Studies International Forum*, 11 (1988).
Orvell, Miles, *The Real Thing* (Chapel Hill: Univ. of North Carolina Press, 1989).
Ownby, Ted, *American Dreams in Mississippi: Consumers, Poverty and Culture, 1830~1998* (Chapel Hill: Univ. of North Carolina Press, 1999).
Packard, Vance, *The Hidden Persuaders* (New York: Washington Square Press, 1957).
Pagden, Anthony, *European Encounters with the New World: From the Renaissance to Romanticism* (New Haven: Yale University Press, 1993).
Page, Alred N., ed., *Utility Theory* [1925] (New York: Wiley and Sons, 1968).
Parr, Joy, *Domestic Goods: The Material, the Moral and the Economic in the Postwar Years* (Toronto: Univ. of Toronto Press, 1999).
Payne, Charles, *I've Got the Light of Freedom: The Organizing Tradition and the Mississippi Freedom Struggle* (Berkeley: Univ. of California Press, 1995).
Pearce, S. M., *Collecting in Contemporary Practice* (London: Sage, 1998).
Pearce, Susan M., *On Collecting: An Investigation into Collecting in the European Tradition* (London: Routledge, 1995).
Pennell, Sara, "Consumption and Consumerism in Early Modern England", *The Historical Journal*, 42:2 (1999).
Pierce, Robert, *The History and Memoirs of the Bath* (London, 1697).
Pitres, A., and E. Régis, *Les Obsessions et les impulsions* (Paris: O. Dion, 1902).
Ploss, Hermann Heinrich, *Das Weib in der Natur-und Völkerkunde*, 2 Vols. (Leipzig, 1884).
Plumb, J. H., *The Commercialization of Leisure in Eighteenth-Century England* (Berkshire: Univ. of Reeding Press, 1972).
Porter, Roy, *Quacks: Fakers & Charlatans in English Medicine* (Stroud: Tempus, 2000).
Potter, David, *People of Plenty: Economic Abundance and the American Character* (Chicago: Univ. of Chicago Press, 1954).
Prestholdt, Jeremy, *Domesticating the World: African Consumerism and the Genealogies of Globalization* (Berkeley: Univ. of California Press, 2008).
Prettner, K., "Population Aging and Endogenous Economic Growth", *Journal of Population*

Economics, 26 (2012).

Quimby, Ian M. G., ed., *Material Culture and the Study of American Life* (New York: W. W. Norton, 1978).

Rawlins, Thomas, *Tunbridge-Wells, or A Days of Courtship* (London, 1678).

Reed, Irma Hoyt, "The European Hard-Paste Porcelain Manufacture of the Eighteenth Century", *The Journal of Modern History*, 8:3 (1936).

Reeves, Maud Pember, *Round About a Pound a Week* (London: Virago, 1913).

Reith, Gerda, "Consumption and Its Discontents: Addiction, Identity and the Problems of Freedom", *The British Journal of Sociology*, 55:2 (2004).

Report from the Select Committee on Patent Medicines (London: Wyman and Sons, 1914).

Richards, Thomas, *The Commodity Culture of Victorian England: Advertising and Spectacle, 1851~1914* (London: Verso, 1991).

Rigby, D., and E. Rigby, *Lock, Stock and Barrel: The Story of Collecting* (Philadelphia, J. B. Lippincott, 1944).

Roberts, Mary Louise, "Consumption, and Commodity Culture", *The American Historical Review*, 103:3 (1998).

Rössel, Jörg, "Cultural Capital and the Variety of Modes of Cultural Consumption in the Opera Audience", *The Sociological Quarterly*, 52:1 (2011).

Rostow, W. W., *The Stages of Economic Growth: A Non-Communist Manifesto* (Cambridge: Cambridge UP., 1960).

Rouse, Lewis, *Tunbridge Wells* (London, 1725).

Saunders, Peter, *Social Theory and the Urban Question* (London: Unwin Hyman, 1986).

Say, Jean Baptiste, *Traité d'Économie Politique* (Paris, 1803).

Scarisbrick, J. J., *The Reformation and the English People* (Oxford: Blackwell, 1986).

Schau, Hope Jensen, Mary C. Gilly and Mary Wolfinbarger, "Consumer Identity Renaissance: The Resurgence of Identity-Inspired Consumption in Retirement", *Journal of Consumer Research*, 36:2 (2009).

Schellinks, William, *The Journey of William Schellinks' Travels in England, 1661~1663*, trans., M. Exwood and H. L. Lehnmann, (London: Royal Historical Society, 1993).

Schlesinger, Arthur M., *Colonial Merchants at the American Revolution, 1763~1776* (New York: Frederick Unger, 1957).

Schudson, Michael, *Advertising, the Uneasy Persuasion: It's Dubious Impact on American Society* (London: Routledge, 1993).

Scott, Joan W., "Comment: Conceptualizing Gender in American Business History", *Business History Review*, 72 (1998).

Scott, Katie, "The Waddesdon Manor Trade Cards: More Than One History", *Journal of Design History*, 17:1 (2004).

Scott, Peter M., and James Walker, "Working-Class Household Consumption Smoothing in Interwar Britain", *The Journal of Economic History*, 72:3 (2012).

Seligman, Edwin R. *The Economics of Installment Selling*, Vol. 1 (New York: Harper & Brothers, 1927).

Shammas, Carole, *The Pre-Industrial Consumer in England and America* (Oxford: Clarendon, 1990).

Shteir, Rachel, *The Steal: A Cultural History of Shoplifting* (New York: Penguin Press, 2011).

Simmel, Georg, "Fashion [1904]", *American Journal of Sociology*, 62:6 (1957).

Sivulka, Juliann, *Soap, Sex, and Cigarettes* (Belmont, Calif.: Wadsworth Publishing, 1998).

Slare, Frederick, *A Vindication of Sugars against the Charge of Dr. Eillis, other Physicians and Common Prejudices* (London, 1715).

Stearns, Peter N., *Old Age in European Society: The Case of France* (New York: Holmes & Meier, 1976).

Sterns, Peter N., "Stages of Consumerism: Recent Work on the Issues of Periodization", *The Journal of Modern History*, 69:1 (1997).

Stoffle, Brent W., Richard W. Stoffle, Jessica Minnis and Kathleen Van Vlack, "Women's Power and Community Resilience Rotating Savings and Credit Association in Barbados and the Bahamas", *Caribbean Studies*, 42:1 (2014).

Strasser, Susan, *Satisfaction Guaranteed* (Washington: Smithsonian Institution Press, 1989).

Susman, Warren, *Culture as History: The Transformation of American Society in the Twentieth Century* (New York: Pantheon, 1984).

Sussman, Charlotte, *Consuming Anxieties: Consumer Protest, Gender and British Slavery, 1713~1833* (Stanford: Stanford UP., 2000).

Swann, Majorie, *Curiosities and Texts: The Culture of Collecting in Early Modern England* (Philadelphia: Univ. of Pennsylvania Press, 2001).

Taylor, Barbara, "Sex and Skill: Notes towards a Feminist Economics", *Feminist Review*, 6 (1980).

The President and Fellow of Harvard College, "A Short History of Trade Cards", *Bulletin of the Business Historical Society*, 5:3 (1931).

Torbenson, Michael, and Jonathon Erlen, "A Case Study of the Lash's Bitters Company-Advertising Changes after the Federal Food and Drugs Act of 1906 and the Sherley Amendment of 1912", *Pharmacy in History*, 45:4 (2003).

Trentmann, Frank, ed., *The Oxford Handbook of the History of Consumption* (Oxford: Oxford UP.,

2012).

Tucker, R.C., ed., *The Marx-Engels Reader* (New York: Norton, 1972).

Turner, Thomas, *Diary of Thomas Turner, 1754~1765*, ed., David Vaisey (Oxford: Oxford UP., 1984).

Tynan, A. C., and J. Drayton, "The Neglect of the Older Consumer", *Journal of Consumer Studies and Home Economics*, 12 (1988).

Unwin, J. D., *Sex and Culture* (Oxford: Oxford UP., 1934).

Veblen, Thorstein, *The Theory of the Leisure Class* (New York: Macmillan, 1899).

Vernois, Maxime, *De la main des ouvriers et des artisans* (Paris, 1862).

Vollmer, John E., E. J. Keall, and E. Nagai-Berthrong, *Silk Road, China Ships* (Toronto: Royal Ontario Museum, 1984).

Vovelle, Michel, *La mort et l'Occident de 1300 à nos jours* (Paris: Gallimard, 1983).

Wagner, Peter, *Sexual Underworlds of the Enlightenment* (Manchester: Manchester UP., 1987).

Walkowitz, Judith R., *City of Dreadful Delight: Narratives of Sexual Danger in Late-Victorian London* (Chicago: Univ. of Chicago Press, 1992).

Ward, Edward, *A Step to the Bath* (London, 1689).

Waters, Malcolm, *Globalization* (London: Routledge, 1995).

Weatherill, Lorna, *Consumer Behaviour and Material Culture in Britain, 1660~1760* (New York: Routledge, 1988).

Weaver, William Woys, "The Dark Side of Culinary Ephemera: The Portrayal of African Americans", *Gastronomica*, 6:3 (2006).

Weber, Max, *Essays in Sociology*, ed., H. H. Gerth and C. W. Mills (New York: Oxford UP., 1946).

Weber, Max, *The Protestant Ethic and the Spirit of Capitalism*, trans., T. Parsons (New York: Scribner, 1958).

Welch, Evelyn, *Shopping in the Renaissance: Consumer Cultures in Italy 1400~1600* (New Haven: Yale UP., 2005).

Wilson, Ara, "The Empire of Direct Sales and the Making of Thai Entrepreneurs", *Critique of Anthropology*, 19:4 (1999).

Wilson, Bobby M., "Race in Commodity Exchange and Consumption: Separate but Equal", *Annals of the Association of American Geographers*, 95:3 (2005).

Wilson, Edward, *Spadacrene Dunelmensis, Or, A short Treatise of an Ancient Medicinal Fountain* (London, 1675).

Winstanley, Michael, *Life in Kent at the Turn of the Century* (Folkestone: Dawson, 1978).

Wolveridge, Jim, *Ain't It Grand* (London: Stepney Books, 1976).

Young, Wayland, *Eros Denied* (London: Weidenfeld & Nicolson, 1965).
Zola, Emile, *The Ladies' Paradise* (Berkeley, Calf.: Univ. of California Press, 1992).
Zukin, Sharon, and Jennifer Smith Maguire, "Consumers and Consumption", *Annual Review of Sociology*, 30 (2004).

P. 부르디외 지음, 최종철 옮김, 《구별 짓기: 문화와 취향의 사회학》, 새물결 (1995).
T. 베블렌 지음, 최세양·이완재 옮김, 《한가한 무리들》, 통인 (1995).
강명구, 《소비대중문화와 포스트모더니즘》, 민음사, (1993).
계정민, 〈빅토리아 시대 문학텍스트에 나타난 소비문화의 새로운 기호〉, 《서강영문학》, 7 (1996).
권창규, 《상품의 시대: 출세·교양·건강·섹스·애국 다섯 가지 키워드로 본 한국 소비사회의 기원》, 민음사 (2014).
김덕호, 《욕망의 코카콜라》, 지호 (2014).
로이 포터·미쿨라시 테이흐 엮음, 이현정·우종민 옮김, 《섹슈얼리티와 과학의 대화: 성지식·성과학의 역사》, 한울 (2001).
로제 샤르티에·굴리엘로 카발로 엮음, 이종삼 옮김, 《읽는다는 것의 역사》, 한국출판마케팅연구소 (2006).
뤼시앵 페브르·앙리 장 마르탱 지음, 강주헌·배영란 옮김, 《책의 탄생》, 돌베개 (2014).
리처드 J. 레인 지음, 곽상순 옮김, 《장 보드리야르, 소비하기》, 앨피 (2008).
미셸 페로 편집, 전수연 옮김, 《사생활의 역사 4: 프랑스혁명부터 제1차 세계대전까지》, 새물결 (2002).
민은경, 〈고대와 근대 논쟁: 템플과 워튼의 중국관을 중심으로〉, 《영국연구》, 9 (2003).
박유정·한효선·황완균, 〈방문 및 할인점 판매 화장품의 소비 형태 비교연구〉, 《대한피부미용학회지》, 8:2 (2010).
박진빈, 〈전후 미국 쇼핑몰의 발전과 교외적 삶의 방식〉, 《미국사 연구》, 37 (2013).
박진빈, 《도시로 보는 미국사: 아메리칸 시티, 혁신과 투쟁의 연대기》, 책세상 (2016).
배경진, 〈18세기 유럽의 물질문화와 중국풍 도자기〉, 연세대학교 석사학위논문 (2008).
버나드 맨더빌 지음, 최윤재 옮김, 《꿀벌의 우화: 개인의 악덕, 사회의 이익》, 문예출판사 (2011).
베르너 좀바르트 지음, 이상률 옮김, 《사치와 자본주의》, 문예출판사 (1997).
빌 브라이슨 지음, 박중서 옮김, 《거의 모든 사생활의 역사》, 까치 (2011).
샌더 L. 길먼 지음, 곽재은 옮김, 《성형수술의 문화사》, 이소출판사 (2003).
설혜심, 〈서구 소비사의 현황과 전망〉, 《역사비평》, 107 (2014).
설혜심, 〈여성과 소비의 역사〉, 《여성과 역사》, 20 (2014).
설혜심, 〈역사소비의 가능성 모색-교육현장에서〉, 《역사와 문화》, 11 (2006).

설혜심, 〈취미의 역사〉, 김정락·백영경·설혜심 등, 《취미와 예술》, 방송대출판부 (2016).
설혜심, 〈한국 신문에 나타난 프랑스의 이미지, 1920～1999: 소비와 물질문화를 중심으로〉, 《한국사학사학보》, 33 (2016).
설혜심, 《그랜드 투어: 엘리트 교육의 최종단계》, 웅진지식하우스 (2013).
설혜심, 《서양의 관상학, 그 긴 그림자》, 한길사 (2015).
설혜심, 《온천의 문화사: 건전한 스포츠로부터 퇴폐적인 향락에 이르기까지》 한길사 (2001).
설혜심·박형지, 《제국주의와 남성성: 19세기 영국의 젠더 형성》, 아카넷 (2016).
세라 워터스 지음, 최용준 옮김, 《핑거스미스》, 열린책들 (2002).
세르주 라투슈 지음, 정기헌 옮김, 《낭비사회를 넘어서》, 민음사 (2014).
스티븐 컨 지음, 이성동 옮김, 《육체의 문화사》, 의암출판 (1996).
시드니 민츠 지음, 김문호 옮김, 《설탕과 권력》, 지호 (1998).
신은영, 〈사랑, 리베르티나주적 육체와 정신의 반항: 《소녀들의 학교 L'Ecole des filles》〉, 《프랑스고전문학연구》, 10 (2007).
알렉산드로 마르초 마뇨 지음, 김정하 옮김, 《책공장 베네치아》, 책세상 (2015).
양정무, 《그림값의 비밀》, 매일경제신문사 (2013).
양정혜, 《광고의 역사: 산업혁명에서 정보화 사회까지》, 한울 (2009).
요시미 순야 지음, 이태문 옮김, 《박람회, 근대의 시선》, 논형 (2004).
월터 A. 프리드만 지음, 조혜진 옮김, 《세일즈맨의 탄생》, 말글빛냄 (2005).
육영수, 《책과 독서의 문화사》, 책세상 (2010).
이성재, 〈일본 만화 《베르사이유의 장미》의 미학과 역사적 상상력〉, 《서양사연구》, 34 (2006).
이종태·김상덕·송영욱, 〈한국화장품산업 유통 경로의 역사적 발전〉, 《경영사학》, 24:4 (2009).
이지은, 《귀족의 은밀한 사생활》, 지안 (2006).
이지은, 《부르주아의 유쾌한 사생활》, 지안 (2011).
장 보드리야르 지음, 이상률 옮김, 《소비의 사회: 그 신화와 구조》, 문예출판사 (1993).
전완길, 〈화장품 방문판매에는 어떤 문제점이 있나: 에이본사와 태평양화학을 중심으로〉, 《마케팅》, 8:2 (1974).
제롬 드 그루트 지음, 이윤정 옮김, 《역사를 소비하다》, 한울아카데미 (2014).
제임스 샤피로 지음, 신예경 옮김, 《셰익스피어를 둘러싼 모험》, 글항아리 (2016).
조구명(趙龜命), 《동계집 5권(東谿集卷之伍)》, 〈매분구(賣粉嫗) 옥랑전(玉娘傳)〉.
쥘 바르베 도르비이 지음, 고봉만 옮김, 이주은 그림, 《멋쟁이 남자들의 이야기 댄디즘: 최초의 멋쟁이 조지 브러멀에 대한 상세한 보고서》, 이봄 (2014).
천경희·홍연금·윤명애·송인숙, 《착한 소비, 윤리적 소비》, 시그마프레스 (2010).
캐서린 하킴 지음, 이현주 옮김, 《매력자본》, 민음사 (2013).

케니스 슬라웬스키 지음, 김현우 옮김,《샐린저 평전》, 민음사 (2014).
콘스탄스 클라센·데이비드 하위즈 외 지음, 김진옥 옮김,《아로마; 냄새의 문화사》, 현실문화연구, (2002).
콜린 캠벨 지음, 박형신·정헌주 옮김,《낭만주의 윤리와 근대 소비주의 정신》, 나남 (2010).
클레이 서키 지음, 송연석 옮김,《끌리고 쏠리고 들끓다: 새로운 사회와 대중의 탄생》, 갤리온 (2008).
킴 나출 외 지음, 한상필·김대선 옮김,《현대사회와 광고》, 한나래 (1994).
티머시 브룩 지음, 박인균 옮김,《베르메르의 모자: 베르메르의 그림을 통해 본 17세기 동서문명교류사》, 추수밭 (2008).
프란츠 파농 지음, 이석호 옮김,《검은 피부, 하얀 가면》, 인간사랑 (1998).
피터 코리건 지음, 이성용 외 옮김,《소비의 사회학》, 그린 (2000).
필리프 아리에스 지음, 유선자 옮김,《죽음 앞에 선 인간》, 동문선 (2006).
필리프 페로 지음, 이재한 옮김,《부르주아 사회와 패션》, 현실문화연구 (2007).
필립 블롬 지음, 이민아 옮김,《수집: 기묘하고 아름다운 강박의 세계》, 동녘 (2006).

이미지 출처 및 소장처

굿즈GOODS, 욕망하다

14_Shutterstock **16**_Wikimedia Commons **19**_Researching Historic Buildings in the British Isles **21**_Wikimedia Commons **23**_Metropress Ltd. **25**_Birmingham Museums Trust **26**_Victoria and Albert Museum **29**_Stanford University, Réunion des Musées Nationaux **31**_Parliamentary Art Collection **33**_Royal Academy of Arts, New Statesman **35**_Musée d'Orsay **36**_Alamy Stock Photo **38**_Wikimedia Commons **40**_Statens Museum for Kunst **43**_British Library, Wikimedia Commons **45**_The Trustees of the British Museum **46**_Sotheby's **49**_flashbak.com, Winterthur Museum Library **51**_Tate Gallery **53**_Wikimedia Commons **56**_Aronson Antiquairs of Amsterdam **57**_Rijksmuseum Amsterdam **59**_alaintruong.com, Christie's **61**_Charlottenburg Palace **63**_Gemäldegalerie Alte Meister **65**_Rijksmuseum Amsterdam **66**_The Metropolitan Museum of Art **68**_Jingdezhen Porselein Museum **70**_Metropolitan Museum of Art **72**_October Gallery **77**_British Library **80**_RetroPlanet.com, BBC **82**_Smithsonian Libraries, PBS & WGBH Educational Foundation, National Museum of American History **85**_dailymail.co.uk

세일즈SALES, 유혹하다

90_ Musée Réattu **92**_Wikimedia Commons **94**_Palace of Versailles **96**_Bibliothèque nationale de France **98**_Wikimedia Commons **99**_Wikimedia Commons **101**_The Laurence Sterne Trust **103**_Wikimedia Commons **106**_Wellcome Library **108**_The Coca-Cola Co., The Advertising Archives **110**_Wellcome Library **113**_Maas Gallery **116**_Wellcome Images, collectorsweekly.com **118**_npr.org **120**_National Library of Medicine, Wikimedia Commons **122**_Wikimedia Commons **124**_Boston Public Library **127**_singersewinginfo.co.uk **129**_State Library of Queensland **132**_Ismacs International, Etsy,

Inc. 134_Museum of Fine Arts 136_Somerset Stitch 138_Avon Products, Inc. 140_Rex Shutterstock Moviestore Collection 143_New Avon LLC 146_New Avon LLC 149_Avon South Africa 151_Replacements, Ltd., The Barbie Collection 152_americanantiquarian.org 154_Delcampe Luxembourg SA 155_Trustees of the British Museum, Bishopsgate Institute 158_blog.decoratorsnotebook.co.uk 160_Library Company of Philadelphia 161_ephemerasociety.org 163_philaprintshop.com, Wikimedia Commons 166_collectorsweekly.com, Michigan State University, Delcampe Luxembourg SA 168_New York Public Library Digital Gallery

컨슈머CONSUMER, 소비하다

172_ Public Broadcasting Service(PBS) 175_British Library 177_Wikimedia Commons 179_thejacktheripperexperience.co.uk 181_readytogo.net 184_Wikimedia Commons 186_forum.skyscraperpage.com 188_Kunsthistorisches Museum Wien 190_Wikimedia Commons 193_Wikimedia Commons 195_Musee du Louvre 197_Case Antiques 199_Theriault's. Antique Doll Auctions 203_MutualArt Services, Inc. 206_Cambridge University Library 208_Wikimedia Commons 209_Museum Georg Schäfer 212_The Trustees of Princeton University 215_Library of Congress 218_Palais Dorotheum Vienna 220_Shutterstock 222_BBC/Sally Head Productions 225_Prisma Média 226_BBC/Sally Head Productions 228_Yale University Library 231_Wikimedia Commons 233_ferax.com 236_Shutterstock 239_Bibliothèque interuniversitaire de médecine 241_The Conversation Media Group Ltd. 243_historiek.net 244_Europeana Collections 246_flickr.com 248_beBooks Inc. 252_mirror.co.uk 254_Shutterstock 256_cartlidgelevene.co.uk 258_Bibliothèque nationale de France 260_The President and Fellows of Harvard College 263_Shutterstock 265_Shutterstock 267_Shutterstock

마켓MARKET, 확장하다

272_Library of Congress 274_crossrinnejournals.com 275_The Hebrew University of Jerusalem & Jewish National & University Library 277_Rijksmuseum Amsterdam 279_Folger Shakespeare Library 281_West Sussex, Petworth House, National Trust, Wikimedia Commons 284_Sutcliffe Galleries 287_Getty Images 289_Imperial War Museums 290_Bath Newseum 293_stayinbath.org 295_Shutterstock 298_Royal National Hospital for Rheumatic Diseases(Royal Mineral Water Hospital) 301_British Library, Achenbach Foundation for Graphic Arts 303_필자 제공 305_Tunbridge Wells Museum and

Art Gallery **308**_British Library **310**_Wikimedia Commons, Hachette UK **312**_Victoria and Albert Museum **313**_hamacapty.com, Victoria and Albert Museum **315**_British Library **318**_National Portrait Gallery, The National Archives **320~321**_Science & Society Picture Library **324**_searscatalogsonline.com **326**_tiffanyandco.tumblr.com **328**_Reality Group plc, pistonheads.com **330**_Bibliothèque nationale de France **332**_eBay Inc. **334**_Delcampe Luxembourg SA, eBay Inc. **337**_searsmotorbuggy.com, archive.org **339**_AP **342**_Shutterstock **344**_Museum of London **346**_texasfreeway.com **349**_University of Wyoming/American Heritage Center, Life Magazine **351**_Hennepin County Library **354**_Wikimedia Commons

보이콧BOYCOTT, 거부하다

360_Shutterstock **363**_informafrica.com **367**_National Portrait Gallery **370**_The Athenaeum **373**_The Trustees of the British Museum, Norfolk Museums Service, Museum of London **374**_Library of Congress **376**_Alamy Stock Photo **378**_Timetoast timelines **381**_Alamy Stock Photo, The Wolfsonian-Florida International University **383**_The Museum of Modern Art **385**_New York State Archives **387**_Mulpix **390**_The Gordon Parks Foundation **395**_Alamy Stock Photo **397**_alanparker.com, The Gordon Parks Foundation **400**_State Library and Archives of Florida **401**_goodnet.org **404**_AP **406**_Howard Greenberg Gallery **408**_Consumer Reports **410**_Wikimedia Commons **412**_Manchester Libraries, Bishopsgate Library **414**_Ford Motor Company, Shutterstock **417**_thejumpingfrog.com **419**_Automotive News **421**_USCPSC

찾아보기

ㅁ

ㅂ

ㅅ

ㅇ

소비의 역사

지금껏 아무도 주목하지 않은 '소비하는 인간'의 역사

1판 1쇄 발행일 2017년 8월 28일
3판 1쇄 발행일 2023년 2월 27일

지은이 설혜심

발행인 김학원
발행처 (주)휴머니스트출판그룹
출판등록 제313-2007-000007호(2007년 1월 5일)
주소 (03991) 서울시 마포구 동교로23길 76(연남동)
전화 02-335-4422 **팩스** 02-334-3427
저자·독자 서비스 humanist@humanistbooks.com
홈페이지 www.humanistbooks.com
유튜브 youtube.com/user/humanistma **포스트** post.naver.com/hmcv
페이스북 facebook.com/hmcv2001 **인스타그램** @humanist_insta

편집주간 황서현 **편집** 최인영 엄귀영 **디자인** 유주현
조판 홍영사 **용지** 화인페이퍼 **인쇄** 청아디앤피 **제본** 정민문화사

ISBN 979-11-6080-958-9 03900